新文科建设年度发展报告(2024)

全国新文科教育研究中心　编

山东大学出版社
SHANDONG UNIVERSITY PRESS
·济南·

图书在版编目(CIP)数据

新文科建设年度发展报告. 2024 / 全国新文科教育研究中心编. -- 济南 ：山东大学出版社，2025. 5.

ISBN 978-7-5607-8541-7

Ⅰ. G642.4

中国国家版本馆 CIP 数据核字第 2024LB4740 号

责任编辑　李　淼
封面设计　王秋忆

新文科建设年度发展报告(2024)
XINWENKE JIANSHE NIANDU FAZHAN BAOGAO(2024)

出版发行　山东大学出版社
社　　址　山东省济南市山大南路 20 号
邮政编码　250100
发行热线　(0531)88363008
经　　销　新华书店
印　　刷　山东新华印务有限公司
规　　格　787 毫米×1092 毫米　1/16
　　　　　26 印张　395 千字
版　　次　2025 年 5 月第 1 版
印　　次　2025 年 5 月第 1 次印刷
定　　价　98. 00 元

《新文科建设年度发展报告(2024)》编委会

前言

2024年对于中国教育事业而言注定是不平凡的一年。党的二十届三中全会审议通过的《中共中央关于进一步全面深化改革 推进中国式现代化的决定》(以下简称《决定》),站在党和国家事业发展全局的高度，对新时代深化教育综合改革做出重大战略部署。《决定》深刻指出，“教育、科技、人才是中国式现代化的基础性、战略性支撑。必须深入实施科教兴国战略、人才强国战略、创新驱动发展战略，统筹推进教育科技人才体制机制一体改革，健全新型举国体制，提升国家创新体系整体效能”。在全国教育大会上，习近平总书记特别指出教育的政治属性、人民属性、战略属性，强调“建成教育强国是近代以来中华民族梦寐以求的美好愿望，是实现以中国式现代化全面推进强国建设、民族复兴伟业的先导任务、坚实基础、战略支撑，必须朝着既定目标扎实迈进”。《教育强国建设规划纲要(2024—2035年)》(以下简称《纲要》)的正式发布，标志着教育强国建设迈出了更加坚实的步伐。《纲要》以习近平新时代中国特色社会主义思想为指导，深入贯彻全国教育大会精神，紧扣中央关心、群众关切、社会关注，坚持目标导向、问题导向和效果导向，明确了到2027年和2035年的主要目标和重点任务，从总体要求、“八大体系”、综合改革和组织实施等方面全面推进教育强国建设。面向新时代，2025年作为实施《纲要》的开局之年，必将在中国教育改革发展史上留下深刻的时代印记。

习近平总书记指出，“我们要建成的教育强国，是中国特色社会主义教育强国，应当具有强大的思政引领力、人才竞争力、科技支撑力、民生保障力、社会协同力、国际影响力，为以中国式现代化全面推进强国建设、民族复兴伟业提供有力支撑”。“强大的思政引领力是教育强国建设的根本保证，强大的人才竞争力是教育强国建设的出发点和落脚点，强大的科技支撑力是教育强国建设的应有之义，强大的民生保障力是教育强国建设的价值追求，强大的社会协同力是教育强国建设的坚强保障，强大的国际影响力是教育强国建设的重要标志。”① 高等教育是教育强国事业的重要组成部分，是推动实现教育强国建设目标的龙头。高等文科教育占据整个高等教育的半壁江山，直接影响着高等教育的质量和水平。为深入贯彻习近平总书记重要指示批示精神，高等文科教育瞄准国家急需和关键领域，持续深化新文科建设，大力推进理论创新和实践改革，取得新突破，创出新亮点。

《新文科建设年度发展报告》（以下简称《报告》）是在教育部高等教育司指导下，由全国新文科教育研究中心编撰出版的一部新文科教育领域的专业性、研究性、纪实性、指导性报告。新文科建设时逢全面推进中国式现代化的历史阶段，肩负着建构中国自主知识体系与人才自主培养体系的重大使命。《报告》以习近平总书记关于教育强国建设的重要论述为根本遵循，把握教育的政治属性、人民属性、战略属性，坚持提高文科教育的思政引领力、人才竞争力、文化支撑力、民生保障力、社会协同力、国际影响力，持续深化思想认识、扎实开展理论研究、积极探索实践路径，为构建高质量文科教育体系、全面提升文科人才自主培养质量赋能助力。为回应教育强国建设赋予文科教育的新使命新要求，《新文科建设年度发展报告（2024）》在深入开展实地调研、广泛听取各方意见的基础上，对基本框架进行了针对性调整，在保留“领航之声”“典型案例”栏目的基础上，进一步丰富完善了“专题报告”栏目，增设了“学科专业动态”栏目，“专家观点”栏目内容更加突出针对性、思想性和交叉融合性。

“专题报告”栏目选择以人工智能、产教融合和新文科建设实践为观察视角，确立了四个主题：“人工智能赋能文科教育变革”“实践导向，协同育人：

① 任友群：《深刻领悟并全面贯彻教育强国的“六大特质”》，《人民教育》2024年第18期。

新文科建设中的产教融合”“文科实验室：数字时代社会科学研究的‘基础设施’”和“全国新文科建设现状与成效分析报告”。其中，《人工智能赋能文科教育变革》专题报告系统梳理全国各省、各高校人工智能赋能文科教育变革的现状、经验、举措及成效，分析人工智能给文科教育带来的机遇与挑战，从文科专业布局的优化和动态调整、深化教学模式变革和要素创新、推动教师数字素养和能力提升、加强数字伦理治理与安全保障等方面提出未来人工智能赋能文科教育变革的新方向新路径。《实践导向，协同育人：新文科建设中的产教融合》专题报告以实践导向、协同育人为逻辑起点，以产教融合协同育人的时代背景与改革意义、政策演进与新文科产教融合协同育人实践及述评、教育强国建设中的新文科产教融合协同育人为基本框架，聚焦教育强国建设赋予文科教育新使命和新要求，锚定培养目标、培养方案与课程体系的适配性，协同合作与知识转化机制建设与完善，文科教育产教融合协同育人评价体系建设等现实问题，从实践导向脱虚向实，师资共享知行合一，数智支持资源整合，评价驱动贯通发展等方面提出思考和建议。《文科实验室：数字时代社会科学研究的“基础设施”》专题报告聚焦社会科学领域，梳理国内外文科实验室发展现状和主要特征，以清华大学计算社会科学实验室为例探讨了文科实验室建设路径，从破解认识误区、明确功能定位、创新结构机制、重视人才因素四个维度提出我国文科实验室建设的若干思考。《全国新文科建设现状与成效分析报告》基于 9 省（市）86 所高校的实证调研数据，呈现了省级教育行政部门、高校推进新文科建设过程中的规划设计、建设举措、建设成效、存在问题以及首批新文科研究与改革实践项目的开展情况。

学科专业建设是人才培养的基础和载体，关系到高层次人才培养与经济社会发展的协调和适应，对教育教学资源的配置起着基础性作用。《纲要》特别提出，要“建立科技发展、国家战略需求牵引的学科设置调整机制和人才培养模式。实施一流学科培优行动，推动学科融合发展，超常布局急需学科专业，加强基础学科、新兴学科、交叉学科建设，支持濒危学科和冷门学科”。2024年的“学科专业动态”栏目，选择了“涉外法治”和“科技考古”两个学科专业方向。其中，“涉外法治”学科专业动态研究报告从明确涉外法治人才培养目标、构建多方协同育人机制、探索基地班培养新机制、构建多模块专业课程体系、建立实践导向的教学体系、加强专业教材建设、组建高水平师资队伍等方面总结了我国探索涉外法治人才培养的实践成果，分析了存在的问题与不足，从加强顶层设计、完善教育体系、健全培养机制等方面提出了完善涉外法治人才培养的对策建议。“科技考古”学科专业动态研究报告总结了北京大学、西北大学、四川大学、吉林大学和山东大学等高校科技考古人才培养现状，从科技考古师资力量薄弱和实验室建设滞后等方面分析了科技考古人才培养存在的不足及原因，提出正视我国考古学科与世界先进水平之间的差距、推动考古学科国际化建设，进一步深化“课堂·田野·实验室”三位一体的人才培养模式。

本期“专家观点”栏目聚焦“教育强国建设，文科教育何为”“人工智能发展，文科学者何为”以及“关键领域人才培养与自主知识体系建构”等内容。新文科肩负中国特色自主知识体系建构、中国特色自主人才培养体系构建的重要使命，必须坚持交叉融合、开放互鉴，革故鼎新、守正创新，培根铸魂、育人为本。如此，才能引领带动高等教育质量整体提升，加快实现教育强国建设目标。[①] 新文科建设要深刻把握新形势新挑战，以更高站位、更宽视野、更大力度谋划和推进新文科 2.0 建设，加快构建自强卓越的高等文科教育体系，推动实现教育强国建设目标，为中国式现代化建设提供有力支撑。[②] 面对新技术革命、新一轮产业革命以及世界变局加速演进的时代背景，全面推进新文科建设、培养高质量的新文科人才，迫切需要高校更加关注将新文科建设理念有效嵌入高校人才自主培养体系之中。2025 年，DeepSeek 大模型在社会引起轰动，重塑了全球人工智能发展格局。面对人工智能为高等教育带来的深刻变革，世界各国政府、教育机构和国际组织积极行动，在政策制定、技术应用和人才

① 参见樊丽明、申树欣：《教育强国建设 新文科何为》，《国家教育行政学院学报》2024 年第 1 期。

② 参见樊丽明、申树欣：《加快构建自强卓越的高等文科教育体系》，《新文科理论与实践》2025 年第 1 期。

培养等领域展开了广泛且深入的探索，以寻求适应这一变革的高等教育发展新路径。① 我国新文科教育要与新技术实现真正的融合，让文科学生的价值观念和思维体系在现代科技的驱动下得到重塑，进而更好地回应和阐释现代科技与文科教育之间的逻辑关联，促进文科教育在数字时代的赋能下实现大变革，获得新发展。② 只有将数字技术与人文学科、本土学术与国际视野、传统理论资源与国际学术前沿等充分结合，在多领域多学科展开深度协作与学术创新，才能使中国的优秀传统文化在今天焕发新的生机，进而促进中国式现代化的文化建设，提升中国国际学术话语权。③

本《报告》内容涉及多个学科专业，从理念到行动，探讨新时代文科教育创新之道，探索新文科建设模式、重点热点问题及未来发展方向。衷心希冀《报告》可以为感兴趣的读者提供有价值的参考和借鉴，对全国高等文科教育创新发展发挥一定的启示作用。自 2020 年起，《报告》每年定期推出，目前已出版五册。自发布以来，《报告》得到了全国各省级教育行政部门、各高校教育工作者、研究者以及社会各界的广泛关注和支持，在此谨表谢意！由于新文科建设内涵丰富、关涉视角多元，加之《报告》篇幅有限，特别是限于编者视野和水平，难免有疏漏与不妥之处，恭请社会各界批评指正。我们坚信，在专家和读者特别是推动新文科建设与发展中的直接参与者以及相关人士的热情关注和积极参与下，《报告》在新的发展阶段一定会不断改革、提升和完善，更好地促进文科教育创新发展，服务教育强国建设！

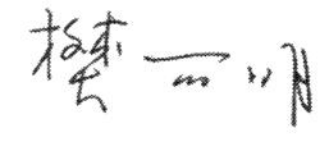

2025 年 3 月

---

① 参见联合国教科文组织高等教育创新中心：《人工智能正重塑全球高等教育格局》，《神州学人》2025 年第 3 期。

② 参见陈潭、刘璇：《数字时代的新文科教育：何以为“教”？何以可“育”?》，《新文科理论与实践》2024 年第 1 期。

③ 参见王宁：《新文科视野下人文学科人才培养向度及学术评价》，《学术论坛》2024 年第2 期。

目录

领航之声

《中共中央关于进一步全面深化改革 推进中国式现代化的决定》（节选）
…………………………………………………………………………（3）
习近平在全国教育大会上的讲话（节选） ……………………………………（4）
《教育强国建设规划纲要（2024—2035 年）》（节选） …………………………（5）
牢牢把握教育的政治属性、人民属性、战略属性 加快
建设教育强国 ………………………………………… 中共教育部党组（8）

专题报告

人工智能赋能文科教育变革 ………………… 申树欣 于喜娜 张金明（17）
实践导向，协同育人：新文科建设中的产教融合
…………………………………………… 周汶霏 宁继鸣 冯迎霜（41）
文科实验室：数字时代社会科学研究的“基础设施”
………………………………………………… 孟天广 严 宇（77）
全国新文科建设现状与成效分析报告
——基于 9 省（市）86 校的实证调研数据 ………… 张天舒课题组（92）

学科专业动态

涉外法治人才培养中国模式的初步探索与完善路径
…………………………………………………… 黄文艺　杜焕芳（155）
新文科背景下科技考古人才培养的创新发展
………………………………………………………… 方　辉　等（173）

专家观点

加快构建自强卓越的高等文科教育体系 ……………… 樊丽明　申树欣（191）
新文科 2.0 建设的理念、思路与重点举措 ………………………… 张　斌（206）
教育强国建设　新文科何为 ………………………… 樊丽明　申树欣（215）
新文科视野下人文学科人才培养向度及学术评价 ………… 王　宁（226）
新文科人才自主培养体系的创新转型……… 施春花　洪永淼　汪寿阳（238）
国际比较视野下大学文科教育的困境与路径
…………………………………………… 张欣琪　刘业青　林　杰（248）
人工智能正重塑全球高等教育格局
…………………………… 联合国教科文组织高等教育创新中心（262）
数字时代的新文科教育：何以为“教”？何以可“育”？
…………………………………………………… 陈　潭　刘　璇（272）
数字时代，新文科建设应如何发力 ………………………… 陈先哲（287）
探索构建科技人文共同体 ………………………… 何　宁　赵思琪（292）
以中国立场构筑中国法学自主知识体系 ……………………… 郭为禄（307）
数字经济人才培养的理论、实践与建议
——“数字经济人才培养”圆桌论坛 ………………… 刘　青　等（312）
英国顶尖大学复合型国际组织人才培养模式研究
——以伦敦政治经济学院为例………… 段世飞　林小军　郦依婷（323）

典型案例

北京大学：促进人工智能与人文领域深度融合 …………………………（345）
中国人民大学：大力推进“大思政课”建设 ……………………………（348）
南京大学：积极推进文科拔尖人才培养 为新时代哲学社会科学发展播撒火种 ……………………………………………………………（351）
山东大学：探索培养古典学术专门人才新模式 …………………………（355）
湖南大学：根植中国传统的大学“书院制”育人模式探索与实践 ……（359）
北京语言大学：以“一引领、三交叉”培养卓越的复合型新文科人才 ……………………………………………………………………（362）
上海财经大学：以“六大聚焦”助力数智时代新财经人才培养 ………（365）
西南政法大学：“四维融合”培养“法学+法语”复合型涉外法治人才 ……………………………………………………………（369）
西南财经大学：以“新财经”为引领 推进“新文科拥抱新工科”创新实践 ……………………………………………………………（372）
长沙学院：坚持文化与科技融合 答好文创人才培养“三问” …………（376）
湖南财政经济学院：财经人才培养模式的“五维”创新实践 …………（380）
温州理工学院：全面推进数字教材与智慧课程一体化建设 ……………（385）

附录 大事记 ……………………………………………………………（390）

领航之声

《中共中央关于进一步全面深化改革推进中国式现代化的决定》（节选）

教育、科技、人才是中国式现代化的基础性、战略性支撑。必须深入实施科教兴国战略、人才强国战略、创新驱动发展战略，统筹推进教育科技人才体制机制一体改革，健全新型举国体制，提升国家创新体系整体效能。

深化教育综合改革。加快建设高质量教育体系，统筹推进育人方式、办学模式、管理体制、保障机制改革。完善立德树人机制，推进大中小学思政课一体化改革创新，健全德智体美劳全面培养体系，提升教师教书育人能力，健全师德师风建设长效机制，深化教育评价改革。优化高等教育布局，加快建设中国特色、世界一流的大学和优势学科。分类推进高校改革，建立科技发展、国家战略需求牵引的学科设置调整机制和人才培养模式，超常布局急需学科专业，加强基础学科、新兴学科、交叉学科建设和拔尖人才培养，着力加强创新能力培养。完善高校科技创新机制，提高成果转化效能。强化科技教育和人文教育协同。

深化科技体制改革。坚持面向世界科技前沿、面向经济主战场、面向国家重大需求、面向人民生命健康，优化重大科技创新组织机制，统筹强化关键核心技术攻关，推动科技创新力量、要素配置、人才队伍体系化、建制化、协同化。加强国家战略科技力量建设，完善国家实验室体系，优化国家科研机构、高水平研究型大学、科技领军企业定位和布局。

深化人才发展体制机制改革。实施更加积极、更加开放、更加有效的人才政策，完善人才自主培养机制，加快建设国家高水平人才高地和吸引集聚人才平台。加快建设国家战略人才力量，着力培养造就战略科学家、一流科技领军人才和创新团队，着力培养造就卓越工程师、大国工匠、高技能人才，提高各类人才素质。

（2024 年 7 月 18 日，中国共产党第二十届中央委员会第三次全体会议通过）

习近平在全国教育大会上的讲话

（节选）

教育是强国建设、民族复兴之基。党的十八大以来，我们坚持把教育作为国之大计、党之大计，全面贯彻党的教育方针，作出深入实施科教兴国战略、加快教育现代化的重大决策，确立到2035年建成教育强国的奋斗目标，加强党对教育工作的全面领导，不断推进教育体制机制改革，推动新时代教育事业取得历史性成就、发生格局性变化，教育强国建设迈出坚实步伐。

我们要建成的教育强国，是中国特色社会主义教育强国，应当具有强大的思政引领力、人才竞争力、科技支撑力、民生保障力、社会协同力、国际影响力，为以中国式现代化全面推进强国建设、民族复兴伟业提供有力支撑。

建设教育强国是一项复杂的系统工程，需要我们紧紧围绕立德树人这个根本任务，着眼于培养德智体美劳全面发展的社会主义建设者和接班人，坚持社会主义办学方向，坚持和运用系统观念，正确处理支撑国家战略和满足民生需求、知识学习和全面发展、培养人才和满足社会需要、规范有序和激发活力、扎根中国大地和借鉴国际经验等重大关系。

要统筹实施科教兴国战略、人才强国战略、创新驱动发展战略，一体推进教育发展、科技创新、人才培养。以科技发展、国家战略需求为牵引，着眼提高创新能力，优化高等教育布局，完善高校学科设置调整机制和人才培养模式，加强基础学科、新兴学科、交叉学科建设和拔尖人才培养。强化校企科研合作，让更多科技成果尽快转化为现实生产力。

（2024年9月9—10日）

《教育强国建设规划纲要（2024—2035 年）》
（节选）

坚持以习近平新时代中国特色社会主义思想为指导，深入贯彻党的二十大和二十届二中、三中全会精神，全面贯彻习近平总书记关于教育的重要论述，深刻领悟“两个确立”的决定性意义，坚决做到“两个维护”，坚持教育优先发展，全面贯彻党的教育方针，坚定不移走中国特色社会主义教育发展道路，坚持社会主义办学方向，全面把握教育的政治属性、人民属性、战略属性，落实立德树人根本任务，为党育人、为国育才，全面服务中国式现代化建设，扎根中国大地办教育，加快建设高质量教育体系，培养德智体美劳全面发展的社会主义建设者和接班人，加快建设具有强大思政引领力、人才竞争力、科技支撑力、民生保障力、社会协同力、国际影响力的中国特色社会主义教育强国，为建设社会主义现代化强国、全面推进中华民族伟大复兴提供有力支撑。

坚持党对教育事业的全面领导，突出促进公平、提高质量，强化战略引领、支撑发展，深化改革创新、协同融合，坚持自主自信、胸怀天下。正确处理支撑国家战略和满足民生需求、知识学习和全面发展、培养人才和满足社会需要、规范有序和激发活力、扎根中国大地和借鉴国际经验的关系，全面构建固本铸魂的思想政治教育体系、公平优质的基础教育体系、自强卓越的高等教育体系、产教融合的职业教育体系、泛在可及的终身教育体系、创新牵引的科技支撑体系、素质精良的教师队伍体系、开放互鉴的国际合作体系，实现由大到强的系统跃升。

增强高等教育综合实力，打造战略引领力量

分类推进高校改革发展。实施高等教育综合改革试点。按照研究型、应用型、技能型等基本办学定位，区分综合性、特色化基本方向，明确各类高

校发展定位，支持理工农医、人文社科、艺术体育等高校差异化发展。建立分类管理、分类评价机制，在办学条件、招生计划、学位点授权、经费投入等方面分类支持。根据不同类型高校功能定位、实际贡献、特色优势，建立资源配置激励机制，引导高校在不同领域不同赛道发挥优势、办出特色。

优化高等教育布局。统筹中央部门所属高校和地方高校发展。加大高水平研究型大学建设力度，加快推进地方高校应用型转型。支持部省合建高校加快发展，优化省部共建高校区域布局。新增高等教育资源适度向中西部地区、民族地区倾斜。完善对口支援工作机制。鼓励国外高水平理工类大学来华合作办学。支持高校改善学生宿舍等办学条件。有序扩大优质本科教育招生规模，扩大研究生培养规模，稳步提高博士研究生占比，大力发展专业学位研究生教育。

加快建设中国特色、世界一流的大学和优势学科。围绕中国式现代化的本质要求，自主科学确定“双一流”标准，聚焦优势学科适度扩大“双一流”建设范围。完善质量、特色、贡献导向的监测评价体系，健全动态调整和多元投入机制，加大资源配置力度。建立科技发展、国家战略需求牵引的学科设置调整机制和人才培养模式。实施一流学科培优行动，推动学科融合发展，超常布局急需学科专业，加强基础学科、新兴学科、交叉学科建设，支持濒危学科和冷门学科。深化博士研究生教育改革，打造具有全球影响力的博士研究生教育，不断提升自主培养、吸引集聚高层次人才的能力。

完善拔尖创新人才发现和培养机制。着力加强创新能力培养，面向中小学生实施科学素养培育“沃土计划”；面向具有创新潜质的高中学生实施“脱颖计划”等。在战略急需和新兴领域，探索国家拔尖创新人才培养新模式。深化新工科、新医科、新农科、新文科建设，强化科技教育和人文教育协同，推进理工结合、工工贯通、医工融合、农工交叉，建强国家卓越工程师学院、国家产教融合创新平台等，深入实施国家卓越医师人才培养计划。打造一流核心课程、教材、实践项目和师资团队。

构建中国哲学社会科学自主知识体系。聚焦中国式现代化建设重大理论和实践问题，以党的创新理论引领哲学社会科学知识创新、理论创新、方法创新，构建以各学科标识性概念、原创性理论为主干的自主知识体系。实施习近平新时代中国特色社会主义思想研究、中国特色哲学社会科学研究重大专项，加快自主知识体系构建步伐，覆盖哲学社会科学所有一级学科。完善以实践为导向的法学院校教育培养机制。推进哲学社会科学创新平台和创新团队建设，加强全国重点马克思主义学院建设，建好高校哲学社会科学实验室。

（2025 年 1 月，中共中央、国务院印发）

牢牢把握教育的政治属性、人民属性、战略属性 加快建设教育强国

中共教育部党组

教育是强国建设、民族复兴之基。今年全国两会期间，习近平总书记在看望参加全国政协十四届三次会议的民盟、民进、教育界委员时，强调强化教育对科技和人才的支撑作用，深刻阐述了新时代新征程教育的先导性、基础性支撑作用；强调建设教育强国、科技强国、人才强国，“必须坚持正确办学方向”，“是全党全社会的共同责任”。党的十八大以来，以习近平同志为核心的党中央坚持把教育作为国之大计、党之大计，确立到2035年建成教育强国的奋斗目标。2024年9月9日至10日，全国教育大会在北京召开，对新时代新征程加快建设教育强国作出动员部署，习近平总书记在大会上的重要讲话凸显了教育的政治属性、人民属性、战略属性（以下简称“三大属性”），强调我们要建成的教育强国，是中国特色社会主义教育强国，应当具有强大的思政引领力、人才竞争力、科技支撑力、民生保障力、社会协同力、国际影响力（以下简称“六大特质”），科学回答了“为什么要建设教育强国，建设什么样的教育强国，怎样建设教育强国”这个时代命题，为建设教育强国指明了前进方向、提供了根本遵循。

教育兴则国家兴，教育强则国家强。中共中央、国务院印发《教育强国建设规划纲要（2024—2035年）》（以下简称《纲要》），强调要全面把握中国特色社会主义教育“三大属性”，聚焦教育强国“六大特质”，全面构建固本铸魂的思想政治教育体系、公平优质的基础教育体系、自强卓越的高等教育体系、产教融合的职业教育体系、泛在可及的终身教育体系、创新牵引的科技支撑体系、素质精良的教师队伍体系和开放互鉴的国际合作体系（以下简称“八大体系”），对加快建设教育强国作出全面系统部署。

在面向2035年建成教育强国的宏伟蓝图中，“三大属性”是根基。这一教育性质理论，在党的十八大以来习近平总书记关于教育的重要论述中一以贯之，与马克思主义教育思想一脉相承，植根于当代中国教育改革和发展实践的丰厚土壤。教育的政治属性，突出强调了教育的方向性要求；教育的人民属性，突出强调了教育的价值追求；教育的战略属性，突出强调了教育的功能发挥。这三大属性中，政治属性是首要，人民属性是根本，战略属性是关键。它们虽各有侧重，但不是相互割裂的，而是相互联系、彼此支撑、内在统一的，需要辩证地、全面地、系统地认识和理解，并在实践中统筹把握好。

牢牢把握教育的政治属性，落实立德树人根本任务

“建国君民，教学为先。”教育具有上层建筑的特征，与政治有着内在的必然联系。早在延安时期，毛泽东同志就为抗日军政大学、陕北公学提出“坚定不移的政治方向”的办学要求。在1978年全国教育工作会议上，邓小平同志指出：“学校应该永远把坚定正确的政治方向放在第一位。”党的十八大以来，习近平总书记高度重视教育的政治属性，强调：“从历史和现实的角度看，任何国家、任何社会，其维护政治统治、维系社会稳定的基本途径无一不是通过教育。”

培养什么人、怎样培养人、为谁培养人，是教育的根本问题，是教育政治属性的突出体现，是建设教育强国的核心课题。我国是中国共产党领导的社会主义国家，这就决定了我们的教育必须把培养社会主义建设者和接班人作为根本任务，培养一代又一代拥护中国共产党领导和我国社会主义制度、立志为中国特色社会主义奋斗终身的有用人才。正像习近平总书记所指出的：“没有哪一项事业像教育这样影响甚至决定着接班人问题，影响甚至决定着国家长治久安，影响甚至决定着民族复兴和国家崛起。从这个意义上说，教育是国之大计、党之大计。”

政治属性体现我国教育的根本方向。在习近平总书记关于教育的重要论述中，坚持党对教育事业的全面领导、坚持把立德树人作为根本任务、坚持社会主义办学方向、坚持扎根中国大地办教育等集中体现着教育的政治属性。它们又相互联系，最终体现在党的教育方针和培养目标上。我们建设教育强

国的目的，就是培养一代又一代德智体美劳全面发展的社会主义建设者和接班人，培养一代又一代在社会主义现代化建设中可堪大用、能担重任的栋梁之才，确保党的事业和社会主义现代化强国建设后继有人。牢牢把握教育的政治属性，就要更加突出从国家利益的大政治上看教育，全面贯彻党的教育方针，落实立德树人根本任务，坚持为党育人、为国育才，坚定不移培养德智体美劳全面发展的社会主义建设者和接班人。从实践看，尤其是要用习近平新时代中国特色社会主义思想铸魂育人，全面实施新时代立德树人工程。

加强和改进新时代学校思想政治教育。全面构建固本铸魂的思想政治教育体系，加快构建以习近平新时代中国特色社会主义思想为核心内容的课程教材体系，推进党的创新理论最新成果进教材，推进大中小学思政课一体化改革创新。打造一批“大思政课”品牌，打造培根铸魂、启智增慧的高质量教材，在上好思政课这一落实立德树人根本任务关键课程的同时，实现思政课程与课程思政有机结合、德育学科和学科德育协同育人。拓展实践育人和网络育人空间和阵地，提升社会协同力，探索课上课下协同、校内校外一体、线上线下融合的育人机制，实现全员育人、全过程育人、全方位育人。将新时代伟大变革成功案例及其蕴含的道理学理哲理融入学校思想政治教育，让学生用脚步丈量祖国大地、用眼睛发现中国精神、用耳朵倾听人民呼声、用内心感应时代脉搏，从而深刻领悟“两个确立”的决定性意义，坚决做到“两个维护”，确保广大学生始终忠于党、忠于国家、忠于人民、忠于社会主义，坚定马克思主义信仰、中国特色社会主义信念、中华民族伟大复兴信心，坚定不移听党话、跟党走，切实提升思政引领力。

促进学生德智体美劳全面发展、健康成长。坚持五育并举、五育融合，健全德智体美劳全面培养的教育体系。实施学生体质强健计划、推进学校美育浸润行动、实施劳动习惯养成计划，加快补齐体育、美育、劳动教育短板。培养学生社会责任感和创新精神，让学生肩上有责、眼中有光、心中有爱、脚下有力，提升学生动手实践能力、解决复杂问题能力和社会适应能力，推进素质教育深入实施。

实施教育家精神铸魂强师行动。把加强教师队伍建设作为建设教育强国最重要的基础工作来抓，健全中国特色教师教育体系，忠诚党的教育事业，推动教育家精神融入教师培养培训全过程，贯穿课堂教学、科学研究、社会实践各环节，建设高素质专业化教师队伍，培养有理想信念、有道德情操、有扎实学识、有仁爱之心的“四有”好老师，做学生锤炼品格的引路人、学习知识的引路人、创新思维的引路人、奉献祖国的引路人。

牢牢把握教育的人民属性，坚持以人民为中心发展教育

全心全意为人民服务，是我们党的根本宗旨。坚持以人民为中心发展教育，彰显了我们党人民至上的价值追求。我们把教育事业称为“党和人民的教育事业”，把广大教师称为“人民教师”，把教师中的杰出代表称为“人民教育家”，就是教育人民属性的生动体现。

1950 年，毛泽东同志在《人民教育》创刊号上题词：“恢复和发展人民教育是当前重要任务之一。”进入新时代，习近平总书记指出：“让老百姓过上好日子是我们一切工作的出发点和落脚点。”“我们的人民热爱生活，期盼有更好的教育……期盼孩子们能成长得更好、工作得更好、生活得更好。人民对美好生活的向往，就是我们的奋斗目标。”2012 年 11 月 15 日，党的十八届一中全会后习近平总书记与中外记者见面时讲的这番话，一口气谈到“两个期盼”“十个更”，排在第一位的都是教育。这体现着习近平总书记真挚深厚的为民情怀，也为我们更加深刻认识教育的人民属性提供根本遵循。

人民属性体现我国教育的价值追求。在习近平总书记关于教育的重要论述中，坚持以人民为中心发展教育是我们党执政为民在教育中的具体体现和生动实践，也是马克思主义唯物史观、群众史观在教育领域的具体体现，体现了目的、标准与主体的统一，体现了本体论、价值论与方法论的统一，即坚持人民主体地位，教育发展为了人民，教育发展依靠人民，教育发展成果由人民共享；即坚持党的群众路线，一切为了群众，一切依靠群众，从群众中来，到群众中去，把党的正确主张变为群众的自觉行动，努力办好人民满意的教育。牢牢把握教育的人民属性，就要更加突出从经济社会发展的大民生上抓教育，坚持以人民为中心、人民至上，坚定不移促进教育改革发展成果更多更公平惠及最广大人民群众。从实践看，尤其是要紧紧抓住“教育”这一人民群众最关心最直接最现实的利益问题，推进教育公平，把提高质量

作为紧迫任务，从“有学上”进而到“上好学”，着力提升老百姓的教育获得感，切实提升民生保障力。

提高教育公共服务质量和水平。健全与人口变化相适应的基础教育资源统筹调配机制，建立基础教育各学段学龄人口变化监测预警制度，优化中小学和幼儿园布局。建立“市县结合”的基础教育管理体制，因地制宜打通使用各学段教育资源，加强跨学段动态调整和余缺调配。夯实基础教育基点，深入实施基础教育扩优提质工程，加强义务教育学校标准化建设，落实和完善普惠性民办幼儿园扶持政策，深入实施县域普通高中振兴计划，加强特殊群体教育、帮扶和关爱，逐步缩小区域、城乡、校际、群体教育差距，促进学前教育优质普惠、义务教育优质均衡、普通高中优质特色、特殊教育优质融合发展，形成公平优质的基础教育体系，提升教育公共服务普惠性、可及性和便捷性。探索逐步扩大免费教育范围，探索设立一批以科学教育为特色的普通高中，办好综合高中。持续做好国家乡村振兴重点帮扶县教育人才“组团式”帮扶工作。

为每个孩子提供适合的教育。世界上没有两片完全相同的树叶，在着力构建德智体美劳全面培养教育体系的同时，要努力形成以学习者为中心、支撑个性化和创造性学习的人才培养新体制新机制新模式。基础教育既要夯实学生的知识基础，也要激发学生崇尚科学、探索未知的兴趣，培养其探索性、创新性思维品质。要在全社会树立科学的人才观、成才观、教育观，加快扭转教育功利化倾向，统筹推进“双减”和教育教学质量提升，形成健康的教育环境和生态。要以教育评价改革为牵引，让指挥棒指向素质教育，并统筹推进育人方式、办学模式、管理体制、保障机制改革，形成人才成长的“立交桥”。

建设学习型社会。构建以资历框架为基础、以学分银行为平台、以学习成果认证为重点的终身学习制度，形成泛在可及的终身教育体系，提升终身学习公共服务水平。加强教育资源共享和公共服务平台建设，建设学习型城市、学习型社区，建好国家数字大学、国家老年大学，建设人人皆学、处处能学、时时可学的学习型社会。

牢牢把握教育的战略属性，支撑引领中国式现代化

教育是民族振兴、社会进步的重要基石，是对中华民族伟大复兴具有决定性意义的事业。从世界强国兴起更替历史看，16 世纪以来，全球先后形成意大利、英国、法国、德国和美国 5 个科学和人才中心，教育与之具有内在一致性，越来越成为国家强盛的“密码”和最为宝贵的财富。

我们党历来高度重视教育的战略属性和战略地位。在 1985 年全国教育工作会议上，邓小平同志就指出：“忽视教育的领导者，是缺乏远见的、不成熟的领导者，就领导不了现代化建设。各级领导要像抓好经济工作那样抓好教育工作。”1995 年，我国首次提出实施科教兴国战略；2002 年，首次提出实施人才强国战略；2012 年，党的十八大报告首次提出实施创新驱动发展战略；2022 年，党的二十大报告首次将教育科技人才三位一体统筹安排部署；2023 年，习近平总书记在主持二十届中共中央政治局第五次集体学习时强调，“建设教育强国，是全面建成社会主义现代化强国的战略先导，是实现高水平科技自立自强的重要支撑，是促进全体人民共同富裕的有效途径，是以中国式现代化全面推进中华民族伟大复兴的基础工程”；2024 年，党的二十届三中全会进一步强调“统筹推进教育科技人才体制机制一体改革”。

战略属性体现我国教育的基础地位。在习近平总书记关于教育的重要论述中，坚持优先发展教育事业、坚持把服务中华民族伟大复兴作为教育的重要使命等，集中体现着教育的战略属性。牢牢把握教育的战略属性，就要更加突出从教育科技人才一体推进的大战略上办教育，坚持战略引领、支撑发展，坚定不移服务社会主义现代化强国建设。从实践看，尤其是要跳出教育看教育、立足全局看教育、着眼长远看教育，坚持教育优先发展，将建设教育强国作为全面推进强国建设、民族复兴伟业的先导任务、坚实基础和战略支撑，从战略全局谋划和发展教育，提升我国教育的人才竞争力、科技支撑力和国际影响力。

打造战略引领力量。实施高等教育综合改革试点，按照研究型、应用型、技能型等基本办学定位，区分综合性、特色化基本方向，分类推进高校改革发展，引导高校在不同领域不同赛道发挥优势、办出特色，全面构建自强卓越的高等教育体系。加快建设中国特色、世界一流的大学和优势学科，聚焦优势学科适度扩大“双一流”建设范围，建立科技发展、国家战略需求牵引

的学科设置调整机制和人才培养模式。深化博士研究生教育改革，打造具有全球影响力的博士研究生教育。

培育壮大国家战略科技力量。发挥高校教育科技人才结合点的独特优势，深化教育科技人才体制机制一体改革。强化高水平研究型大学国家基础研究主力军和重大科技突破策源地作用，提高基础研究组织化程度。实施基础学科和交叉学科突破计划，全面构建创新牵引的科技支撑体系，在提升基础研究和原始创新能力上下功夫，持续产出重大原创性、颠覆性科技成果，在关键核心技术攻关上作贡献，有力支撑高质量发展和高水平安全。以大任务引领学科发展新方向、人才培养新模式，建立科技创新与人才培养相互支撑、带动学科高质量发展的有效机制。

培养各级各类人才。面向中小学生实施科学素养培育“沃土计划”，面向具有创新潜质的高中学生实施“脱颖计划”。完善人才培养与经济社会发展需要适配机制，提高人才自主培养质效。致力于塑造强大的人才自主培养能力，培养壮大国家战略人才力量。坚持职普融通、产教融合、科教融汇，创新人才培养新模式，培养造就更多大师、战略科学家、一流科技领军人才和创新团队、青年科技人才、卓越工程师、大国工匠、高技能人才。优化人才成长政策环境，形成人人皆可成才、人人尽展其才的良好生态。

建设重要教育中心。深入推进教育对外开放，统筹“引进来”和“走出去”，全面构建开放互鉴的国际合作体系，建设具有全球影响力的重要教育中心。加强“留学中国”品牌和能力建设，提升全球人才培养和集聚能力，扩大国际学术交流和教育科研合作，积极参与全球教育治理，为全球教育事业发展贡献中国智慧、中国方案、中国力量。扩大中外青少年教育人文交流，促进民心相通、文明互鉴，服务推动构建人类命运共同体。

新征程上，我们要坚持以习近平新时代中国特色社会主义思想为指导，全面贯彻习近平总书记关于教育的重要论述，坚持党对教育工作的全面领导，牢牢坚持“三大属性”，胸怀“国之大者”，扎实实施《纲要》，以钉钉子精神抓好落实，以百年树人的战略眼光、百舸争流的奋斗姿态，将“三大属性”的根本要求体现到提升“六大特质”、全面构建“八大体系”的过程中，转化为加快推进教育高质量发展、加快建设教育强国的生动实践。

（原载《人民日报》2025 年 3 月 21 日）

专题报告

人工智能赋能文科教育变革

申树欣　于喜娜　张金明*

一、引言

当前，以互联网、人工智能、大数据、虚拟现实为代表的数字技术正以前所未有的速度迅猛发展，技术创新迭代的速度明显加快，尤其是近两年ChatGPT、Sora、DeepSeek 等生成式人工智能技术的横空出世，深刻影响并重塑着经济社会各领域的发展格局，人民的生产和生活方式正发生着翻天覆地的变化。习近平总书记指出，“人工智能是新一轮科技革命和产业变革的重要驱动力量”①，“谁能把握大数据、人工智能等新经济发展机遇，谁就把准了时代脉搏”②。人工智能已成为推动新质生产力发展、抢占全球科技竞争优势，实现经济社会高质量发展、加快中国式现代化建设的重要引擎。

技术赋能教育，教育塑造未来。纵观教育发展史，技术与教育相生相长，每一次科技革命和产业变革都给教育带来了跨越式发展。③ 习近平总书记指出，“教育数字化是我国开辟教育发展新赛道和塑造教育发展新优势的重要突破口”④。2022 年，党的二十大报告提出，“教育、科技、人才是全面建设社

---

* 申树欣，山东大学本科生院副院长，全国新文科教育研究中心办公室主任；于喜娜，山东大学本科生院助理研究员；张金明，山东大学人文社科期刊社编辑。

① 习近平：《加强领导做好规划明确任务夯实基础 推动我国新一代人工智能健康发展》，《人民日报》2018 年 11 月 1 日。

② 习近平：《构建高质量伙伴关系 开启金砖合作新征程——在金砖国家领导人第十四次会晤上的讲话》，《人民日报》2022 年 6 月 24 日。

③ 参见吴岩：《开辟新赛道，寻求新突破，教育数字化引领高等教育新发展——2023 世界慕课与在线教育大会主旨报告》，2023 年 12 月 15 日。

④ 习近平：《加快建设教育强国 为中华民族伟大复兴提供有力支撑》，《人民日报》2023 年 5 月 30 日。

会主义现代化国家的基础性、战略性支撑”，明确到2035年建成教育强国、科技强国、人才强国的奋斗目标，提出“推进教育数字化，建设全民终身学习的学习型社会、学习型大国”。[①] “教育数字化”首次被写入党和国家的纲领性文件。2024年9月10日，习近平总书记在全国教育大会上强调，“要深入实施国家教育数字化战略”[②]，为教育数字化建设提供了方向指引和根本遵循。高等教育是建设教育强国的龙头，是人才培养的主阵地、科技创新的策源地，理应在人工智能发展浪潮中超前识变、科学应变、主动求变。对标教育强国建设目标和任务，深刻认识习近平总书记关于教育数字化的重要论述，明确国家教育数字化战略的重大意义，充分发挥人工智能对高等教育变革创新的赋能作用，是人工智能时代我国高等教育高质量发展的应有之义。[③]

回顾我国教育数字化发展历程，最早可以追溯至1978—2000年计算机教学及应用阶段，之后随着计算机、互联网技术的发展和普及，以及在教育领域信息化环境建设等方面的应用，我国进入了教育信息化1.0阶段（2000—2018年）。[④] 随着人工智能技术加快发展，2017年国务院印发《新一代人工智能发展规划》，2018年教育部先后印发《教育信息化2.0行动计划》《高等学校人工智能创新行动计划》。自此我国进入了教育信息化2.0阶段，也可以称之为教育数字化的起源阶段，开启了人工智能赋能教育的新探索。直到2022年年初，“教育数字化”一词被正式提出，从此中国高等教育进入了智慧教育新纪元。面对新科技革命和产业变革浪潮带来的新挑战、文科教育融合发展的新需求，各级教育主管部门、高校深入学习贯彻以习近平同志为核心的党中央关于教育数字化的重要指示批示精神，按照“前瞻性思考、全局性谋划、战略性布局、整体性推进”的原则，系统谋划，大力推进文科教育数字化建设，全面推动人工智能与文科教育深度融合，不断催生教育新方向、丰富教学新内容、塑造教学新形态，强化科技教育与人文教育协同发展，探索创新

① 习近平：《高举中国特色社会主义伟大旗帜 为全面建设社会主义现代化国家而团结奋斗——在中国共产党第二十次全国代表大会上的报告》，《人民日报》2022年10月26日。

② 习近平：《紧紧围绕立德树人根本任务 朝着建成教育强国战略目标扎实迈进》，《人民日报》2024年9月11日。

③ 参见杨维东、张璐：《以数字化赋能高等教育变革创新》，《人民日报》2024年7月3日。

④ 参见黄荣怀：《加快教育数字化转型 推动学校高质量发展》，《人民教育》2022年第Z3期。

“人工智能+X”的人才培养模式①，构建“人工智能+”文科教育新格局，取得了显著成效。2025年是实施教育数字化战略的关键之年，文科教育要进一步深化教育数字化建设，促进人工智能助推文科专业布局动态调整、教学模式变革和要素创新、教师数字素养和能力提升，强化数字伦理治理与安全保障，加快培养数字时代文科拔尖创新人才，切实回答好“智能时代，文科何为”的时代命题。

本报告重点关注2018年至今高等文科教育数字化建设情况，特别是人工智能赋能文科教育变革的发展情况，全面系统梳理全国各省、各高校人工智能赋能文科教育变革的现状、经验、举措及成效，分析人工智能给文科教育带来的机遇与挑战，探究人工智能引发的伦理安全问题，研究提出未来人工智能赋能文科教育变革的新方向新路径。

二、人工智能发展历程及应用趋势

近年来，随着ChatGPT、Sora、DeepSeek等生成式人工智能技术的迅猛发展，人工智能已经成为当前科技领域最热门的话题之一，正以前所未有的速度引领新一轮科技革命和产业变革。然而，人工智能并不是一项新技术，已有70多年漫长而曲折的发展历程。从技术发展及应用情况来看，人工智能经历了三大发展时期。

（一）萌芽发展期

人工智能的概念最早可以追溯到20世纪50年代，其灵感来源于英国数学家和逻辑学家艾伦·图灵（Alan Turing）提出的图灵测试②，即针对“机器能否思考”这一哲学命题，思考能否让机器模拟人类的智能行为。之后在1956年美国达特茅斯学院的会议上，“人工智能”的概念被正式提出，标志着人工智能的诞生。直到1960年，人工智能的初步概念和框架才得以确立。此后半个世纪，机器学习等人工智能技术逐步兴起，并在实验室场景以及某些特定的应用场景中使用。但由于人工智能技术依赖人工规则、缺乏通用性，

---

① 参见《高等学校人工智能创新行动计划》（教技〔2018〕3号），2018年4月2日，http://www.moe.gov.cn/srcsite/A16/s7062/201804/t20180410_332722.html。

② Turing, A., “Computing Machinery and Intelligence”, *Mind*, 1950,59(236).

难以适应快速变化的环境，无法应对解决复杂问题以及算力不足和算法瓶颈等问题，其多次遭遇“寒冬”，因此未能实现真正的实用化。

（二）复兴繁荣期

进入21世纪后，随着互联网的普及、大数据的积累以及计算机算力的提升，人工智能迎来了快速发展期。特别是2006年“深度学习”理论的提出[①]，极大地推动了人工智能的发展进程。2012年加拿大多伦多大学师生利用卷积神经网络模型在图像识别竞赛ILSVRC上取得重大突破，使得深度学习技术开始广泛应用于图像识别、语音识别、自然语言处理等各个领域，掀起了人工智能领域的又一次发展热潮。[②] 2016年围棋人工智能程序AlphaGo在“人机大战”中的胜利，成功验证了人工智能技术在复杂决策场景的巨大潜力，成为人工智能发展史上的一个重要里程碑。此后，人工智能技术迎来爆发式增长的新高潮，并在金融、交通、生活、制造等多个领域取得了显著的应用成果，如风险管理、无人驾驶、智能家居、智能制造等，正在深刻改变着我们的生活和生产方式，成为推动社会进步的重要力量。

（三）加速迭代期

2022年前后，人工智能进入了加速迭代升级时期。2022年11月以ChatGPT为代表的生成式人工智能大模型的诞生，引发了新一轮人工智能的浪潮。之后，文生视频大模型Sora、谷歌双子座Gemini等人工智能大模型竞相出现；同时，国产大模型发展按下“加速键”，文心一言、豆包、通义千问、Kimi、零一万物等迅速崛起，形成了“百模争鸣”的局面。[③] 在通用大模型的基础上，教育、医疗、工业、金融等领域专有大模型不断出现，如教育领域的EduChat和桃李教育大模型、医学领域的神农中医药大模型、工业领域的“智工”大模型、金融领域的“轩辕”金融大模型，等等。生成式人工智能技术已经进入成果爆发期，全面赋能千行百业乘“智”而上，推动产业转型升级。据《2024全球数字经济白皮书》统计，随着人工智能产业的蓬勃

① Hinton, G. E., Osindero, S., Teh., Y. W., “A Fast Learning Algorithm for Deep Belief Nets”, *Neural Computation*, 2006, 18(7).

② 参见龚克：《人工智能，从深度学习到全面赋能》，《人民日报》2025年2月26日。

③ 参见王飞跃：《我国生成式人工智能的发展现状与趋势》，《人民论坛》2025年第2期。

发展，全球人工智能大模型的数量已达到1328个，其中中国模型数量占比36%，位居全球第二。[①] 2025年年初，DeepSeek大模型在社会引起轰动，再次带来了一场震撼全球人工智能领域的变革。DeepSeek大模型以其轻量级设计和部署成本低、多模态融合与跨领域应用以及开源共享的特性，有效地推动了人工智能应用的大众化、普及化，未来将在更多更广的领域引发根本性变革。

当前，我国人工智能发展水平已进入全球第一梯队，正处于由弱人工智能向强人工智能过渡的阶段。国产人工智能大模型的持续突破，推动了人工智能从感知向认知、从判别向生成式、从单模态向多模态、从专用向通用转变，呈现出加速突破、应用驱动的新趋势，成为培育和发展新质生产力的重要力量。[②] 可以预见，随着新一代网络通信技术超高速率、超低时延、超大容量的数据传输支持以及先进的算力支撑，人工智能大模型的加速迭代与成本优化、多模态融合与推理能力将进一步升级，未来人工智能的发展将从认知大模型向多模态大模型、语言智能向具身智能实体、通用大模型应用向“大小模型联动”深化应用转变[③]，人工智能必将与产业发展深度融合，加速从技术突破迈向场景落地，催生新兴应用场景和商业模式，拓展在智慧教育、智能驾驶、智慧医疗、智慧城市等领域的广泛应用，助推新质生产力发展，推动经济社会进入智能化时代。

三、人工智能促进高等教育深刻变革

人工智能在催生了大量新产业、新业态和新模式的同时，也为高等教育高质量发展带来了更多可能性，成为加快实现教育大国向教育强国迈进的关键变量。习近平总书记强调，“中国高度重视人工智能对教育的深刻影响，积极推动人工智能和教育深度融合，促进教育变革创新”[④]。近年来，人工智能

---

① United Nations Conference on Trade and Development (UNCTAD), “Digital Economy Report 2024”, 2025-01-25, https://unctad.org/publication/digital-economy-report-2024.

② 参见高文：《抢抓人工智能发展的历史性机遇——深刻领会习近平总书记关于人工智能的重要论述》，《人民日报》2025年2月24日。

③ 参见王学男、李永智：《人工智能与教育变革》，《电化教育研究》2024年第8期。

④ 《习近平向国际人工智能与教育大会致贺信》，《人民日报》2019年5月17日。

对高等教育的影响与日俱增，正在重塑着高等教育的新格局。

（一）人工智能促进教育目标转变

随着人工智能技术的快速发展以及在行业应用场景的成熟落地，劳动力市场正发生着深刻变化。人工智能正在或必将取代简单、标准化、重复性的体力和脑力劳动，甚至人工智能以效率高、准确度高、可持续性强等优越性能，加速对传统岗位的替代进程。有研究表明，在未来5年到30年人工智能将逐步取代50%的职业。① 在传统教育目标和培养模式下培养出来的“标准化”人才，已经无法满足行业产业的需求和适应未来智能社会的要求。传统就业体系和职业形态的颠覆性变化，新产业、新业态、新模式对人才能力结构的新要求，倒逼着高等教育理念和目标的根本性反思与重塑。同时，人工智能技术的发展改变了知识的生产和传播方式，降低了知识获取的门槛，使传统教育模式知识传授功能被弱化。面对这些形势和变化，高等教育亟须从根本上进行系统性变革，更新教育理念，重塑教育目标。布鲁姆教育目标分类法将教育目标分为识记、理解、运用、分析、评价、创造六个层次。② “创造”处于超越其他指标、更值得关注的地位，而“创新”是社会发展、科技进步的第一动力。因此，面对数字化智能化社会转型发展要求，教育目标正逐渐从以知识传授为主向以能力素质提升为主转变，致力于培养具有创新能力、数字素养、批判性思维和复杂问题解决能力的高素质人才。

（二）人工智能促进教学形态重塑

人工智能赋能高等教育变革，最典型的特征是“人工智能+教育”的深度融合，打破了传统教育的时间和空间限制，拓宽了教育边界，重塑了教育教学新形态。数智技术催生“课堂革命”。数字化课程、教材、案例库等教育教学资源，在线教学、线上线下混合式教学、远程教学等新型教学模式广泛普及，实现线上线下教学无缝衔接；泛在的在线学习平台和便携的智能学习终端，为学生提供了自主性、个性化、多样化的学习环境，使“时时可学、处处可学、人人可学”成为现实。数智技术催生新的教育场景。虚拟现实

---

① 参见李帆、董鲁皖龙：《智能时代，教育的“变局”与“新机”》，《中国教育报》2024年3月1日。

② 参见王瑞华：《基于布鲁姆教育目标分类法的多模态教学模式研究》，《太原城市职业技术学院学报》2017年第6期。

（VR）和增强现实（AR）技术将现实物理空间与虚拟学习空间深度融合，为学生创造了沉浸式、体验式、真实性的教学场景和学习体验，更好地激发了学生的求知欲和探索精神，大大提升了教育教学质量和效率。人工智能催生新的教学方式。智能教学助手、虚拟助教、智能学伴、智能学情分析等人工智能工具，创新了教师的“教”和学生的“学”的方式。教师可以利用人工智能开展互动式教学，全程跟踪记录、分析诊断学生学习情况，生成定制化教学内容，助力实现学生的个性化学习路径，极大地消解了大规模教学和因材施教在实践中的两难困境。①

（三）人工智能促进教育主体重构

在人工智能重塑教育理念和教学形态的同时，教育主体的关系、角色功能、能力要求正悄然发生转变。首先是教师的角色和功能正在发生转变。人工智能尤其是生成式人工智能技术以其强大的自然语言处理能力和生成能力，帮助学生获取知识、服务学生学习成长，成为学生的“虚拟教师”。② 教师不再是知识的主要来源和载体，业务重心和功能发生转移③，逐渐从单向的知识传授者、单角色教学者④演变为人机协同系统的使用者和决策者、教学活动的设计者和提供者、学生成长的引导者和陪伴者，通过发挥人类创新、复杂决策、情感关怀、示范激励等优势，为学生提供更加高效、个性化、创造性的教育。这种转变意味着教师不仅要有扎实的专业知识，更应主动适应“人工智能+教育”场景，优化能力结构，提升自身数字素养、价值判断、创新思维等方面的能力。学生的角色也发生适应性变化。人工智能赋能教育对学生的自主性学习能力以及与人工智能有效互动的能力提出了新要求。其次，人工智能在教育教学场景的融入、师生角色功能的转变，使得传统的教学范式从“师—生”二元结构逐渐转变为“师—机—生”三元结构，教师、机器和学生三者之间相互促进、相互影响⑤，呈现出开放、多元、人机互动的特征，进

---

① 参见李永智：《教育如何面对人工智能的挑战》，《中国教育报》2024 年 3 月 25 日。

② 参见林明惠：《数字时代高校思政课精准教学：机遇、挑战与路径》，《中国大学教学》2024 年第 9 期。

③ 参见李帆、董鲁皖龙：《智能时代，教育的“变局”与“新机”》，《中国教育报》2024 年 3 月 1 日。

④ 参见卢宇：《人工智能时代，教师何为》，《中国教师报》2024 年 12 月 4 日。

⑤ 参见司林波：《“人工智能+教育”：现状、挑战与进路》，《国家治理》2024 年第 13 期。

一步促进了教育教学变革。

（四）人工智能促进教育管理转型

人工智能赋能教育变革，不仅影响了教育教学的范式，还深刻改变了教育教学的管、评、用等环节，促进了教育管理的高效化、精细化、科学化①，使教育教学管理逐渐从以管理流程为主的线性化向以数据为中心的扁平化、平台化转变，从“粗放式”管理走向“精准化”治理。② 为推动教育资源共建共享，建立科学统一的数据标准，缩小“数字鸿沟”，促进教育教学管理数据的集成应用；加强数据安全监管和隐私保护，确保数据采集、处理和使用的合法性、透明度等。人工智能为教育教学评价提供了全新视角，通过学生课堂行为分析、智能批改作业、测试结果智能分析等，实时追踪学生学习进度，实现教学过程精准化管理和学情智能化分析诊断。人工智能推动教育教学管理制度和规范发生系统性变革，对于学生过度依赖技术问题、AI 代写论文等技术滥用现象和学术不规范行为，相应的教育教学管理制度规范正在形成。可以预见，人工智能有望在未来颠覆传统的教育教学管理模式，成为引领教育变革的核心驱动力。

四、人工智能赋能文科教育变革的实践应用

自 2018 年以来，全国各省、各高校大力推进教育数字化建设，积极开展人工智能赋能文科教育的探索实践，全面构建“人工智能+”文科教育新格局，深入推进人工智能赋能文科教育综合领域改革，打造“人工智能+”文科人才培养体系，助力高等文科教育高质量发展。

（一）系统谋划，构建工作新格局

全国高等教育战线积极主动回应人工智能时代的机遇和挑战，紧密结合自身实际，系统谋划，出台教育数字化战略行动计划或人工智能赋能教育改革方案，成立数字教育联盟，召开教育数字化会议论坛，发布教育数字化发展指数、教师数字素养标准等，大力推动教育数字化建设。

① 参见李永智：《教育如何面对人工智能的挑战》，《中国教育报》2024 年 3 月 25 日。

② 参见吴岩：《开辟新赛道，寻求新突破，教育数字化引领高等教育新发展——2023 世界慕课与在线教育大会主旨报告》，2023 年 12 月 15 日。

1. 国家层面顶层设计

2017 年，国务院出台《新一代人工智能发展规划》，强调要加快培养聚集人工智能高端人才，完善人工智能教育体系，重点培养贯通人工智能理论、方法、技术、产品与应用等的纵向复合型人才，以及掌握“人工智能+”经济、社会、管理、标准、法律等的横向复合型人才，形成“人工智能+X”复合专业培养新模式。之后，中共中央、国务院及教育部等单独制定或会同其他部门出台了一系列的政策文件、规范标准、建设指南等，为全国高等教育战线教育数字化建设、人工智能赋能教育变革、数字校园建设、数字素养提升、智慧课程建设、应用场景创新等方面指明了改革方向。中国高等教育数字化标志性事件及政策文件如表 1 所示。①

表 1　中国高等教育数字化相关政策汇总

时间	标志性事件及政策文件	目标任务
2018 年 4 月	教育部关于印发《教育信息化2.0行动计划》的通知	到 2022 年基本实现“三全两高一大”的发展目标，即教学应用覆盖全体教师、学习应用覆盖全体适龄学生、数字校园建设覆盖全体学校，信息化应用水平和师生信息素养普遍提高，建成“互联网+教育”大平台
2018 年 4 月	教育部关于印发《高等学校人工智能创新行动计划》的通知	提出三大重点任务：优化高校人工智能领域科技创新体系，完善人工智能领域人才培养体系，推动高校人工智能领域科技成果转化与示范应用
2019 年 2 月	中共中央、国务院印发《中国教育现代化 2035》	提出加快信息化时代教育变革。建设智能化校园，统筹建设一体化智能化教学、管理与服务平台。利用现代技术加快推动人才培养模式改革，实现规模化教育与个性化培养的有机结合
2019 年 2 月	中共中央办公厅、国务院办公厅印发《加快推进教育现代化实施方案（2018—2022 年）》	提出十项重点任务，其中一项：大力推进教育信息化，着力构建基于信息技术的新型教育教学模式、教育服务供给方式以及教育治理新模式

① 相关资料来源于中国政府网和教育部网站发布的文件、通知以及相关报道内容，统计时间节点为 2018 年 1 月至 2025 年 2 月。

续表

时间	标志性事件及政策文件	目标任务
2021 年 3 月	教育部关于加强新时代教育管理信息化工作的通知	提出以数据为驱动力，利用新一代信息技术提升教育管理数字化、网络化、智能化水平，推动教育决策由经验驱动向数据驱动转变、教育管理由单向管理向协同治理转变、教育服务由被动响应向主动服务转变
2021 年 3 月	教育部关于发布《高等学校数字校园建设规范（试行）》的通知	规定了基础设施、信息资源、信息素养、应用服务、网络安全和保障体系的通用要求
2022 年 1 月	全国教育工作会议	首次明确提出“实施教育数字化战略”，《教育部 2022 年工作要点》将其列为重点任务
2022 年 3 月	教育部、市场监管总局、中央网信办、工业和信息化部、公安部等五部门联合发布《关于加强普通高等学校在线开放课程教学管理的若干意见》	针对在线开放课程的课程质量、学分认定、考试规范、教师教学活动、平台监督机制等进一步提出明确要求
2022 年 10 月	中国共产党第二十次全国代表大会	提出推进教育数字化，建设全民终身学习的学习型社会、学习型大国。这是“推进教育数字化”首次被写进党代会报告
2022 年 12 月	教育部关于发布《教育基础数据》等三项教育行业标准的通知 教育部关于发布《教师数字素养》教育行业标准	提出要完善教育信息化标准体系，规范教育基础数据管理，实现数据互通共享，提升教师利用数字技术优化、创新和变革教育教学活动的意识、能力和责任
2024 年 9 月	全国教育大会	习近平总书记强调，要深入实施国家教育数字化战略，扩大优质教育资源受益面，提升终身学习公共服务水平
2024 年 11 月	工信部、中央网信办、国家发改委、教育部等十二部门发布《5G 规模化应用“扬帆”行动升级方案》	提出在 5G+数字教育方面，加强 5G 与室外实践教学科研、虚拟仿真实验实训、校园体育体测等重点场景深度融合应用，加速 5G 在在线教学、教育综合评价、校园管理等环节应用

续表

时间	标志性事件及政策文件	目标任务
2025年1月	中共中央、国务院印发《教育强国建设规划纲要(2024—2035年)》	提出实施国家教育数字化战略,建立横纵贯通、协同服务的数字教育体系。促进人工智能助力教育变革,加强课程体系改革,优化学科专业设置。深化人工智能助推教师队伍建设,打造人工智能教育大模型。建设云端学校等

2. 各省市全面推进

随着《教育信息化2.0行动计划》以及教育数字化战略的深入推进，北京、上海、浙江、江苏、青海、广东、山东等20个省、自治区、直辖市积极响应（见表2），及时应变，纷纷出台教育信息化2.0行动计划、教育数字化战略行动方案以及人工智能赋能专业建设、人才培养实施方案等。其中，北京、上海等地区面对数字化浪潮和人工智能技术的影响，反应迅捷，主动应变，科学求变，连续出台多个政策文件，指导高校不断调整优化教育布局，创新教育模式。广东省教育厅成立高校人工智能教育教学研究中心，聚焦人工智能领域的前沿技术和关键应用，从宏观、中观、微观层面开展人工智能教育教学研究，形成具有湾区特色的“智能+”教育生态。[①] 此外，各省、自治区、直辖市召开系列教育数字化建设工作会议，开展“人工智能+高等教育”应用场景建设，全面推进教育数字化建设，促进人工智能赋能教育变革。

表2　各省、自治区、直辖市教育数字化政策文件一览表[②]

地区	时间	发文机构	政策文件
上海	2018年9月	上海市教育委员会	上海市教育信息化2.0行动计划(2018—2022)
	2021年11月	上海市教育委员会	上海市教育数字化转型实施方案(2021—2023)
	2022年3月	上海市教育委员会	上海市教育数字化转型“十四五”规划

① 参见《广东省本科高校人工智能人才培养大会召开》，2024年11月19日，https://www.cagd.gov.cn/v/2024/11/6231.html。

② 相关资料来源于各省、自治区、直辖市政府网站和教育厅网站发布的文件、通知以及相关报道内容,统计时间节点为2018年1月至2025年2月。

续表

地区	时间	发文机构	政策文件
浙江	2018 年 12 月	浙江省教育厅	教育信息化三年行动计划(2018—2020 年)
	2021 年 7 月	浙江省教育厅	浙江省教育信息化“十四五”发展计划
	2023 年 12 月	浙江省教育厅	浙江省数字教育高质量发展行动计划(2024—2027 年)
湖南	2018 年 12 月	湖南省人民政府	湖南省“互联网+教育”行动计划(2019—2022 年)
重庆	2019 年 2 月	重庆市教育委员会	重庆市智慧教育五年工作方案(2018—2022 年)
广西	2019 年 3 月	广西壮族自治区教育厅	广西“互联网+教育”行动计划(2018—2022 年)
安徽	2019 年 3 月	安徽省人民政府办公厅	安徽省智慧学校建设总体规划(2018—2022 年)
江苏	2019 年 6 月	江苏省教育厅	江苏教育信息化 2.0 行动计划
	2023 年 1 月	江苏省教育厅	关于大力推进高校教学数字化工作的意见
	2024 年 12 月	江苏省教育厅	江苏高校人工智能赋能专业建设行动方案
北京	2019 年 7 月	北京市教育委员会	北京促进人工智能与教育融合发展行动计划
	2022 年 2 月	北京市教育委员会	北京教育信息化“十四五”规划
	2024 年 7 月	北京市教育委员会	北京市教育委员会关于深化高校专业课程改革提高大学生人工智能素养能力的意见
	2024 年 10 月	北京市教育委员会	北京市教育领域人工智能应用指南(2024 年)
	2024 年 10 月	北京市教育委员会、北京市发展和改革委员会等五部门	北京市教育领域人工智能应用工作方案
山东	2019 年 8 月	山东省教育厅	山东省教育信息化 2.0 行动计划(2019—2022)
	2025 年 2 月	山东省教育厅	关于推进人工智能赋能高等教育教学工作的若干措施
青海	2019 年 10 月	青海省教育厅	青海省教育信息化创新应用行动计划(2019—2022 年)
	2020 年 5 月	青海省教育厅	青海省关于推进智慧教育建设的指导意见
	2025 年 2 月	青海省教育厅	青海省关于推进教育数字化转型发展的实施意见
河北	2020 年 7 月	河北省教育厅	河北省智慧教育行动计划(2020—2022 年)
天津	2021 年 12 月	天津市教育委员会	天津市教育信息化“十四五”规划
河南	2022 年 4 月	河南省教育厅、中共河南省委网络安全和信息化委员会办公室等八部门	河南省“十四五”教育信息化发展规划

续表

地区	时间	发文机构	政策文件
陕西	2022 年 5 月	中共陕西省委教育工委、陕西省教育厅	陕西省教育网络安全和信息化“十四五”规划
福建	2023 年 2 月	福建省教育厅、中共福建省委网络安全和信息化委员会办公室等六部门	福建省教育数字化战略行动三年实施方案
湖北	2023 年 8 月	湖北省人民政府办公厅	湖北省教育数字化战略行动计划(2023—2025 年)
宁夏	2023 年 9 月	宁夏回族自治区人民政府办公厅	宁夏回族自治区教育数字化战略行动计划(2023—2027 年)
广东	2023 年 9 月	广东省教育厅	广东教育数字化转型行动方案(2023—2027)
广东	2024 年 11 月	广东省教育厅	广东省本科高校人工智能人才培养实施方案
黑龙江	2024 年 3 月	黑龙江省教育厅	黑龙江省教育数字化战略三年攻坚行动实施方案(2024—2026 年)
四川	2025 年 1 月	四川省教育厅	人工智能赋能四川高等教育教学改革十条措施

注:以各地区政策文件出台的时间先后排序。

3. 各高校积极行动

北京大学、清华大学、浙江大学、复旦大学、上海交通大学、南开大学、同济大学、中国传媒大学、北京邮电大学、东北大学等一批高水平研究型大学率先行动，纷纷探索人工智能赋能教育变革的实践路径。如北京邮电大学出台新时期教育数字化实施规划，发布《关于加强教育数字化工作的十条举措》，启动教育数字化扩优提质专项行动，数字教育相关成果和创新范式在国际国内形成重要影响力。同济大学发布《人工智能赋能学科创新发展行动计划（2024—2027）》，提出“1+N”的人工智能赋能学科创新发展思路，部署八大核心任务。南开大学发布《人工智能赋能人才培养行动计划》，分为 AI 教育教学篇、AI 技术设施篇、AI 管理服务篇，推动人工智能与教育的深度融合。上海交通大学发布《“AI+教育教学”行动方案(2024—2026)》,加速推进人工智能技术在教育教学领域的创新融合，同时出台《上海交通大学关于在教育教学中使用AI的规范》，完善“AI+HI（人工智能+人类智慧）”改革治理体系与治理机制，确保AI在教育教学中的规范、有序应用。山东财经大学、内蒙古师范大学等一批地方应用型高校，紧密结合区域经济社会发展需求，开展人工智能赋能教育改革行动。如山东财经大学发布《人工智能时代基于“五种能力”目标的AI-PAI新财经人才培养实施方案》，以培养具备“学习能力、创新能力、适应能力、整合能力、自治能力”的新财经人才为目标，构建人工智能与财经教育深度融合、人才培养与产业场景精准对接、职业素养与新质生产力相互促进的新财经人才培养模式。

（二）科技发展，催生教育新方向

全国各地各高校立足自身优势特色，加强人工智能与其他专业的交叉融合，前瞻性布局“人工智能+文科”新专业，开设“人工智能+文科”双学位项目、微专业、辅修专业等，不断催生教育新方向。

1. 建设新专业

根据《普通高等学校本科专业目录（2024年）》，从2018年至今，仅新增数字经济（2018）、计算金融（2018）、认知科学与技术（2018）、电子竞技运动与管理（2018）、智能体育工程（2018）、跨境电子商务（2019）、科学史（2021）、科技艺术（2021）、数字人文（2022）等9个“人工智能+”“数字+”文科专业，占所有新增文科专业（75个）的12%。从专业点建设情况来看，在2018—2023年教育部普通高等学校本科专业备案和审批结果中，全国本科高校新增“数字+”“人工智能+”文科类专业建设点1195个，占所有新增文科专业点数（4943个）的24.2%。（见表3）其中，大数据管理与应用、数字经济、网络与新媒体、数字媒体艺术、金融科技、跨境电子商务等与科技革命和经济社会发展需求紧密相关的专业建设点数量增长速度较快，总体呈现一种稳步扩张的趋势。（见图1、2）此外，一批高校积极探索科技考古、计算法学、智慧司法、数字传播、数字治理等教育新方向，加快培养适应数字经济发展要求的文科人才。

表 3　2018—2023 年新增“数字+”“人工智能+”文科专业建设点数①

专业名称	学科	2018 年	2019 年	2020 年	2021 年	2022 年	2023 年	合计
大数据管理与应用	管理学	25	52	59	42	38	32	248
数字经济	经济学	1	4	24	41	77	80	227
网络与新媒体	文学	34	28	46	24	23	26	181
数字媒体艺术	艺术学	29	23	27	18	19	14	130
金融科技	经济学	4	15	38	27	22	18	124
跨境电子商务	管理学	—	7	42	29	20	14	112
艺术与科技	艺术学	5	9	16	9	9	7	55
互联网金融	经济学	21	9	9	2	1	3	45
电子商务	经济学、管理学	7	4	7	4	4	6	32
电子商务及法律	管理学	5	2	1	0	1	0	9
数字出版	文学	1	2	2	1	1	1	8
数字人文	文学	—	—	—	—	1	6	7
电子竞技运动与管理	教育学	2	0	2	1	1	0	6
计算金融	管理学	1	0	1	0	1	2	5
科技艺术	艺术学	—	—	—	1	2	0	3
智能体育工程	工学、教育学	1	0	0	0	0	0	1
认知科学与技术	教育学	1	0	0	0	0	0	1
科学史	历史学	—	—	—	1	0	0	1
总计		137	155	274	200	220	209	1195
年度新增文科专业点数		889	723	988	881	769	693	4943
占比		15. 4%	21. 4%	27. 7%	22. 7%	28. 6%	30. 2%	24. 2%

① 数据来源：教育部历年公布的普通高等学校本科专业备案和审批结果。

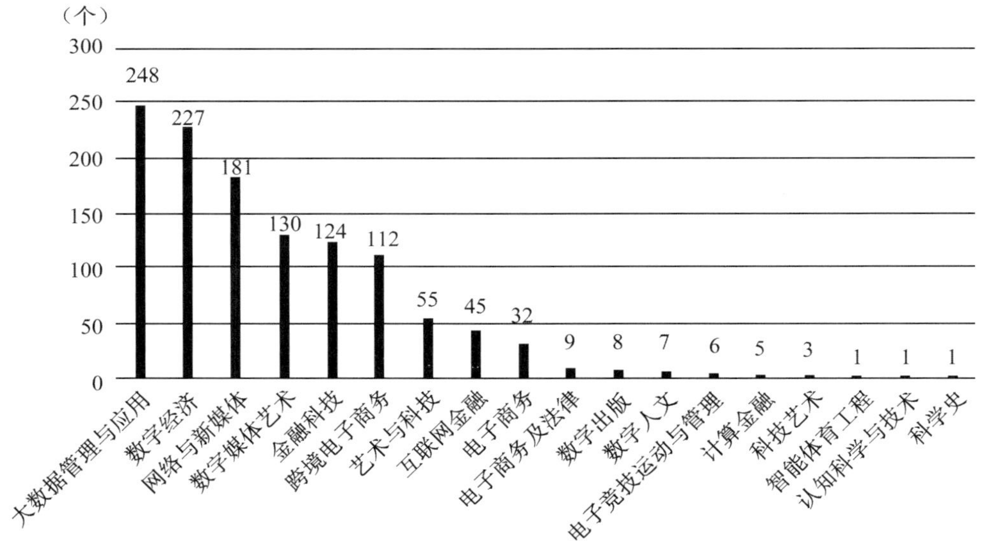

图 1　2018—2023 年新增“数字+”“人工智能+”文科专业建设点数排名情况

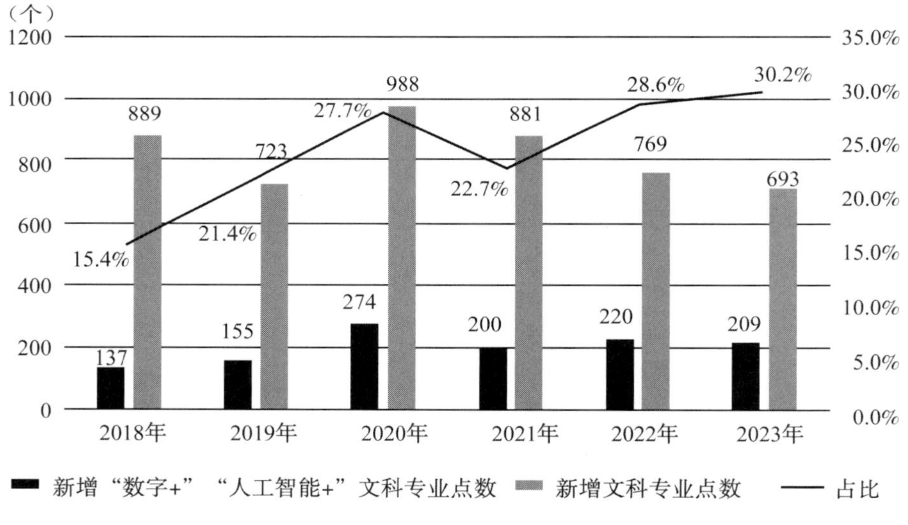

图 2　2018—2023 年新增“数字+”“人工智能+”文科专业点数年度变化情况

2. 创新人才培养项目

各高校紧密结合行业发展新趋势、产业发展新业态，充分发挥学校优势特色，打破院际、校际壁垒，积极开展跨院、跨校合作，建设“人工智能+”文科人才培养实验班、双学位项目等，培养数字化、复合型文科人才。北京师范大学设立“汉语言文学（应用语言学方向）+人工智能”“传播学+人工智能”“公共事业管理+人工智能”等双学位项目，探索人工智能与汉语言、传播学和公共事业管理交叉领域的前沿方法与技术，培养复合型拔尖创新人才。复旦大学开设“英语+计算机科学与技术”“翻译+计算机科学与技术”“俄语+计算机科学与技术”“德语+计算机科学与技术”4个“外语+计算机”双学位项目，学生将同时获得文学和理学两个学位。南京大学、四川大学、电子科技大学、苏州大学等推出“计算机+金融学”人才培养项目，探索计算机和金融工程交叉复合人才培养的新路径。此外，部分高校发挥各自学科、专业和资源优势，强强联合，开展跨校合作，建设“人工智能+”联合培养项目等，如中央财经大学与北京航空航天大学、北京理工大学联合共建“计算机+金融”“智能金融英才班”，探索“智能+税务”“智能+保险”交叉创新人才培养新模式。

3. 创设微专业项目

教育部部署实施高校学生就业能力提升“双千”计划，提出面向未来产业和战略性新兴产业发展、传统产业转型、数字经济等领域，推动全国范围内开设1000个微专业（或专业课程群）。浙江大学联合复旦大学、南京大学、上海交通大学、中国科学技术大学启动微专业共建行动，推出“AI+X”微专业，培养具备AI原生思维与跨领域创新能力的复合型人才。南开大学设立“数据智能与政策分析”微专业，融合社会政策、信息科学、人工智能、经济学等多学科知识，培养学生的数据智能与社会政策分析综合能力。吉林大学打造“统计与智慧数据”微专业，以统计学为基础、数学和计算机科学等多学科交叉融合，培养掌握统计学核心思想、大数据挖掘方法和人工智能技术的专门人才。华东师范大学面向全校本科生推出“AI+美术”“AI+传播”微专业，上海理工大学外语学院和光电学院联合共建“人工智能+语言”等微专业，一大批“人工智能+”微专业应运而生。

（三）数智驱动，丰富教学新内容

全国各高校基于数字时代文科人才培养的知识能力素质图谱，将各领域人工智能最新发展和应用融入专业教育教学中，全面更新、重构课程体系和教学内容，升级、开设一批“AI+”专业课程和通识课程。在课程体系建设方面，山东大学全面加强人工智能赋能教育，一方面，新建“人工智能经济学”“人工智能与法律”“人工智能的商业应用”等300余门课程，形成“AI+”专业课程体系；另一方面，建设以“计算思维”为核心的“1+N”人工智能通识课程体系，并设置“科技素养”通识核心课程模块。复旦大学整合全校教育资源，创造性打造“AI大课”，即AI通识基础课程—AI专业核心课程—AI学科进阶课程—AI垂域应用课程，形成了“AI素养—AI能力—AI创新”多目标、多层次培养体系。东南大学深入贯彻落实“人工智能+”战略行动部署，建设“AI+教学”试点课程105门，通过AI大模型、大数据及虚拟技术对教学设计与教学内容、教学场景与教学资源、教学模式与学习方式等进行改革创新。根据2024年33所高校调研统计①，66.67%的高校将新技术新内容有机融入1133门文科专业课程，24所高校累计开设840门AI课程。在人工智能通识教育方面，积极拥抱新科技革命，开设一批“AI+”课程。国家智慧教育平台上线人工智能通识教育“AI学习”专栏，目前已上线70门人工智能通识课，选课人数达177万。② 高校自主开设一批“人工智能概论”“科技素养”“虚拟现实和增强现实”“元宇宙与媒介的演进趋势”等通识教育课程，强化科技教育与人文教育协同。南京大学建设“1+X+Y”三层次“人工智能通识核心课程体系”，即1门必修人工智能通识核心课+X门人工智能素养课+Y门各学科与人工智能深度融合的前沿拓展课。华东师范大学启动实施“数智跃升计划”，打造“数智认知（AI Understanding）—数智技能（AI Skills）—数智伦理（AI Ethics）—数智实现（AI Realizations）”进阶式数智教育课程群，推动学生数智素养的进阶跃升。武汉大学面向全校本科生推出17门前沿数智教育课程，浙江大学、上海交通大学、深圳大学等多所高校推出基于DeepSeek的人工智能通识课程等，旨在提升学生的科技素养，推动人工智能技术在多领域的深度融合与创新。

（四）数智赋能，塑造教学新形态

全国高等教育战线全面推动人工智能与教育教学的深度融合，运用虚拟

---

① 涉及的具体数据来自上海、湖南、江西、重庆4个省（市）33所高校的调查问卷，数据统计时间为2018年至2024年。

② 参见张欣：《汇聚高等教育改革发展澎湃动能——高等教育综合改革推进情况综述》，《中国教育报》2025年3月18日。

现实、全息投影等技术，重塑教育教学新形态。2024年，教育部先后公布两批50个“人工智能+高等教育”应用场景典型案例，通过典型示范引领，推动高校“人工智能+高等教育”的探索和实践，实现教学范式、教学场景、教育治理的数字化转型。在创新教学方法方面，打破传统课堂的时空限制，创新线上线下混合式教学、翻转课堂等新型教学模式，探索师—机—生互教互学、虚实结合的新型学习模式。如中国传媒大学将AIGC（人工智能生成内容）技术贯穿绘画、影像创作全过程，创新“翻转课堂+成果导向+智能增效”的教育教学模式；西南财经大学实施“智慧教学”工程，深化翻转课堂教学、融合式教学、体验式教学改革，年均开设混合式课程近300门次。在数字化平台建设方面，教育部2022年正式启动国家高等教育智慧教育平台，系统推进高校慕课建设，面向高校师生提供各类优质课程资源和教学服务。华中师范大学自主研发的云端一体化智能教育SPOC（小规模限制性在线课程）平台“小雅”，构建了以课程知识图谱、智能问答、智能推荐等模块组成的混合教与学环境，形成了数据驱动的备、教、学、测、评、督、管服务体系，实现了教学理论具象化、教学设计标准化、教学行为数据化、教师评价精准化。山东财经大学发布“AI才”教育教学专有大模型，打造集“知”“教”“学”“研”“训”“智”于一体的教学科研服务平台，助力新财经拔尖人才的高质量培养。浙江大学、上海交通大学、山东大学、东南大学等高校纷纷本地化部署DeepSeek大模型，为师生提供高效、稳定的本地化AI服务。在数字化教学资源建设方面，积极推进数字化课程、教材、虚拟仿真实验项目、数据集、案例库等教育教学资源建设。目前，我国已建成世界上最大规模的在线开放课程体系，上线慕课数量近10万门，选课人次达15.5亿，慕课建设数量和应用规模跃居世界第一①；国家高等教育智慧教育平台提供了2.7万门优质慕课、虚拟仿真实验，以及6.5万余件教材、视频等各类学习资源。② 温州理工学院积极探索知识图谱与数字教材的紧密结合，发布《课程设计与评价》知

---

① 参见张欣：《汇聚高等教育改革发展澎湃动能——高等教育综合改革推进情况综述》，《中国教育报》2025年3月18日。

② 参见《国家智慧教育平台已有4万余条中小学资源、2.7万门慕课》，2023年2月9日，http://www.moe.gov.cn/jyb_xwfb/xw_fbh/moe_2606/2023/cfh_0209/baodao/202302/t20230210_1043422.html。

识图谱版 AI 数字教材，为学习者提供更加个性化和智能化的学习体验。山西大学建设大型虚拟仿真实验“晋商风云”，开展历史学、经济学、金融学多学科交叉融合、沉浸式实践教学。南开大学推出中国首家元宇宙新闻与传播学院，开设“元宇宙与媒介的演进趋势”等专业课程，开展元宇宙沉浸式教学。中国传媒大学建设 AI 虚拟主播实验室，开发三维动画虚拟主持人“小小”，实现艺术与科学的完美结合。总的来说，“人工智能+高等教育”正推动教育模式的变革和创新，不断塑造教育新形态，以适应数智时代教育发展需求。

（五）多元培训，提升教师新能力

为应对教育数字化转型要求，推动教师主动适应数字化、人工智能等新技术，从教育部到高校积极开展教师数字化教学能力培训，全面提升教师数字素养。2018 年，教育部办公厅发布《关于开展人工智能助推教师队伍建设行动试点工作的通知》，在北京大学、上海交通大学、山东财经大学等 50 余所高校开展试点工作，探索人工智能助推教师管理优化、助推教师教育改革、助推教育教学创新、助推教育精准扶贫的新路径。[①] 全国高校教师网络培训中心、各专业教学指导委员会围绕人工智能+专业教育、大模型与智能教学工具应用、人工智能理论研究与实践等主题，组织开展人工智能赋能高等教育人才培养系列师资培训。山东大学、上海大学、西安财经大学等高校纷纷举办“AI 时代教师必备技能”“生成式 AI 赋能新文科人才数字素养”“AI 赋能教学创新”系列工作坊、人工智能赋能高校教师发展研修班、大数据百家讲坛等，帮助教师在教学、科研场景中熟练运用 AI 大模型提质增效。同时，北京外国语大学联合众多高校建立“大学思辨英语”虚拟教研室，华南师范大学联合高校、教育管理机构、行业企业建设“教师智能教育素养研究”虚拟教研室，共同围绕教师智能教育素养提升，创新教研形态、加强教学研究、开展教师培训，致力于建设一支具有较强专业知识和数字素养的文科教师队伍。

总的来说，在国家整体规划、教育部系统谋划、各省市全面推进之下，全国高校一线积极探索、创新实践，大力推动文科教育数字化建设，促进人工智能赋能文科教育变革，取得了显著成效。可以说，文科教育已经基本实

---

① 参见《关于开展人工智能助推教师队伍建设行动试点工作的通知》（教师厅〔2018〕7 号），2018 年 8 月 8 日。

现了教育数字化的“转化”发展，进入了从“转型”发展到“智慧”发展的过渡阶段。①

同时，我们必须正视的是，面对教育强国建设要求以及科技革命、产业变革带来的挑战，文科教育数字化建设还存在一些突出问题亟须解决和突破。一是科技革命影响文科教育的认识和行动尚不到位。部分高校和教师对教育数字化的理解仍停留在技术应用和工具层面，未能深刻认识到其对人文社会科学研究范式、学科体系、人才培养等带来的全方位、深层次影响，导致对人工智能赋能文科教育变革的认识不深、反应不快、回应不力。② 二是专业教育应对技术发展的变革不紧迫。学科专业数字化转型不够，课程体系、教育内容改革不及时，新兴科技知识的引入和应用尚有短板，导致学生难以满足未来社会的人才需求。三是科技教育与人文教育协同不强不紧，效果不够明显。通识教育中科技与人文的融合度不高，许多通识课程仍停留在传统文科领域，难以引导学生从人文视角思考科技发展带来的社会影响。四是文科教师队伍数字化转型尚不到位。大部分文科教师不具备科技知识背景，有效应用新技术赋能教学科研的能力不足，教师数字化教学能力培训体系、数字素养考核机制亟待加强。五是人工智能赋能教育改革的研究相对滞后，人工智能带来的教育伦理、算法歧视、数据安全、隐私保护、数字鸿沟等风险问题尚未得到有效规范和应对。

五、人工智能赋能文科教育的未来发展方向

高等教育数字化是影响甚至决定高等教育高质量发展的战略性问题，是实现高等教育学习革命、质量革命和高质量发展的战略选择。③《教育强国建设规划纲要（2024—2035 年）》强调，要实施国家教育数字化战略，促进人工智能助力教育变革。对标《纲要》部署要求，立足文科教育数字化建设前

---

① 参见吴岩:《开辟新赛道，寻求新突破，教育数字化引领高等教育新发展——2023 世界慕课与在线教育大会主旨报告》，2023 年 12 月 15 日。

② 参见樊丽明、申树欣:《加快构建自强卓越的高等文科教育体系》，《新文科理论与实践》2025 年第 1 期。

③ 参见吴岩:《开辟新赛道，寻求新突破，教育数字化引领高等教育新发展——2023 世界慕课与在线教育大会主旨报告》，2023 年 12 月 15 日。

期经验和问题短板，本文探讨性提出人工智能赋能文科教育的未来发展方向，以期推动文科教育高质量发展。

（一）优化文科专业布局和动态调整

面对新质生产力发展需求，高等文科教育必须跳出自身发展的“小逻辑”，从服务国家经济社会发展的“大逻辑”出发，优化学科专业设置。加强教育行政部门、高校、实务部门、行业企业的“强协同”，建立数字化人才需求发现机制和预测预警机制，建设国家人才供需对接大数据平台，分行业分领域开展人才需求分析，定期发布人才需求报告，推动人才供需精准适配。① 建立现有文科专业与科技经济社会发展适配度评估机制，定期发布适配度评估结果，及时发现、科学适度、有针对性地调整与数字经济新业态、科技发展新要求不相适应的传统文科专业。以人工智能赋能文科专业转型升级，深化人工智能与文科专业交叉融合发展，推动人工智能理念、知识、方法和技术深度融入文科专业教育；将“人工智能+文科”专业作为专业建设新的增长点，加大力度，重点投入，鼓励有条件的高校增设科技考古、计算法学、智慧司法、数字传播、数字治理等新专业，打造一流“人工智能+文科”专业体系。积极探索创设“人工智能+文科”双学位项目、辅修项目、微专业项目等，鼓励文科类高校与理工类高校深化校际合作，发挥各自学校学科优势，开展多类型“人工智能+”文科人才联合培养，为服务数字经济社会发展提供人才支撑。

（二）深化教学模式变革和要素创新

全面实施国家教育数字化战略，推动人工智能技术与文科教育深度融合，探索人工智能赋能教学要素创新、模式变革、场景再造、评价改革等新模式新路径。以数智赋能课程体系和教学内容改革，围绕数字人文、数字经济、科技艺术等“数字+”“人工智能+”新专业新方向，重构专业课程体系，更新课程内容，研制教学要点，构建课程知识图谱、能力图谱、素质图谱，以课程之新支撑专业之新。加强科技教育和人文教育协同，推动高水平大学牵头建设并上

---

① 参见樊丽明、申树欣:《加快构建自强卓越的高等文科教育体系》,《新文科理论与实践》2025 年第 1 期。

线一批高水平的人工智能通识课程，邀请名师大家在线教 AI、师生在线学习 AI，全面提升学生科技素养。持续推动国家高等教育智慧教育平台智能升级，开发虚拟助教、AI 问答等人工智能小工具，持续探索“师—机—生”深度交互、虚实结合的教学模式。发挥高水平研究型大学的优势，联合学术界与产业界共同研究开发生成式人工智能教育专用大模型，创新培育人工智能教育智能体，以智能生态重塑教育范式。持续开发新型数字教育资源，研发和更新 AI 课程、教材、案例库、实践项目等教学资源，打造开源共享的“AI 教育资源库”，让优质教育资源以更低成本、更高效率地输送至全国各地以及走向世界，推动慕课出海、教育出海。建立基于大数据和人工智能支持的教育评价和科学决策制度，开展教学质量实时监测、学情智能诊断，根据评价结果，动态调整、生成个性化教学方案，助力实现大规模因材施教。

（三）推动教师数字素养和能力提升

教师是教育教学工作的“主力军”，高质量的教师队伍是实现教育高质量发展的关键。深入推进文科教育数字化建设，首先要实施数字化赋能文科教师发展行动，推动教师转变理念和认识，积极应对新技术变革，着眼未来培养人才。建立分层分类教师数字化能力培训体系，主动对标《教师数字素养》行业标准，依托全国高校教师网络培训中心、专业教指委、国家级及省级教师教学发展示范中心等平台，全面开展教师数字素养培训班、人工智能+教学技能工作坊等培训活动，同时依托国家高等教育智慧教育平台或教师培训平台全程录制、上线培训课程，两年内完成所有教师的轮训。建立跨校跨区域虚拟教研室、网络备课空间等，特别是高水平大学要与偏远地区高校、地方院校建立教师教学发展共同体，协同开展教学设计、资源共享、教学观摩、交流培训等。探索实施行业导师“特岗计划”，引入科技企业参与教师培训或作为学生导师，指导教师开展“理论+实操”培训，切实提升教师技术应用能力和数字素养，打造一支高水平“双师型”队伍。推动各地各高校全面落实《教师数字素养》行业标准，制定完善教师数字素养评价指标体系，将教师数字素养评价结果纳入教师教学考核、职称评聘中，以评价“指挥棒”助推教师数字化能力提升。

（四）加强数字伦理治理和安全保障

“人工智能+教育”已经成为高等教育界广泛关注的热点话题。随着以人工智能为表征的数字技术在教育领域的广泛应用，加强人工智能伦理、算法安全、隐私保护等方面的研究成为首要任务。制定完善人工智能赋能教育的相关法律法规和管理机制，科学规范人工智能在教育领域的应用边界和规则、教育教学相关大数据的使用权限和共享范围等，建立数据处理、使用监督管理机制，确保数据安全与隐私保护。加强师生人工智能伦理教育，将科技伦理教育纳入课程体系和学术研讨中，提高师生科技伦理意识，守好技术伦理底线。坚持科技向善，加强人工智能与文科教育融合发展的研究，发挥文科在价值评判、审美取向、伦理约束、人文关怀等方面的作用，将人工智能技术发展中的伦理性、思想性、智慧性等问题引入文科教学科研，加快研究制定关于人工智能治理的规则规范，推动人工智能可持续发展。

教育数字化是我国开辟教育发展新赛道和塑造教育发展新优势的重要突破口。面向 2035 年教育强国建设目标，贯彻落实全国教育大会精神和《教育强国建设规划纲要（2024—2035 年）》任务部署，深入实施国家教育数字化战略，大力推动人工智能促进文科教育变革，加快构建自强卓越的文科教育体系，为实现中国式现代化、实现中华民族伟大复兴提供人才支撑。

实践导向，协同育人：新文科建设中的产教融合

周汶霏　宁继鸣　冯迎霜[*]

在新文科建设背景下，产教融合协同育人是以学科交叉融合为基础、以社会经济发展与产业需求为导向、以科技创新与多方协同为支撑、以教育与实践深度结合为路径的系统性育人模式，通过教育体系与产业体系的双向赋能，培养适应新时代需求的复合型、创新型文科人才。本报告以产教融合协同育人的时代背景与改革意义、相关政策演进、新文科产教融合协同育人实践及其分析等为基本框架，立足教育强国建设赋予文科教育的新使命和新要求，聚焦培养目标、培养方案与课程体系适配性，协同合作与知识转化机制建设和完善，文科教育产教融合协同育人评价体系建设等现实问题，从实践导向脱虚向实、师资共享知行合一、数智支持资源整合、评价驱动贯通发展等方面提出思考与建议。

一、产教融合协同育人的时代背景与改革意义

党的二十大对教育、科技、人才三位一体战略进行了系统部署，就加快推进教育强国建设做出总体安排。习近平总书记在全国教育大会上提出："要统筹实施科教兴国战略、人才强国战略、创新驱动发展战略，一体推进教育发展、科技创新、人才培养。以科技发展、国家战略需求为牵引，着眼提高创新能力，优化高等教育布局，完善高校学科设置调整机制和人才培养模式，加强基础学科、新兴学科、交叉学科建设和拔尖人才培养。"① 中共中央、国

---

* 周汶霏，山东大学国际教育学院副教授、硕士生导师；宁继鸣，通讯作者，山东大学国际教育学院教授、博士生导师；冯迎霜，山东大学国际教育学院博士研究生。

① 《习近平在全国教育大会上强调 紧紧围绕立德树人根本任务 朝着建成教育强国战略目标扎实迈进》，2024 年 9 月 10 日，https://www.gov.cn/yaowen/liebiao/202409/content_6973522.htm。

务院印发的《教育强国建设规划纲要（2024—2035年）》（以下简称《纲要》），明确了到2027年和2035年的主要目标和重点任务，从总体要求、"八大体系"、综合改革和组织实施等方面提出全面推进教育强国建设。

高等教育是推动实现教育强国建设目标的龙头。新的时代，文科教育创新发展需要在教育强国建设进程中准确把握历史方位，在实践中思考、建构和检验，将实践经验与新知凝练为中国特色理论体系，推动理论创新与实践探索深度融合，实现建构中国自主知识体系，培养高质量文科人才的战略目标。[①] 作为高等教育改革的重要举措，包括新文科在内的"四新"建设积极响应科技革命和产业变革需求，肩负起推动学科教育人才培养组织模式、内容体系与知识体系、实践方式与理论研究创新发展的使命。[②] 在这一背景下，产教融合协同育人的核心应当聚焦跨学科资源整合、校企协同机制创新以及数字化智能化等路径，培养能够解决复杂现实问题的高素质文科人才。

（一）产教融合是推动新文科建设走深走实的重要举措

新文科建设是持续探索文科创新发展的系统性实践，要求推动文科紧密结合社会需求，创新人才培养方式，发挥新文科在促进多学科协同、优化社会资源配置、促进高校与产业有效对接方面的综合引领作用，而产教融合是推动新文科实践走深走实的重要举措[③]，也是培养面向经济社会发展主战场、满足产业链各岗位需求、具有实战能力与创新能力的应用型人才的关键路径[④]。面对新时代的人才培养要求，新文科尝试在突破学科边界壁垒、促进科教产教融合，有效汇聚资源，构建协同育人共同体，强化文科生实践能力和原始创新能力培养，以共建共享促进人才培养与社会需求对接[⑤]等方面做出探索，以切实提升文科人才的实战能力，推进文科人才供给的结构性优化。实

① 参见宁继鸣、冯迎霜、周汶霏：《立足中国，面向世界：新文科建设理论研究回顾与展望》，《新文科理论与实践》2024年第2期。

② 参见高文轩：《关于深入推进新文科建设的几点思考》，《新文科理论与实践》2023年第2期。

③ 参见黄有方、胡坚堃、郭肇明：《以产教融合推动新文科高质量发展》，《新文科理论与实践》2023年第2期。

④ 参见刘军、华迎：《以产教融合为突破口，深化应用型高校新文科专业建设》，《新文科理论与实践》2023年第2期。

⑤ 参见樊丽明、申树欣：《教育强国建设 新文科何为》，《国家教育行政学院学报》2024年第1期；樊丽明：《论新文科建设的机制保障》，《中国高教研究》2023年第5期。

现这一目标需要将强调能力导向的协同育人贯彻到实处，即新文科人才需要多学科协同共育，通过学科间协同构建统整化的课程体系，帮助学习者形成跨学科的知识结构；通过学科与实践协同，运用跨学科知识实现“转识成智”，形成批判性解决问题的跨学科素养；通过课程统整达成学科与学习者人生志趣的有机统合。[①]

2025 年年初，DeepSeek 大模型在社会引起轰动，标志着人工智能发展从外延式“大力出奇迹”转向内涵式集约创新，推动中国 AI 产业从“技术跟跑”迈向“技术并跑和领跑”。DeepSeek 的成功在某种程度上得益于其独特的人才聘用模式——重用富有热情和好奇心的年轻人而非经验丰富者，这一反传统模式向教育发展提出了警示。[②] 高质量的创新型、应用型人才培养需要构建开放共享的教育生态。以人工智能为代表的数智技术不仅是培养创新人才的手段，也正在成为重塑教育生态的关键力量，能够强化教育的个性化内容呈现与互动体验，营造更具个性化的学习环境，激发学习动机并提升学习效果。[③] 在技术赋能教育的实践过程中，全面提升相关主体的数字胜任力是基础条件，坚持以人为本开展技术赋能的按需学习是核心路径[④]，这不仅契合数智时代的技术发展趋势，也回应了创新人才培养的本质要求。

伴随新技术、新产业、新知识的不断涌现，特别是生成式人工智能的迅猛发展，人机协同的教育学习新模式正在加速形成。这一变革显著提升了知识的提取、传播与应用效率，改变了传统的知识生产与流通方式，使得单纯的知识储备不再是人才竞争的核心优势。由此，高等教育面临新挑战：必须更加注重培养学生的知识迁移能力与实践创新素养，使其能够更快适应未来就业市场的要求，更好地服务社会发展与产业变革需要。与此同时，高等教育需要主动对接产业发展前沿，发挥推动科技创新与成果转化的服务功能，

---

① 参见吴宝锁、田良臣、刘登珲：《多学科协同的“新文科”卓越人才培养路径》，《高教发展与评估》2022 年第 2 期。

② 参见李国杰：《DeepSeek 引发的 AI 发展路径思考》，《科技导报》2025 年第 3 期。

③ Pataranutaporn, P., Danry, V., Leong, J., et al., "AI-generated Characters for Supporting Personalized Learning and Well-being", *Nature Machine Intelligence*, 2021, 3(12).

④ 参见刘嘉豪、刘德建、李至晟等：《技术赋能教育的维度、限度与向度——源自〈2023 全球教育监测报告〉专题部分的启示》，《中国电化教育》2025 年第 2 期。

这既是满足人才培养要求的重要基础，也是推动经济社会发展的必然要求。事实上，服务产业发展已成为高等教育的主要职能之一，而产教融合则是实现这一职能的根本路径，这不仅是职业教育的基本办学方向，更已成为应用型本科高校、研究型高校、“双一流”高校的共同发展取向。[①] 在高等教育语境中，大学作为主要的知识生产机构，集教学与研究活动于一体，是产教融合中“教”的实践主体；产教融合中“产”的主体则是企业，在知识的转化与应用中扮演重要角色，通过与大学合作共同开发出多模式、多业态、多领域的新生产过程、新产品与新服务。[②]

新文科人才培养立足全面提高文科人才自主培养质量、加快建设文科人才竞争力，不仅关涉基础学科拔尖人才培养，也包括强调实战能力的应用型人才培养。基础学科拔尖人才培养是基础研究发展的基础性、先导性工程，强调培养具有扎实理论基础、突出创新能力的学科领军人才，具有重大战略意义[③]；应用型人才培养则强调人才应具备创新创业能力与跨界整合能力[④]，能够有效地将理论成果转化为实际应用、高效开展实际工作、解决实际问题、及时应对社会发展需要。聚焦到应用型人才，其内涵可从多维度把握：就人才类型而言，应用型人才不仅包括应用型大学培养的人才，还包括研究型大学应用学科专业培养的人才、职业院校培养的技能型人才。[⑤] 就社会需求而言，应用型人才培养主要立足于满足社会经济发展需求，注重培养满足社会经济发展需求的高素质实践人才。[⑥] 就培养路径而言，应用型人才培养依托产教融合、校企合作等教育模式，强调将思政教育、科研成果与产业应用有机融入教学课程，通过线上与线下、理论与实践、虚拟与实做相结合等创新教

① 参见刘小强、邓婧：《从教育强国到产教融合的几点思考》，《中国人民大学教育学刊》2024 年第 1 期。

② Santos, P., Veloso, L., Urze, P., "Students Matter: The Role of Doctoral Students in University-industry Collaborations", *Higher Education Research & Development*, 2021, 40(7).

③ 参见曾长淦、刘婷：《基础学科拔尖人才培养的实践及思考——以中国科学技术大学为例》，《新文科理论与实践》2023 年第 3 期。

④ 参见周毅、李卓卓：《新文科建设的理路与设计》，《中国大学教学》2019 年第 6 期。

⑤ 参见刘献君、赵彩霞：《在融合中生长：应用型人才培养路径探索》，《高等教育研究》2022 年第 1 期。

⑥ 参见王民权：《知行合一创建文科应用型人才经验传承系统》，《中国高等教育》2018 年第 Z2 期。

学方法培养学生实践能力。[①] 然而，当前我国高校应用型人才培养仍面临多重挑战：产教融合的学校顶层设计与实施路径尚未成熟，教师认识不到位、参与积极性不高、实践指导能力及其成效有待提升，学生创新能力与实践能力亟待加强，人才培养与企业用人匹配度不高，企业对于人才培养的需求表达、要求体现、过程参与不充分等。[②]

据教育部与人力资源社会保障部公布的数据，2024 届毕业生规模预计为 1179 万，同比增加 21 万人。[③] 高校毕业生就业是“重中之重”，加快构建高校毕业生高质量就业服务体系，完善高校学科设置调整机制和人才培养模式，促进高校毕业生高质量充分就业已成为国家高等教育相关政策制定聚焦的核心问题。[④] 西南大学与北京大学开展的 2023 年高校毕业生就业状况调研结果显示，工学毕业生以 75.5%的落实率领先；经济学、理学、管理学毕业生的落实率分别为 72.2%、69.5%、68.8%，位列第二至四；法学、教育学、医学毕业生的落实率相对较低，分别为 60.4%、60.0%、54.7%。从就业形态来看，在单位就业方面，工学毕业生的比例最高，为 42%；管理学、哲学、历史学毕业生的比例较高，均在 35%以上；在灵活就业方面，艺术学、交叉学科、农学毕业生的比例较高，均在 10%以上。[⑤]

华东师范大学社会与情感能力研究团队于 2024 年发布的 OECD 教育前沿系列成果显示，中国高等教育毕业生分布主要集中在工学、医学、管理学与力学等专业，STEM 领域在中国颇受欢迎，中国 STEM 学科的毕业生比例远高于 OECD 成员国，毕业人数是美国的 4 倍；此外，中国博士毕业生总体上向

---

① 参见方正军、易兵：《发展新质生产力 培养高质量应用型人才——“三融三合三共”无机化学国家级一流课程建设的探索与实践》，《中国大学教学》2024 年第 4 期；史金飞、郑锋、邵波等：《能力导向的应用型本科人才培养模式创新——南京工程学院项目教学迭代方案设计与实践》，《高等工程教育研究》2020 年第 2 期。

② 参见杨仁树、焦树强、罗熊：《“产教融合”构建行业特色高校应用型人才培养新生态》，《中国高等教育》2024 年第 2 期。

③ 参见《教育部人力资源社会保障部共同部署做好 2024 届全国普通高校毕业生就业创业工作》，2023 年 12 月 5 日，http://www.moe.gov.cn/jyb_xwfb/gzdt_gzdt/moe_1485/202312/t20231205_1093287.html。

④ 参见《教育部关于做好 2025 届全国普通高校毕业生就业创业工作的通知》，2024 年 11 月 12 日，http://www.moe.gov.cn/srcsite/A15/s3265/202411/t20241112_1162526.html。

⑤ 参见邱文琪、岳昌君、闫思宇等：《2023 年全国高校毕业生就业状况实证研究——基于单位就业与灵活就业的对比分析》，《北京大学教育评论》2024 年第 2 期。

理工科倾斜，社会科学、艺术人文领域的高等人才较少。①

统计数据显示，我国高校毕业生的就读学科类型对去向落实有显著影响，人文、社科、经管、理科和其他学科的毕业生相比工科毕业生在就业市场上的竞争力均较低②；研究生特别是博士层次，文科专业占比显著下降，与OECD成员国相比，中国在社会科学、艺术人文领域的高层次人才培养规模相对较小，反映出文科人才培养在高层次创新人才方面的短板。这些问题提供了重要启示，文科教育亟待提升人才培养的质量与层次，以回应社会对文科“脱虚向实”、强化服务社会经济发展效能的现实要求。

（二）产教融合协同育人已成为国际社会文科教育共识

中国与美国作为世界上最大的两个经济体，在应用型人才培养的理论与实践方面均做出了多种探索和重要贡献。进入20世纪以来，文科毕业生的就业水平出现下降趋势，美国高等文科教育开始关注学生对未来就业市场需求与职业发展需要的适应性能力培养问题。③ 美国人口普查局提供、美国艺术与科学学院分析的2021年美国人文指标显示，美国最终学历为文科学士学位的毕业生中有61%在过去五年中在广义上的“管理、专业与相关职业”类别领域就业，其中担任管理职位的约有17%，另有10.5%从事与教育相关的职业；在“管理、专业”类别中，最常见的两种职业类型分别是商业与金融运营类，占12%，另一种是艺术、设计、娱乐和媒体类，占7%；此外，从事办公室/行政支持职业或销售工作占12%，从事服务类工作占8%。值得注意的是，这类毕业生中还有4%从事计算机相关职业，3%在医疗保健领域就业，2%在科学和工程领域就业。④ 这反映出文科毕业生所具有的人文素养和综合能力在管理岗位中得到认可，且少量文科毕业生在计算机、医疗保健、科学工程等领

---

① 参见黄忠敬:《迈向教育强国 中国与OECD教育指标比较研究》,上海教育出版社2024年版。

② 参见邱文琪、岳昌君、闫思宇等:《2023年全国高校毕业生就业状况实证研究——基于单位就业与灵活就业的对比分析》,《北京大学教育评论》2024年第2期。

③ Telling, K.,“ Selling the Liberal Arts Degree in England: Unique Students, Generic Skills and Mass Higher Education”, *Sociology*, 2018, 52(6).

④ U.S. Census Bureau, “2021 American Community Survey Public-Use Microdata Sample. Data Analyzed and Presented by the American Academy of Arts Sciences' Humanities Indicators”, https://www.amacad.org/humanities-indicators/workforce/occupations-humanities-majors-terminal-bachelors-degree. 2025-01-15.

域实现了跨界发展，彰显出文科教育培养的批判性思维、创新能力等核心素养具有广泛的职业适用性。

2023年美国学院与大学协会（The American Association of Colleges and Universities，AAC&U）发布《就业准备就绪的毕业生：雇主如何评价大学带来的不同》报告，描述了对1010名雇主（包括高管和招聘经理）的调查发现，指出雇主普遍强调高影响实践（high-impact practices）的重要性，即毕业生承担过领导责任和活动、同伴辅导和指导，以及勤工助学等能够支持做好职业准备的实践经历；雇主们认为这些实践的整体效果优于单独实施，能够公平惠及所有学生，并帮助学生在求职时脱颖而出。值得注意的是，在调查中的“高校应更加注重培养的学生能力”维度，雇主们将“批判性思维”列为首要技能，口头沟通、适应性和灵活性以及复杂问题解决能力紧随其后。① 此外，为应对社会对文科应用型人才的新需求，美国高校积极探索文科教育培养应用型人才的有效路径。例如，部分高校的职业发展中心为学生提供全方位的职业指导和发展支持，包括职业规划、简历修改、面试技巧培训、就业信息发布等，以帮助学生更好地了解自己的职业兴趣和优势，制定职业发展目标；调整文科专业招生宣讲与建设侧重，强调在自动化、人工智能和其他技术革新飞速发展的背景下，部分已有职业可能被淘汰，新型职业也可能被催生，传统文科学位中获得的技能知识在未来会更加重要，因而文科教育将更加重视创造性思维、问题解决、批判性分析和交流沟通等文科技能与知识培养。②

在过去40年中，毕业生就业能力的提升已成为澳大利亚高校的关键战略目标，也深刻影响了学科发展的方向。文科毕业生就业情况的不明朗以及由此引发的忧虑导致澳大利亚多所大学减少投入文科的资金、提升文科专业学费甚至关闭相关院系和专业，文科招生数量出现螺旋式下降。③ 为应对全球知识经济发展的挑战，澳大利亚联邦政府提出建设“国家创新体系”的倡议，

---

① Finley, A. P., “The Career-Ready Graduate: What Employers Say about the Difference College Makes”, American Association of Colleges and Universities, 2023.

② About the College of Liberal Arts, 2024-12-30, https://www.unr.edu/liberal-arts/about.

③ McCormack, S., Baron, P., “The Impact of Employability on Humanities, Arts and Social Sciences Degrees in Australia”, *Arts and Humanities in Higher Education*, 2023, 22(2).

出台系列政策支持高校学科建设、提升毕业生就业能力。这些政策最初主要侧重于科技领域，对人文社会科学领域的关注相对不足，后经文科学者呼吁，情况有所改善。[①] 近年来，澳大利亚政府将高等教育的价值与经济回报和就业市场需求直接挂钩，将毕业生就业能力作为评估高等教育价值的关键指标。例如，澳大利亚政府通过提高文科专业的学费、降低 STEM 专业的学费，引导学生选择被认为“更具就业竞争力”的专业；另外，学校也在重构课程体系，更加关注教学质量，并鼓励大学课程的创造力和创新；增加实习和工作体验环节，加强与行业合作。[②] 这一系列聚焦教育质量提升的调整，是出于对经济发展方向的考量，即传统意义上依赖“毕业生数量”带来的生产率增长正在枯竭，教育需要不断提高学生的学习质量，转而以高质量人才推动生产力提升。[③]

类似的情况也发生在欧洲。尽管欧洲高等教育已进入普及化阶段，人文学科毕业生仍在就业市场面临诸多挑战，包括失业风险高、专业能力与劳动力市场需求不适配、薪资水平偏低以及专业知识应用机会有限等问题。[④]

德国高等教育在近一百年经历了重大转变。20 世纪初期，德国高校入学率长期维持在较低水平：1900 年德国高校入学率仅为 2%，1930 年约为 3%，1950 年为 5%，1960 年为 8%，这一阶段高等教育主要面向精英阶层开放，并未将培养学生就业能力放在首位；如今，随着高等教育入学率突破 50%，德国高校人才培养目标和模式开始转型。[⑤] 在德国教育体系中，进入高等教育的“标准”途径是在小学毕业后进入青年文法学校（学习中等教育中的学术课程），完成学业并获得高校入学资格，而后进入高等教育阶段；此外，德国教

---

① Cassity, E., Ang, I., “Humanities-industry Partnerships and the ‘Knowledge Society’: The Australian Experience”, *Minerva*, 2006, 44(1).

② McCormack, S., Baron, P., “The Impact of Employability on Humanities, Arts and Social Sciences Degrees in Australia”, *Arts and Humanities in Higher Education*, 2023, 22(2).

③ Brennan, M., “Productivity, Migration and Skills”, Universities Australia Conference, https://www.pc.gov.au/news-media/speeches/productivity-migration-skills/productivity-migration-skills.pdf.2022.

④ Nss, T., et al., “Labour Market Mismatch among Master's Graduates in the Humanities from 1995 to 2015 in Norway”, *European Journal of Higher Education*, 2023, 13(4).

⑤ Behle, H., “Taking Stock: Employability as an Outcome of Higher Education. Evaluating Developments in the German Higher Education System”, *Higher Education Quarterly*, 2021, 75(4).

育体系也提供了多种替代途径，相当比例的学生通过参加职业培训进入劳动力市场或二轮资格认证之后入读大学，超过25%的一年级新生在进入大学前已获得职业资格。[①] 因此，德国高校毕业生同样面临供过于求的现状，并导致学生对高等教育的态度变化，倾向于选择与职业生涯计划直接相关的课程，高校也开始将培养学生职业技能的内容纳入课程，并提供多样化的校内就业服务。随着提高就业能力成为德国高等教育的重要目标之一，德国科学与人文委员会于2015年发布建议，指出“高等教育应该使学生能够完成复杂的职业任务，并成功地塑造他们的个人教育和职业履历”。由于德国部分职业（如社会工作者或工程师）要求必须完成某些特定课程才具备就业资格，因此德国自20世纪70年代初期开始设立应用科学大学（Fachhochschule），此类院校在原有的职业院校基础上创办，旨在培养面向就业的学生，提供更贴近劳动力市场需求的教育，开设了工商管理、社会科学、设计、教育和媒体研究等文科课程[②]，且学制通常比综合性大学更短；一些联邦州还设有“双元制学院”，即研究型大学与以教学为主的应用科学大学分立，但二者所授予的学位在官方层面上是等同的，应用科学大学的本科毕业生也可进入综合性大学学习硕士课程。[③]

二战后，英国高等教育也经历了扩张过程，具体表现为高校入学人数增加和新兴大学的不断涌现，但相比其他发达国家，这种扩张相对缓慢。牛津大学和剑桥大学这类老牌名校仍然坚持精英教育，讲授经典课程、注重学术严谨性和道德训练，这种高昂的人才培养成本被认为“会限制高等教育系统的扩张规模，而不会损害其产出的高学术质量”；相比之下，新兴大学尝试开设更广泛的学科教育，包括针对当地工业生产需要的“应用”科学和技术学科。在撒切尔政府时期，英国高等教育构建起更加商业化、以学生需求为导向的教育供给体系。2012年起，英国大学学费大幅提高，学生开始更多地被

---

① Tieben, N.,“Non-completion, Transfer, and Dropout of Traditional and Non-traditional Students in Germany”, *Research in Higher Education*, 2020, 61(1).

② Tieben, N.,“Non-completion, Transfer, and Dropout of Traditional and Non-traditional Students in Germany”, *Research in Higher Education*, 2020, 61(1).

③ Behle, H.,“Taking Stock: Employability as an Outcome of Higher Education. Evaluating Developments in the German Higher Education System”, *Higher Education Quarterly*, 2021, 75(4).

鼓励在选择专业时要考虑未来就业。在这种复杂背景下，尽管英国政策制定者认为应该加强科技教育以提升国家竞争力，且高等教育面临人文学科“衰退论”、教育经费紧缩等问题，但文科整体占比仍保持相对稳定，只是文科内部各学科发展存在分化，如“社会研究”（Social Studies）学科学生在1967年占学生总体的近20%，到2010年这个比例为9%；法律、商业和传播学学科增长较快，约占20%。① 值得注意的是，在英国参与产教融合的学者中，工学学科学者最为活跃，文科学者中商科和媒体领域的学者也是最多产且活跃的群体之一。②

挪威情况与英国类似，文科整体规模波动不大，表现出一定的韧性，但文科内各学科情况略有不同。根据挪威在2021年的官方统计，相比世界经合组织其他成员国，挪威拥有更多公共部门，此类部门就业人数占挪威总就业人数的32%，约一半的大学毕业生在此就业，某种程度上也保障了文科毕业生的就业。另外，调查结果显示，语言专业尤其是北欧语专业的毕业生就业形势较好，这类专业毕业生多在教育部门就业；但文学、哲学与思想史、艺术史、考古与文化研究等专业的毕业生面临较大就业压力，其在毕业6个月后的失业率超过10%，且超过40%的毕业生存在受教育程度“过高”的问题。挪威学生在校期间获得的相关工作经验有助于降低毕业后的失业风险，因而高校应加强学生实习、拓展更多校外合作项目，但目前人文学科学生获得这类实践的机会较少。③

分析发现，尽管上述各国的文科教育普遍面临毕业生就业压力问题，但在产教融合协同育人方面均开展了富有特色的实践探索。美国文科教育较早开始关注学生就业能力，强调批判性思维、口头沟通等核心技能的培养，通过与企业紧密合作，建设职业发展中心、增加学生实习机会和校企合作项目、增强毕业生的就业能力；另外，美国的主要挑战在于文科教育的社会认可度

---

① Mandler, P., “The Humanities in British Universities since 1945”, *The American Historical Review*, 2015, 120(4).

② Abreu, M., Grinevich, V., “The Nature of Academic Entrepreneurship in the UK: Widening the Focus on Entrepreneurial Activities”, *Research Policy*, 2013, 42(2).

③ Nss, T., et al., “Labour Market Mismatch among Master's Graduates in the Humanities from 1995 to 2015 in Norway”, *European Journal of Higher Education*, 2023, 13(4).

下降，部分院校面临资金削减和课程调整的压力。德国通过设置“应用科学大学”“双元制教育”等差异化教育路径，使学生能够根据自身情况选择适合的教育路径，从而在真正走入社会前获得较强的职业能力。英国在扩大高等教育规模的同时，推动课程商业化，如通过改革学费结构和增强课程应用性等措施来应对文科专业的就业挑战。挪威因公共部门规模较大，为文科毕业生提供了相对稳定的就业机会。我国新文科产教融合协同育人面临的挑战与这些国家存在一定程度的相似性。此外，尽管我国文科人才培养在数量上占据优势，但高层次、复合型、应用型创新人才的培养仍显不足，这也成为新文科人才培养创新实践的一个重要着力点。

二、政策演进与新文科产教融合协同育人实践进展

（一）相关政策演进与梳理

改革开放以来，中国教育体系一直致力于探索应用型人才培养的可能模式与有效路径。党的十九大报告明确提出深化产教融合重大改革任务，党的二十大进一步明确推进科教融汇、产教融合与职普融通。中国的产教融合协同育人探索伴随中国经济转型升级的历史进程，经历了从教育管理体制改革与校际整合的制度性建设阶段，向深入探索育人成效和系统化、差异化发展阶段转变的过程，合作主体也逐渐从企业、职业院校发展到包括企业、职业院校、高等院校及相关科研机构、社会组织机构等在内的多主体类型。

新文科建设的产教融合协同育人正是在这一背景下开展的，从理念酝酿到实践落地，需要走深走实行稳致远，需要强化机制保障，完善资源配置机制、协同共建机制、能力提升机制、考核评价机制和质量保障机制，进一步激发内生动力。[①] 为深入理解新文科产教融合协同育人的机制与路径等问题，本报告对中国产教融合协同育人政策演进予以梳理与呈现。

第一，学校人才培养与经济社会发展、企业岗位需求相对接。早在2002年，教育部发布《关于加强和改进专业学位教育工作的若干意见》，提出要促进专业学位教育的健康发展，为社会主义现代化建设培养大批应用型高层次

① 参见樊丽明:《论新文科建设的机制保障》,《中国高教研究》2023年第5期。

专门人才。2016年，中共中央印发《关于深化人才发展体制机制改革的意见》，强调要统筹产业发展和人才培养开发规划，加强产业人才需求预测，加快培育重点行业、重要领域、战略性新兴产业人才，完善产学研用结合的协同育人模式。2017年，国务院办公厅印发《关于深化产教融合的若干意见》，明确提出将产教融合作为促进经济社会协调发展的重要举措，并从发展格局、企业主体、人才培养、供需对接、政策支持及组织实施等方面指明了产教融合的实施方向，提出建立高等教育学术人才和应用人才分类培养体系，支持应用型本科和行业特色类高校建设，推进专业学位研究生产学结合培养模式改革等建设意见，为产教融合协同育人实践提供了全面深化的行动指南。2023年《教育部关于深入推进学术学位与专业学位研究生教育分类发展的意见》发布，提出要始终坚持学术学位与专业学位研究生教育两种类型同等地位，深入打造学术学位与专业学位研究生教育分类培养链条。

第二，完善协同机制建设，促进教育链、人才链与产业链、创新链有机衔接。2018年10月，教育部等三部门印发了《关于加快建设发展新工科实施卓越工程师教育培养计划2.0的意见》，提出加快发展以产业学院、未来技术学院为代表的新工科建设，探索形成中国特色、世界水平的工程教育体系。2019年7月，习近平总书记主持召开中央全面深化改革委员会第九次会议，会议审议通过《国家产教融合建设试点实施方案》，明确把深化产教融合改革作为推进人力人才资源供给侧结构性改革的战略性任务。同年10月，教育部办公厅等七部门印发《关于教育支持社会服务产业发展，提高紧缺人才培养培训质量的意见》，提出要聚焦社会服务产业紧缺领域，通过改善教育供给、深化产教融合等举措，培养一大批具有较高职业素养与专业能力的高素质人才。2020年3月，国家发展改革委、教育部联合印发《建设产教融合型企业实施办法（试行）》，明确了按照“政府引导、企业自愿、平等择优、先建后认、动态实施”的基本原则开展产教融合型企业建设。同年8月，《现代产业学院建设指南（试行）》颁布，决定在特色鲜明、与产业紧密联系的高校建设若干与地方政府、行业企业等多主体共建共管共享的现代产业学院，协调推进新工科与新农科、新医科、新文科融合发展，深化产教融合，完善人才培养协同机制，造就大批产业需要的高素质应用型、复合型、创新型人才。

2022 年教育部公布首批现代产业学院名单，并就产业学院的建设定位、建设重点、制度体系建设等方面做出明确要求。2024 年，国务院学位委员会办公室转发《工程类博士专业学位研究生学位论文与申请学位实践成果基本要求（试行）》（简称《基本要求》），并就相关问题回答记者提问，指出《基本要求》首次明确了工程类博士专业学位研究生的学位论文选题范围和质量要求，首次明确了通过实践成果申请学位的标准和程序，进一步强化了专业学位以实践创新能力为导向的培养定位和标准，具有重要开拓意义。①

第三，加大力度推动职业教育对经济社会发展的适应性，构建职普融通、科教融汇、产教融合的统筹发展体系。2013 年 7 月，教育部颁布《关于充分发挥行业指导作用推进职业教育改革发展的意见》，明确校企合作是培养高素质劳动者和技术技能人才的有效途径。2018 年 2 月，教育部等六部门联合印发《职业学校校企合作促进办法》，对职业教育的校企合作育人模式、合作形式与内容、政策支持和组织实施等方面做出了明确规定，将校企合作的范围扩展到“共同育人、合作研究、共建机构、共享资源等”。2019 年，国务院印发《国家职业教育改革实施方案》，指出“职业教育与普通教育是两种不同教育类型，具有同等重要地位”，为提升新时代职业教育现代化水平指明了方向。2022 年 4 月，修订后的《中华人民共和国职业教育法》以立法的形式进一步明确职业教育是与普通教育具有同等重要地位的教育类型，是国民教育体系和人力资源开发的重要组成部分，是培养多样化人才、传承技术技能、促进就业创业的重要途径。有关职业教育的政策文本表明，对职业教育的价值定位从服务经济发展需要转向服务社会经济发展和人的全面发展，不仅关注产教关系的经济价值，也关注个人的成长与发展。②

中国产教融合协同育人的政策建构体现了政府、市场与社会多主体参与的多层级全方位覆盖特征，强调教育链、人才链与产业链、创新链的深度融合。首先，政策从国家战略层面明确产教融合在经济社会发展中的关键作用，并提出具体建议与举措指导推动不同层次教育机构、行业主体和政府的协同

---

① 《国务院学位办负责人就工程类博士专业学位研究生学位论文与申请学位实践成果基本要求（试行）答记者问》，2024 年 10 月 31 日，https://www.gov.cn/zhengce/202410/content_6984009.htm。

② 参见王辉：《我国职业教育产教融合政策变迁析理》，《中国职业技术教育》2022 年第 27 期。

合作，以确保政策的可操作性和执行力。其次，产教融合政策强调培养具备实践能力、创新能力和职业素养的高素质应用型人才，推动教育模式由传统的学科导向转向以社会需求为导向的培养模式，体现了教育体系与经济发展需求协调统一的发展方向。最后，强调协同性是中国产教融合政策的重要特征，教育、科技与产业的互动，高校与企业在人才培养、科研合作、产业实践等方面的协同发展、双向对接是必然要求。

（二）新文科产教融合协同育人实践进展

本报告从培养目标、培养方案与课程体系建设，实践教学探索，师资队伍建设，社会协同育人等方面分析当前新文科产教融合协同育人的实践进展。

1. 培养目标、培养方案与课程体系建设

梳理相关案例可知，不少高校根据自身特色和优势着力构建全方位、多维度的思政育人体系，并以此统合培养目标、培养方案与课程体系建设，探索以思政为引领、特色为导向、融合为途径的发展路径。

第一，以思政育人统领教学改革。武汉大学注重拓展实践育人平台，与校内外相关单位共建“大思政课”实践教学基地，形成全方位、多层次的思政育人格局，在实践育人改革中坚持“聚焦国家社会需要、依托专业学科特色、服务学生全面发展”，将思想政治教育与学生社会实践紧密结合，打造“行走的思政课堂”，着力构建“师生联动、部门联动、校社联动”的多维度协同育人体系，助力学生在企业生产技术一线进行创新实践，激发其科技报国使命感。① 陕西科技大学在思政教育体系建设中主动应对互联网技术迭代带来的挑战，聚力“三个强化”，探索建设运行科学、保障有力的网络思政教育体系。学校以“思政课教学成果展示平台”“思政资源共享平台”为阵地、思政主干课为主体、综合素养课程为支撑、“指尖课堂”易班优课课程为辐射，强化思想引领，开展周期性网络专题调研，实现网络思政教育精准施策的迭代优化。②

---

① 参见《武汉大学以“三坚持三提升”深化推进学生社会实践育人工作》，2024 年 1 月 31 日，http://www.moe.gov.cn/s78/A12/gongzuo/moe_2154/202401/t20240131_1113521.html。

② 参见《陕西科技大学探索建设网络思政教育体系 助力思政工作提质增效》，2022 年 3 月 15 日，http://www.moe.gov.cn/s78/A12/gongzuo/moe_2154/202203/t20220315_607463.html。

第二，建设多维度融合的创新培养方案，建设系统化、特色化的教学体系。复旦大学哲学学院在新文科建设过程中聚焦哲学人才培养范式创新，构建以“哲学+”为核心的跨学科复合型人才培养体系，通过设立“数理逻辑+数学+计算机”（PMC）学程项目，为全校文理专业学生提供系统的数理逻辑训练。学院打破二级学科之间的区隔，形成哲学、宗教学、国学、科学哲学与逻辑学、艺术哲学五大学科集群协同发展架构，促进学科内部的交叉融合发展。① 天津大学在新商科人才培养中实施“管工融合的新商科人才培养模式”，通过“以面向未来为战略立足点，以产业实践、创新能力、全球治理的整合创新为导向，以产学研平台、基础理论知识体系、全球教学资源整合等重要举措为抓手”的三维培养框架构建起纵向本硕博贯通式培养、横向多学科交叉融合的人才培养体系。②

第三，立足区域文化与发展特色，服务地方需求，建设系统化的产教融合教育框架。郑州大学美术学院和西安美术学院设计艺术学院在培养方案制定中注重地域文化资源的学科化转化与创新性发展，两所院校分别将中原文化和西部文化作为学科建设的核心研究方向，确立服务区域经济社会发展的战略定位，整合属地文化资源，构建具有鲜明地域特色的新型设计学科体系，着力培养兼具科技创新能力、前沿学术视野和创新实践素养的复合型设计人才。③ 东华大学在人才培养规划中聚焦院校学科优势，秉持跨服装媒介与多学科协同的培养理念，构建服装艺术设计领域高素质人才培养模式，通过系统推进国内外赛事培优项目、深化校企协同育人平台建设、开展产教融合项目实践等多元路径，引导学生创作兼具中国传统文化精髓与当代时尚表达的创新设计作品，实现文化传承与时尚创新的有机统一。④

第四，教育数字化赋能课程改革创新。东北财经大学在经管类专业人才

---

① 参见陈周旺、段怀清、严峰等：《新文科：学术体系、学科体系、话语体系——复旦大学教授谈新文科》，《复旦教育论坛》2021年第3期。

② 参见杨宝臣、马寿峰、刘大勇等：《“管工融合”的新商科人才培养模式：机遇、条件与发展路径》，《天津大学学报》（社会科学版）2024年第5期。

③ 参见王昭、靳军：《新文科视域下的设计学科建设新路径——基于数字沉浸艺术的产生与发展》，《美术》2022年第7期。

④ 参见周洪雷、马玉儒：《“新文科”背景下东华大学服装艺术设计专业教学改革与毕业设计探索》，《装饰》2024年第6期。

培养中重视数字技术赋能学科专业发展，从战略层面实施学科交叉融合，打破传统学科壁垒，整合计算机科学与技术、应用数学、数理统计等学科资源，组建数据科学与人工智能学院，面向经管类专业学生开设人工智能与大数据交叉课程模块，构建“经管+数智”的复合型课程体系；在实践教学方面，与企业建立合作关系，基于企业真实业务场景和项目案例，共同开发实训课程体系。[①] 四川电影学院在影视人才培养课程体系建构中推进数字化转型与课程创新，通过整合5G网络直播技术、出镜记者实务技能和新媒体运营管理等课程模块，开发融媒体直播联合实训课程体系，采用项目驱动教学模式，以联合作业为载体，模拟数字时代全媒体传播场景，帮助学生理解融媒体环境下多模态传播的特征与规律，回应传媒行业技术革新的现实需求。[②]

2. 实践教学探索

科技创新与数字赋能为发展数字化、系统化、个性化和项目化的实践教学提供了技术基础，探索适应产业发展需求的多元化实践教学模式，对于推动文科教育改革创新具有重要价值。

第一，以学生为中心，因材因时因地进行实践教学。常州大学会计专业以能力本位为导向，将可持续发展理念融入实践教学，系统培养学生的探索精神、协作能力、科学思维和实践创新能力，学校与新道科技开展合作，搭建数智化教学平台，将财务共享服务、商务大数据分析、区块链技术应用及智能财务RPA等内容整合入课程教学，进行教学内容的动态更新与学生学习能力的适应性培养。[③] 成都中医药大学在医学人文教育领域实施全程化实践教学，通过构建医学人文课程群，对学生人文素养的培养贯穿本科教育全过程。该模式强调知行合一，教师引导学生在临床实习中将医学人文理论知识转化为实践能力，致力于培养具有“四心”（仁心、爱心、细心、责任心）素养

---

① 参见王维国、徐健、盖印：《新文科背景下经管类专业数智化升级改造的研究与探索——以东北财经大学为例》，《新文科教育研究》2021年第2期。

② 参见李伟：《智媒时代应用型影视人才培养新思考》，《中国广播电视学刊》2024年第9期。

③ 参见赵红梅、王文华、马剑锋：《数智化会计人才培育实践教学平台构建与应用——以常州大学为例》，《财会通讯》2023年第22期。

的医学人才，实现人文教育与专业教育的结合。①

第二，根据行业需要延伸实践教学场景，创新优化教材体系。北京外国语大学进行双课堂延伸实践教学，在“第一课堂”的建设中，强化思政课程与课程思政的结合，采用全覆盖、精准化、特色化的就业创业教育课程模块，提升学生的就业认知与政策理解能力；在“第二课堂”的拓展中，学校在部分学科专业的教学中聘请用人单位专家担任本科生成长导师和研究生企业导师进行实践指导，实现第一课堂与第二课堂协同育人。② 南开大学在数字文旅人才的培养过程中，针对行业发展新业态优化课程体系，完善本科课程与硕博课程衔接机制；升级传统课程，融入人工智能、大数据等现代信息技术内容；增设国际化课程模块，提升学生的专业技能和全球视野。③ 在教材建设方面，呈现出专业化、实用化、技术化的创新优化趋势。四川音乐学院为应对新文科建设对专门用途英语（ESP）教学带来的挑战，构建了多模态立体化教材体系，通过有机整合 VR、AR、大数据、图形识别等智能技术，对传统教材形态进行升级重构，开发出融合多维度感官体验的教材，为培养具备跨学科素养的音乐专业人才提供教学支撑材料。④

第三，强化项目导向与团队协作。中央民族大学新闻与传播学院在思政研创教学项目中引导学生由“知之”向“乐知”继而向“乐行”转变，构建“认知—情感—行为”研创教学模式，引导学生实现从认知理解到情感认同再到实践创新的递进式发展，研究团队基于实地调研成果进行舞台作品创作，完成由项目到实践的教学过程。⑤ 鲁迅美术学院文化产业管理专业在实践教学环节设计中结合文化产业发展实际，开展政校企协同育人。该校通过与政府

---

① 参见赖玉萍、刘毅：《中医伦理思想育人的理论与实践——以成都中医药大学为例》，《中国卫生事业管理》2022 年第 4 期。

② 参见贾德忠、兰建华：《高校构建“就业育人”全链条机制探析——以北京外国语大学的实践为例》，《思想教育研究》2024 年第 3 期。

③ 参见邱汉琴、杜莹莹：《新文科背景下数字文旅人才培养的创新与实践》，《旅游学刊》2022 年第 8 期。

④ 参见朱文利：《“新文科”视域下 ESP 专业建设与创新——以四川音乐学院音乐英语教学改革为例》，《中国电化教育》2022 年第 6 期。

⑤ 参见苏米尔：《新文科传媒艺术思政育人的理论思考与实践探索——基于专业思政研创剧〈长征路 · 民族情〉的探析》，《民族教育研究》2021 年第 4 期。

文化管理部门和文化产业实体的合作，将项目式教学聚焦于文化策划、艺术管理、文创产品研发等特色领域，在培养学生专业实践能力的同时，强化对团队协作精神的培育。①

第四，关注学生能力素养，进行学生能力评价体系建设。南京师范大学在汉语言文学专业学生能力评价体系建设中，将传统的命题标准、知识评分标准与能力检测标准相结合，对学生学习效果进行全面考核。②

3. 师资队伍建设

在文科应用型人才协同培养过程中，加强“双师型”教师队伍建设，促进校际区域师资力量共享、提升教师队伍数字素养与人工智能应用能力是赋能人才培养质量的重要保障。

第一，校企双师合作，强化师资力量。华中农业大学以产学合作为切入点，推进“引企入教”，在师资力量建设中推动农林高校与农（林）科院合作，进行“双师型”教师建设培训，引进校外兼职卓越导师，聘请非遗传承人、科技能手、技术匠人、农业达人参与课程设计、课堂讲授和课后交流互动，推荐高校教师进入企业、科研院所、政府部门进行人才培养合作、联合技术攻关、共同研发生产，实现产教双向互赢。③ 郑州大学新闻与传播学院在全媒体应用型高级新闻传播人才培养过程中先后与新华社、人民日报（河南记者站）、光明日报（河南记者站）等多家媒体建立专业硕士研究生联合培养基地，进行校外导师选拔，校内导师和业界导师的指导贯穿人才培养全过程。学生攻读硕士学位期间，在校内导师和业界导师的共同指导下完成学位论文和全媒体作品创作。全媒体作品的毕业答辩流程对标学位论文答辩，学校邀请来自河南广播电视台、河南日报报业集团等媒体的一线工作人员作为答辩主席，对毕业作品严格把关，优秀毕业设计对接媒体平台应用、播放。④

---

① 参见杨波、耿阳：《基于项目式教学的文化产业管理应用型人才培养模式探索》，《艺术工作》2020 年第 4 期。

② 参见钱慧真：《以就业为导向的高校汉语言文学专业人才培养模式研究》，《中国成人教育》2011 年第 2 期。

③ 参见漆勇政：《新农科背景下农林高校教师教学能力提升路径探析》，《中国大学教学》2023 年第 11 期。

④ 参见潘亚楠、张淑华：《新闻与传播专业硕士学位“双导师制”构建的困境与创新路径》，《青年记者》2023 年第 14 期。

第二，校际区域师资共享，助推人才培养。湖南省教育厅印发《岳麓山大学城高校学分互认、后勤共保、设施共用实施方案（试行）》，进一步拓宽岳麓山大学城高校学生学习成长渠道，实现区域高等教育优质资源互惠互补、共建共享，中南大学、湖南大学、湖南师范大学三所高校逐步放开人文艺术、自然科技、经济社会、创新创业等通识教育课程互选，组织三所高校的教师对同类型课程开展集体研讨，突出各校优势特色，实现校际区域间的师资共享。① 中央戏剧学院在戏剧与影视学学科建设过程中审视现有戏剧影视专业人才培养模式，一是通过整合表演专业、导演专业、演艺影像设计、播音主持等十个专业方向的学科资源，突破传统师资配置壁垒，二是通过组建多专业教授团队和理工类院校开展文理交叉层面的师资共享。②

第三，文科实验室建设，数字技术赋能师资队伍建设。清华大学凭借其在数字化转型领域、文理交叉学科实践以及产学研融合科研条件等方面的优势，推进计算社会科学与国家治理实验室的建设。自 2014 年起，该实验室发起并持续举办九届"大数据社会科学讲习班"，这一平台累计培养了近 1400 名大专院校的教师、科研机构的研究人员及硕博研究生，为国内计算社会科学领域的师资队伍建设做出贡献。③ 四川大学新闻传播专业构建"数字多模态符号认知分实验室"，推动前沿认知科学技术手段与文学、传播学领域的跨学科融合，以促进教学实践与科研创新的协同发展，专业实验室引入中国科学院大学神经生物学专家作为实验室主要主持人，开展认知符号学、认知语言学研究，拓展学科研究边界，为师资队伍的建设提供技术支撑与创新动能，推动新闻传播学科的理论与实践纵深发展。④

4. 社会协同育人

第一，多元实践基地联合育人。实践基地是理论知识与实践技能衔接的

---

① 参见《在岳麓山大学城，可同时上三所高校》，2024 年 11 月 15 日，https://www.hunan.gov.cn/hnszf/hnyw/zwdt/202411/t20241115_33500919.html。

② 参见郝戎、孙大庆：《关于"新文科"背景下"戏剧与影视学"建设之破题与破局》，《戏剧（中央戏剧学院学报）》2020 年第 3 期。

③ 参见孟天广、严宇：《文科实验室：数字时代社会科学研究的"基础设施"》，《中国社会科学评价》2024 年第 2 期。

④ 参见胡易容、杨登祥：《"新文科"语境下的新闻传播学科融合顶层设计思考——川大个案与普遍问题》，《中国广播电视学刊》2022 年第 9 期。

重要载体。北京交通大学在新文科建设过程中秉持“交通特色×科教融合”理念，校院两级共建创新实践基地。学院签订建设项目任务书，从资源建设、师资队伍、管理制度等方面落实建设任务；学校发挥校董事会的平台和纽带作用，与企事业单位签订战略合作协议，开展创新实践基地建设，搭建高水平产学合作平台。①

第二，真实实践场景融合育人。在北京体育大学体育新闻传播人才培养模式建构中，学校与中央广播电视总台、北京广播电视台、中国体育报业总社等主流媒体，以及新媒体等商业平台共建学生实习实践实训平台，为学生提供体育赛事解说、体育活动策划、体育新媒体平台运营等实践活动，构建基于真实工作场景的沉浸式实践教学体系，实现理论教学与行业实践的有机衔接。② 中国传媒大学系统整合校内外资源，运用国家虚拟仿真实验教学课程共享平台和学校自建的“中传云”平台，构建“线上+线下”深度融合人才培养实践场景，设立实践教育中心和创新创业教育中心，形成“专业实践+融合实践+创新创业实践”三阶递进式培养体系，建立全方位、立体化实践育人体系，探索“从作业到作品再到产品”的产学研用实践育人路径。③

第三，海外实践渠道拓展育人。中央音乐学院在“中国民乐国际化人才”培育中，与美国巴德音乐学院建立新型合作伙伴关系，合作创办中国民族器乐表演专业学位项目，项目各专业教授通过远程视频教学与面对面指导相结合的方式开展乐器主课教学，相关专业的中方在读研究生可申请担任音乐研习院驻校助教，对外方学生演奏予以指导；同时，中方助教在海外实习中可兼以国际学生的身份进修课程，开拓人文视野，完善专业技能。④ 上海财经大学在海外实践渠道的探索中以原有国际组织人才培养项目为基础，建立“招生—培养—推送”协同育人机制，基于财经类国际组织后备人才的核心能力，

---

① 参见《北京交通大学创新创业实践教育基地》，2022 年 8 月 10 日，https://heec.cahe.edu.cn/school/startup-news/319.html。

② 参见薛文婷：《“四重螺旋”创新生态系统视域下的体育新闻传播教育改革》，《中国新闻传播研究》2023 年第 6 期。

③ 参见贺小飞、王晓红、孟宁：《新文科视域下实践教育的内涵发展及实施路径》，《中国大学教学》2022 年第 8 期。

④ 参见《东“音”西传 融通中西 中央音乐学院与巴德音乐学院合作创立海外中国民乐人才培养新模式》，2022 年 6 月 1 日，https://www.ccom.edu.cn/info/2621/28361.htm。

系统整合知识建构、素养培育与能力发展三大维度，通过政产学研、国际国内联合培养，进行国际组织的实习任职推送。[①]

第四，实习实践评价体系建设反哺育人。在校企协同实践育人的实施过程中，构建管理环节互通模式是实现闭环反馈机制的重要途径。百度飞桨与电子科技大学联合四川省16所高校共建“飞桨（四川）人工智能教育创新中心”，校企双方通过建立管理环节互通的协同育人模式，由学院主要部门负责人与百度公司西南区域相关负责人共同组成管理运行中心，制定人才培养计划、明确合作内容、建立规章制度并落实管理考核机制，确保实践育人过程中的闭环反馈，推动协同育人模式的创新发展。[②] 黑龙江大学在档案学专业实践教学评价体系的构建中，围绕“以课程实验为核心的专业理论认知体系”“以专业实习为核心的业务技能培训体系”与“以创新项目研究为核心的创新能力培养体系”进行系统性设计，引入多元评价主体，针对实习条件、带队教师及实习学生分别设立差异化的评价标准，避免评价的单一性与笼统性，进一步实现实践教学评价的科学化与精细化。[③]

三、新文科产教融合协同育人实践分析

（一）新文科产教融合协同育人实践成效

上述案例部分反映了各高校在新文科产教融合协同育人过程中的努力和尝试。相关高校在人才培养、实践教学、师资队伍建设以及社会协作机制优化等方面开展的系统性探索与创新，在思政育人体系完善、学生就业能力提升、师生协同科技成果转化以及社会协同实践平台建设等方面初见成效。

1. 思政育人体系建设

在产教融合协同育人案例中，思政育人体系建设的成效体现在学生思想政治素质提升、思辨能力培养、家国情怀培育等多个方面。高校思政课程的

---

① 参见姚玲珍、朱君萍、陈旭东：《新文科视域下财经类人才培养模式改革探索——基于上海财经大学国际组织后备人才培养的实践》，《新文科理论与实践》2022年第4期。

② Yili, Li, Guobin, Zhu, Mengya, Xie, “Exploration of the Training Mode of School-enterprise Collaborative AI Innovative Talents Based on Paddlepaddle”,《计算机教育》2023年第12期.

③ 参见于元元：《档案学专业实践教学评价体系与标准构建方法研究——以黑龙江大学档案学专业为例》，《黑龙江档案》2019年第5期。

创新发展为校内校外协同配合，形成全员育人思政教育格局奠定了坚实基础。华中师范大学在思政育人进程中立足师范院校办学定位，积极构建“大实践”工作格局，协同联动多方力量，将大学生社区实践计划、对口支援西部地区高等学校计划、西部计划“研究生支教团”项目、暑期志愿服务专项行动相融通，打造出“带着问题去实践、带着任务赴一线、带着成果回学校”的良性循环机制和良好实践氛围。[①] 中国人民大学在农业经济管理类课程思政体系建设中，加强核心课课程思政建设，通过融合专业课程、开设特色课程等方式，将习近平总书记关于“三农”工作重要论述深度融入思政育人体系，形成思政课程与课程思政相结合、思政课程与专业课程相融通、课堂教学与实践教育相促进的课程结构，涌现出一批兼具学校及学科特色的思政示范课程。[②]

2. 学生就业能力发展

学生就业能力发展的成效一方面体现为学生个人能力提升与职业素养增强，另一方面体现在行业协同发展与就业渠道贯通。西南政法大学以学科专业建设为核心，与政府相关部门及涉外企业建立深度协同合作关系，进行涉外法治订单式人才培养，通过“课内外结合”“产学研联合”的“双线”人才培养路径，建立“校—企—局”三位一体的全过程协同育人机制，实现对订单培养对象的全周期成长追踪，在人才就业质量与职业发展方面取得显著成效。[③] 南开大学在数字文旅人才的培养中，以现代旅游业协同创新中心为平台，通过社会服务、智库合作、委托咨询等方式为学生谋划就业方向，为产业构建人才输送体系；同时，学校对已有的大学生创新创业项目进行转化，扶持学生在非物质文化遗产传承、中华文化传播、影像与表达等领域开展自主创业活动，推动数字文旅专业毕业生实现灵活就业与择业。[④] 中国地质大学

① 参见《华中师范大学“三个突出”创新推动实践育人工作走深走实》，2024 年 12 月 4 日，http://www.moe.gov.cn/s78/A12/gongzuo/moe_2154/202412/t20241210_1166484.html。

② 参见朱信凯、钟真、熊雪锋：《课程思政的力量：中国人民大学培养新时代乡村振兴人才的探索与启示》，《中国人民大学教育学刊》2025 年第 1 期。

③ 参见王怀勇、张春良：《精准服务国家战略的涉外法治人才培养改革与实践——以西南政法大学为例》，《法学教育研究》2024 年第 1 期。

④ 参见邱汉琴、杜莹莹：《新文科背景下数字文旅人才培养的创新与实践》，《旅游学刊》2022 年第 8 期。

珠宝学院在珠宝产业链专业人才培养体系中，基于行业需求进行技术研发人才、创意设计人才、商业运营人才及管理决策人才培育，显著提升了毕业生的就业竞争力与职业发展潜力，为行业头部企业输送了高素质珠宝检测、运营、管理人才。[①] 2016—2020 届本科毕业生连续五年保持 96%以上的高位就业水平，毕业生和用人单位对学校人才培养的满意度和认可度较高。[②]

3. 师生协同与科技成果转化

“科技成果转化是创新驱动发展战略的核心内容，也是提升国家创新体系效能的关键环节。高校作为我国科技创新体系的重要组成部分，也是科技成果的重要供给侧。”[③] 浙江大学通过国际合作与哈佛大学地理分析中心合作共建“学术地图发布平台”，平台自 2017 年上线以来已发布 400 余幅数据地图，800 余个图层、40 余万条条目、300 余万字数据，作为现代科技与人文社科的结合，学术地图发布平台所形成的大数据，为科学研究、政府决策及社会服务等提供重要参考。[④] 东华大学服装与艺术设计学院同浙江省宁波市宁海县签署校地合作协议，面向长三角“三省一市”12 所高校启动“长三角艺术振兴乡村联合毕业设计行动”，围绕乡村文化振兴、产业振兴、生态振兴等转化艺术设计类专业学生毕业作品，将高校科研和设计实践转化为赋能乡村的设计力量。[⑤]

2024 年山东大学主办的首届大学生新文科实践创新大赛集中呈现了“师生协同与科技成果转化”。其中，金奖项目“古建奇谈——样式雷家族沉浸式文旅供应链”通过定制文旅行程、构建新媒体科普平台，用热门园林景区带动冷门学术话题；“‘鱼’跃古今——非遗视域下赫哲族鱼皮画赋能乡村振兴

---

① 参见陈汉英、尹作为：《新时代珠宝行业发展趋势与创新型人才培养》，《宝石和宝石学杂志（中英文）》2024 年第 1 期。

② 参见孟国强、陈美华、陈全莉：《宝石及材料工艺学专业本科生就业现状分析及对人才培养的建议——以中国地质大学（武汉）珠宝学院为例》，《宝石和宝石学杂志（中英文）》2021 年第 4 期。

③ 朱培蕾：《推动科技创新“关键变量”转化为新质生产力“最大增量”》，《光明日报》2024 年 5 月 7 日。

④ 参见《浙江大学发挥多学科优势推进新文科建设》，2019 年 7 月 10 日，http://tac.gzu.edu.cn/2019/1120/c1394a125489/page.htm。

⑤ 参见《文化双向赋能，我们这样干！》，2024 年 12 月 11 日，https://fzys.dhu.edu.cn/2024/1211/c9812a354410/page.htm。

及路径研究”将非遗项目与乡村振兴有机结合进行成果孵化；“星心计划——西部孤独症群体融合就业服务领航者”融跨艺术学、医学、心理学和社会学学术研究，聚焦孤独症患者就业精准帮扶。①

4. 社会协同与实践平台建设

产教融合实践平台建设为教育改革和区域发展提供了有力支撑，让学生在实习实践中提前感受企业文化，学习行业最新技术，提升就业竞争力。哈尔滨工业大学在创新实践基地建设中与华为技术有限公司协同打造校企合作创新实践基地示范性样板，探索建立校企联合育人的长效协同机制。华为首个数据通信创新实践基地于2022年落地哈尔滨工业大学威海校区，校企合作从传统的计算领域向连接领域拓展，实现了从单一学院到多学院协同参与，推动校企双方在更大范围、更宽领域、更深层次上的合作，为高等教育与产业实践的深度融合提供了实践范本。② 华南理工大学艺术学院在音乐人才培养中，与广州大剧院、芒果TV等企业合作，共建艺术实践基地与内容推广项目，突破课程实践与舞台实践之间的界限，助力学生实现从课堂到舞台的无缝衔接，提升专业实践能力。③ 海南师范大学结合海南自由贸易港发展需求，在外语专业人才培养中设立跨境电商教学实践平台，为学生提供丰富的实践机会。这一举措不仅助推了跨境电商运营复合型人才培养，也为地方师范院校的实践育人模式创新提供了参考。④

（二）新文科产教融合协同育人实践问题

1. 教育强国建设赋予文科教育新使命新要求

《教育强国建设规划纲要（2024—2035年）》作为党中央、国务院颁布

---

① 参见《首届大学生新文科实践创新大赛决赛在济南举行》，2024年12月26日，https://www.view.sdu.edu.cn/info/1027/198654.htm。

② 参见《牵手华为 创新实践基地暨“未来网络”研究生实验班在校区揭牌》，2022年9月25日，https://news.hitwh.edu.cn/2022/0925/c4697a160302/page.htm。

③ 参见刘丁、黄振洪、张自晔：《综合性大学音乐学科“创演一体、教研并举”实践育人模式的探索——以华南理工大学艺术学院为例》，《高教探索》2024年第3期。

④ 参见陈义华、李雯、李孟端：《海南师范大学国际语言服务学院：以“新四化”引领语言服务人才培养新模式》，《光明日报》2024年12月22日；《产教融合，跨境电商人才培育新模式——教学实践基地授牌仪式顺利举行》，2022年5月7日，https://wyxy.hainnu.edu.cn/2022/0517/c3004a125338/pagem.htm。

实施的教育事业发展纲领性文件，是首个以教育强国为主题、以全面服务中国式现代化建设为重要任务的国家行动计划。《纲要》提出建设自强卓越的高等教育体系，要求“深化新工科、新医科、新农科、新文科建设，强化科技教育和人文教育协同，推进理工结合、工工贯通、医工融合、农工交叉，建强国家卓越工程师学院、国家产教融合创新平台”，为新时代文科教育的创新发展指明了方向，提出了更高要求。

文科教育作为服务中国式现代化建设、加快教育强国建设的重要力量之一，肩负着构建中国哲学社会科学的自主知识体系与人才自主培养体系、推动文科高质量发展的重要使命。在《纲要》的战略指引下，文科教育要努力探索和实现教学、科研与社会服务领域更高水平的协同创新，增强文科对重大社会实践问题的理论回应能力，强化文科人才对社会经济发展的支撑力；特别是在新技术、新产业、新业态快速发展的背景下，文科教育需要在学科专业建设和人才培养方面主动适应国家战略、区域协同发展和产业升级的新需求，着力培养具有跨学科视野、卓越创新能力与实践能力的高质量应用型人才，有力回应教育强国建设赋予的新使命、新要求。

2. 培养目标、培养方案与课程体系的适配性

新文科产教融合实践为高等教育文科人才培养带来新的发展机遇。当前，高校正在积极探索优化人才培养供给侧与产业需求侧的结构性衔接方案，以有效应对已有学科建设与产业发展及社会需求耦合度不高的问题。① 新文科建设自启动以来，致力于推动新文科专业的前瞻性建设，强化课程设置的融通性，完善实践教学体系，加大教学资源投入，建设高校实验室与实践基地，对文科应用型人才的创新培养进行了重要探索。伴随新文科建设的推进，学科交叉融合趋势加强，学科专业和课程设置的跨界整合，特别是前沿课程、交叉学科课程与实践课程的贯通设计仍待加强，以增强文科人才培养对科研创新的基础支撑能力，为培养更符合社会需求的复合型、应用型人才提供新路径。在继承传统教学模式优势、探索数字赋能方面，多元化的创新教学方法仍待开发，以利于为培养学生创新思维与提升实践能力开辟更大空间；在

---

① 参见赵军、陈佳钰、李博：《研究生教育学科结构与产业结构：耦合协调度的实证研究》，《研究生教育研究》2025 年第 1 期。

育人过程中进一步强化“以中国式现代化全面推进强国建设、民族复兴伟业”的目标引导，使学生通过学习能够有效理解应用型人才培养的重要意义，掌握有效平衡科研与应用、升学与就业关系的能力，促进产教融合协同育人成果的有效转化；通过加强国内国外校企交流合作，进一步扩大创新成果的应用范围，提升创新成果与育人目标的适配度。

3. 协同合作与知识转化机制建设与完善

已有研究发现，协同合作主体间的及时交流是实现知识等成果转化的关键，然而在产教融合的实践过程中，文科知识转化常是隐性化、延迟化的[①]，这给文科产教融合的深入实践与有效协同带来了不确定性。从合作机制看，部分企业在校企合作过程中所获收益与投入成本不成正比，合作诉求未得到满足，这可能会导致企业在参与过程中终止或减少投入等[②]；或担心人才培养周期长、投入多、不确定性强，因此与高校合作进行人才培养的积极性不高，甚至宁愿直接高薪聘请成熟人才；部分产教融合项目中培养方案制定、课程体系设计、教材开发等环节，多是由高校主导、企业配合，企业从中几乎“无利可图”，致使部分校企合作流于浅层合作，或者合作模式较为单一，难以满足不同层次、不同专业的人才培养需求。[③] 从师资队伍看，实习内容是校内课堂教学的延伸，需要实现知识与能力的转化与应用，需要避免低技能训练、开发创新性实习内容，因而对指导教师的主动指导能力、职责与生师比要求更为严格[④]；部分一线教师对产教融合实践的重要性认识不到位、积极性不高，建设高质量“双师型”教师队伍面临挑战[⑤]，包括教师培养和来源渠道受限、校企间交流不足、教学素养和能力有待提高、“双师型”教师人员的

---

① Roberts, J., “From Know-how to Show-how? Questioning the Role of Information and Communication Technologies in Knowledge Transfer”, *Technology Analysis & Strategic Management*, 2000, 12(4).

② 参见冉云芳、石伟平：《企业参与现代学徒制：动机、行为与非货币化收益的关系研究》，《华东师范大学学报》（教育科学版）2023 年第 1 期。

③ 参见白逸仙、王华、王珺：《我国产教融合改革的现状、问题与对策——基于 103 个典型案例的分析》，《中国高教研究》2022 年第 9 期。

④ 参见祝成林、和震：《指导者的文化—认知能提升高职院校学生实习效果吗——基于 30 位实习指导者的深度访谈分析》，《教育发展研究》2021 年第 Z1 期。

⑤ 参见俞启定：《“双师型”教师的定位与培养问题辨析》，《教师教育研究》2018 年第 4 期。

认定、考核体系及内部激励机制尚不健全等问题。[①] 从学生实习实践看，校外实习实训基地与校内教学活动缺乏一体化设计的“两张皮”状态时有存在，实验室和实践基地建设与培养目标、培养方案的适配性以及教学资源利用率有待提升，校企协同育人的管理制度与教育认证机制尚待完善。[②]

4. 文科教育产教融合协同育人评价体系建设

评价体系的科学构建与持续优化是深化新文科产教融合协同育人成效的重要保障。研究表明，高校与企业间的合作程度与知识传播扩散程度呈现显著正相关，创新性产出对知识拓展的促进作用越大，知识传播普及率越高，越可能从产教融合中获得更多回报。[③] 换言之，加强校企合作能够催生创新成果和积极的知识溢出效应。然而，这种合作效应往往是隐性与延迟的，这一特征在文科领域表现尤其突出。近年来，虽然学界越来越关注高校产教融合的评价问题，但仍存在评价主体不够多元、评价公平性无法衡量、评价应用效果不显著等问题。[④] 加快构建科学、多元的评价体系，提升产教融合实践效应的“能见度”，准确衡量和展现合作成效，有效激发各方主体持续深化协同育人的积极性，已成为必须面对和亟待解决的问题。由于实践教学过程较为具体和细致，如何让师生更主动参与并有效检验教学效果，主要取决于对实践教学的认定评价，相关实践教学评价标准亟待建立和完善；针对教师与学生的评价标准需要分层分类，将面向教师的认可性、规范性评价和面向学生的激励性、引导性评价有机结合，以有效调动师生参与积极性，进一步推动实践教学开展。[⑤] 在建设评价机制的过程中，应注重评价的育人导向，坚持“以评促建、以评促改”，尊重教育的本质与基本规律，以及人才培养的根本

---

① 参见林锐:《产教融合背景下应用型高校“双师型”教师培养的现实困境与路径》,《公关世界》2024 年第 9 期。

② 参见童昕、张积林:《地方应用型本科高校新文科建设研究与实践》,《国家教育行政学院学报》2021 年第 3 期。

③ Goel, R. K., “Knowledge Diffusion Worldwide: Role of University-industry Collaborations and Beyond”, *Managerial and Decision Economics*, 2022, 43(5).

④ 参见白逸仙、王华、王珺:《我国产教融合改革的现状、问题与对策——基于 103 个典型案例的分析》,《中国高教研究》2022 年第 9 期;刘丹青、王宇宁、谢平:《新工科背景下产教融合育人的原则、问题及对策》,《中国科技产业》2023 年第 1 期。

⑤ 参见张晓凤:《论传媒专业实践教学体系的构建》,《中国编辑》2021 年第 4 期。

任务。加快构建多元主体参与的监管评价机制，针对产教融合中各方主体的多元价值诉求，特别是要注意发挥企业的主体作用，创新评价指标体系，通过实现“评价主体多元化、评价标准科学化、评价结果应用化”的体系建设，为深化产教融合协同育人提供制度保障。

四、教育强国建设中的新文科产教融合协同育人

（一）实践导向、脱虚向实

世界经合组织发布的《2025 教育趋势》报告指出，培养所有学习者具备一定的适应力和灵活性，以及沟通能力、团队协作、批判性思维和创造力，是确保人才有能力驾驭动态和不确定劳动力市场的关键。[①] 已有实证研究表明，文科教育在培养这些关键竞争力方面具有独特优势，特别是在培养批判性思维、问题解决能力和沟通能力等方面具有显著成效；但现实情况是，不少用人单位对最能提供这种准备的教育——文科教育，尤其是人文学科教育——失去了欣赏力。[②] 产生这一现状的部分原因是文科学科分化所导致的人才视野与能力局限。立足现实、面向未来，文科教育“脱虚向实”、强化实践导向、打好人才的能力基础时不我待。对实践教学的强调并不意味着减少或放弃对传统文科价值的坚守。实际上，文科教育始终将培养学生的人文素养、道德情操、创新性思维与批判性思维等关键能力作为重要内容与传统旨归，力图帮助学生成长为具有社会责任感、专业使命感和终身学习能力的个体，这同样符合产业对文科人才的期待。这种高阶能力培养要求文科教育有能力赋予学生广泛的文科素养、广阔的社会视野以及深厚的人文情怀，需要长期积累与沉淀，也需要高校与企业在人才培养过程中保持有效的沟通。

立足教育强国建设战略要求，新文科产教融合协同育人正聚力开拓新局面。经过长期探索实践，我国产教融合已经从单一校企合作模式发展为涵盖政产学研多方协同的系统工程，并在制度建设方面取得显著进展。这种发展

---

① OECD, “Trends Shaping Education 2025 ”, OECD Publishing, https://doi.org/10.1787/ee6587fd-en,2025.

② Stross, R., “A Practical Education: Why Liberal Arts Majors Make Great Employees”, Stanford, Calif.: Stanford University Press, 2020.

不仅为新文科产教融合实践提供了重要的经验支持与制度保障，也逐渐探索和建构起更科学、更有效的协同育人机制：学校和行业企业建立互助互融、共同管理的组织机制，签订校企合作协议，明确双方职责、权利和义务，保障产教融合协同育人工作的长期稳定开展。同时，各主体围绕产业需求开展顶层设计，推动产教融合协同育人体系从单维管理向多元治理转变，构建有益于多方参与的实践教学体系。这些现实支撑为新文科产教融合协同育人注入实践动力，使其呈现出鲜明的实践导向特征。一方面，各主体围绕产业需求，通过订单式培养、项目式教学、顶岗实习等多样化合作形式，推动教育、人才与产业的精准对接，吸引行业企业深度参与人才培养、教学改革和专业建设；另一方面，这种融合更加注重创新引领、交叉融合与数字赋能，坚持用习近平新时代中国特色社会主义思想铸魂育人，传承弘扬人文精神，着力培养具有人文情怀的高素质应用型人才。这种系统性的教育实践转向，既是中国文科教育现代化的重要探索，更是文科助力教育强国建设的创新成果。

（二）师资共享、知行合一

习近平总书记在全国教育大会上强调，教育是强国建设、民族复兴之基。强国必先强教，强教必先强师。[①] 这一重要论述为新文科建设指明了方向：高质量的应用型人才培养必须以高水平师资队伍建设为支撑，以科学有效的培养方案与课程体系建设为保障。教师队伍建设应该更加关注培养学生成为知识探索者与新知识生产者的要求，着力提升学生的创新能力、解决问题能力和实践能力。[②] 新文科强调价值引领性与实践导向性，以资源融合构建立体化实践教育体系，秉持多元化模态与规范化管理路径，落实产出导向，创新实践教学模式。[③] 立足新文科课程建设的跨学科、综合性、融通性等要求，高校教师走出去、行业教师引进来、建设面向应用型人才培养的高水平“双师型”教师队伍已成为重要发展方向。

---

① 参见《朝着建成教育强国战略目标扎实迈进》，2024 年 9 月 12 日，http://www.moe.gov.cn/jyb_xwfb/s5148/202409/t20240912_1150489.html。

② 参见田洪鋆：《一线教师如何建设新文科：从政策理念到实践操作》，清华大学出版社 2024 年版。

③ 参见贺小飞、王晓红、孟宁：《新文科视域下实践教育的内涵发展及实施路径》，《中国大学教学》2022 年第 8 期。

面对分类的传统学科、专业化人才培养模式、单一学科中心的院系结构难以供给复合型文科人才，需完善跨学科、复合型文科人才培养的招生制度、学分制度和学位制度的现实情况[①]，高校及教师在制定培养方案或建设课程之前要深入调研行业与产业用人需要，深化校企交流，理解企业“在想什么”“想要什么”，将人才“出口”对接社会“入口”，设计和实施切实可行的产教融合协同育人教育模式，并建设畅通的多领域师资交流渠道。在师资共享的同时，要立足实际开展学科交叉融合的课程设置，实现多学科融合培养[②]，强调以“厚基础、突通识、强交叉”为导向开展课程改革，并充分突出课程知识的实践价值，加强教学团队建设、积累教学改革成果，以达成提升课程“创新性、高阶性和挑战度”目标[③]；需要探索数字化赋能专业发展与教学创新的有效路径，积极参与人工智能赋能下的产教融合协同育人共同体构建。此外，需将职业规划、职业技能培训等纳入文科教育体系，使“职涯”与“学涯”有效对接，并进一步拓宽师资培养与引进渠道、优化教师队伍结构、提升教师创新实践教学能力、完善“双师型”教师认定考核及激励机制。

从培养模式看，产教融合的本质是知行合一、学做合一。传统教育强调理论知识的传授，某种程度上存在与生产实践脱节的问题。产教融合强调将理论学习与生产实践有机结合，让学生在真实的生产环境中通过实践培养职业能力和职业精神，是培养高质量文科应用型人才的破局之道。在新文科产教融合的深化进程中，协同合作与实践成果转化机制的建设与持续优化为提升文科应用型人才培养质量提供了重要保障。当今时代，企业的竞争优势日益依赖于知识基础的提升、整合及获取能力，以及精准识别新知识价值的能力。[④] 因此，如何将文科理论知识转化为解决复杂问题的能力、转化为职业能力，如何将科研成果转化为实践指导、转化为社会实际可用的决策、方案或

---

① 参见朱贺玲、郝晓晶：《新文科建设背景下的复合型人才培养：新变局、新挑战与新思路》，《高教探索》2023 年第 4 期。

② 参见鲁小艳、王东兰：《构建新文科高质量发展体系探究》，《中国高等教育》2023 年第9 期。

③ 参见何瑛、张子怡、王砚羽：《跨学科交叉融合与工商管理专业转型升级路径探析》，《新文科理论与实践》2023 年第 3 期。

④ Knockaert, M., Ucbasaran, D., Wright, M., et al., “The Relationship between Knowledge Transfer, Top Management Team Composition, and Performance: The Case of Science-based Entrepreneurial Firms”, *Entrepreneurship Theory and Practice*, 2011, 35(4).

服务，如何将教学实践与产业实践创新转化为更具普遍意义的社会创新等，都成为深化文科领域知识转化机制建设、践行产教融合科教融汇、服务经济社会发展的重要思路。

协同育人是以学习逻辑为纽带整合学科逻辑与社会发展逻辑，将教学活动与教学关系置于广阔的现实情境中进行，将教师、学生与行业、就业及社会紧密相连，使学校教师、行业教师及校企合作管理者共同为学生打造一个发展知识与能力的学习共同体。在课程体系建构过程中，高校对知识进行跨学科统合，建设和利用整合性教学内容解决单一学科知识的局限性，实现课程统整。在具体教学过程中，则是教师、学生在实践场景中进行整合式教与学，基于真实问题与真实任务，有机整合学科门类知识，开展合作式、探究式学习，在具体的教学中打破文科与理工科界限，为新兴产业培养出符合岗位要求的复合型人才，在不断解决问题的过程中找到理论生发与知识建构的着力点，真正实现以学生为中心、以应用为目标的知识学习与能力培养，并推动人文社会科学与新技术、新业态、新模式的交叉融合，形成新的知识增长点和科技创新源。

（三）数智支持、资源整合

数字技术的深度发展与广泛应用正在深刻改变产业发展形态和人才需求结构。世界经合组织指出，人工智能与其他先进技术的融合正在重塑劳动力市场，一方面使许多工作实现自动化，另一方面又在不同领域创造出需要新技能的工作，并扩展出人机协作的可能性。这种变化对教育系统提出了新要求：教育系统必须帮助个人为未来工作做好充分准备，并促进终身学习以适应技术进步的步伐。[①] 对新文科建设而言，这种变革既代表挑战又预示机遇，也意味着新文科产教融合协同育人在向数字化、智能化方向转型升级，充分发挥数据作为重要教育要素的功能，加快推进国家教育大数据中心建设，探索建设教育的系列数据应用、报表和地图，更好地提升教育管理效率和教育决策科学化水平。[②]

---

① OECD，“Trends Shaping Education 2025”，*OECD Publishing*，2025，https://doi.org/10.1787/ee6587fd-en.

② 参见吴岩：《深度挖掘数据宝藏 推动教育提质增效》，《中国教育网络》2024 年第 6 期。

当前人才供给与产业需求之间的适配性差异日趋显著，这与人才培养模式尚未适应数字化转型要求、产教融合要素流通机制有待完善等现实问题[①]有关，这些结构性问题的化解需要教育与社会、产业、政府间形成协同合力，围绕新质生产力发展要求建构新质人才培养体系，培育和建设以数智技术为依托的产教融合型企业、专业、院系与学校。研究表明，产教融合能够帮助学术界和产业界通过合作共同实现难以单独完成的目标，这种以资源、责任、风险和收益的交换与共享为特征的合作模式，要求产教双方持续收集、分析并整合研究与技术转移中的信息，吸收整合来自合作伙伴的外部知识。[②] 产教融合本质上是高校与产业界在产权方面相融合的新办学模式[③]，通过数智技术赋能及与理工农医等学科融合，能够在调整优化文科专业结构、畅通信息与要素流通的同时，真正铸就文科的“硬实力”。在具体实践中，高等院校正在充分运用人工智能等数字技术重塑人文社会科学的教学育人模式、科学研究范式与行业服务方式；或利用互联网、云计算等技术，搭建校企合作的数字化平台，突破时空限制，实现学校与企业间的资源共享、信息互通和协同育人。浙江大学面对人工智能时代的挑战和机遇，锚定“国家队”战略定位，持续打造以学生成长为中心的卓越教育体系，通过课程建设、创新实践和支撑保障建设创新引领的创业教育体系，形成科教融汇、产教融合的特色模式。学校开设百余门创新课程，80%的本科生参与创新实践研究；出台科研成果转化、在校生创业等扶持政策，依托校友网络，以浙大校友企业总部经济园为创新枢纽聚集650余家创新主体，探索出龙头企业打造创新平台、政府共建科创基地、园区培育优质项目的科技与产业融合路径，构建“政府引导—高校支撑—企业主导”的协同创新体系，有效推动创新成果转化落地。[④]

---

① 参见陈昌智：《深化产教融合 校企合作亟待解决的问题——在2018中华职业教育社专家委员会会议上的讲话摘编》，《中国职业技术教育》2018年第13期。

② Evans, N., Miklosik, A., Du, J. T., “University-industry Collaboration as a Driver of Digital Transformation: Types, Benefits and Enablers”, *Heliyon*, 2023, 9(10).

③ 参见刘军、华迎：《以产教融合为突破口，深化应用型高校新文科专业建设》，《新文科理论与实践》2023年第2期。

④ 参见何冬健、高心同、柯溢能：《创新生态造就创新人才》，《浙江日报》2025年2月20日。

2024年12月，国家发展改革委等部门发布的《关于促进数据产业高质量发展的指导意见》进一步明确了产教融合在数字时代的发展方向，强调面向产教融合加快数据领域学科体系和人才队伍建设，通过推进政产学研合作协同育人，构建高等教育、职业教育和继续教育相互支撑的数据领域学科专业建设体系。[①] 发展数据产业是深化数据要素市场化配置改革、构建以数据为关键要素的数字经济的重要举措，是推进国家大数据战略、加快建设数字中国的重要支撑，这种实践为新文科产教融合协同育人的数字化转型与资源整合提供了经验支持与参考样本。数智技术不仅为企业与高校师生共同开展科研项目提供了平台，促进产学研深度融合，也为产教融合协同育人提供了丰富的教学资源和多样化的教学手段，促进了学生对专业知识和技能的理解与掌握，为实现个性化学习提供了必要条件；这一过程也将酝酿和产生系统性变革，如依托数智技术可建立健全数据标准规范、互通合约、安全保障、权责监管等制度体系，可借助区块链等新兴技术破解数据壁垒与信任危机，可运用政策仿真实验等科学方法提升教育评价大数据体系建设决策的科学性等[②]，从而为新文科产教融合深度实践提供制度与技术保障。

（四）评价驱动、贯通发展

教育评价事关教育发展方向，是引领新文科产教融合协同育人可持续发展的重要抓手。新文科产教融合需要建立培养成效长期跟踪和评价反馈机制，并将评价结果有效运用到新文科建设培养目标、方案和实现过程的持续改进中，形成高效的人才培养闭环评价与改进系统。[③] 这一评价体系需要充分认识到知识生成和知识转移的差异性特征：当学生、教师或行业成员进行研究时，他们在创造知识；而在教学过程中，他们则成为知识的承载者。[④] 这种认识对构建科学的评价机制具有重要指导意义：一方面，在设计评价机制时，须针

---

① 参见《关于促进数据产业高质量发展的指导意见（发改数据〔2024〕1836号）》，2024年12月30日，https://www.ndrc.gov.cn/xxgk/zcfb/tz/202412/t20241230_1395341.html。

② 参见檀慧玲、王玥：《教育评价数字化转型的内生动力与核心议题》，《教育研究》2023年第12期。

③ 参见樊丽明：《论新文科建设的机制保障》，《中国高教研究》2023年第5期。

④ Gibson, E., Daim, T. U., Dabic, M., "Evaluating University Industry Collaborative Research Centers", *Technological Forecasting and Social Change*, 2019, 146.

对知识创造和知识传递这两种不同的过程采取相应的差异性评估方法，以确保评价的科学性和有效性；另一方面，要注重评价知识的实践价值，不仅要关注高校向企业输出知识创新的贡献，更需要重视企业实践知识对教学过程的反哺作用。

评价机制的建设与完善有助于推动新文科产教融合实践的规范化与标准化，使育人成效可观察、可评量。从价值取向看，应建立符合产教融合实践属性的多元评价指标体系，以应用型科研技术创新及其产业化效应为核心评价指标，强化科研成果对产业发展与技术创新的实际贡献；从治理体系看，需要构建教育主管部门、学校、企业多方协同的评价治理体系；从技术支撑看，应建立产教融合评价数据平台，实现评价信息的动态监测与反馈优化。①特别是在数字化转型背景下，虽然面临数据资源有限、数据壁垒、共享机制不畅等多重挑战，但通过建立健全数据标准规范、运用区块链等新兴技术，可以有效破解这些难题。②

就业能力研究为推动产教融合评价体系建设提供了重要参考。自 20 世纪 70 年代以来，西方学界对就业能力模型展开研究，其应用场景涵盖教学干预措施指导、个人就业能力评估、职业教育有效性分析、面向高校的就业能力战略参考等多个方面。近年来，就业能力模型研究呈现多样化趋势，围绕不同功能或者特定情境架设，既有注重特定技能的工具主义取向，也有强调迁移能力、自主性等内化态度的人文主义取向，这为构建新文科产教融合评价体系提供了多维思路。③

在评价体系的驱动下，协同发展成为新文科产教融合的关键环节。协同本身就是一种实践，是实现不同领域间知识转移的关键④，需要多视角整合、

① 参见朱德全、白虹雨：《新时代教育评价改革赋能“三融”国家战略的新动能》，《现代远程教育研究》2024 年第 3 期。

② 参见檀慧玲、王玥：《教育评价数字化转型的内生动力与核心议题》，《教育研究》2023 年第 12 期。

③ Eimer, A., Bohndick, C., “Employability Models for Higher Education: A Systematic Literature Review and Analysis”, *Social Sciences & Humanities Open*, 2023, 8(1).

④ Nielsen, C., Cappelen, K., “Exploring the Mechanisms of Knowledge Transfer in University-industry Collaborations: A Study of Companies, Students and Researchers”, *Higher Education Quarterly*, 2014, 68(4).

资源整合与行动整合，并以相互理解、开放沟通、明确承诺等作为重要保障。[①] 这种协同在新文科产教融合中体现为多个维度。从价值导向看，需要实现教育价值与经济价值的统一：一方面，教育要坚持立德树人的根本任务，培养德智体美劳全面发展的社会主义建设者和接班人；另一方面，要主动对接产业发展需求，提升人才培养的适应性，为经济高质量发展提供人力资源支撑。从发展动力看，需要政府引导与市场机制有机结合，需要政府加强顶层设计，完善政策支持，建立协同治理机制；要充分调动企业参与的积极性，共建“政府主导、企业主体、院校主动”的融合发展格局。

五、结语

科技革命、产业变革、社会转型与知识创新的内在关联，为理解新文科的实践性要求提供了必要参照。聚焦铸魂育人与应用能力提升，是在百年未有之大变局之下新文科建设服务教育强国战略、回应“为谁培养人、怎样培养人”这一重要问题的必然选择。长期以来，文科知识生产主要以“解释模式，并对复杂问题进行丰富而微妙的诠释”为主，其经济、社会和文化效益难以直接衡量，其应用场景也较为散在，这使得合作者或资助者较难把握文科在解决社会问题方面的专业优势。[②] 然而，文科产教融合的实践表明，文科不仅能提供服务支持，更在知识传播及政策影响方面发挥着独特作用。[③] 因此，深入挖掘文科的实践价值，并将其有机融入人才培养过程，着力提升文科人才的实战能力，是新文科建设推进产教融合实践的应有之义。

在新时代新要求指引下，新文科产教融合协同育人的实践探索已取得了诸多经验与成效，其发展路径彰显出以下特质：一是坚持实践导向、脱虚向

---

① Plewa, C., Korff, N., Johnson, C., et al., “The Evolution of University-industry Linkages: A Framework”, *Journal of Engineering and Technology Management*, 2013, 30(1); Ramos-Vielba, I., Sanchez-Barrioluengo, M., Woolley, R., “Scientific Research Groups' Cooperation with Firms and Government Agencies: Motivations and Barriers”, *The Journal of Technology Transfer*, 2016, 41(3); Siemens, L., “INKE Research Group. Joining Voices: University-industry Partnerships in the Humanities”, *KULA*, 2019, 3(1).

② Cassity, E., Ang, I., “Humanities-industry Partnerships and the ‘Knowledge Society’: The Australian Experience”, *Minerva*, 2006, 44(1).

③ Siemens, L., “INKE Research Group. Joining Voices: University-industry Partnerships in the Humanities”, *KULA*, 2019, 3(1).

实，通过深化多方协同、特别是校企合作机制，创新培养模式，完善课程体系，培养具有实践创新能力的高素质应用型人才。二是畅通校企师资交流渠道，深入理解企业诉求，以“厚基础、突通识、强交叉、重实践”为导向开展课程改革，确保学生在真实的生产环境中学习生成新知识、培养创新实践能力，知行合一。三是推进数字化转型与资源整合，依托数字技术重塑教学模式、研究范式和服务方式，打造智能化协同育人平台。四是构建新型评价标准、注重贯通发展，建立科学的多元评价体系，确保产教融合实践的规范化、标准化和可持续发展。

新文科产教融合协同育人的持续推进是一项系统性工程。立足新发展阶段，以服务教育强国建设为己任，新文科产教融合协同育人的高质量发展需要把握以下方向：深化产教融合的体制机制创新，产业深度参与仍是关键，共同探索人才培养、技术创新与产业升级的协同机制，向政产学研协同发展、有组织产教融合转变，激发各主体参与积极性；加快数字化转型步伐，推动新技术与教育教学深度融合，构建智能化、网络化、个性化的协同育人新生态；深化教育评价改革，以科研创新、产业贡献、就业质量等多维指标衡量产教融合育人成效，注重分类评价结果的科学运用，确保产教融合协同育人实践能够真正服务于国家经济社会发展需求；坚持文科教育的价值引领，在服务经济社会发展的同时，传承创新中华优秀传统文化，培养扎根中国、具有创新能力与人文情怀的高质量应用型人才。

文科实验室：数字时代社会科学研究的“基础设施”

孟天广　严　宇*

伴随着第四次工业革命在全球的快速演进，大数据、人工智能、物联网等技术革新正在驱动人类社会快速、大尺度和深层次的数字化转型，数字经济新业态、数字社会新模式、数字政府新形态成为全球数字化转型的普遍趋势。如何理解数字时代的复杂社会系统，如何驱动经济社会的数字化发展，如何推进国家治理的数字化转型，成为数字时代全球范围内哲学社会科学研究的重大使命。党的十九大报告提出“数字中国”“智慧社会”等科技驱动战略，党的十九届五中全会进一步明确“十四五”期间我国要“加快数字化发展”，统筹推进数字经济、数字政府和数字社会发展，产业数字化与数字产业化成为我国经济发展的关键抓手。在此背景下，文科①实验室应运而生，成为数字时代促进科学研究范式转型和国家治理现代化的“基础设施”。

人类社会的数字化转型从本体论、认识论和方法论意义上系统地重构着文科研究（尤其是社会科学）的研究对象、科学问题和研究范式，将研究范畴拓展到数字经济、数字社会、数字政府乃至人机交互等全新领域，这迫切要求文科研究形成新的理论体系、研究范式和学科体系。为深入理解全球文科发展新形势、进一步推进我国文科实验室建设，本文聚焦社会科学领域，梳理了国内外文科实验室发展现状和主要特征，并以计算社会科学实验室为例探讨了文科实验室建设路径，最后对我国加快建设文科实验室提出若干思考和建议。

---

* 孟天广，清华大学计算社会科学与国家治理实验室研究员、社会科学学院长聘教授；严宇，北京师范大学政府管理学院讲师。

① “人文社会科学”的简称。

一、文科实验室发展概况

文科实验室最早可追溯到1879年的德国心理实验室，但直到20世纪80年代才开始受到普遍关注。进入21世纪，实验室的概念得到迅速传播，在人文和社会科学领域逐步建立，譬如普林斯顿大学2007年建立全球历史实验室，科罗拉多大学博尔德分校2009年建立媒体考古学实验室。我国文科的实验室建设开始得很早，如1955年中国人民大学建立新闻摄影实验室，1981年辽宁大学建立档案专门实验室。21世纪初期，随着定量方法在社会科学领域的应用推广，新一批文科实验室出现，如厦门大学计量经济学实验室。

互联网、大数据、人工智能等数字智能技术的发展和应用推动文科研究的范式转向，对研究的对象、资料、方法、目标等方面均有所影响。文科研究不仅需要突破传统研究场所（如办公室、图书馆、研讨室）的限制，引入设备、工具、软件、工程师等资源，还要改变以往聚焦单一学科、以规范性和定性研究为主的研究范式，与数据科学、计算科学等学科形成文理交叉的跨学科研究模式。2009年以来，计算社会科学成为国际范围内社会科学形成新范式、新理论和新知识的前沿领域①，哈佛大学、斯坦福大学、牛津大学、普林斯顿大学、芝加哥大学等国际顶尖大学纷纷成立文理交叉实验室，利用大数据、机器学习等新兴方法对复杂的人类行为及社会经济运行进行跨学科研究，提高理解、分析和预测社会规律的能力。我国文科实验室建设起步较晚，但发展迅速。2019年4月，教育部和科技部等13个部门在天津联合启动“六卓越一拔尖”计划2.0，要求全面发展新工科、新医科、新农科、新文科。《教育部社会科学司2020年工作要点》强调，“重点支持建设一批文科实验室，促进研究方法创新和学科交叉融合，引领学术发展”。2021年12月12日，教育部公布首批哲学社会科学实验室名单，包括9个试点实验室、21个培育实验室。这一举措意味着我国文科实验室建设进入全新阶段。

目前，国内外文科实验室建设体现出以下四点主要特征：一是文理交叉

---

① David, L., et al.,“Computational Social Science”, *Science*, 2009, 323(5915)；严宇、方鹿敏、孟天广：《重访计算社会科学从范式创新到交叉学科》，《新文科理论与实践》2022年第1期。

属性凸显。当前，文科实验室注重学科重组和文理交叉。[①] 文科实验室的建设强调打破传统学科藩篱，将不同学科的理论、问题、人员、资源等因素进行有机融合，运用新方式和新方法研究新问题，形成新理论、新知识、新学科。[②] 其中，新学科的探索和建立在我国尤为受到重视。实验室建设也因此被视为构建中国特色哲学社会科学的重要抓手。二是转向数据驱动的研究范式。传统文科研究偏重规范性、质性的研究范式，虽也会运用量化分析，但大多以统计数据、政府数据、问卷数据等“小数据”为主。随着海量多源异构数据的持续积累，新文科研究逐渐引入数据驱动的研究范式，强调运用数据挖掘技术揭示海量数据背后的规律和模式。而且此类数据驱动范式并非无视或排斥理论，而是强调数据对检验理论、证伪理论和发展新理论的作用。[③] 三是实验教学功能扩展。传统的文科教育主要依靠课堂讨论、田野调查、问卷调查等方式传授知识；文科实验室则在此基础之上，增加大数据分析、政策模拟、虚拟仿真等方式，提升教学场景的丰富性和真实度，增强教学的互动性、创造性和趣味性，进而提高学生学习积极性。[④] 四是社会服务功能增强。在发挥科研和教学的传统功能外，文科实验室日益强调其“应用”属性，即服务于国家战略、社会发展和公众需要，以解决社会问题为目标导向。其中，服务国家战略不仅是欧美发达国家建设文科实验室的重要原因，也被教育部视为我国文科实验室建设的重要指导思想，旨在使其成为我国国家战略科技力量的重要组成部分，助力我国高质量高等教育体系建设和中国式现代化建设。[⑤]

---

① 参见郁建兴：《以系统思维推进新文科建设》，《探索与争鸣》2021 年第 4 期。

② Armin, F., James, J. H., "Lab Experiments are a Major Source of Knowledge in the Social Sciences", *Science*, 2009, 326(5952); Celia, L., Liang, M., "The Role of Policy Labs in Policy Experiment and Knowledge Transfer: A Comparison cross the UK, Denmark, and Singapore", *Journal of Comparative Policy Analysis: Research and Practice*, 2020, 22(4).

③ 参见严宇、方鹿敏、孟天广：《重访计算社会科学从范式创新到交叉学科》，《新文科理论与实践》2022 年第 1 期。

④ 参见陈先才、胡雪儿：《整合重构新文科背景下的社会科学实验室建设路径探析》，《山东大学学报》（哲学社会科学版）2023 年第 2 期。

⑤ 参见赵晓春：《高校文科实验室建设现状及展望》，《实验室研究与探索》2002 年第 4 期。

二、国外文科实验室发展现状

经过多年的发展，目前国外高校普遍认识到建立文科实验室的重要性。这些高校尤其重视跨学科交流融合，重视学生分析和实践能力的提升，重视科研、教学与服务的结合，以促进科研合作、教学提升、产学研转化为目标。在科研方面，国外文科实验室致力于推动跨学科交流与合作，非常注重产学研的互补与转化。一方面，他们通过聘请企业界专家参与教学指导和管理，向学生传授实践经验；另一方面，他们将最新科研成果引入企业界，协助企业开展培训与技术开发。在学生培养方面，国外文科实验室为各类文科专业广泛设置相应的实践教学课程，依照学科和专业特点采取合理的实验教学形式和方式，并设立专业素质实践基地，为学生提升实践能力营造良好环境。

（一）主要特征

不同于传统的院系体制，国外文科实验室在组织机构的人员构成与管理机制上呈现出独有特征。第一，在人员构成上，文科实验室普遍弱化了科层制的层级结构，积极建立网络化的知识生产合作关系，强调知识生产的“网络化”。具体而言，这些实验室不仅打破了高校内部学科分化所造成的孤立性，同时与政府、企业等外部主体建立合作关系，在科研与教学等领域建立合作项目，实现资源的双向流动。第二，在组织管理上，国外实验室致力于建立多元、复杂、高效的分工协作机制。随着研究议题跨学科、复杂化和多元化的特征愈发明显，参与人员的数量快速增加，人员背景愈发多元。实验室大力推动建立灵活的、高效的分工协作机制，充分发挥人才的跨学科与多技能优势。

在日常运行中，国外实验室在资源构成、研究议题和产出成果三方面的特征也日益明显。首先，在资源构成方面，人才、资金、数据和软硬件设备设施是实验室持续高效运行的必要条件。国外实验室重视建立多元化的成员网络，充分发挥跨学科、跨领域背景下研究人员在理论、方法、技术等方面的特长，形成优势互补的分工协作机制。实验室的资金来源主要有以下几种：实验室所在高校及其联合院系拨款、政府拨款、企业与社会资助。在数据积累方面，实验室近年来通过自身积累、与政府企业合作等方式，积攒了数量庞大、类型多元、结构复杂的数据，为科研、教学与服务的开展奠定了坚实基础。实验室普遍对软硬件设施设备具有较高要求，需要高投入与高性能的技术设施。新的研究方法尤其是前沿的计算社会科学方法，对软硬件设备提出了更高要求。目前实验室或通过外包形式，借助公司力量进行科研分析，或是通过购买设备、雇用技术人员来提供专业支撑。其次，在研究议题方面，国外实验室普遍重视对复杂社会问题的理解与解决，强调其研究的社会应用价值。最后，在产出成果方面，国外实验室呈现出多类型、高影响、高价值的特点。目前普遍存在的成果类型包括学术出版物、人才培养项目、决策咨询报告等智库服务、软件开发与技术工具以及数据集与案例库。这些有形与无形的成果不仅体现了实验室在科研、教育与服务方面的价值，还展示了实验室如何与政府、企业及社会高效合作，实现创造知识、服务社会的人文关怀。

（二）典型案例

以社会科学类实验室为例，目前国外文科实验室从建设目标上来看，大多属于研究型实验室，即通过完善软硬件设施、积累海量多元数据、构建学术网络、增强研究者间交流等方式推动科研交流与合作，譬如哈佛大学、芝加哥大学、斯坦福大学等都已成立相关机构。

哈佛大学量化社会科学研究所（Institute of Quantitative Social Science，IQSS）于2005年建立[①]，是哈佛目前最大的社会科学研究中心。依托雄厚的跨学科师资力量、丰富多样的数据资源、前沿的研究方法以及先进的基础设施与软硬件设备，IQSS旨在培育一个欣欣向荣的社会科学家共同体，推动教师间、师生间的科研交流与合作。目前，IQSS已开展了30余项旨在推进学术研究、方法训练、科研合作的项目，例如著名的开源研究数据储存库（Harvard Dataverse）、具有强大计算能力的计算机矩阵以及一个旨在训练、提升师生计算机技能的计算机实验室。

芝加哥大学知识实验室（Knowledge Lab）旨在通过研发新颖的科学方法和丰富的计算工具[②]，揭示知识在获取、验证、共享和加强等过程中的深层规

① Institute of Quantitative Social Science，https://www.iq.harvard.edu/，2023-12-23.

② Knowledge Lab，https://www.knowledgelab.org/，2023-12-23.

律。目前，实验室研究团队在以下领域已取得大量前沿性成果：数学和统计建模与仿真、复杂的动态网络分析、自动化假设生成、多模型数据集成与分析、自然语言处理、机器学习。实验室核心研究团队由博士后、编程研发者等 10 人组成，还拥有一个超过 40 名成员的学术网络，包括来自哈佛、斯坦福、普林斯顿等国际顶尖大学在社会科学、数学、工程学等领域颇有建树的领军学者。

虽然国外文科实验室以科研为主要目标，但并未忽视对新文科人才的培养，它们通过设立研究生学位项目的方式为学术界、政府和业界培养兼具跨学科多技能的复合型人才。如乔治梅森大学开设了计算社会科学的博士学位项目，芝加哥大学开设了该领域的硕士学位项目。在课程设置上，两校学位项目均采用“社会科学专业知识+计算科学研究方法”的培养模式，要求学生既要掌握某一社会科学领域的基础知识，又要懂得运用计算科学的前沿方法开展科学研究。

三、国内文科实验室发展现状

作为科技创新体系的重要组成部分，实验室建设是我国开展高水平基础研究和应用基础研究、聚集和培养优秀科学家、开展高层次学术交流的重要基地。从历年教育部、科技部立项的国家重点实验室，省部共建国家重点实验室及培育基地等各类国家级实验室的立项数量来看，我国对高校实验室建设是十分重视的，但文科实验室的建设远远落后于理工科实验室。

（一）主要特征

基于现有实验室的统计结果来看，在综合性高校目前的实验室建设中，文科实验室数量要明显少于理工科实验室数量，且前者建设力度较小，科研力量相对薄弱，已无法满足当前高水平跨学科建设和人才培养需求。

虽然教育部 2021 年年底才公布我国首批哲学社会科学实验室名单，但此前各高校已围绕人文学科和社会科学建设各类研究中心、平台和实验室。这些机构的建设主要呈现以下四点特征：一是重视程度不足，发展缓慢。我国高校仍有重理轻文的认知特点，对文科实验室建设的重要性和紧迫性认识不足，使得空间、资金、岗位等资源的分配不足，导致文科实验室发展缓慢。[①] 二是学科单一性强，跨学科属性弱。此前，我国文科实验室建设主要以人文社科领域内某一学科为基础，科研团队的学科背景单一[②]，缺乏多学科多技能人才的吸纳和培养。三是重科学研究和社会服务，科研优势未能有效转化为育人优势。近年来，文科实验室在智库建设背景下得到更多重视，部分高校设置了以科研创新支撑智库服务的文科实验室，但未能将实验室前沿研究成果转化为人才培养优势[③]，没有最大化发挥前沿科研成果的价值。四是重理论教学，轻实践教学。目前在高校文科专业人才培养过程中，由于受传统教学方式的惯性影响，文科专业教学更多的是注重理论知识教学环节，忽视实践教学环节[④]；部分高校本科培养方案中，除传统的社会实践、专业实习要求外，未能设置更为丰富的实践培养课程，无法满足新文科建设对综合型人才的需求。[⑤]

（二）典型案例

目前，我国高校日益重视文科实验室建设，清华大学、北京大学、中国人民大学、复旦大学等高校已经在多个学科建立了实验室。与国外文科实验室相比，我国文科实验室主要以科学研究和公共服务为主，部分实验室设有相关课程，提供教学服务。本节选取北京大学、中国人民大学、复旦大学2021年获批的教育部哲学社会科学实验室进行简要介绍（其中北京大学为试点实验室，其余二者为培育实验室），展现目前我国文科实验室的建设情况。

北京大学语言学实验室的前身是2008年成立的北京大学计算语言学教育部重点实验室。实验室旨在充分利用该校计算机科学和语言学等多学科交叉

---

① 参见胡菲菲、张思思：《"新文科"背景下高校文科实验室建设特点与趋向》，《实验技术与管理》2023年第1期。

② 参见王娜、张应辉：《高水平本科教育背景下新文科实验室建设路径探索》，《实验技术与管理》2020年第1期。

③ 参见郭琳、张媛、何宛玲：《高校文科实验室建设的核心问题、基本原则与建设路径》，《实验技术与管理》2023年第7期。

④ 参见刘虎、王勤、冯建刚：《"新文科"背景下高校重塑文科实验教学体系的思考与探索》，《实验技术与管理》2020年第9期。

⑤ 参见董海军、凌伊：《新文科建设背景下实验教学的创新与发展》，《实验室研究与探索》2021年第3期。

融合的优势，面向国际学术前沿、国民经济建设主战场与国家重大战略需求，构建以中文为核心的自然语言理解的理论与方法体系，并在自然语言处理领域，建成在国内外产生重要影响力的文理交叉型科学研究和人才培养基地。① 目前，实验室主要围绕以下五个方向展开系统性、创新性和前瞻性研究：一是理论层面，探索语言深度理解的内涵，构建语言理解的多元认知理论基础；二是资源层面，构建面向中文深度理解的大规模语言知识资源基础设施；三是模型层面，解决自然语言理解的大规模复杂结构学习问题，提升语言深度理解的效果；四是技术层面，研发中文深度计算及海量文本挖掘核心技术，研发海量文本内容分析系列关键技术；五是应用层面，研制自然语言处理应用系统，推动中文信息处理相关产业的技术变革。在教学方面，实验室共有十余位教师开设本研课程 38 门，涵盖语言学、计算机、数据科学、心理学等多个学科内容。

中国人民大学数字政府与国家治理实验室以该校 2011 年建立的公共政策实验室为基础，整合公共管理学院、人工智能学院、统计与大数据研究院、信息学院等多学院力量，旨在推进社会科学理论与计算技术融合，发展数字政府与国家治理研究的研究理论、技术与方法，支撑我国政府数字化转型。② 实验室目前共设有 3 类 9 个二级研究单位，分别是 1 个公共政策实验室、3 个数据支撑中心、5 个研究中心。目前，实验室已在科研、教学和公共服务三方面开展多项工作，形成了多源多层次数据平台与交叉合作学科体系，设立了“大数据公共治理”二级学科，完成了多项数字政府与国家治理相关课题。

复旦大学国家发展与智能治理综合实验室成立于 2022 年，目前隶属于复旦发展研究院。实验室核心目标是通过面向国家现代化发展进程中强化治理能力与治理体系的迫切需求，瞄准社会科学智能计算的学术前沿，立足复旦大学哲学社会科学雄厚的理论和政策研究基础，发挥理工医多学科交叉的综

---

① 参见北京大学计算语言学教育部重点实验室，2019 年 6 月 6 日，https://klcl.pku.edu.cn/sysgk/jj/index.htm。

② 参见中国人民大学数字政府与国家治理实验室，http://dt.ruc.edu.cn/sysgk/sysjs/index.htm，2023 年 12 月 23 日。

合性大学优势，打造顶尖创新团队，服务国家重大战略，推动学科融合创新。[①] 实验室聚焦全球治理与发展研判、长三角区域风险治理与决策、中国智慧的智能传播三大研究方向。在开展研究过程中，实验室借助数据平台和仿真模拟系统，一方面积极加强学理研究，挖掘社会发展规律，推动理论发展；另一方面为国家制定各项方针政策提供理论支撑和技术支持。

（三）计算社会科学实验室的探索

2014 年，清华大学社会科学学院在国内率先启动了计算社会科学研究，组成了由经济学、政治学、心理学、社会学、计算科学、数据科学等多学科力量构成的研究团队。2017 年，清华大学在全国率先建设计算社会科学平台，围绕学科建设、研究范式、人才培养开展了实验室建设。2018 年 6 月，社会科学学院与法学院、经济管理学院、数据科学研究院等合作成立和建设校级科研条件平台，为全校人文社科类院系提供海量数据和计算资源支撑。2019 年，清华大学、北京大学倡议成立了“中国计算社会科学联盟”，迄今已有 20 多所高校加入，推进科学研究、人才培养和学科建设领域的跨校合作。2022 年 1 月，依托计算社会科学平台的前期建设基础，清华大学获批教育部首批哲学社会科学实验室——清华大学计算社会科学与国家治理实验室。实验室的建设原则为：坚持国家战略驱动，坚持学科前沿引领，坚持文理交叉融合，坚持研究范式创新，坚持复合人才培养。[②] 因此，实验室的定位既是服务计算社会科学交叉学科建设、支撑科研创新和人才培养的关键基础设施，也是支撑国家治理体系与治理能力现代化的高水平科研平台和决策辅助实验室。

1. 发展愿景与建设目标

依托我国数字化转型先发优势、清华大学文理交叉学科优势和深度产学研融合科研条件，实验室旨在建成“国际领先、国内顶级”的文理交叉重点实验室，兼顾科学研究、人才培养和公共服务三大功能，推进我国计算社会科学交叉学科跨越式发展，培育创新型复合型新文科人才，服务我国发展和

① 参见复旦大学国家发展与智能治理综合实验室（教育部），https://fddi.fudan.edu.cn/gjfzyznzlzhsyswjybw/list.htm，2023 年 12 月 23 日。

② 参见清华大学计算社会科学与国家治理实验室，https://lcg.tsinghua.edu.cn/gkjj/sysjs.htm，2023 年 12 月 23 日。

国家战略需求。

经过长期积累和不懈探索，实验室形成了“面向世界、依托交叉、立足中国、展望未来”的五大使命愿景：一是面向数字时代的全新社会现象，形成理解数字经济新形态、数字社会新模式和数字政府新形态的基本概念与理论体系；二是围绕数字时代社会科学的全新科学问题，聚焦数据与算法治理的基础理论与方法体系、数字经济与社会的理论模型和运行机制、国家治理数字化转型的原理、规律和路径等重大理论问题形成原创性理论体系；三是依托社会科学与计算科学、数据科学等交叉融合，探索数据密集型和计算智能型研究范式，构建“人—机—物”混合理论范式，推进数字时代社会科学的研究范式创新；四是依托本体论、认识论和方法论的系统革新，依托文理交叉推进计算政治学、数字经济、计算社会学、智能决策、计算法学、计算传播学等新兴交叉学科的形成，构建“中国特色、国际引领”的计算社会科学学科体系；五是依托学科建设和理论创新，为经济社会发展和国家治理现代化提供原创性理论和示范性应用，服务数字中国、智慧社会和网络强国战略。

基于此，实验室设有四项建设目标：一是构建数字时代社会科学的概念和理论体系；二是推进社会科学的研究范式和研究方法创新；三是形成“中国特色、国际引领”的计算社会科学新兴交叉学科体系；四是服务数字中国、智慧社会和网络强国等国家战略推进国家治理现代化。为实现上述建设目标，实验室的建设以计算社会科学与国家治理为研究对象，致力于从科研资源、学科建设、国家治理、人才培养四方面构建四大相互关联、互相促进的平台——基础条件平台、学科创新平台、实验仿真平台和实验教学平台。

2. 建设任务与成效

第一，开放性数据平台建设。为了统筹推进计算社会科学教学和科研工作，清华大学早在 2017 年便依据“文理交叉、学科引领和科研支撑”理念建设了计算社会科学平台，并在实验室建立后，将其作为后者的基础科研条件平台和实验教学平台。实验室拥有计算机机房、会议室、模拟实验室和在线数据平台等软硬件设施，具备海量数据采集、存储、实验测试和计算能力。目前，实验室已建设政务数据、经济数据、社会数据、司法数据、传媒数据、微观经济社会数据等六个主题数据库，汇聚了政府政策文件、政务热线、土地交易、物价、就业、工商登记、司法裁判文书、百度指数、微博数据等二十余类大数据资源，拥有六台高性能服务器，为全校师生开展交叉学科研究提供了海量数据和计算资源支撑。

第二，自主开发算法库建设。实验室依托文理交叉融合开发计算社会科学算法库，形成支撑多元异构数据分析的大数据方法、自然语言处理、机器学习和因果推论算法，并自主开发适用于普遍推广的 Python、R 软件包和在线计算软件系统，为清华大学师生和全国高校开展社会科学交叉研究提供算法支撑。目前，实验室参与北京、上海、苏州等多个地方政府政务大数据分析与城市治理决策辅助系统建设，建成了支撑接诉即办、城市运行、社会治理、宏观经济运行的多个平台系统，并正在研发城市治理大语言模型（GovGPT），提升感知民意、监测风险、科学决策和精准施策能力。

第三，计算社会科学交叉学科建设。实验室依托清华大学社会科学与计算科学的交叉融合优势，形成了计算科学、数据科学、经济学、政治学、社会学、心理学等广泛交叉融合推进新文科建设的学科建设基础。现阶段，实验室已经形成数字政府、数字经济、数字社会、复杂系统与社会模拟等跨学科研究团队。基于文理交叉融合，实验室不断探索中国特色计算社会科学的学科体系、学术体系和话语体系，围绕计算社会科学的研究范式、研究范畴、研究方法形成了系统成果，发挥着交叉学科建设的示范效应。经过长期积累，团队成员在数字治理、数字经济、数字社会等领域形成了具有广泛影响力的前沿观点和应用方案，形成了一批高质量学术成果。近 5 年来，围绕计算社会科学议题，实验室已承接国家重点研发项目 1 项、国家社会科学基金重大项目 8 项，如“大数据时代计算社会科学的产生、现状与发展前景研究”“大数据驱动下的国家治理能力建设研究”“基于大数据的智能化社会治理监测、评估与应对策略研究”“基于大数据的中国宏观经济景气衡量方法研究”等。基于以上研究，实验室成员在《中国社会科学》《经济研究》《政治学研究》《社会学研究》《新闻与传播研究》《中国行政管理》以及 *World Development*、*American Political Science Review*、*Comparative Political Studies*、*Governance* 等期刊发表百余篇学术论文，为国家治理研究提供了基础性文献。

第四，实验教学平台建设。清华大学高度重视计算社会科学交叉学科人才培养体系建设，在国内首个将该学科纳入“双一流”学科规划，已形成了较为系统性、多样化的教学体系和课程体系。2014 年以来，软件学院、计算机系、社会科学学院、经济管理学院等联合举办“大数据分析能力提升证书项目”和“大数据分析兼修硕士项目”。实验室自 2014 年发起“大数据社会科学讲习班”，迄今已经连续开办九届，累计培养了近 1400 位大专院校教师、科研机构研究人员和硕博士研究生，有力地支撑了国内计算社会科学的师资培养。实验室自 2020 年起探索培养计算社会科学方向硕士生和博士生，鼓励各学科 20 多位教师围绕计算社会科学开设了 25 门研究生课程，并推进在线教育和优质课程资源的社会共享。

第五，服务国家发展重大战略。实验室紧密围绕数字中国、智慧社会等国家战略，坚持理论与实践相结合，依托学科交叉形成创新应用服务国家战略。汇聚科研力量开展智库研究服务党中央国务院决策，开展产学研融合形成解决国家治理和数字治理的创新应用服务中央部委和地方政府。实验室核心研究团队多次承担国务院办公厅、中宣部、中央网信办、国家发展改革委、北京市、浙江省等部门和地方委托的智库研究任务，多次获得党和国家领导人、省部级领导批示。2019 年受北京市“双一流”学科建设经费支持建设“政务决策模拟与仿真研究平台”服务首都治理现代化，承接北京市超大城市治理研究，已向北京市委市政府提出 30 余份内参报告。实验室积极利用大数据和人工智能开展研究，在互联网物价监测、宏观经济预测、政务大数据分析、国际风险预测、反腐败大数据、智慧城市等领域形成了有社会影响力的应用性研究成果。

第六，学术共同体建设与国际交流合作。实验室在计算社会科学领域主办多个品牌学术会议，搭建学术交流平台，引领学术共同体建设。2018 年以来连续举办五届“全国计算社会科学高端论坛”、三届“中国计算社会科学青年论坛”、两届“计算社会科学国际会议”。同时，实验室从 2017 年以来举办 30 多期“清华大学计算社会科学工作坊”，2019 年以来常态化举办计算社会科学研习营，面向全国文科生提供 Python、R 软件包等大数据分析能力培训。2020 年，清华大学与芝加哥大学、哥廷根大学联合创办英文期刊 *Journal of Social Computing*，成为国内首个发出国际声音的新文科高水平学术期刊。

四、文科实验室建设的若干思考

面对数字时代社会科学研究的新需求和新挑战，在梳理国内外文科实验室建设实践的基础上，本文从破解认识误区、明确功能定位、创新结构机制、重视人才因素四个维度提出我国文科实验室建设的若干思考。

（一）破除文科实验室的认识误区

当前，推动我国文科实验室建设应破除以下六大认识误区。一是文科不需要建实验室，认为文科即便需要做实验，也主要是抽象性、规范性的思想实验，或是深入社会实践的各类田野实验。二是文科实验室是“软实验室”，认为文科只要建设由骨干学者牵头的传统研究中心即可，不需要建设类似理工科的具有独立物理空间和软硬件基础设施的实验室。三是文科实验室建设重点在于充足的物理空间和先进的硬件设施，因此实验室建设重在采购大设备、大仪器。四是文科实验室应差异化细分化，依托学者兴趣建立个性化研究中心，即“小作坊”而不是集成性实验室。五是文科实验室重在教学功能，而非科研功能。传统上我国早期文科实验室建设定位于教学功能，因此重在强调其软件教学、设备教学，而非科研功能，更不用说产学研融合和社会服务功能。六是文科实验室要靠学校长期“供血”，而无法如理工科实验室可以从产学研融合实现自我“造血”。

对于上述误区，我们应认识到数字时代下文科实验室建设的重要性、紧迫性和复杂性。数字时代下，文科实验室既要推动跨学科研究范式创新，推动建立自主的学科体系、学术体系和话语体系，又要肩负培养新时代创新性复合型人才，还要回应国家战略需求，这迫切需要教学科研组织模式的创新。层出不穷的新现象、复杂多变的新事物需要不同学科从多个维度加以研究，而不断积累和优化的数据、算力和算法资源也迫切需要理论知识和研究方法的融合。这就需要文科实验室建设要摆脱传统依靠单一学科、凸显教学单一功能、依赖引领学者建设“小作坊”的模式，建立跨学科、汇资源、协作式的新型集成式平台。

（二）明确新型集成式实验平台的定位

作为一种新生科研组织模式，文科实验室反映了文科教学科研进入集成式发展阶段，应打破学院、学科和专业的壁垒，实现数据、资源、人才等资源的汇聚和整合，以支撑有组织科研与协同式教学的学科发展需求，进而构建枢纽型（Hub）集成式平台。这就要求文科实验室建设：一是数据集成，在汇聚各相关院系、团队数据资源的基础上，与政府、企业、社会组织等建立合作关系引入外部数据，整合形成多个主题数据库；二是资源集成，整合相关院系、团队的人力、空间、设备等资源和力量，建设和共享科研基础设施，既包括计算机、图像服务器等硬件设备，又包括数据挖掘、文本分析、问卷调查、统计分析等技术及其配套软件。

（三）创新组织结构与运行机制

当前，文科实验室建设不仅要涵盖哲学社会科学领域的多个学科，更要推动前者与理工学科的交叉融合。这种兼顾学科深度和广度的建设需要在治理结构和运行机制上有所创新，既要发挥各学科的传统优势，又要打破学科壁垒，发挥聚合效应。

在组织结构上，文科实验室可采用“1+N”的治理结构，即1个总实验室+N个子实验室。总实验室主要负责资源投入和制度保障，前者包括实验室的场地空间、基础设施、硬件设备、算力资源和数据资源等，后者则涉及人员聘用、资源管理、财务管理、学术伦理等方面。N个子实验室则重在组建“首席科学家+青年学者+研究生”的跨学科研究团队，自主开展科研活动。在子实验室建设过程中，还可针对不同学科（如人文学科和社会科学）的特点和优势，在学科发展、人才培养、科研合作、智库服务等方面提出定制化的建设方案。

在运行机制上，文科实验室应定位为枢纽型组织，采用扁平化运行模式。对内，实验室应兼顾自上而下的顶层设计和自下而上的内生创新两条路径。一方面，总实验室应发挥其引领作用，在人员、制度、资源等方面着力，凝聚各院系力量形成高水平科研团队，完善制度建设，统筹资源集约化建设。另一方面，总实验室应尊重并给予子实验室充分自主权，并为后者提供组织、制度和资源保障，鼓励各子实验室积极开展学术创新、培育新的学科增长点。对外，实验室应通过学校、院系、首席科学家的合作网络，与政府、企业、社会等多元主体密切合作，推动产学研快速转化，助力社会经济发展和国家治理现代化建设。

（四）抓住文科实验室建设的核心要素——“人”

虽然文科实验室建设同样需要基础设施和硬件配套等“物”的投入，但其核心因素仍然是“人”，通过汇聚“人才”、凝聚“人心”、发挥“人智”推动实验室持续性高质量发展。文科实验室应重视五类人才的吸引、培养和保障。

一是首席科学家。作为实验室的灵魂人物，首席科学家对实验室的权威性和影响力具有决定性的影响。实验室建设需要首席科学家的全力投入，凭借其卓越的科研成果、深厚的学术影响力和广泛的合作网络，为实验室的发展规划和资源获取提供了关键性的指导和支持。

二是科研骨干团队。作为实验室的中坚力量，科研骨干团队承担着科研、教学和公共服务的日常工作，直接影响实验室的建设成效和未来发展。应吸引多学院多学科人才力量，打破封闭孤立的学科壁垒[①]，改变传统以单一学科为基础的考核评价机制，为跨学科团队式合作研究提供新的激励机制。

三是实验技术人员。作为实验室的专业化支撑力量，该类人才将为文理跨学科研究提供技术支持。以往文科实验室建设对该类人才有所忽视，应在岗位编制、工资福利等方面为该类人才提供保障，从而巩固文科实验室建设的技术保障。

四是重视培育高校学生的学术训练。在文科实验室建设过程中，学生扮演着多重角色，是规模最大的用户和粉丝，还是人才培养的对象，更是未来潜在的同事。因此，文科实验室建设应高度重视学生的培养和参与，通过开设工作坊和讲习班、招募助研等方式，加强学生学科专业知识的积累和科学研究方法的训练。

五是学术共同体建设。应通过工作坊、讲习班、学术沙龙、开放日等形式广泛链接校内外用户，推动学术界、政府界、实务界之间的广泛交流，在文科实验室的发展方向、功能定位、成果价值等方面达成共识、形成合力。

---

① 参见解志韬:《后科学知识社会学视角下的文科实验室:转向、定位与进路》,《探索与争鸣》2022年第6期。

全国新文科建设现状与成效分析报告

——基于9省（市）86校的实证调研数据

张天舒课题组*

一、引言

（一）调研背景

教育是强国建设、民族复兴之基。当今世界百年未有之大变局加速演进，新一轮科技革命和产业变革深入发展，尤其是以人工智能为核心的第五研究范式的兴起对传统教育模式产生了巨大冲击，特别是在培养高质量人才、优化科研组织模式和创设科技制高点等方面的国际竞争空前激烈，迫切需要高等教育拥抱新技术、勇于新变革。党的二十大报告明确提出到2035年建成教育强国的奋斗目标，并首次把教育科技人才统筹安排、一体部署，摆在突出位置，充分彰显了教育的基础性、先导性、全局性地位和作用。习近平总书记在全国教育大会上的重要讲话，系统阐释了教育强国的科学内涵、基本路径和重大任务举措，发出了建设教育强国的总动员令，指引着“加快建设中国特色、世界一流的大学和优势学科”不断迈上新台阶。

高等教育作为兴国强国的“战略重器”，在国家发展战略中的地位举足轻重。《教育强国建设规划纲要（2024—2035年）》明确提出，要增强高等教育综合实力，打造战略引领力量，全面构建自强卓越的高等教育体系。这为高等教育的发展指明了方向。文科教育作为高等教育的重要组成部分，在教

* 课题组成员：张天舒，山东大学政治学与公共管理学院教授；黄雨恒，首都师范大学教师；邵秀娟，清华大学博士研究生；刘亚、崔向洁、郭祥琪、李慧波、朱秀凤、关赵居，山东大学博士研究生；侯昕瑜、张心远、刘星麟，山东大学硕士研究生。

基金项目：本报告为教育部哲学社会科学研究重大课题攻关项目“新时代推进新文科建设的理论与实践研究”（21JZD058）的阶段性成果。

育强国建设和科技革命的背景下，同样面临着创新与发展的新使命。随着经济社会的系统性转型和科学技术的飞速进步，文科教育的传统模式难以满足新时代国家对复合型、多样化以及拔尖创新人才的热切需求，进一步创新与发展迫在眉睫。2020 年 11 月，全国新文科建设工作会议在威海召开，标志着新文科建设全面启动，开启了文科教育改革发展的新阶段。自此以后，新文科建设在全国范围内广泛开展，星星之火已成燎原之势。

（二）调研目的与意义

为深入贯彻落实习近平总书记关于高等教育的重要指示和批示精神，加快构建高质量文科教育体系，全面掌握全国新文科建设工作推进情况，全国新文科教育研究中心开展了全国新文科建设工作专题调研，聚焦新文科建设的组织实施和要素保障、专业优化与升级、课程教学改革与创新、育人成效等方面，力图通过实证数据勾勒出全国新文科建设的整体图景。

文科占整个学科门类的三分之二，占专业种类数和在校学生数的半壁江山，真实把握全国新文科建设现状，可以为推动文科教育改革创新，打造文科专业教育的中国范式，构建中国自主人才培养体系和中国自主知识体系，深度融入新一轮科技革命浪潮，加强精准服务国家战略需求能力，提供重要的实证依据。

（三）调研对象与工具

2022—2024 年，全国新文科教育研究中心通过座谈、访谈、问卷调查等形式，对全国 9 省（市）86 所开设文科相关专业的高校进行实地调研，重点调研各省级教育行政部门、各高校推进新文科建设的规划设计、建设举措、建设成效、存在问题以及首批新文科研究与改革实践项目开展情况等。

在调研工具的选择上，项目组邀请新文科建设研究、高等院校管理、学科教育、学生发展等领域的专家，研讨开发出五套分别针对省级教育行政部门负责人（省级）、高校分管教学副校长或教务部门负责人（校级）、二级教学单位负责人（院级）、教师（专业授课教师）和学生（包括本科生和研究生）的调查问卷。省级、校级、院级问卷重点关注各省、各校对新文科建设的投入与建设状况。校级、学院层级关注新文科建设的规划、政策、机构、资金、科研专项、学科专业建设、师资队伍等信息。教师问卷关注教师的个人参与、投入新文科建设状况、对新文科政策的认知与评价等。学生问卷聚焦学生对新文科政策的认知、参与、行为的变化、对学校新文科建设的感知等。另外，对分管领导或教务部门负责人和二级文科学院负责人采取方便抽样原则进行调查，对教师和学生采用典型性抽样调查。

为确保量表选用的科学性和有效性，2023 年 3 月项目组在山东大学开展了预调研（$N=2069$），项目组应用学生预调研数据针对学生问卷部分的量表进行信效度检验。预调研结果显示，学生问卷部分量表信效度良好。2024 年 12 月，项目组采用 9 省（市）的全样本（$N=47216$）数据再次对量表信效度进行了检验，学生问卷各个维度均有较高的信度水平和较好的结构效度，且本科生和研究生均作答的相关维度能够满足等价性检验。

（四）调研说明

本调研采取分阶段问卷调查的方式，第一阶段为 2022 年 8 月至 2023 年 12 月，调研了山东、陕西、广东、吉林和黑龙江 5 个省份；第二阶段为 2024 年 10—12 月，调研了重庆、江西、湖南和上海 4 个省（市）。调查的整个过程由全国新文科教育研究中心具体实施，依托“全国新文科教育研究中心大数据平台”（https：//nnla. zkey. cc）开展。所有参与调研的对象根据问卷二维码或链接填答问卷，二维码或链接通过微信工作群发送。

由于调研时间的不同，部分信息的统计截止时间有所差异。具体来看，对于专业培养方案优化、专业结构调整、专业撤销、专业增设、一流专业建设、微专业设置、创新培养模式等内容，在山东、陕西、广东、吉林及黑龙江 5 省的截止时间为 2023 年年底，在重庆、江西、湖南及上海 4 省（市）的截止时间为 2024 年年底。与此同时，2024 年新增了部分调研内容，如课程思政建设、AI 赋能新文科建设等，分析范围仅限于 2024 年参与调研的重庆、江西、湖南及上海 4 省（市）高校。以上情况均在正文各部分注明。

（五）样本情况

本报告样本涉及山东、陕西、广东、吉林、黑龙江、重庆、江西、湖南及上海 9 个省（市），86 所开设文科相关专业高校。经过数据清洗，最终有效问卷：省级问卷 3 份、校级（院校并集）问卷 73 份、教师问卷 6983 份、学生问卷 47216 份。

本报告主要对校级（院校并集）问卷、教师问卷和学生问卷回收数据结果进行统计分析，其中教师问卷和学生问卷的样本回收率分别为 83. 85%、80. 29%。特别说明的是，在后续分析中，将医药类院校、农业类院校以及体育类院校合并为其他院校。对于教师数据而言，研究领域为理学、工学、农业、医学和军事学等非文科的，本报告视为交叉学科。

二、新文科建设的组织、政策与要素保障

（一）加强组织领导

为推动新文科建设，受访高校中 50. 85%的高校成立了新文科建设工作领导小组，15. 25%的高校成立了新文科教学指导委员会。具体举措方面，受访高校将“建设教育质量保障体系”“深化教育评价改革”和“建立以质量提升为核心的管理体制机制”作为加强组织领导的重要举措，采取“开展文科专业认证”措施的高校占比较低。（见图 1）

从省份数据来看，湖南省、陕西省和重庆市的受访高校均将“建立以质量提升为核心的管理体制机制”“建设教育质量保障体系”和“深化教育评价改革”措施作为新文科建设的组织保障。从不同类型高校的数据来看，语言院校、艺术院校和政法院校也主要从上述三个方面提升组织保障。从院校层次的数据来看，“双一流”建设高校侧重“建立以质量提升为核心的管理体制机制”和“建设教育质量保障体系”。

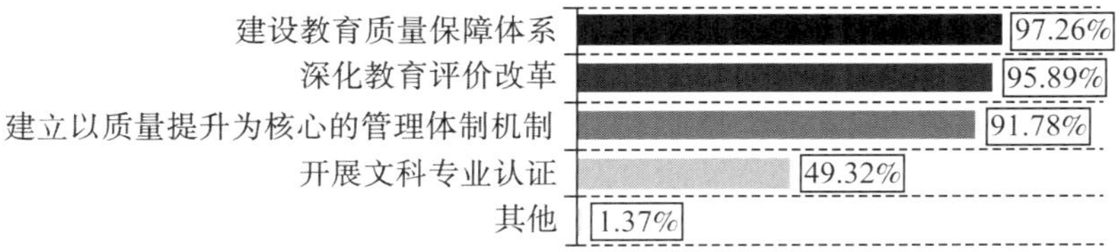

图 1　受访高校采取不同措施保障新文科建设的比例

（二）制定政策规划

1. 完善政策保障①

在政策保障方面，66 所受访高校共制定实施 273 项关于新文科建设的政策或方案。各省（市）关于新文科建设政策保障的整体情况以及部分院校政策方案如表 1 所示。广东省受访高校将新文科建设与本科人才培养、教学管理等工作有机结合；山东省受访高校从工作方案制定、课程建设、人才培养等方面为推进新文科建设提供制度保障；上海市受访高校从学科融合、教学改革与人才培养等维度协同发力，全方位推动新文科建设迈向新高度；湖南省和重庆市受访高校立足自身特色与优势，多维发力，在新文科建设领域积极探索、持续奋进；江西省受访高校通过学科交叉、产教融合、科教融汇在新文科建设工作中扎实推进、不断探索；陕西省受访高校从项目资助、人才培养等方面多措并举，推动新文科建设工作不断完善；黑龙江省受访高校从加快一流专业建设、专业调整优化和改革推进等方面对新文科建设工作做出制度保障；吉林省部分受访高校对新文科建设制定了中远期规划。

表 1　各省(市)关于新文科建设的政策方案

省(市)	省级层面政策方案	部分院校政策方案
重庆市	《重庆市普通高等学校新文科建设实施方案》《重庆加快建设教育强市推进教育现代化规划(2024—2035 年)》等	西南大学出台《西南大学新文科本科教育建设行动计划》； 重庆文理学院以《重庆文理学院“四新”建设行动计划》为依托
广东省	《广东省人民政府办公厅关于印发高等教育“冲一流、补短板、强特色”提升计划实施方案(2021—2025 年)的通知》《广东省深化新时代教育评价改革任务分工方案》《广东省教育厅关于推荐 2019—2023 年广东省本科高校教学指导委员会的通知》等	广州美术学院出台《全面提高人才自主培养质量，建设一流本科人才培养体系——广州美术学院本科人才培养综合改革方案》； 广东财经大学出台 30 项左右与新文科建设有关的政策方案； 东莞理工学院出台《东莞理工学院新文科建设实施意见》

① 广东、山东、山西、黑龙江和吉林统计截止时间为 2023 年 12 月，上海、湖南、江西和重庆统计截止时间为 2024 年 12 月。

续表

省(市)	省级层面政策方案	部分院校政策方案
山东省	《关于深入推动山东高等教育高质量发展的若干措施》《山东省教育厅关于组织推荐新文科研究与改革实践项目的通知》等	山东大学在全国率先制定实施《山东大学新文科建设工作方案(2019—2021年)》; 济南大学制定实施了12项关于微专业建设、课堂教学改革、专业人才培养和专业设置及调整优化等多项关于新文科建设的政策或方案
上海市	《上海市教育委员会关于推荐新文科研究与改革实践项目的通知》等	上海财经大学出台《上海财经大学双学位培养项目管理办法(试行)》; 上海戏剧学院也相继出台《上海戏剧学院学科建设三年行动计划(2023—2025年)》《构建一引三融体系 培养未来艺术人才——上海戏剧学院课程、教材建设三年行动计划(2024—2026年)》等文件
湖南省	《湖南省一流本科专业建设实施方案》《湖南省深入推进一流大学和一流学科建设实施意见》《湖南省高等院校学科专业优化实施方案》等	湖南大学制定《湖南大学新工科新文科建设行动方案》; 湖南科技大学制定《湖南科技大学一流专业和一流课程建设实施方案》
江西省	《江西省普通高校新文科建设实施方案》《关于加快推进一流大学和一流学科建设的实施意见》等	江西财经大学成立“江西财经大学新文科教育教学研究中心”; 南昌工程学院以《南昌工程学院新文科建设实施方案》作为指引
陕西省	《陕西高等教育教学改革研究项目管理办法》《关于公布陕西省新文科研究与实践项目立项结果的通知》《陕西省人民政府办公厅关于支持部属高校一流大学和一流学科建设的意见》等	西安电子科技大学下发《西安电子科技大学关于资助第二批“新工科研究与实践项目”及首批“新文科研究与改革实践项目”的通知》; 西安交通大学从2019年起实施《西安交通大学“六卓越一拔尖”计划2.0实施方案》
黑龙江省	《黑龙江省本科高校外语教育改革创新与高质量发展实施方案(2023—2025年)》《黑龙江省新文科建设三年行动计划(2025—2027年)(征求意见稿)》《黑龙江省普通高等学校商科教育改革创新实施方案》等	佳木斯大学制定《佳木斯大学学科专业设置调整优化改革推进工作方案》; 哈尔滨师范大学在《哈尔滨师范大学“十四五”发展规划(2021—2025年)》中要求实施一流本科行动计划,扎实推动新文科,促进本科教育内涵式创新发展

续表

省(市)	省级层面政策方案	部分院校政策方案
吉林省	《吉林省教育厅关于申报新文科研究与改革实践项目的通知》《深化高等学校学科专业调整优化改革服务吉林特色现代化产业创新实施方案(2023—2027年)》《吉林省一流学科引领攻坚工程实施方案》《吉林省教育科技人才产业一体化发展三年行动方案(2025—2027年)》等	吉林外国语大学制定《立足文明交流互鉴服务“开放吉林”吉外新文科应用型卓越人才培养模式建设方案》,明确新文科建设未来十年的近期目标、中期目标及远期目标

2. 提升规划保障

各高校采取多种措施推动教学质量提升与学科发展，主要将“教学改革（专业、课程、模式、教法、教材、实践）”“数字化、信息化建设”“理论研究”以及“教师队伍建设”作为新文科建设的重点规划内容，在“质量文化建设”和“体制机制及组织保障”作为系统性的长期工程方面仍需持续推进。（见图2）其中，陕西省和重庆市高校多措并举为新文科建设的未来发展保驾护航；湖南省主要将“教学改革（专业、课程、模式、教法、教材、实践）”“数字化、信息化建设”“理论研究”以及“体制机制及组织保障”作为新文科规划保障的重要举措；山东省、上海市、吉林省高校较多选择通过“教学改革（专业、课程、模式、教法、教材、实践）”和“数字化、信息化建设”来完成规划保障。（见表2）

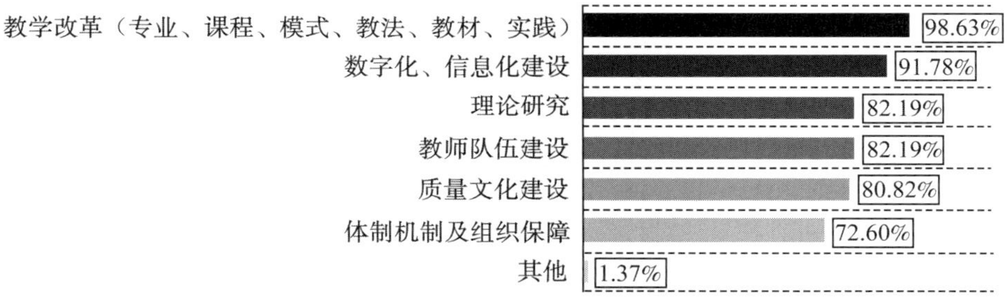

图2　受访高校采取各项促进新文科建设措施的比例

表 2 各省（市）受访高校对新文科建设进行规划保障情况

（%）

省（市）	理论研究	教学改革（专业、课程、模式、教法、教材、实践）	质量文化建设	教师队伍建设	数字化、信息化建设	体制机制及组织保障	其他
广东省	83.33	83.33	66.67	66.67	83.33	66.67	0.00
山东省	75.00	100.00	87.50	87.50	100.00	87.50	0.00
上海市	33.33	100.00	50.00	33.33	100.00	33.33	0.00
湖南省	100.00	100.00	85.71	85.71	100.00	100.00	14.29
江西省	72.73	100.00	63.64	72.73	72.73	54.55	0.00
陕西省	100.00	100.00	100.00	100.00	100.00	100.00	0.00
重庆市	100.00	100.00	100.00	100.00	100.00	100.00	0.00
黑龙江省	90.00	100.00	80.00	90.00	80.00	70.00	0.00
吉林省	77.78	100.00	88.89	88.89	100.00	44.44	0.00

从高校类型来看，各高校基于功能定位和特色优势，在新文科建设的规划保障方面呈现差异化特征。语言院校使用多种举措为新文科建设的未来发展提供坚实保障。政法院校从“教学改革（专业、课程、模式、教法、教材、实践）”“质量文化建设”和“数字化、信息化建设”三方面着手对新文科建设进行规划保障。财经院校侧重“教学改革（专业、课程、模式、教法、教材、实践）”和“数字化、信息化建设”两方面。理工院校和艺术院校主要将“教学改革（专业、课程、模式、教法、教材、实践）”作为重点规划内容。师范院校除重视教学改革外，理论研究也是其重点规划内容。（见表 3）

表 3 不同类型受访高校对新文科建设进行规划保障情况

（%）

	综合大学	师范院校	理工院校	财经院校	语言院校	艺术院校	政法院校	其他院校
理论研究	90.91	100.00	80.00	77.78	100.00	25.00	66.67	66.67
教学改革（专业、课程、模式、教法、教材、实践）	95.45	100.00	100.00	100.00	100.00	100.00	100.00	100.00

续表

	综合大学	师范院校	理工院校	财经院校	语言院校	艺术院校	政法院校	其他院校
质量文化建设	81.82	80.00	80.00	88.89	100.00	50.00	100.00	66.67
教师队伍建设	81.82	90.00	86.67	88.89	100.00	50.00	66.67	66.67
数字化、信息化建设	95.45	80.00	86.67	100.00	100.00	75.00	100.00	100.00
体制机制及组织保障	86.36	70.00	73.33	77.78	75.00	25.00	66.67	50.00
其他	4.55	0.00	0.00	0.00	0.00	0.00	0.00	0.00

当前，各高校主要将“培育新文科研究项目”“申报教学成果奖”和“鼓励教师发表新文科理论文章”作为推进新文科建设理论研究的重要举措。

具体来看，不同省份、不同类型和不同层次的受访高校在推进新文科建设理论研究的措施上各有侧重。其中，山东省受访高校将“培育新文科研究项目”“将新文科建设纳入到学校教学科研项目”“申报并获批国家级新文科研究与改革实践项目”和“申报教学成果奖”作为新文科建设理论研究的重要举措；湖南省采用“培育新文科研究项目”“将新文科建设纳入到学校教学科研项目”“申报教学成果奖”和“鼓励教师发表新文科理论文章”等措施；陕西省和重庆市更倾向于采取“培育新文科研究项目”“申报教学成果奖”“鼓励教师发表新文科理论文章”和“提供专项经费支持”等措施。从高校类型来看，相比理工院校重点采取“申报教学成果奖”这一举措，语言院校综合采取各项措施来推动新文科建设理论研究；政法院校较多选择“培育新文科研究项目”“将新文科建设纳入到学校教学科研项目”“申报并获批国家级新文科研究与改革实践项目”“申报教学成果奖”和“提供专项经费支持”等措施。从院校层次来看，“双一流”建设高校将“培育新文科研究项目”和“申报教学成果奖”作为推进新文科建设理论研究的重要措施。

（三）提供资金保障

总体来看，在累计投入经费规模上，受访高校近年来在“新文科”建设相关工作上的经费投入规模，总体呈上升趋势，2022 年达到 21046.04 万元，相比 2019 年增长 68.57%。在平均投入规模上，校均经费投入和省均经费投入同样呈现增长态势，校均经费投入 2022 年增长至 356.71 万元/校、省均经费投入 2022 年增长至 2338.45 万元/省。(见图 3)

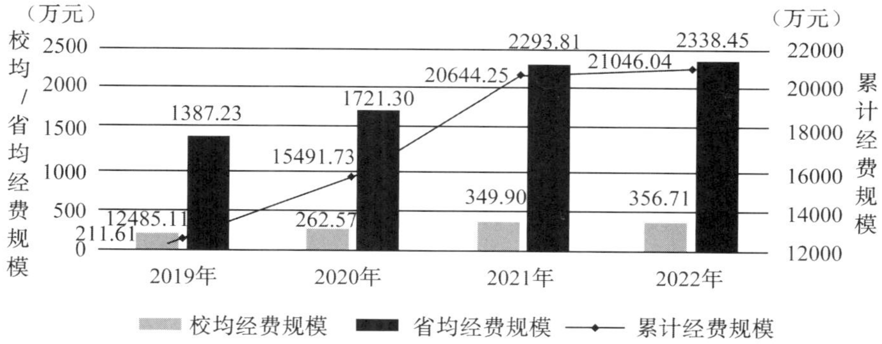

图 3　新文科建设相关工作的经费规模

根据 2024 年调研的 4 省（市）的数据可以看到，在累计投入经费规模上，受访高校近年来在新文科建设相关工作上的经费规模总体呈上升趋势，2023 年达到 11842.34 万元，相比 2019 年增长 5989.18 万元。在平均投入规模上，校均经费投入和省均经费投入同样呈现增长态势，校均经费投入 2023 年增长至 455.47 万元/校、省均经费投入 2023 年增长至 2960.59 万元/省，相比增长 102.32%。(见图 4)

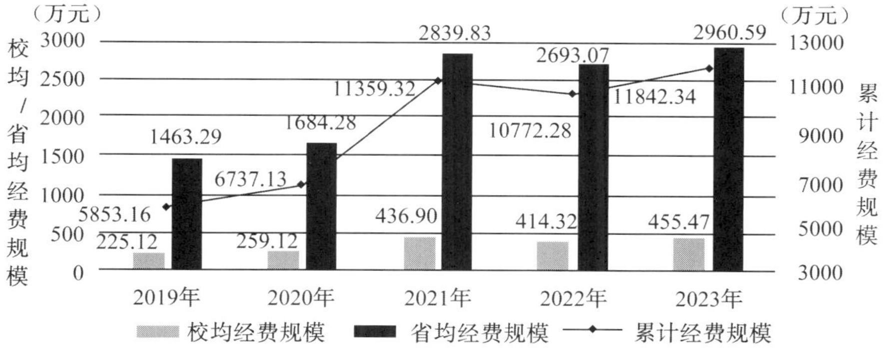

图 4　新文科建设相关工作的经费规模（2024 年调查①）

从省（市）来看，重庆市 2019—2022 年对新文科建设投入经费的规模均

① “2024 年调查”统计范围为 2024 年在上海、湖南、江西和重庆 4 省(市)开展调研的 26 所高校。

高于其他省（市）。（见图5）从院校层次来看，普通高校2020—2022年对新文科建设投入的经费规模均高于“双一流”建设高校。

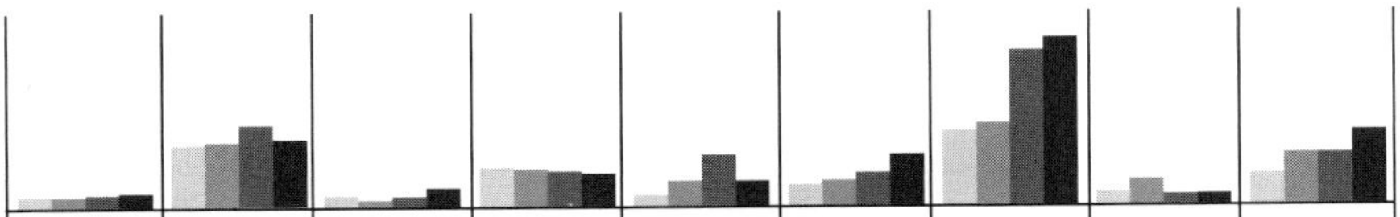

	广东省	山东省	上海市	湖南省	江西省	陕西省	重庆市	黑龙江省	吉林省
2019年	86.25	404.53	87.20	257.05	89.10	149.79	475.71	60.00	216.50
2020年	92.50	418.94	70.20	243.71	174.18	187.44	514.29	176.43	334.18
2021年	102.25	526.58	87.00	240.97	326.61	217.77	968.57	85.86	344.46
2022年	105.00	433.38	139.40	224.58	182.15	327.29	1044.71	88.00	475.88

图5 不同省（市）受访高校平均经费投入规模（万元）

（四）强化师资队伍支撑

1. 教师队伍发展支持服务体系优化

在师资队伍建设方面，95.89%的受访高校积极“开展专题培训”，93.94%和90.41%的高校积极推进“提升教师数字素养”与“成立教师发展中心”，87.67%的高校“鼓励教师开展跨学科教学科研”。相比之下，采取“推动文科类虚拟教研室建设”和“组织实务部门教师互聘计划”两项举措的高校占比略低。（见图6）从省（市）来看①，陕西省主要通过“成立教师发展中心”“开展专题培训”和“鼓励教师开展跨学科教学科研”来保障师资队伍建设；重庆市高校倾向于采取“成立教师发展中心”“开展专题培训”和“提升教师数字素养”举措。从高校类型来看②，政法院校采用多项措施为新文科师资队伍建设提供坚实保障；语言院校从“成立教师发展中心”“开展专题培训”“鼓励教师开展跨学科教学科研”“推动文科类虚拟教研室建设”和“提升教师数字素养”方面着手；师范院校在“成立教师发展中心”和“提升教师数字素养”两方面加强师资队伍建设；财经院校主要采取的措施有“开展专题培训”和“提升教师数字素养”。

① “提升教师数字素养”为2024年调研新增题目，数据分析范围为2024年在上海、湖南、江西和重庆4省（市）开展调研的高校。

② “提升教师数字素养”一题的语言院校、艺术院校和政法院校数量不足3所，样本量过少，结果仅供参考。

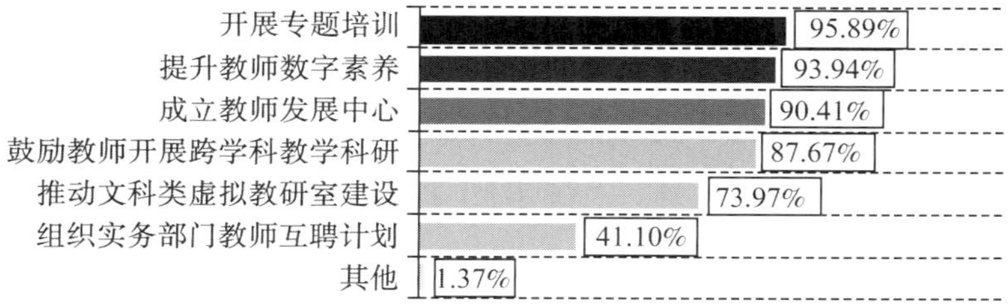

图 6　受访高校采用师资队伍建设各项措施点的比例

在教师参与新文科培训方面[①]，54. 85%的教师参与过新文科的相关培训，45. 15%的教师表示未参与过，未参与的主要原因是“没有机会”（79. 48%）。从学科来看，管理学类教师参与新文科培训的比例最高，为 64. 50%；其次为文学类教师（63. 57%）和经济学类教师（60. 27%）。从省（市）来看，重庆市教师参与新文科培训的比例最高，为 67. 80%；吉林省次之，有 60. 59%的教师曾参与新文科培训。从高校类型来看，语言院校教师参与新文科培训的比例最高，为 64. 60%；理工院校和财经院校次之，分别有 63. 01%和 61. 08%的教师曾参与新文科培训。从院校层次来看，“双一流”建设高校（54. 69%）教师参与新文科培训的比例略低于其他高校（54. 89%）。

2. 教师队伍的新文科理念更新

在对新文科建设的了解方面，79. 30%的教师表示了解新文科。同时绝大部分教师认同“融合化”“时代化”“中国化”以及“国际化”符合新文科建设的内涵。从高校类型来看，理工院校教师对新文科建设的了解程度最高，并有 99. 05%的教师认同“融合化”符合“新文科”建设内涵。从院校层次来看，83. 44%的“双一流”建设高校教师表示了解新文科，其他高校教师表示了解新文科的比例为 78. 14%。“双一流”建设高校教师认同“融合化”和“国际化”符合新文科建设内涵的比例分别为 98. 44%和 96. 81%，略高于其他高校教师；其他高校教师认同“时代化”和“中国化”符合新文科建设内涵的比例分别为 98. 07%和 96. 75%，略高于“双一流”建设高校教师。

在对新文科建设价值的认同方面，97. 60%的教师认为新文科建设有价值。

---

① 广东、山东、山西、黑龙江和吉林统计截止时间为 2023 年 12 月，上海、湖南、江西和重庆统计截止时间为 2024 年 12 月。

同时，绝大多数教师认同新文科建设是“提升综合国力”“坚定文化自信”“培养时代新人”“建设高等教育强国”以及“文科教育融合发展”的需要。从学科来看，98.39%的文学类教师认为新文科建设有价值。文学类教师认同新文科建设是“提升综合国力”“坚定文化自信”“培养时代新人”“建设高等教育强国”和“文科教育融合发展”的需要的比例高于其他学科。

总体而言，教师认为新文科建设对学生的帮助作用高于对教师的帮助作用。88.34%的教师认为新文科建设能够有效“提升教师个人能力”，90.57%的教师认为新文科建设能够有效“提升学生发展”。（见图7）

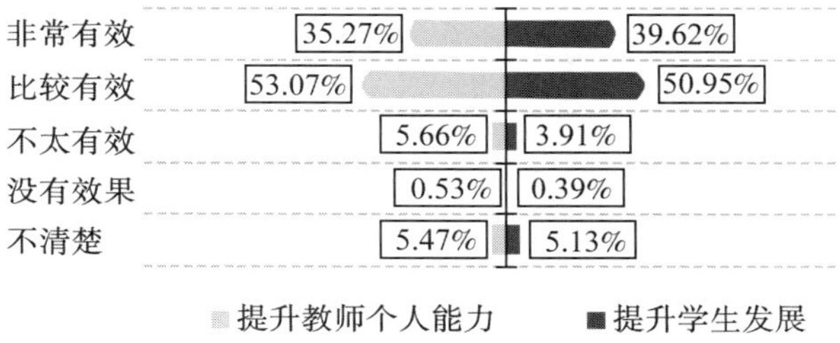

图7　新文科建设对教师和学生的提升作用

在对新文科建设评价标准的认可方面，超过97%的教师认同在新文科建设评价方面需要考虑“价值引领的持续性”“理论研究的特色性”“培养目标的时代性”“课堂教学的有效性”“师资队伍的优良性”以及“保障体系的先进性”等各项指标。新文科建设各项评价标准的具体内涵如表4所示。

表4　新文科建设的评价标准

指标	标准
价值引领的持续性	把握文科教育的价值导向性，全面推进“课程思政”建设，推动习近平新时代中国特色社会主义思想进教材、进课堂、进头脑
理论研究的特色性	构建中国特色学科体系、学术体系、话语体系
培养目标的时代性	培养担当民族复兴大任的新时代文科人才
培养方式的协同性	构建政行企校协同育人机制
学科专业的融合性	文文、文理、文工、文医、文农多学科交叉融合
课程体系的优质性	课程质量提升，建成“金课”（省级或国家级一流课程）
课堂教学的有效性	课程体系、教学方式、学业评价、教学激励、条件保障切实有效

续表

指标	标准
师资队伍的优良性	师资力量满足新文科建设需要
保障体系的先进性	满足新文科建设需求的制度、保障体系完备

从高校类型来看，在“价值引领的持续性”“培养目标的时代性”“培养方式的协同性”“课程体系的优质性”“师资队伍的优良性”以及“保障体系的先进性”维度上，语言院校的认可度高于其他类型高校；在“理论研究的特色性”维度上，政法院校的认可度高于其他类型高校；在“学科专业的融合性”维度上，理工院校和语言院校的认可度高于其他类型高校。(见表5)

表5 不同类型高校教师对新文科建设价值的评价分布

(%)

	价值引领的持续性	理论研究的特色性	培养目标的时代性	培养方式的协同性	学科专业的融合性	课程体系的优质性	课堂教学的有效性	师资队伍的优良性	保障体系的先进性
综合大学	96.97	97.25	98.32	95.53	96.53	94.25	97.21	97.25	97.05
师范院校	96.48	97.33	98.51	96.59	97.65	95.31	97.87	97.55	98.19
理工院校	97.79	98.52	98.74	96.84	97.79	96.31	98.84	97.68	98.10
财经院校	96.43	97.54	97.66	96.80	96.67	94.58	97.29	97.41	97.91
语言院校	98.23	98.38	99.56	97.94	97.79	96.90	98.67	99.26	98.67
艺术院校	97.30	97.55	98.53	96.08	94.61	94.85	97.55	97.79	97.55
政法院校	96.65	99.04	99.04	97.13	97.61	94.98	98.56	97.61	97.85
其他院校	98.18	97.81	98.54	97.08	97.45	93.80	98.91	98.54	96.72

在对新文科建设的信心与期待方面，绝大多数教师对新文科建设有信心，且对其前景的期待比较高。各学科教师对新文科建设有信心的比例均在90%以上，其中教育学类教师比例较高，为95.02%。经济学类教师对新文科建设有期待的比例相对更高，为97.16%。从高校类型来看，理工院校教师对新文科建设有信心和有期待的比例均略高于其他类型高校，分别为96%和97.15%。

在对学科交叉融合的看法方面，基于教师的学科背景和学科发展角度，一方面，教师希望文科内部专业融合。其中，16.71%的文学教师、12.49%的艺术学教师和10.90%的管理学教师均希望自己所在学科内部专业融合。另一方面，部分教师还希望能够实现人文社会科学内部交叉融合，打通文、史、哲专业。例如，12.67%的艺术学教师希望与文学实现交叉融合，11.97%的文学教师希望与历史学实现交叉融合，11.76%的管理学教师希望与经济学实现交叉融合，11.46%的文学教师希望与教育学实现交叉融合。（见表6）

表6　受访教师希望与其他文科内学科开展合作的比例

（%）

教师学科	希望交叉学科							
	哲学	经济学	法学	教育学	文学	历史学	管理学	艺术学
哲学	2.02	0.76	0.62	0.73	1.35	1.83	0.40	0.33
经济学	2.21	6.00	3.51	2.51	0.99	3.12	7.19	0.21
法学	8.61	8.49	7.90	4.60	2.76	7.85	6.89	0.59
教育学	4.95	3.62	1.15	8.55	4.91	3.79	5.48	2.03
文学	10.27	6.14	4.24	11.46	16.71	11.97	5.20	6.06
历史学	1.92	0.86	0.57	0.60	2.02	2.03	0.50	1.07
管理学	3.79	11.76	5.07	4.81	2.09	3.47	10.90	1.80
艺术学	6.92	2.56	0.29	8.08	12.67	7.30	2.36	12.49
交叉学科	0.63	0.99	0.44	0.95	0.66	0.53	1.23	0.63
总计	41.32	41.18	23.79	42.29	44.16	41.89	40.15	25.21

项目组还进一步调查了文科类教师对与理学、工学等非文科专业领域进行交叉合作的看法。大部分文科教师表示期望与非文科专业领域开展交叉合作，尤其是实现文工融合、文理融合和文医融合。其中，12.91%的文学教师、9.71%的管理学教师和9.43%的艺术学教师希望与工科开展交叉合作。（见表7）

表 7 受访教师希望与文科外学科开展合作的比例

（%）

教师学科	希望交叉学科				
	理学	工学	医学	农学	军事学
哲学	0.93	1.21	0.34	0.17	0.02
经济学	3.05	4.79	0.45	1.31	0.00
法学	3.46	7.42	3.10	1.42	0.11
教育学	2.54	3.48	4.01	0.51	0.04
文学	3.84	12.91	4.37	1.53	0.04
历史学	1.23	0.81	0.45	0.70	0.00
管理学	3.88	9.71	1.46	2.14	0.00
艺术学	3.26	9.43	2.69	1.04	0.00
交叉学科	0.49	1.10	0.45	0.08	0.04
总计	22.68	50.86	17.32	8.90	0.25

在对新文科建设问题和挑战的感知方面，75.84%的教师认为新文科建设的开展有一定难度。其中“人才培养体系不够完善”“师资力量薄弱”“缺乏科学指导”“内涵认识不深”“体制机制保障不足”的问题较为突出，均占比50%以上。另外，41.74%的教师认为新文科建设“缺乏理论研究”，40.90%的教师认为新文科建设“缺乏政策支持”，40.11%的教师认为新文科建设“评价体系滞后”。从学科分类来看，哲学类和历史学类教师认为“内涵认识不深”问题较为突出；经济学类、法学类、文学类、艺术学类和交叉学科教师认为“人才培养体系不够完善”问题较为突出；教育学类和管理学类教师认为“师资力量薄弱”问题较为突出。从省（市）差异来看①，湖南省和重庆市教师认为“师资力量薄弱”问题较为突出，其他省（市）教师则认为“人才培养体系不够完善”问题较为突出。此外，“双一流”建设高校和其他高校教师均认为“人才培养体系不够完善”问题较为突出。

在对新文科建设突破点的建议方面，81.61%的教师认为新文科建设应从

① “体制机制保障不足”为2024年调研新增题目，分析范围为2024年在上海、湖南、江西和重庆4省（市）开展调研的高校。

“教育教学改革”方面进行突破；69.86%的教师认为应从“服务经济社会发展”方面进行突破；其他突破点从高到低分别为“理论研究”“支撑保障体系建设”以及“国际化建设”。无论从学科及高校类型还是从省份和院校层次角度分析结果，都更倾向于建议将“教育教学改革”和“服务经济社会发展”作为新文科建设的突破点。（见图 8）

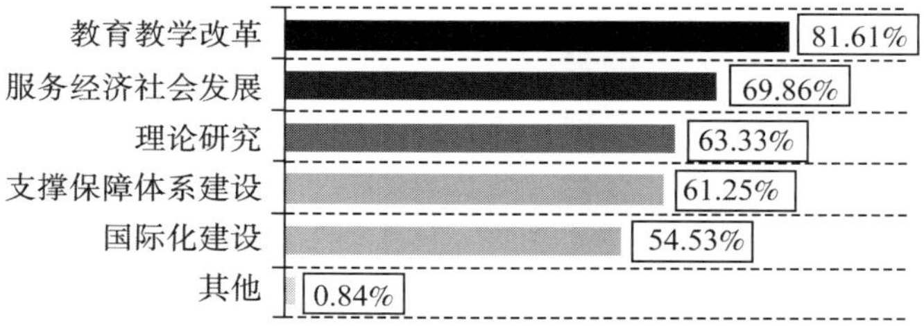

图 8　教师对新文科建设突破点的建议

3. 教师参与新文科建设有待提升

从教师参与跨学科科研和教学活动情况来看，一方面，68.94%的受访高校教师表示参与过跨学科科研活动，没有参与的主要原因是“没有机会”和“认为自己能力不够”的教师，分别占比 66.02%和 23.05%。从学科来看，管理学类教师参与跨学科科研活动的比例相对其他学科最高，为 77.68%；交叉学科类次之，有 75.18%的教师曾参与过跨学科科研活动。从高校类型来看，语言院校教师参与跨学科科研活动的比例最高，为 76.25%；政法院校和理工院校次之，分别为 75.36%和 72.81%。另一方面，60.35%的教师参与过跨学科教学活动，其他教师未参与的主要原因是“没有机会”（66.67%）和“认为自己能力不够”（21.92%）。从学科来看，交叉学科类教师参与跨学科教学活动的比例最高，为 65.96%；艺术学类、管理学类、历史学类专业均有 60%以上的教师曾参与过跨学科教学活动。从高校类型来看，艺术院校教师参与跨学科教学活动的比例最高，为 69.61%；理工院校和语言院校次之，分别为 67.44%和 64.31%。

在教师参与新文科研究或改革实践项目方面，37.29%的教师参与过新文科研究或改革实践有关项目，62.71%的教师尚未参与过。未参与的教师中，59.51%的教师表示“没有机会”参与，27.47%的教师“认为自己能力不够”。从学科来看，管理学类教师参与新文科研究或改革实践项目的比例最高，为 46.31%；经济学类次之，比例为 44.41%。从高校类型来看，理工院校教师参与新文科研究或改革实践项目的比例最高，为 47%；语言院校和艺术院校次之，分别有 44.25%和 41.18%的教师曾参与新文科研究或改革实践项目。从院校层次来看，“双一流”建设高校（42.11%）教师参与新文科研究或改革实践项目的比例略高于其他高校（35.93%）。

在教师参与新文科实验班或其他人才培养项目方面，31.16%的教师参加过新文科实验班或其他人才培养项目，没能参加的最主要原因是“没有机会”，比例高达 71.83%。分省（市）来看，重庆市教师参与新文科实验班或其他人才培养项目的比例最高，为 45.52%；上海市和湖南省次之。从学科来看，经济学类的教师参与新文科实验班或其他人才培养项目的比例最高，为 42.07%；管理学类和文学类次之，分别为 37.76%和 33.04%。从高校类型来看，语言院校教师参与新文科实验班或其他人才培养项目的比例最高，为 40.56%；政法院校次之，有 36.36%的教师曾参与新文科实验班或其他人才培养项目；此外，34.46%的理工院校教师曾参与新文科实验班或其他人才培养项目。从院校层次来看，“双一流”建设高校（37.48%）教师参与新文科实验班或其他人才培养项目的比例略高于其他高校（29.38%）。

在影响教师参与新文科建设的限制性因素方面，“对行业需求及发展趋势把握不足”和“学科知识结构单一”是限制教师参与新文科建设的重要因素，二者的比例均超过 55%。（见图 9）分学科来看，经济学、管理学以及交叉学科教师均认为“对行业需求及发展趋势把握不足”是限制教师参与新文科建设的重要因素，艺术学教师认为“实践教学条件难以保障”是限制教师参与新文科建设的重要因素。（见表 8）从高校类型来看，理工院校教师认为“信息技术、数智化水平难以满足”是限制教师参与新文科建设的重要因素；财经院校、政法院校和其他院校教师认为“对行业需求及发展趋势把握不足”是限制教师参与新文科建设的重要因素。从院校层次来看，“双一流”建设高校教师认为“学科知识结构单一”是限制教师参与新文科建设的重要因素；其他高校认为“对行业需求及发展趋势把握不足”是限制教师参与新文科建设的重要因素。

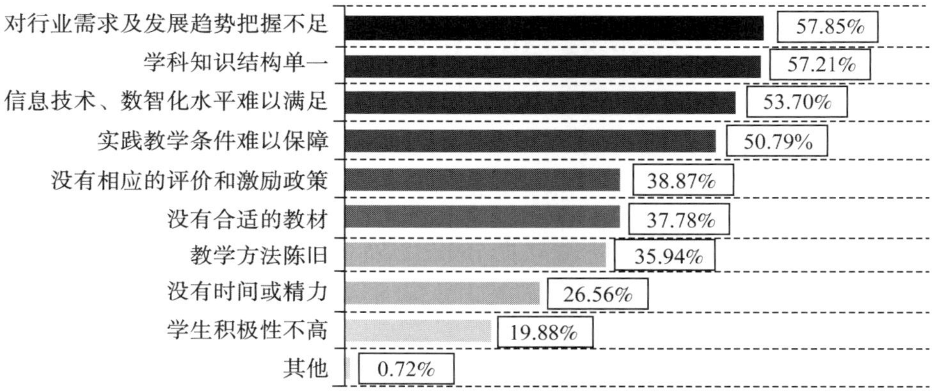

图 9　影响教师参与新文科建设的困难与挑战

表 8　各学科教师参与新文科建设存在问题的看法

（%）

限制性因素	哲学	经济学	法学	教育学	文学	历史学	管理学	艺术学	交叉学科
对行业需求及发展趋势把握不足	56.68	60.27	58.20	56.16	61.18	46.64	59.78	53.67	56.74
信息技术、数智化水平难以满足	50.27	53.09	53.78	51.43	58.32	44.39	54.08	51.47	49.65
学科知识结构单一	59.36	52.25	59.28	57.66	63.27	57.40	50.54	54.98	51.77
教学方法陈旧	34.22	34.56	36.58	34.87	35.36	36.32	35.00	39.15	30.50
实践教学条件难以保障	45.99	47.25	49.46	49.32	49.49	49.33	53.00	56.04	47.52
没有合适的教材	35.29	41.24	35.05	34.00	41.38	31.84	37.66	37.68	37.59
没有时间或精力	26.74	25.21	27.39	25.40	28.38	28.25	25.17	25.94	23.40
学生积极性不高	23.53	22.37	21.08	16.06	19.62	23.77	19.27	19.90	17.73
没有相应的评价和激励政策	32.09	41.90	37.93	39.98	38.94	31.84	40.71	37.68	43.26
其他	1.60	0.50	1.08	0.75	0.66	0.90	0.39	0.41	2.84

（五）小结

本节主要从组织、政策、规划、资金、人才等方面分析了全国受访高校在新文科建设中的各种要素保障措施。研究有如下几点发现：

在组织保障方面，各受访高校加强了顶层设计，探索完善新文科建设工作领导体制。多校成立了新文科建设工作领导小组和新文科教学指导委员会，将“建设教育质量保障体系”“深化教育评价改革”以及“建立以质量提升为核心的管理体制机制”作为提升组织保障的重要举措，不同省（市）、不同类型的高校在具体实施上各有侧重。

在政策实施规划方面，各受访高校着力建立政策指导体系，积极制定实施关于新文科建设的政策方案和行动计划。其中，“教学改革（专业、课程、模式、教法、教材、实践）”“数字化、信息化建设”“理论研究”以及“教师队伍建设”是建设规划的重点内容。“质量文化建设”和“体制机制及组织保障”作为系统性的长期工程，仍需强化高校质量保障的主体意识，完善质量保障体系。此外，受访高校重点采取“培育新文科研究项目”“申报教学成果奖”以及“鼓励教师发表新文科理论文章”等措施推进新文科建设理论研究，助力构建中国特色文科教育的理论体系。

在资金保障方面，各级政府持续加大财政投入力度，从累计投入经费规模和平均投入规模上来看，受访高校近年来在新文科建设相关工作上的经费投入呈上升趋势。从省（市）看，2023 年调研的 5 省、2024 年调研的 4 省（市）数据，在新文科建设相关工作上的经费投入均呈上升趋势。其中，重庆市 2019—2022 年对新文科建设投入经费的规模均高于其他省（市）。

在教师队伍建设方面，教师教学能力持续提升，教师培养培训体系有待健全。各高校重点采取“开展专题培训”“提升教师数字素养”和“成立教师发展中心”等措施保障师资队伍建设。绝大多数教师了解并认同新文科建设的内涵、价值和评价标准，对新文科建设充满信心和期待；但也认为新文科建设将面临不小的挑战，其中“人才培养体系不够完善”和“师资力量薄弱”等问题较为突出。教师认为新文科建设应将“教育教学改革”“服务经济社会发展”等方面作为突破点。另外，多数文科教师希望推动文科专业之间深度融通、文科与理工农医交叉融合。

三、新文科建设的任务落实

（一）强化价值引领

培养什么人、怎样培养人、为谁培养人是教育的根本问题，也是教育强国建设的核心课题。落实立德树人根本任务，关键在于加强课程思政建设。

在课程思政的建设方面，近年来各高校均将“组织课程思政建设师资培训、观摩、竞赛等活动”作为课程思政建设的首要途径。与此同时，各高校重点从“研制出台课程思政建设工作实施方案”“召开课程思政建设工作部署推进会、研讨会”“开展课程思政建设示范项目选树工作”三个方面不断推进工作，占比均达到96.15%。

在课程思政的教学落实方面，93.94%受访高校通过“新开有关课程”和“组织师资培训活动”来实现课程思政建设；90.91%受访高校通过“融入现有课程”、87.88%受访高校通过“开展有关实践活动”的方式加强课程思政建设。（见图10）从落实情况来看，33所受访高校自2018年来共新开有关课程204门、融入现有课程9950门、开展有关实践活动2991次、组织师资培训活动1398场。

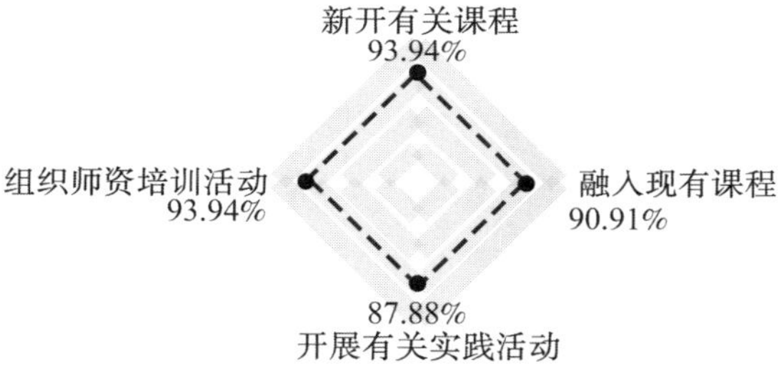

图10　学校落实课程思政建设的情况

在课程思政建设中的教师参与方面[①]，84.29%的受访教师在专业教育中融入了“习近平新时代中国特色社会主义思想”等内容，比例最高；具有“参加课程思政有关培训、研讨会等”经历的教师占比达到77.86%；“申报课

① “课程思政的教学落实”部分的统计范围为2024年在上海、湖南、江西和重庆4省（市）开展调研的33所高校。

程思政相关项目”的教师占比为57.23%；“参加课程思政类比赛”的教师较少，占比为31.92%。

（二）促进专业优化

以新发展理念引领新文科建设，各高校文科专业的优化调整加速。2018年以来，全国各高校不断调整优化文科专业结构，统计结果显示，69所（94.52%）高校不断调整优化文科专业结构，只有5.48%的高校尚未开始调整优化文科专业。

具体来说，文科专业的优化分为积极发展文科类新兴专业、及时淘汰落后专业和推动原有文科专业改造升级。

1. 积极发展文科类新兴专业

各高校紧扣国家软实力建设和文化繁荣发展新需求，紧跟新一轮科技革命和产业变革新趋势，积极推动人工智能、大数据等现代信息技术与文科专业深入融合，积极培育文科战略新兴专业，探索微专业建设，以适应新产业、新业态的飞速发展。

根据教育部发布的《普通高等学校本科专业目录》，2018—2023年，全国高校新增文科专业75个，新增文科专业点数4943个。本次调研数据中，自2018年以来，受访73所高校中，61所高校共增设了209个文科专业点。

增设专业呈现出与国家现代化进程同频共振的特征，主要集中在以下领域：第一，主动拥抱新科技革命、体现交叉融合的专业。各专业与人工智能、大数据、物联网等产业领域有机结合，如数字经济、大数据管理与应用、网络与新媒体、金融科技等专业。第二，积极回应国家战略需求、服务高水平对外开放的专业。如跨境电子商务、国际组织与全球治理、国际新闻与传播、国际税收、国际经济发展合作等专业，提高本专业建设与国家战略急需的适配度，着力培养包括国际组织人才、涉外法治人才、国际传播人才、关键语种人才、区域国别研究人才和知识产权管理人才等国家急需的应用型复合型高质量人才。第三，助力现代服务业发展与乡村振兴的专业，如运动训练、健康服务管理、养老服务管理、社会政策等专业。第四，推动传统文化传承与创新发展的专业，如文物保护与修复、书法学、工艺美术等专业，在传统艺术领域中寻找新的活力增长点。（见图11）

图 11　增设文科专业情况①

此外，为灵活应对经济社会发展新需求，受访高校基于学科综合优势，积极探索构建新型跨学科专业组织模式，在本科专业目录以外，聚焦国家重大战略和社会急需领域，以新的思路和跨界模式，围绕某个特定学术领域、研究方向或者核心素养，提炼开设一组核心课程，打造轻量型专业结构，辅助学生学习主修专业。

数据显示，参与调研的 73 所高校中，34 所（46.58%）院校自 2018 年以来共建设了 185 个文科微专业。虽然学校和学院层面对微专业的建设投入较多，但从学生问卷反映的情况来看，仅有 2.86%的学生表示曾修读过文科微专业，高达 97.14%的学生表示未修读过文科微专业。在未参与的学生中，绝大多数表示没有修读微专业的打算，仅有少部分学生表示打算修读微专业。

2. 及时淘汰落后专业

凝练文科专业的学科特色有助于推动新文科的专业建设、增强人文社科类专业的社会适应性。受访各高校积极整合现有专业建设资源，不断探索大类招生和大类培养模式，拓宽专业人才培养口径，并对落后于经济社会发展需求、专业吸引力差、就业面窄、专业建设水平低的专业，及时进行淘汰。

---

① 词云图通过字体大小表示词汇的出现频率，字体越大的词汇出现的频率越高。根据调研数据，在本词云图中，字体的大小代表增设文科专业点数的多少，字体越大，增设的该文科专业点数越多。

撤销专业并不意味着放弃这些领域的研究和教育，而是将资源重新配置到更具前瞻性和社会需求的学科领域上，有效促进学科专业规模、学科专业结构、优质资源配置的“三重优化”，更好地满足社会发展和科技进步的需求，为提升专业整体水平、推动交叉融合创新发展奠定基础。

根据教育部发布的《普通高等学校本科专业目录》，2018—2023 年，全国高校撤销文科专业点数 2397 个。其中，2023 年撤销了 826 个文科专业点数，首次超过当年的新增文科专业点数。本次调研结果显示，自 2018 年以来，受访 73 所高校中共有 50 所院校先后对 170 个本科专业点进行了撤销、停招。

撤销的专业主要分为以下几类：第一，服务面向不明确、就业导向模糊的专业。这些专业通常培养目标宽泛，课程缺乏针对性和适应性，如公共事业管理、社会工作、教育学等专业。第二，知识结构陈旧、与市场需求脱节的专业。这些专业或传统课程体系未及时更新，无法适应数字化的新趋势，或内容过于理论化、缺乏实操技术教学，如广告学、电子商务、市场营销、视觉传达设计、广播电视学等专业。第三，供大于求、部分学校缺乏办学优势的专业。这些专业的就业市场因行业波动或竞争激烈，尚处于饱和状态，且开设院校过多，同质化严重，导致部分办学基础较弱的院校选择裁撤，如财务管理、工商管理等专业。(见图 12)

图 12 撤销文科专业情况①

① 在本词云图中，字体大小代表撤销文科专业点数的多少，字体越大，撤销的该文科专业点数就越多。

3. 推动原有文科专业改造升级

各高校坚持文科专业的存量优化，建设国家和省级一流专业，实现学科专业的深度交叉融合，打造文科“金专”，不断优化文科专业结构，引领带动文科专业建设整体水平提升。

一流专业建设方面，在参与调研的各高校中，2018 年以来，71 所（97.26%）高校的文科专业入选国家级或省级一流本科专业建设点，共有 658 个专业入选国家级一流本科专业建设点、513 个专业入选省级一流本科专业建设点。在入选的高校中，平均每校 9.01 个专业入选国家级一流本科专业建设点、7.03 个专业入选省级一流本科专业建设点。

加强学科专业交叉融合方面，各高校进行了大量有益的探索。① 从调研结果来看，90.91% 的受访高校建设了“多学科交叉融合专业课程体系”，87.88%的高校增设了“交叉学科专业”或探索“多学科交叉融合新方向”“推动跨学科创新创业教育”，75.76% 的高校开展了“跨学科理论研究”，72.73%的高校设立了“跨学科复合型人才培养试验班”，66.67%的高校搭建了“跨学科育人实践平台”。（见图 13）

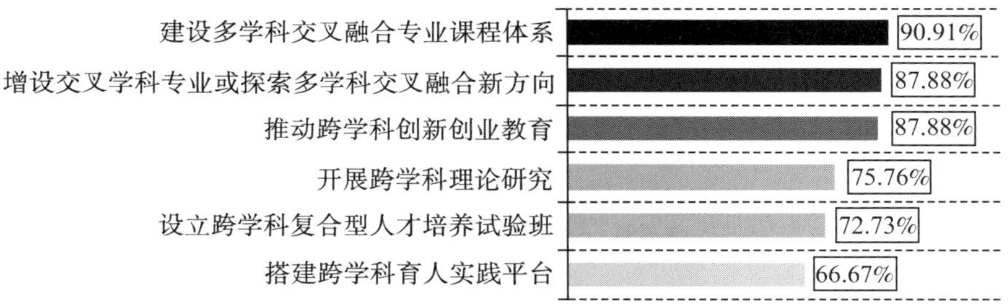

图 13 受访学校推动跨学科交叉融合育人的举措

为促进科技教育与人文教育相协同，绝大部分高校（93.94%）均开设了“跨学科课程或研究项目”。此外，87.88%的高校组织了“跨学科联合讲座、研讨会”，81.82%的高校“改革教育评价体系，注重学生综合素质评价”并设置了“科技与人文融合的校园文化活动”。另外，超过 66.67%的高校开展了“联合科研，引入人文视角的科技案例分析等”，63.64%的高校建立了

① 此为第二阶段新增的调研题目，故仅江西、湖南、上海和重庆 4 省（市）有此项数据结果。

“协同创新平台”。（见图 14）

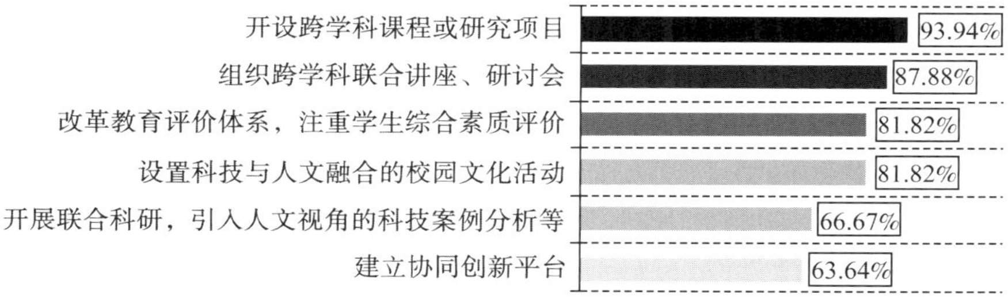

图 14 受访学校促进科技教育与人文教育相协同的举措

（三）深化课程提质

课程提质是新文科建设中与育人育才直接相关的重要措施。其中课程改革围绕新设的专业方向，更新课程内容，重构课堂体系，建设一批专业新课程、新教材，以课程之新支持专业之新。在新文科建设中必须把课程培养作为人才培养的核心要素，强化价值引领、提升学术内涵、丰富形式载体、创新方法手段，建设文科“金课”，夯实文科育人主渠道主阵地。

1. 新课程建设情况

（1）优化课程体系。

为全面推进新文科课程建设，各高校积极开发富有时代内涵与学科前沿性的新课程，以拓展学科边界，满足新时代人才培养需求；同时对现有老课程进行深度改造，更新教学理念与方法，使其与时俱进。数据显示，参与调查的院校中，共有 62 所（84.93%）高校对文科专业课程体系进行了改革，优化文科课程体系。

课程设置是为教学和学生服务的，学生对课程设置的满足度也是课程建设情况的重要评价标准。在课程设置满足度方面，67.03%的学生表示现有课程设置能够满足未来职业需要；但同时，认为课程设置不能满足职业需要的学生达到了 29.73%。这说明契合学生发展需要的课程设置仍然有较大改进空间。调查学生在本专业之外想要修读的课程，数据显示，选择“实践类课程”的比例最高，有 59.54%的学生选择；“人工智能等数智类课程”次之，有 47.22%的学生选择。（见图 15）学生的选择从侧面说明了学校实践类和人工智能类课程开设不足，不能满足学生的需求。

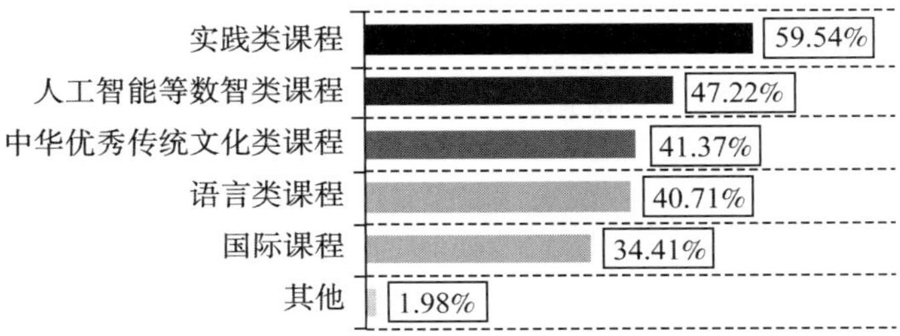

图 15　学生希望修读课程

（2）推广“四大讲堂”。

2018 年以来，63 所（86. 30%）受访高校积极推动“四大讲堂”（中国政法实务、新闻传播、经济、艺术大讲堂）进课程。然而，师生参与比例总体较低，均不足 20%。具体来看，教师参与中国艺术大讲堂的程度最高，比例为 19. 40%，其次是中国经济大讲堂（18. 16%）、中国新闻传播大讲堂（16. 57%），中国政法实务大讲堂参与程度最低，比例为 14. 11%；学生参与中国新闻传播大讲堂的程度最高，比例为 13. 11%，其次是中国艺术大讲堂（12. 93%）、中国政法实务大讲堂（12. 12%），中国经济大讲堂参与程度最低，比例为 10. 73%。“四大讲堂”是人才培养体制机制改革创新的重要工程，尽管 63 所高校积极推动“四大讲堂”进课程，但整体上师生的参与度较低。

从学科来看[①]，教师和学生的参与情况展现出明显的学科特色。例如，法学类教师和学生参与中国政法实务大讲堂的比例略高于其他学科；文学类教师和学生参与中国新闻传播大讲堂的比例略高于其他学科；经济学类教师和学生参与中国经济大讲堂的比例略高于其他学科；艺术学类教师和学生参与中国艺术大讲堂的比例略高于其他学科。

2. 推进课堂教学

课堂教学是传授知识和技能最主要的方式之一，可以帮助学生掌握学科基础知识和实践操作技能。在新文科建设中，教师需要不断更新自己的知识和教学方法，特别要加强教学质量和提升教学目标高阶度，以适应新的教育环境。对课堂教学情况的调研主要从教师教学质量和教学目标的高阶度两个

① 在分析学生数据时，由于交叉学科的学生样本量过少，在进行学科分析时未将其结果包含在内，下同。

方面考量。

（1）教师教学质量较高。

本调查报告采用四点量表测量教师的教学质量，“非常符合”记为 4 分，“不符合”记为 1 分，得分越高，表示教师教学质量越好。学生认为授课教师教学质量较高，各维度得分均在 3 分以上；意义建构得分相对最高（3.39 分）。具体来看，在有效教学维度中，95.23%的学生表示授课教师能够“清晰解释课程目标或要求”；在及时反馈维度中，95.03%的学生表示授课教师能够“在课程进行中及时给予反馈”；在意义建构维度中，95.58%的学生表示授课教师能够“与学生讨论课程的主题、观点或概念”。(见表 9)

表 9　教学质量各题项填答情况

维度	指标	均值	比例(%)			
			非常符合	比较符合	不太符合	不符合
有效教学	课程内容设置具有前沿性	3.35	42.22	51.82	4.86	1.10
	清晰解释课程目标或要求	3.39	44.96	50.27	3.83	0.94
	运用案例或图表来解释课程难点	3.36	43.18	50.50	5.26	1.06
	在授课过程中融合不同专业的知识	3.32	40.92	51.17	6.80	1.11
及时反馈	在课程进行中及时给予反馈	3.39	44.43	50.60	4.05	0.92
	在考试之后及时给予反馈	3.26	39.11	50.14	8.84	1.91
意义建构	与学生讨论课程学习的价值	3.37	43.58	50.73	4.70	0.99
	与学生讨论课程主题、观点或概念	3.41	45.87	49.71	3.55	0.87

虽然学生认可教师的教学质量，但仍存在一些问题。“信息技术、数智化水平难以满足”和“学科知识结构单一”是学生反映较多的情况，比例分别为 43.48%和 38.59%。此外，34.03%的学生反映任课教师“对行业需求及发展趋势把握不足”，34%的学生反映任课教师“教学方法陈旧”，17.68%的学生反映任课教师“时间或精力投入较少”。这说明了当前的教学方式和内容未能完全适应数字化时代的发展需求，需要进一步加强技术应用与跨学科的整合。

（2）教学目标高阶度优化。

采用四点量表调查学生对目标高阶度的感知，“非常强调”记为4分，“不强调”记为1分，得分越高，表示课程教学具有越高的目标高阶度。学生感知的目标高阶度为3.36分；其中学生对授课教师强调“详细理解专业理论及其推理路径”的评分相对较高，为3.38分。93%以上的学生表示授课教师在课程中强调学生需要“运用原理或方法解决现实问题”“详细理解专业理论及其推理路径”“评估观点、决策或信息来源”以及“从各种信息中形成新的想法”。（见表10）

表10　教学目标高阶度的各题项填答情况

（%）

	运用原理或方法解决现实问题	详细理解专业理论及其推理路径	评估观点、决策或信息来源	从各种信息中形成新的想法
非常强调	44.37	44.62	41.43	43.03
比较强调	49.40	49.64	52.05	50.34
不太强调	5.29	4.87	5.60	5.69
不强调	0.94	0.87	0.92	0.94

3. 加强教材建设

新时代为加强中国特色哲学社会科学学术体系、学科体系、话语体系建设，各高校发挥学科优势，加强新文科教材建设，积极推动编写和出版经典教材、优秀教材和新形态教材，重点鼓励编写能够反映中国特色社会主义理论与实践新发展以及新形态的教材；持续深入开展马工程重点教材建设，鼓励教师参与教材编审工作，推出一批在全国具有示范引领意义的教材成果集群；加强教材编写教师队伍建设，推动优秀研究成果向教学资源转化，不断提高哲学社会科学教材编写质量和选用质量。

（1）组织教材编写。

2018年以来，受访高校中，67.12%的院校共计编写1996本教材，其中新形态教材144本、人工智能相关教材58本。① 从各省（市）高校校均编写

① 新形态教材、人工智能相关教材的统计范围为2024年在上海、湖南、江西和重庆4省（市）开展调研的33所高校。

教材数量情况来看，上海市受访高校校均编写 47.17 本文科专业教材，数量相对最高；吉林省受访高校校均编写文科专业教材数量较低，为 6.67 本。(见图 16)

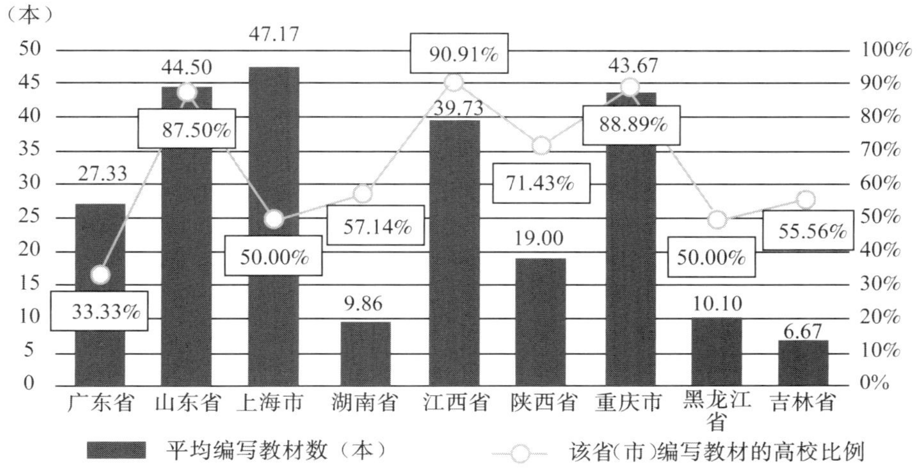

图 16　各省（市）受访高校校均编写教材情况

从不同类型高校校均编写教材情况来看，财经院校校均编写 73.00 本文科专业教材，数量相对最高；其他院校校均编写教材数量较低，仅有 1.33 本。(见图 17)

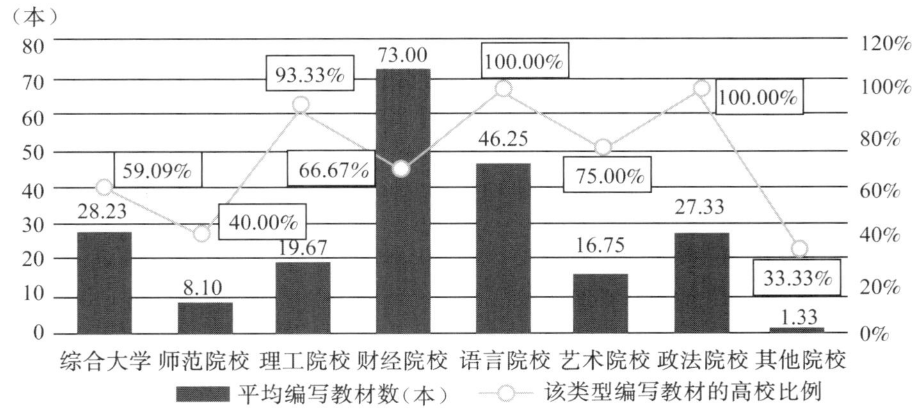

图 17　不同类型受访高校校均编写教材情况

（2）参与教材编写。

在教材编写过程中，仅有16.33%的教师参与其中。从教师未参与教材编写的原因来看，最主要原因是“没有机会”，占比高达63.37%；其次是“认为自己能力不够”，占比为23.12%；而“没有时间”“不感兴趣”的比例相对较少，分别占8.81%、1.81%。

（四）推动模式创新

新文科建设模式创新，核心在于跨学科性、技术驱动性和实践导向性，旨在通过打破传统学科壁垒，融合数字化技术，强化产教协同等多维度变革，推动文科教育从理论向应用转型，构建具有中国特色、世界水平的文科教育体系。新文科建设模式创新覆盖多个领域，本部分聚焦于人才培养模式的重构。

受访各高校主动探索体现专业特色的多元化人才培养模式，加强基础学科拔尖创新人才培养，全面推进新文科创新人才培养实验班建设，力争进入国家拔尖创新人才培养计划。在重点学科和优势学科领域，探索完善新文科人才本硕博一体化贯通培养机制。推行交叉学科培养，建立跨学科课程体系、跨学科教学团队，并设立交叉学科研究课题，为拔尖学生提供跨学科学习的机会。构建校—地—企联合的实践协同育人机制，深化产教融合、校企合作，建成一批对区域和产业发展具有较强支撑作用的高水平应用型新文科。

其中，各高校积极利用区域优势，发挥学科特色，深度推进校企、校际合作。“推动校际、校企、校政、校研协同”是各高校培养模式改革的重要举措，比例为97.26%；另外，有79.45%的受访高校“开设特色人才培养实验班”、54.79%的受访高校“建设拔尖人才培养基地”，充分说明了国家和高校对拔尖人才和急需人才的重视。“开设双学位及主辅修”（76.71%）和“实施国际化培养”（71.23%）也是高校培养模式改革的重要举措。（见图18）

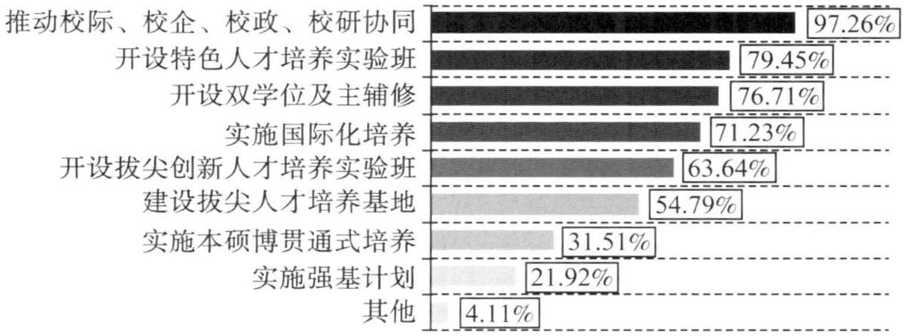

图 18 学校创新人才培养模式各措施的比例

从省（市）来看，各省（市）受访高校均将“推动校际、校企、校政、校研协同育人”作为创新人才培养模式的重要措施。此外，广东省和陕西省将“实施国际化培养”作为创新人才培养模式的重要措施；吉林省将“开设双学位及主辅修”“推动校际、校企、校政、校研协同育人”和“开设特色人才培养实验班”作为创新人才培养模式的重要措施。（见表 11）

表 11 各省（市）受访高校创新人才培养模式情况

（%）

省(市)	开设双学位及主辅修	建设拔尖人才培养基地	实施强基计划	开设拔尖创新人才培养实验班	开设特色人才培养实验班	推动校际、校企、校政、校研协同育人	实施国际化培养	实施本硕博贯通式培养	其他
广东省	50.00	33.33	0.00	/	83.33	100.00	100.00	16.67	0.00
山东省	62.50	37.50	12.50	/	62.50	100.00	62.50	25.00	12.50
上海市	83.33	83.33	33.33	83.33	83.33	100.00	83.33	50.00	0.00
湖南省	71.43	57.14	28.57	42.86	85.71	100.00	57.14	28.57	14.29
江西省	90.91	72.73	18.18	72.73	54.55	100.00	54.55	9.09	0.00
陕西省	85.71	85.71	57.14	/	85.71	100.00	100.00	71.43	0.00
重庆市	77.78	55.56	33.33	55.56	88.89	88.89	77.78	33.33	0.00
黑龙江省	60.00	20.00	20.00	/	80.00	90.00	50.00	30.00	0.00
吉林省	100.00	55.56	0.00	/	100.00	100.00	77.78	33.33	11.11

从高校类型来看，语言院校和政法院校均将“开设双学位及主辅修”“建设拔尖人才培养基地”“开设拔尖创新人才培养实验班”“开设特色人才培养实验班”“推动校际、校企、校政、校研协同育人”和“实施国际化培养”作为创新人才培养模式的重要措施。(见表12)

表12　不同类型受访高校创新人才培养模式情况①

(%)

	综合大学	师范院校	理工院校	财经院校	语言院校	艺术院校	政法院校	其他院校
开设双学位及主辅修	68.18	90.00	73.33	88.89	100.00	25.00	100.00	83.33
建设拔尖人才培养基地	40.91	50.00	60.00	66.67	100.00	25.00	100.00	50.00
实施强基计划	27.27	30.00	33.33	0.00	25.00	0.00	33.33	0.00
开设拔尖创新人才培养实验班	71.43	75.00	60.00	50.00	100.00	0.00	100.00	66.67
开设特色人才培养实验班	77.27	70.00	80.00	88.89	100.00	100.00	100.00	50.00
推动校际、校企、校政、校研协同育人	95.45	90.00	100.00	100.00	100.00	100.00	100.00	100.00
实施国际化培养	72.73	70.00	60.00	77.78	100.00	75.00	100.00	50.00
实施本硕博贯通式培养	31.82	60.00	26.67	22.22	25.00	0.00	66.67	16.67
其他	9.09	0.00	0.00	0.00	0.00	0.00	0.00	16.67

从院校层次来看，“双一流”建设高校将“开设拔尖创新人才培养实验班”作为创新人才培养模式的重要措施，其他高校将“推动校际、校企、校政、校研协同育人”作为创新人才培养模式的重要措施。(见表13)

表13　不同层次受访高校创新人才培养模式情况

(%)

	“双一流”建设高校	其他高校
开设双学位及主辅修	92.31	73.33
建设拔尖人才培养基地	92.31	46.67
实施强基计划	53.85	15.00

① “开设拔尖创新人才培养实验班”一题语言院校、艺术院校和政法院校的数量不足3所，样本量过少，结果仅供参考。

续表

	“双一流”建设高校	其他高校
开设拔尖创新人才培养实验班	100.00	55.56
开设特色人才培养实验班	84.62	78.33
推动校际、校企、校政、校研协同育人	92.31	98.33
实施国际化培养	84.62	68.33
实施本硕博贯通式培养	84.62	20.00
其他	7.69	3.33

（五）改进实践育人

1. 实践教学改革

近年来，各高校主要从“修订并完善实践教学相关制度”和“建设文科实习实验室、实验平台、实习基地等”对学校文科专业进行实践教学改革，占比分别为98.48%和94.52%。（见图19）

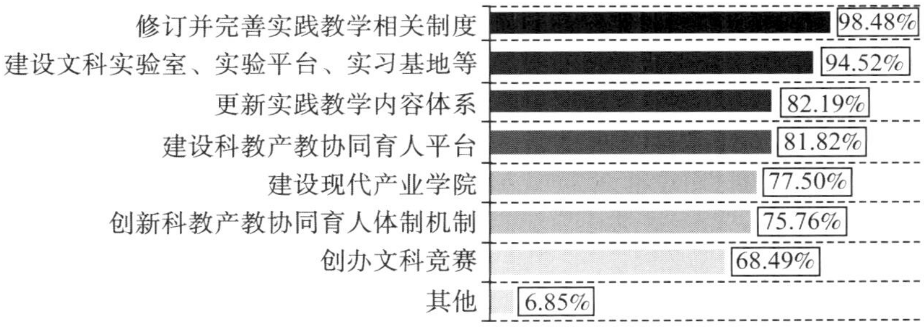

图19　学校采取措施改革实践教学的比例

从省（市）来看，吉林省和山东省受访高校采取“修订并完善实践教学相关制度”“建设文科实验室、实验平台、实习基地等”和“建设现代产业学院”措施进行实践教学改革的比例达到100%；广东省和上海市受访高校采取“修订并完善实践教学相关制度”“建设文科实验室、实验平台、实习基地等”和“更新实验教学内容体系”措施进行实践教学改革的比例达到100%。分高校类型来看，受访高校中，除理工院校外，各类型受访高校采取“修订并完善实践教学相关制度”措施的比例达到100%。分院校层次来看，受访院校中，“双一流”建设高校将“修订并完善实践教学相关制度”和“建设文科实验室、实验平台、实习基地等”作为改革实践教学的重要措施。

2. 文科赛事举办

高校积极创办文科赛事，以赛促学、以赛促教、以赛促创，着力提升文科生实践创新能力。调查发现，受访高校中创办文科竞赛的比例达到了68.49%，比如山东大学出台《山东大学文科实践创新行动方案》，创新实践育人体系，举办山东大学大学生新文科实践创新大赛，吸引全校文理工医专业3000余名学生参赛。各省市高校聚焦国家战略和经济社会发展需求，积极参加首届大学生新文科实践创新大赛等新文科赛事，推动高校文科人才培养实质性“脱虚向实”，强化文科专业教学内容与社会实际问题的紧密联系。

3. 实践教学感知

实践教学是学生将理论知识转化为实际能力的关键桥梁，高校实践教学改革的成效关系着学生的学习需求是否满足。调查显示，80.76%的学生表示现有实践教学条件能满足学习需求，而近两成的学生表示尚不能满足。2023年调查结果显示，“文科类比赛较少”是学生反映最多的问题，比例为44.90%；其次是“实习基地水平一般”，比例为40.83%。2024年调查结果显示，“受时间、机制等制约，实习难以深入”是学生反映最多的问题，比例为58.83%；其次是“实习基地等社会实践场所数量较少”，比例为49.91%；其中，“受时间、机制等制约，实习难以深入”不仅是各学科学生反映最多的问题，同样也是各省（市）学生反映最多的问题。（见表14）

表14　不同年份学生对实践教学条件存在不足的感知

（%）

实践教学条件存在的不足	2023年	2024年
文科类比赛较少	44.90	37.86
实践基地水平一般	40.83	—
实验室（平台）条件落后	38.98	32.12
实践学分占比较少	33.06	24.33
受时间、机制等制约，实习难以深入	—	58.83
实习基地等社会实践场所数量较少	—	49.91
配套实践课程教材等资源还不足	—	28.79

续表

实践教学条件存在的不足	2023 年	2024 年
指导实习实践活动的教师数量不足、水平仍待提升	—	23.68
其他	5.69	1.91

（六）AI 赋能文科教育①

以 ChatGPT、DeepSeek 为代表的生成式人工智能技术取得突破性进展，促使我们思考文科体系改革新问题、探索文科人才培养新范式、拓展文科研究新领域。在此背景下，有必要积极促进人工智能、大数据等现代信息技术与新文科建设深入融合。

1. 深化 AI 应用

调查结果显示，近年来，各高校普遍从“制定相关方案、计划等政策文件”和“组织人工智能师资培训”两方面推进人工智能赋能新文科建设，占比达 75.76%；此外，分别有 57.58%的学校从“设立专项资金、项目等支持人工智能与新文科交叉研究”和 36.36%的学校从“建设人工智能与新文科交叉实践平台”两方面推进人工智能赋能新文科建设。（见图 20）

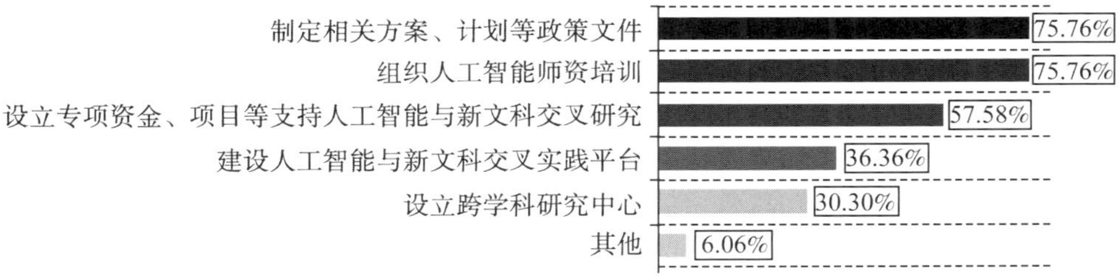

图 20 推进“人工智能赋能新文科建设”的举措

2. 优化课程建设

2018 年以来，24 所受访高校（72.73%）六年来累计开设 840 门 AI 课程。其中全校必修课 364 门、通选课 110 门、文科专业课 302 门。从省（市）来看，重庆市受访高校开设人工智能相关课程的比例相对最高，上海市相对最

① “AI 赋能文科教育”部分的统计范围为 2024 年在上海、湖南、江西和重庆 4 省（市）开展调研的 33 所高校。此外，语言院校、艺术院校和政法院校的数量不足 3 所，本部分交叉分析时不展示以上三类院校情况。

低。从课程开设形式来看，上海、江西两省（市）受访高校开设人工智能相关课程主要为文科专业课，湖南、重庆两省（市）则主要通过全校必修课形式开设人工智能相关课程。(见图 21)

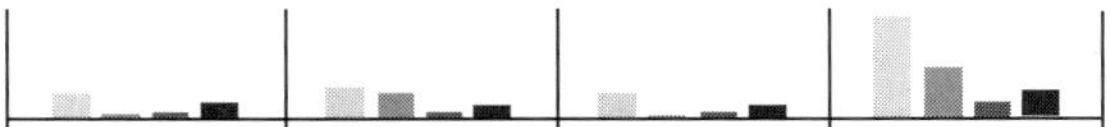

	上海市	湖南省	江西省	重庆市
累计开设人工智能课程	106	153	122	459
全校必修课	5	118	14	227
通选课	25	6	16	63
文科专业课	69	52	57	124

图 21 各省（市）受访高校开设人工智能相关课程情况（门）

22 所受访高校（66.67%）六年来累计改造（优化）1628 门课程，其中 1133 门文科专业课程以数字时代发展丰富教学新内容，1021 门文科专业课程以数字技术赋能教学新方法。从改造（优化）形式来看，综合大学、师范院校和财经院校的受访高校主要通过“以数字时代发展丰富教学新内容”的方式实现以人工智能改造（优化）文科专业课程，理工院校则主要通过“以数字技术赋能教学新方法”改造（优化）文科专业课程。(见图 22)

	综合大学	师范院校	理工院校	财经院校	其他院校
累计改造（优化）文科专业课程	323	30	546	341	1
以数字时代发展丰富教学新内容	254	18	376	319	1
以数字技术赋能教学新方法	195	17	520	29	1

图 22 各类型受访高校以人工智能优化文科专业课程情况（门）①

3. *构建新文科资源库*

从利用人工智能技术建设新文科资源库的情况来看，30.30%的受访高校建设了案例库和数字场景，24.24%的受访高校搭建了数字库，12.12%的受访

① 语言院校、艺术院校和政法院校的数量不足 3 所，本部分交叉分析时不展示以上三类院校情况。

高校建立了大模型。(见图 23) 从落实情况来看，33 所受访高校自 2018 年来共建立大模型 62 个、数字库 58 个、案例库 56 个、数字场景 56 个。

从省（市）来看，江西省受访高校建立大模型、数字库、案例库和数字场景的累计数量均相对高于其他省份；江西省受访高校建立大模型的平均数量相对高于其他省份，湖南省受访高校建立数字库和数字场景的平均数量相对高于其他省份，上海市受访高校建立案例库平均数量相对高于其他省份。

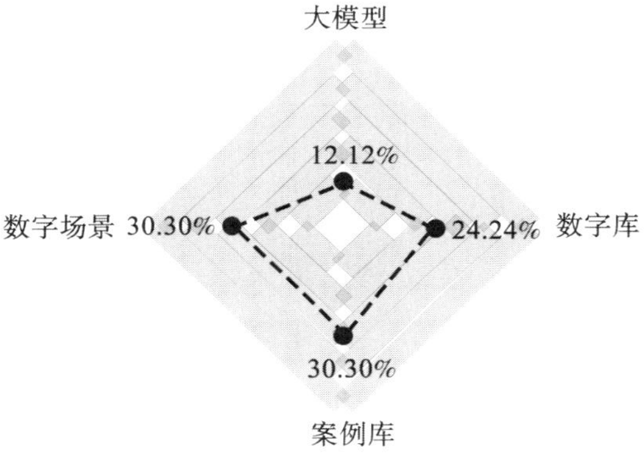

图 23　利用人工智能技术建设新文科资源库情况

4. 增效教育过程

从各高校应用人工智能大模型的教学场景来看，课堂教学（93.94%）、课程开发（81.82%）、学习资源挖掘（72.73%）、科学研究（60.61%）、学生实践与科研锻炼（57.58%）、考试与评价（48.48%）是人工智能大模型辅助新文科建设的重要方式。

受访高校中，各省（市）高校均将人工智能大模型重点应用于课堂教学上。此外，上海市高校也普遍将人工智能大模型应用于学生实践、科研锻炼；重庆市高校将人工智能大模型应用于课程开发的比例达到 100%。(见表 15)

表 15　各省（市）高校利用人工智能大模型建设新文科资源库情况

（%）

	上海市	湖南省	江西省	重庆市
科学研究	50.00	57.14	72.73	55.56
课堂教学	83.33	100.00	90.91	100.00
课程开发	66.67	57.14	90.91	100.00
学习资源挖掘	66.67	57.14	81.82	77.78
学生实践与科研锻炼	83.33	57.14	45.45	55.56
考试与评价	50.00	42.86	36.36	66.67
其他	0.00	0.00	0.00	11.11

5. 跃升教师教学能力

总的来看，对于人工智能等数字技术发展与新文科建设的关系，受访教师认为二者相辅相成、互为依托。具体来看，受访教师普遍认同“数字技术发展丰富新文科建设内容”“数字技术发展赋能文科教育教学方法”。从不同院校层次来看，各层次高校受访教师均对“数字技术发展丰富新文科建设内容”最为认可，其他高校（91.90%）的比例高于“双一流”建设高校。（见表 16）

表 16　不同层次高校受访教师对 AI 技术与新文科建设的看法

（%）

	数字技术发展给传统文科教育带来冲击和挑战	数字技术发展丰富新文科建设内容	数字技术发展赋能文科教育教学方法	新文科建设推动数字技术健康发展	其他
“双一流”建设高校	86.12	90.30	88.21	76.12	0.75
其他高校	85.98	91.90	90.77	75.99	0.24

对于 AI 在教育教学中的具体应用，93.93%的受访教师表示在文科专业教育教学中融入了人工智能等数字技术，其中，83.20%的受访教师“利用人工智能辅助挖掘文献和学习资源”，75.97%的受访教师“利用人工智能辅助教学设计，更符合学生学习需求”。（见图 24）从不同层次院校来看，其他高校

（94.22%）受访教师在文科专业教育教学中融入人工智能等数字技术的比例高于“双一流”建设高校（92.99%）。各层次高校受访教师均主要将 AI 应用于“辅助挖掘文献和学习资源”，其他高校（83.32%）的比例略高于“双一流”建设高校（82.83%）。（见表 17）

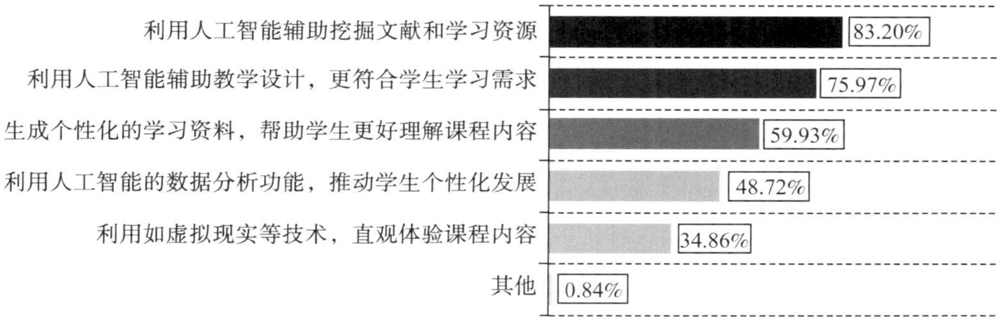

图 24 教师应用 AI 的情况

表 17 不同类型高校受访教师应用 AI 的情况

（%）

	融入人工智能技术的比例	辅助教学设计	辅助挖掘文献和学习资源	生成个性化的学习资料	利用技术直观体验课程内容	利用数据分析功能推动学生个性化发展	其他
“双一流”建设高校	92.99	74.00	82.83	57.78	32.58	49.12	1.61
其他高校	94.22	76.58	83.32	60.60	35.58	48.59	0.60

关于 AI 对教师自身教学能力的帮助，97.20%的受访教师表示人工智能技术对提升教学能力有帮助。具体来看，83.28%的受访教师表示人工智能“促进持续学习和发展，增强了知识更新能力”；78.70%的受访教师表示人工智能“提升了教育教学能力，保证课程质量和效果”；73.26%的受访教师表示人工智能“增强了跨学科融合能力，为学生提供跨学科的学习体验”；72.86%的受访教师表示人工智能“提升了技术应用能力，提高了教学效率”。

（七）小结

本节主要立足于调查数据，结合收集到的有效资料信息，归纳了全国范围内新文科建设状况。具体可以总结为以下几个方面：

在强化价值引领方面，为加强和改进新时代学校思想政治教育，受访高校坚持立德树人，通过树立典型示范项目、培训师资等多元路径全面推进课程思政建设，累计新开课程 204 门、融入现有课程 9950 门，超八成教师主动将习近平新时代中国特色社会主义思想融入专业教育，七成以上教师参与教研能力提升活动。这些实践通过价值观引领与知识传授的有机统一，凸显了文科教育的价值导向性。

在促进专业优化方面，文科专业建设整体水平获得提升，94.52%的受访高校在不断调整优化文科专业结构。具体而言，通过增设文科专业点 209 个、新设微专业 185 个、裁撤滞后专业点 170 个，实现专业结构动态优化。另外，658 个国家级一流本科专业建设点成功落地，表明学科交叉探索取得了实质性进展。此类改革既响应了推动专业交叉的客观需要，又贯彻了“坚持分类推进”原则，为构建中国特色文科教育体系奠定了基础，优化了高等教育的学科专业布局。

在深化课程提质方面，受访高校优化课程体系，提高教师教学质量，推进课堂教学，并推出一系列培根铸魂、启智增慧的高质量教材项目。其中 84.93%的高校进行了文科课程体系改革，学生满意度达 67.03%。超过九成的学生对教师教学质量给出积极评价，并表示课程教学具有较高的目标高阶度。教材编写量近 2000 本（含 144 本新形态教材）。但仍有课程设置不能满足职业需要、“四大讲堂”实际参与率偏低等问题。要实现提供优质教育资源的目标，应紧紧抓住课程这一最基础、最关键的要素，持续推动教育教学的内容更新。

在推动模式创新方面，受访高校通过产教融合，推动文科教育发展。具体而言，校际校企协同育人成为主流模式，艺术院校侧重特色人才培养实验班建设，“双一流”高校聚焦拔尖创新实验班建设等，体现出各高校以基础学科拔尖人才和应用型文科人才培养为重点，完善全链条育人机制，系统推进自强卓越的文科教育体系。

在改进实践育人方面，受访高校构建起以学生发展为中心的教育管理新规范，探索形成拔尖人才培养新模式。其中超九成高校通过“修订并完善实践教学相关制度”“建设文科实习实验室、实验平台、实习基地等”完善实践教学体系，但“文科类比赛较少”“受时间、机制等制约实习难以深入”等问题突出。这反映出“实践育人”方面尚未完全实现问题导向，还需要加大改革力度，将实践成效纳入质量评估体系，形成“教学—实践—反馈”闭环。

在AI赋能文科教育方面，受访高校结合人工智能助力教育变革，加强课程体系改革，优化学科专业设置，并深化人工智能助推教师队伍建设。75.76%高校系统性推进人工智能赋能，累计开设AI课程840门、改造课程1628门，建成数字场景56个，超九成教师认可技术对教学能力的提升作用。然而，大模型应用仍集中于课堂教学和课程开发，在个性化学习、过程性评价等领域的潜力尚未充分释放，还需要强化融合协同，以引导技术赋能向教育全链条渗透。

四、新文科建设的育人成效

育人的新文科是中国高等教育改革的重要方向，旨在通过理念更新、学科交叉、协同育人等方式，促进文科发展的融合化、时代性、中国化、国际化，服务“人的现代化”新目标，回应“强国建设、文科何为”的时代命题。从实践层面看，新文科建设在加强组织、政策与要素保障的基础上，推动新文科建设的各项任务落实。但是，育人成效究竟如何，还应该回归到“以学生为中心”的评价立场，从学生的视角通过实证方法检验人才培养与经济社会需求的契合度，为持续深化文科教育改革提供科学依据。

（一）专业认同度较高

新文科建设促进了专业体系优化，学生对所学专业认同度较高，有八成左右学生喜欢现在的专业，并且认同现在的专业能实现自己的理想。

1. 专业喜爱度较高

调查发现，88.90%的学生“喜欢现在所学专业”，其中30.48%的学生表示“非常喜欢”现在的专业，58.42%的学生表示“比较喜欢”现在的专业；11.10%的学生不喜欢现在的专业，其中9.49%的学生表示“不太喜欢”现在的专业，1.61%的学生表示“不喜欢”现在的专业。这表明大部分学生对当前专业喜爱程度高，体现了高校专业建设成效。

2. 专业对实现理想的认可度高

调查发现，78.84%的学生认同“现在的专业能实现自己的理想”，其中24.90%的学生表示“非常认同”，53.94%的学生表示“比较认同”；21.16%的学生不认同现在的专业能实现自己的理想，其中18.23%的学生表示“不太认同”，2.93%的学生表示“不认同”。这表明多数学生认为现专业能够助力自己实现理想，反映出专业建设可以契合学生追求，有利于激发学生的学习动力和职业规划。但仍有超两成的学生不认同，表明专业建设存在差异化，仍需引起高校的足够重视，从而为学生提供更有效的支持。

（二）课程学习的投入度良好

课程学习投入度是指学生在学习课程过程中所表现出的关注、参与、努力的程度和情感投入程度。它包括整合性学习、进阶式练习、合作式学习、实践性学习、表达性学习和反思性学习6个具体指标。① 采用四点量表对学生在课程学习过程中的投入情况进行赋分计算，其中“经常”记为4分，“从未”记为1分，得分越高，表示学生对课程学习的投入度越高。学生在课程学习过程中的投入度均在3分以上；其中学生在“反思性学习”维度的得分相对较高（3.40分），在“整合性学习”维度的得分相对较低（3.12分）。此外“合作式学习”维度3.28分，“表达性学习”维度3.18分，“实践性学习”维度3.15分，“进阶式练习”维度3.13分。（见表18）

以上结果表明，学生在课程学习中的整体投入度处于良好水平，但不同学习模式间存在差异。一方面，学生在“反思性学习”和“合作式学习”中表现较优，反映出其自主学习意识与协作能力较强；另一方面，“整合性学习”“实践性学习”和“进阶式练习”得分略低，暴露出学生多视角关联知识体系、解决真实问题及持续深化训练的能力不足，跨学科思维融合与应用

① 整合性学习反映学生通过组织不同的信息来源，全方位多视角看待问题的学习过程；进阶式练习反映学生在学习过程中通过大量反复练习从而获得知识更新和增长的行为；合作式学习反映学生积极与他人共同学习课程内容，在互动中建构知识体系的过程；实践性学习反映学生通过将学习与社会问题关联、参与真实情境活动以增加课程知识理解和应用深度的过程；表达式学习反映学生通过口头或书面语言与他人交流训练思维，完成认知模型的过程，分别采用学生口头表达和书面表达的题型测量；反思性学习反映学生通过对已有知识的思考、审辨不断更新对新知识的认识和理解，指导大脑推理的学习过程。

转化能力与新文科建设目标存在差距。这一结果提示，当前课程设计在激发深度整合与实践创新方面仍需强化，需进一步打破学科壁垒、优化实践场景与训练机制。

表 18 学生课程学习各题项填答分布情况

维度	指标	均值	比例(%)			
			经常	有时	偶尔	从未
整合性学习	在课程讨论或任务中整合不同视角下的观点	3.07	29.82	51.11	15.56	3.51
	在完成任务时运用来自不同课程的知识或观点	3.16	33.70	50.99	13.19	2.12
进阶式练习	课后复习笔记	3.07	30.53	48.15	18.81	2.51
	总结从课堂或材料中学到的内容	3.19	35.99	48.83	13.45	1.73
合作式学习	与其他同学讨论课程内容	3.19	36.28	48.13	13.84	1.75
	与其他同学共同完成课程任务	3.36	47.28	42.36	9.16	1.20
实践性学习	将课程知识应用到现实问题中	3.13	32.02	51.14	14.94	1.90
	参与课程提供的实习或实践	3.17	36.17	47.13	13.77	2.93
表达性学习	在课堂上提问或参与讨论	3.17	35.35	47.88	15.33	1.44
	反复修改撰写的课程论文	3.16	37.57	43.60	15.74	3.09
	向老师或同学展示自己的作业或成果	3.22	38.22	46.87	13.34	1.57
反思性学习	通过换位思考理解其他人的观点	3.43	52.15	39.91	6.98	0.96
	通过新知识学习反思自己已有观点的优劣	3.37	47.13	43.47	8.25	1.15

（三）高影响力教育活动覆盖面广，但高阶性、国际化不足

高影响力教育活动是指学生在课堂教学之外接触的、与学业成长相关的实践性、综合性活动。学生高影响力教育活动可分为拓展类、科研竞赛类和社会实践类。

综合来看，约半数学生参与过社会实践类活动，两成至三成学生参与过科研竞赛活动，而学生参与拓展类活动的差异较大，参与过课程或社团的比

例较高，但是参与过高阶性、国际化学习项目的情况较少。

具体而言，在拓展类活动中，有53.92%的学生表示“选修过本专业外的其他课程”,“参加过跨专业学习社团”的学生比例为33.32%，但参加过“新文科实验班/强基计划等人才培养项目”或“海外学习项目”的学生比例均不足10%。在科研竞赛类活动中，有超过30%的学生表示参与过“课题研究”或“综合竞赛”，20.45%的学生表示有过“论文发表”经历。在社会实践类活动中，分别有47.95%和53.70%的学生表示参与过“社会调查”和“实习实训”。（见表19）

以上结果表明学生参与高影响力教育活动呈现“覆盖面广、高阶性、国际化不足”的特征。社会实践类活动参与率最高，反映出学校对实践能力培养的普遍重视；科研竞赛类活动参与率占三分之一左右，体现出学术探索具备一定基础；拓展类活动则存在显著分化——跨专业课程（53.92%）和社团（33.32%）参与率较高，但高门槛项目（如新文科实验班/强基计划等人才培养项目、海外学习项目）参与率不足10%，暴露出优质教育资源覆盖不均衡、学生高阶能力培养渠道狭窄的问题。整体来看，教育活动覆盖面与学生成长需求的匹配度存在一定矛盾，需加强顶层设计以提升高阶拓展与科研融合的深度。

表19　学生参与各项高影响力教育活动的比例

维度	指标	比例(%)		
		参与过	未参与过，有参与打算	未参与过，且无参与打算
拓展类	选修本专业外的其他课程	53.92	23.18	22.90
	参加跨专业学习社团	33.32	29.14	37.54
	新文科实验班/强基计划等人才培养项目	8.77	40.45	50.78
	海外学习项目	7.40	41.34	51.26
科研竞赛类	课题研究	32.97	40.27	26.76
	论文发表	20.45	53.86	25.69
	综合竞赛	36.06	37.62	26.32

续表

维度	指标	比例(%)		
		参与过	未参与过，有参与打算	未参与过，且无参与打算
社会实践类	社会调查	47.95	34.55	17.50
	实习实训	53.70	36.14	10.16

（四）学习与科研认知度较高

1. 学习收获度整体提升显著，但高阶能力存在短板

学习收获度是一个人在学习某个知识或技能后所获得的实际收益和成长，包括知识、技能、经验、态度等方面的提升。具体测量指标包括两种技能和一种意识，即工具性技能、社会性技能和主体性意识。采用四点量表调查学生能力与素质的提升情况，其中“提升很大”记为4分，“没有提升”记为1分，得分越高，表示学生的学习收获提升程度越高。调查发现，学生在工具性技能、社会性技能和主体性意识方面的提升程度较好，各维度均超过3分。其中学生的主体性意识提升程度相对最高，为3.28分；其次是社会性技能为3.08分；工具性技能为3.05分。

具体来看，在工具性技能维度中，有81.45%的学生表示“口头和书面表达能力”提升较大；在社会性技能维度中，86.14%的学生表示“团队合作能力”提升较大；在主体性意识维度中，90.32%的学生表示“国家认同感”提升较大。（见表20）但也有学生表示，工具性技能和社会性技能的提升幅度很小或没有提升，尤其是“数量分析与推理能力”“跨学科知识融通能力”“抽象思维与审辨能力”“国际理解和交往能力”和“职业胜任能力”。这些数据也揭示出传统“重知识轻能力”培养模式的典型特征：基础性知识技能因易于量化考核而提升显著（超80%学生认可），而新文科强调的跨学科融通、审辨思维、国际交往等高阶能力（超20%学生提升不足）因需要长期浸润和系统化训练，在现有知识灌输主导的教学模式下难以有效培育。这反映出教育评价仍偏重显性知识产出，忽视对学生复杂问题解决、创新思维等核心素质的深度塑造。

表 20　学生在学习收获各题项填答情况

维度	指标	均值	比例(%)			
			提升很大	提升较大	提升很小	没有提升
工具性技能	跨学科知识融通能力	3.06	30.21	49.08	17.34	3.37
	口头和书面表达能力	3.10	31.20	50.25	15.77	2.78
	数量分析与推理能力	2.96	27.05	46.10	22.79	4.06
	抽象思维与审辨能力	3.06	29.65	49.36	17.83	3.16
社会性技能	国际理解和交往能力	2.98	28.03	46.39	21.26	4.32
	职业胜任能力	3.03	29.10	48.24	19.08	3.58
	团队合作能力	3.19	35.75	50.39	11.42	2.44
	组织领导能力	3.11	32.55	49.12	15.37	2.96
主体性意识	道德修养水平	3.24	39.34	47.94	10.14	2.58
	坚定的学习志向	3.20	37.61	47.44	12.13	2.82
	社会责任感	3.29	42.70	46.09	8.95	2.26
	国家认同感	3.37	49.17	41.15	7.40	2.28

2. 科研项目认同度较高

科研项目认同度是参与该科研项目的学生对该项目的整体目标、研究内容、方法、成果等方面的接受程度和认可程度，主要分为两个维度，一是满足个体发展需求，二是满足国家社会需求。采用四点量表对学生的科研项目认同度进行赋分计算，其中“非常符合”记为 4 分，“不符合”记为 1 分，得分越高，表示研究生对科研项目价值的认同度越高。调查发现，研究生认为所参与的科研项目与个体发展需求和国家社会需求都有较高的关联性，两个维度均在 3 分以上。其中满足个体发展需求相对更高，为 3.40 分；满足国家社会需求为 3.25 分。

具体来看，在个体发展需求维度中，95%以上的研究生表示所参与项目“符合我的主要研究方向”“提高了我的学术研究能力”；在国家社会需求维度中，90%以上的研究生表示所参与项目“能够服务于国家或地方重大需求”。（见表 21）

以上结果表明研究生对科研项目的认同度整体较高，尤其在个体发展维度（3.40 分）表现突出，超 95%认可其对研究方向契合度及学术能力提升的价值；在能够满足国家社会需求的认知维度上（3.25 分）达到较高水平，但弱于个体发展的认知维度，表明科研项目在满足个人学术成长与职业发展上更为直接，而在满足服务国家战略需求的深层价值传递上仍有优化空间。这一结果反映出现行科研设计虽能有效平衡“个人—社会”双维目标，但需进一步强化国家需求导向的使命教育与实践衔接。

表 21　科研项目认同度各题项填答分布

维度	指标	均值	比例(%)			
			非常符合	比较符合	不太符合	不符合
个体发展需求	符合我的学术兴趣与意愿	3.37	43.47	51.20	4.51	0.82
	符合我的主要研究方向	3.40	44.93	50.74	3.75	0.58
	提高了我的学术研究能力	3.43	47.43	48.31	3.66	0.60
国家社会需求	能够服务于国家或地方重大需求	3.28	39.07	51.53	8.16	1.24
	有助于解决人类面临的共性问题	3.21	35.84	50.78	11.67	1.71

（五）新文科建设的了解深度不足，但认同度高

1. 新文科建设的了解深度不足

调查发现，26.58%的学生表示了解新文科建设，其中 3.11%的学生表示非常了解新文科建设，23.47%的学生表示比较了解新文科建设。虽然各高校提供了组织、政策与要素保障，并积极强化价值引领、促进专业优化等，但仍有超七成的学生表示不够了解新文科建设。高校需加强新文科理念的传播和具体实践的应用，促进学生能够充分理解其重要性，并参与到这一教育转型过程中。

2. 新文科建设内涵的认同度高

调查发现，85%以上的学生认为“融合化”“时代化”“中国化”以及“国际化”符合新文科的内涵；其中，90.89%的学生认为“国际化”符合新文科的内涵，90.60%的学生认为“时代化”符合新文科的内涵，89.78%的学

生认为“中国化”符合新文科的内涵，86. 87%的学生认为“融合化”符合新文科的内涵。“国际化”认同度最高，这表明学生普遍认为新文科强调全球视野和多元文化融合。

3. 新文科建设的价值认同高

调查发现，超过九成的学生认同新文科建设是提升综合国力、坚定文化自信、培养时代新人、建设高等教育强国以及文科教育融合发展的需要。（见表 22）这表明学生普遍认为新文科建设对国家发展和高等教育强国建设至关重要，对其未来影响持积极态度。

表 22　学生对新文科建设的认同分布

（%）

	新文科建设是提升综合国力的需要	新文科建设是坚定文化自信的需要	新文科建设是培养时代新人的需要	新文科建设是建设高等教育强国的需要	新文科建设是文科教育融合发展的需要
非常认同	52.02	58.06	57.92	58.09	58.68
比较认同	41.25	35.65	35.95	35.83	35.59
不太认同	1.80	1.52	1.53	1.50	1.27
不认同	0.41	0.51	0.41	0.42	0.36
不清楚	4.52	4.26	4.19	4.16	4.10

（六）小结

本节以学生视角展现新文科建设的育人成效。调查主要有以下两点重要发现：

第一，学生的专业认同度高，但学科交叉机制仍存在不足，这深刻揭示了新文科建设在育人成效上的阶段性特征与改革深化的方向。

数据显示，88. 90%的学生对专业表示喜爱，78. 84%的学生认可专业对实现理想的助力，反映出新文科通过专业体系优化、课程内容创新和职业导向强化，显著提升了学生的归属感与发展信心。

当前，学生课程学习投入度整体良好，但存在结构性差异。反思性学习（3. 40 分）和合作式学习（3. 28 分）表现突出，体现出其自主学习与协作意识较强；而整合性学习（3.12分）、实践性学习（3.15分）等维度相对滞后，折射出知识体系多视角关联不足、真实问题解决能力薄弱等短板。这一结果凸显传统课程设计对跨学科思维训练、实践场景衔接的支撑不足，亟待通过打破学科壁垒、构建跨域实践平台、优化辅修机制等结构性改革，推动新文科从“专业优化”向“能力重构”升级，真正实现“价值引领—知识融合—能力进阶”的育人闭环。未来需确保新文科建设既夯实专业认同根基，又激活复合型人才培养动能，为高等教育强国建设提供可持续的人才支撑。

第二，新文科建设在知识传授与基础能力培养上成效显著，但“重知识轻能力”的路径依赖制约了高阶素养发展，凸显变革传统育人模式的紧迫性。

数据显示，学生的工具性技能（如表达能力81.45%）和社会性技能（如团队合作86.14%）提升显著，主体性意识（国家认同感90.32%）提升尤为突出，反映出新文科通过课程改革与价值观引领，已有效强化了基础能力与家国情怀，契合“立德树人”根本目标。科研项目亦获得高度认同（个体需求3.40分、国家需求3.25分），超95%研究生认可其对学术能力与职业发展的助力，体现出新文科科研设计对个人成长的支撑作用。

然而，数据也揭示了传统教育模式知识导向的显性考核体系导致高阶能力培育的相对滞后。超20%学生认为“数量分析与推理能力”“跨学科知识融通能力”“抽象思维与审辨能力”“国际理解和交往能力”和“职业胜任能力”等能力提升不足，科研项目虽兼顾了“个人—社会”双维需求，但国家战略使命传递需要进一步加强。这反映出当前教学与科研仍偏重可量化的知识产出与个人发展，对复杂问题解决、跨域协同创新等新文科核心素养的培育缺乏系统性设计，与“培养复合型、创新型人才”目标存在偏差。未来需进一步打破知识壁垒，推动知识传授与能力塑造的深度融合，为实现新文科育人目标提供可持续动能。

五、主要结论

教育兴则国家兴，教育强则民族强，文科教育的振兴关乎高等教育的振兴。面对教育强国建设的新要求、社会需求的新变化以及科技革命的新趋势，做强文科教育，推动高教强国建设，加快实现教育现代化，深化新文科建设刻不容缓。

调查结果显示，各受访高校深入贯彻落实党的二十大精神，积极响应《新文科建设宣言》、全国教育大会和《教育强国建设规划纲要（2024—2035年）》等战略部署，坚持走中国特色的文科教育发展之路，坚持尊重规律、立足国情、守正创新和分类推进，以加快构建世界水平、中国特色的文科人才培养体系。

（一）建设进展与成效

从调研结果来看，作为高等教育改革的重要战略部署，新文科建设在以下几方面取得了突出成效。

第一，强化价值引领，落实立德树人根本任务。价值引领是新文科建设的根本要求，事关出思想理论、树理想信念、涵人文精神、养家国情怀，事关立德树人根本任务落实，事关建设者和接班人。全面推进课程思政建设是落实立德树人根本任务的战略举措。首先，受访高校牢牢把握文科教育的价值导向性，坚持立德树人，推进课程思政建设。自 2018 年以来，33 所受访高校共新开相关课程 204 门，融入现有课程 9950 门，开展有关实践活动 2991 次，组织师资培训活动 1398 场。其中，84. 29%的受访教师在专业教育中融入习近平新时代中国特色社会主义思想，推动习近平新时代中国特色社会主义思想进教材、进课堂、进头脑，提高学生思想觉悟、道德水准、文明素养，培养担当民族复兴大任的新时代文科人才。其次，受访高校不断加强和改进新时代学校思想政治教育，坚持思政课建设与党的创新理论武装同步推进，加快构建以习近平新时代中国特色社会主义思想为核心内容的课程教材体系，坚持不懈用习近平新时代中国特色社会主义思想铸魂育人。最后，部分受访高校充分发挥文科培根铸魂作用，积极开设加强社会主义先进文化、革命文化和中华优秀传统文化等通识课程，与时俱进地开展通识教育，加强文化素质教育，提升学生人文素养，培养德智体美劳全面发展的社会主义建设者和接班人。

第二，建立多元制度保障机制，推动新文科建设行稳致远。在组织领导方面，受访高校将“建设教育质量保障体系”和“深化教育评价改革”作为加强组织领导的重要举措，并且有超半数的高校通过成立新文科建设工作领导小组，积极统筹规划和推进新文科建设工作。在政策规划方面，66 所受访高校共制定实施 273 项新文科建设政策或方案，超九成的受访高校将“教学改革”和“数字化、信息化建设”作为新文科建设的重点规划内容，有力保障了教学质量和学科创新发展。在资金保障方面，受访高校近年来在新文科建设相关工作上的经费投入呈上升趋势，为推进新文科建设提供了有力的财政支持。在队伍支撑方面，九成以上受访高校通过积极“开展专题培训”“提升教师数字素养”与“成立教师发展中心”全面提升师资队伍质量，为推进新文科建设提供了高素质专业化的教师队伍。

第三，优化专业调整，加速学科融合。学科专业是人才培养的基础平台，其结构和质量直接影响高校立德树人的成效和高等教育服务经济社会高质量发展的能力。为适应国家重大战略需求，响应国家软实力建设和文化繁荣发展的新需求，紧跟新一轮科技革命和产业变革的新趋势，提高专业建设与国家战略急需、学生全面发展以及产业发展的适配度，94.52%（69 所）的受访高校跳出自身发展小逻辑，服从、服务于经济社会发展大逻辑，不断调整优化文科专业结构。一是受访高校共计新增 209 个文科专业点、185 个文科微专业。二是 50 所受访高校共撤销、停招 170 个办学基础较弱、社会适应性较差、重复度较高或覆盖面较窄的本科专业，使教育资源重新配置到更具发展前景和社会急需的学科领域。三是受访高校积极推动原有文科专业改造升级，实现文科与理工农医的深度交叉融合。共计 658 个文科专业入选国家级一流本科专业建设点，513 个文科专业入选省级一流本科专业建设点；九成以上的受访高校增设“多学科交叉融合专业课程体系”；近九成的受访高校增设“交叉学科专业或探索多学科交叉融合新方向”。总体而言，文科专业建设整体水平得到了提升。

第四，增进课程提质，创新取得新突破。课程是人才培养的核心要素，课程质量直接决定人才培养质量。受访高校紧紧抓住课程这一最基础最关键的要素，持续推动教育教学内容更新，将中国特色社会主义建设的最新理论成果和实践经验引入课堂、写入教材。在课程建设方面，为培养学生的跨领域知识融通能力和实践能力，84.93%的受访高校对 21747 门文科专业课程进行了优化改革，90.91%的受访高校建设了“多学科交叉融合专业课程体系”，

93.94%的受访高校开设了“跨学科课程或研究项目”。为推进文科教育与社会实务紧密结合，近九成的受访高校积极推动“四大讲堂”进课程。教材是课程实施的核心载体，课程的实施需以教材为中介。在教材编写方面，受访高校重点鼓励编写反映中国特色社会主义理论与实践新发展、吸收新研究方法的教材，持续深入开展马工程重点教材建设，加快编写学科交叉、新专业方向的系列教材。自 2018 年以来，67.12%受访高校共计编写 1996 本教材，其中新形态教材 144 本、人工智能相关教材 58 本。总而言之，受访高校围绕新设专业，重构课程体系，更新课程内容，建设一批专业新课程、新教材，以课程、教材之新支撑专业之新。

第五，积极探索多元人才培养新模式。为推动新文科建设“脱虚向实”，着力培养文科基础学科拔尖创新人才和国家急需的应用型复合型高质量人才，受访高校积极探索拔尖人才培养新模式。其中，超六成的受访高校“开设拔尖创新人才培养实验班”，过半数的受访高校“建设拔尖人才培养基地”。聚焦应用型文科人才培养，超九成的受访高校通过“建设文科实习实验室、实验平台、实习基地”，有效增强了产教融合、科教融汇。聚焦国家新一轮对外开放战略和“一带一路”建设，受访高校加大涉外人才培养，加强高校与实务部门、国内与国外“双协同”，完善全链条育人机制。其中，71.23%的受访高校积极实施国际化培养，97.26%的受访高校积极推动校际、校企、校政、校研协同育人，提升专业建设与国家战略急需以及经济社会发展的适配度，培养一批对国家战略发展和经济社会发展具有强大支撑作用的高水平应用型、复合型新文科人才。

第六，教育数字化赋能新文科建设的高质量发展。教育数字化是我国开辟教育发展新赛道和塑造教育发展新优势的重要突破口。近年来，75.76%的受访高校积极拥抱新科技革命，通过“制定相关方案、计划等政策文件”和“组织人工智能师资培训”推动人工智能、大数据等现代信息技术赋能新文科建设。在此基础上，受访的 33 所高校共建立 62 个大模型、58 个数字库、56 个案例库、56 个数字场景，66.67%（22 所）的受访高校借助人工智能优化改造了 1628 门文科课程，93.94%的课程教学和 81.82%的课程开发也获得了大模型的有效赋能。并且，超九成的受访教师表示人工智能有益于提升教学能力，其不仅对新文科教育教学的方法进行赋能，也丰富了新文科建设的内容，有力推动了教育教学从形式到内容的根本性变革。

第七，新文科建设育人成效显著。在高等教育“以学为本”的思潮之下，通过学生视角展现新文科建设的育人成效，为新文科建设提供了更加充分和更有价值的循证依据。调研结果表明，新文科建设在学生的认知认同、学习参与和成长收获等方面均取得了显著成效。在认知认同方面，学生对新文科建设及其教学质量展现出高度认可。93.47%的学生认为新文科建设有价值，88.90%的学生表示喜欢现在的专业，并且有78.84%的学生认为专业学习有助于实现个人理想。另外，学生对授课教师的评分均在3分以上。在学习参与方面，学生在课程学习过程中保持了较高的投入度，部分学生积极参与拓展类、科研竞赛类和社会实践类等高影响力教育活动。在成长收获方面，九成以上研究生认为自己参与的科研项目与个人发展需求和国家社会需求实现了良好的契合，学生的主体性意识具有显著提升。这直观地反映出新文科建设在人才培养方面取得了显著成效。

（二）面临的形势与问题

新文科建设目前仍处于创新发展期，在稳步推进的同时，还面临新的形势与挑战。

首先，中国式现代化与教育强国的建设目标对新文科建设提出了新方向。教育作为国家创新体系整体效能提升的基础性、战略性支撑，已成为国家利益和目标的中心。站在世界百年未有之大变局以及2035年我国基本实现社会主义现代化的战略节点上，教育强国建设已经进入了蓄势突破、全面跃升的关键阶段。这要求新文科建设必须充分认识到国际形势复杂多变的新趋势以及现代化强国建设的新需求，突破传统学科壁垒，形成对国家战略的全方位支撑能力。

其次，生成式人工智能等科技革命要求新文科建设拥抱新变革。目前，新一轮科技革命和社会经济结构变革深入发展，以ChatGPT和DeepSeek为代表的人工智能的兴起对传统教育模式造成了巨大冲击，文科教育面临着知识生产模式重构的挑战。大语言模型对人文社科研究的范式冲击以及由此带来的伦理困境，倒逼新文科建设必须探索科技融合发展路径，推进教育、科技、人才“三位一体”协同融合发展，培养具有科技素养与人文担当的复合型人才。

最后，经济社会高质量发展对新文科建设提出新要求。我国正在经历着产业结构与消费模式的深切变革，一方面，数字经济、文化产业成为经济增长的新引擎，另一方面，在加快建设以实体经济为支撑的现代化产业体系的背景下，我国经济发展仍面临文化附加值不足的瓶颈。这要求新文科建设要找准定位，既需要为新业态提供文化资源转化支撑，又要为实体经济发展注入人文价值。此外，社会治理现代化面临城乡融合问题、老龄化问题等挑战，亟须新文科建设提升对社会需求的响应能力，创新知识体系与人才培养模式，切实增强服务国家重大战略需求的能力。

现有新形势要求新文科发展要顺应新方向、拥抱新变革，但是与中国式现代化和教育强国的目标导向、科技革命与经济社会发展的新形势要求相比，新文科建设还存在一些差距，具体包括以下几个方面。

第一，部分课程与专业设置与学生需求不匹配，自主人才培养体系仍需完善。调查发现，在对新文科建设问题和挑战的感知方面，大多数教师认为“人才培养体系不够完善”已经成为新文科建设的突出问题。具体而言，在课程提质方面，有近三成学生认为现有课程设置不能满足未来职业需要。对学生而言，增设实践类课程以及人工智能等数智类课程已成为其急切诉求。在专业优化方面，2018 年以来有共计 34 所（46.58%）院校建设了 185 个文科微专业，但是有高达 97.14%的学生表示未修读过文科微专业，微专业的普及率和学生参与度仍然较低。另外，数据显示有近半数受访高校未建设拔尖人才培养基地，近三成受访高校未积极推动国际化培养，新文科人才培养方式仍存在不足。最后，自 2018 年以来，86.30%的受访高校积极推动“四大讲堂”进课程。但是，师生参与“四大讲堂”进课程的比例总体偏低，均不足 20%。上述数据表明，院校的资源投入与学生需求之间存在配置不匹配的情况，面向文科学生需求的课程、专业设置以及培养体系仍有待进一步优化完善。

第二，文科专业人才培养重知识、轻能力的倾向依然存在，理论与实践脱节问题较为突出。调查发现，在关键技能培养方面，有超两成学生表示工具性技能和社会性技能的提升幅度很小或没有提升，其中“数量分析与推理能力”“跨学科知识融通能力”“抽象思维与审辨能力”“国际理解和交往能力”和“职业胜任能力”的得分偏低，对学生在实践能力以及其他关键能力上的培养仍有不足。另外，在高影响力教育活动参与方面，约半数学生未参与过社会实践类及拓展类活动，约七成学生未参与过科研竞赛活动，近两成学生表示现有实践教学条件尚不能满足学习需求。其中“文科类比赛较少”“实习基地水平一般”“受时间、机制等制约，实习难以深入”是调查中学生反映最多的问题。以上数据说明，文科专业人才培养存在理论与实践脱节、培养目标与需求错位的问题，学生提升自身综合能力的途径不多、机制还不完善。

第三，高校建设新文科资源库数量有限，AI 赋能仍需深化。人工智能技术重构了文科的知识生产模式，为了适应这一变革，自 2018 年以来，七成以上的受访高校开设了人工智能相关课程，六成以上的受访高校通过人工智能改造并优化文科专业课程。但是，仍有近七成高校未利用人工智能技术建设新文科案例库与数字库，有近九成高校未利用人工智能技术开发大模型，这表明在新文科建设中存在 AI 赋能应用广度与深度不足的问题。一方面，AI 融入文科课程的覆盖面有待拓展，未达全面普及；另一方面，资源库建设形式较单一、比例不高，协同创新乏力，难以充分释放 AI 驱动新文科发展的效能。

第四，师资力量较为薄弱，一线教师队伍未能充分与新文科建设同频共振。高校从组织、资金、政策等方面积极部署，为新文科建设发展保驾护航。但与之对比，有近四成教师未参与跨学科科研与教学活动，近五成教师未参与过新文科的相关培训，有近七成教师未参与过新文科建设相关项目，八成以上的教师未参加过新文科教材编写。这表明，新文科建设有一定教师参与度，但仍未达到理想状态。究其根源，大量教师因“没有机会”“认为自己能力不够”被“挡在门外”，高校未能构建起完善的资源共享平台与教师队伍建设机制。从教师的课程教学质量方面来看，有 43.48%的学生反映任课教师存在“信息技术、数智化水平难以满足”的问题；38.59%的学生反映任课教师存在“学科知识结构单一”的情况；34.03%的学生反映任课教师存在“对行业需求及发展趋势把握不足”的问题，34%的学生反映任课教师存在“教学方法陈旧”的不足。教师是知识融合、创新传承的主体，是新文科发展的关键动力，新文科迈向卓越亟待在高质量教师队伍建设方面破局重构。

第五，新文科宣传“上热、中温、下不均衡”问题突出，一线教师和学生的积极性和主动性未被充分调动。新文科提出以来，上级部门和高校积极推动新文科建设，但是仍存在教师和学生对新文科了解不足、参与有限的问题。调查发现，虽然绝大部分高校教师认同“融合化”“时代化”“中国化”以及“国际化”符合新文科建设的内涵，但是有两成以上的教师并不了解新文科。此外，在学生群体中，虽然有85%以上的学生认同新文科的内涵，有93.47%的学生表示“新文科”建设有价值，但是仅有26.58%的学生表示了解新文科建设。这直观地揭示出，现阶段针对教师和学生展开的新文科宣传工作，存在不容忽视的短板，新文科建设的宣传和普及工作仍需加强，一线教学群体的积极性和主动性仍需提升。

（三）未来发展建议

新文科建设在取得显著成效的同时，对标中国式现代化和教育强国的建设目标，仍面临一些新挑战。新文科建设要充分认识国际形势复杂多变的新趋势、国内经济社会发展的新特征、制约教育高质量发展的新问题以及教育高水平发展的新挑战，在价值引领、课程与专业设置、能力素质培育、AI赋能、高水平教师队伍建设以及要素协同优化等方面持续发力。

第一，强化价值引领，加强新文科建设的宣传和普及工作。新文科要培养知中国、爱中国、堪当民族复兴大任的新时代文科人才，培育优秀的新时代社会科学家。由此，应该强化价值引领，把握文科教育的价值导向性，全面推进课程思政、新时代学校思想政治教育以及文科培根铸魂建设，推动习近平新时代中国特色社会主义思想进教材、进课堂、进头脑。另外，新文科建设的宣传和普及工作是提升师生认知度和参与度的重要环节，但是目前教师和学生存在对新文科建设了解不足的问题。为此，教育行政部门、高校应通过校园媒体、学术期刊和社交媒体等多渠道宣传新文科建设的成果和典型案例；推进师生主动了解新文科建设相关内容，根据自身发展需求积极参与新文科建设的各项活动，不断提升自身的理论知识和专业技能。

第二，提升新文科课程与专业设置质量，完善自主人才培养体系。新形势要求新文科建设要准确把握教育环境面临的深刻变化，增强以教育强国支撑引领中国式现代化的使命感。具体来看，高校应积极优化课程与专业体系，完善人才培养与经济社会发展需要的适配机制。在吸纳学生意见的基础上，高校应联合企业、行业专家共同研讨新文科课程体系，增设实践类课程、数智类课程以及跨学科跨专业新兴交叉课程，确保课程设置与学生诉求和社会需求高度契合。另外，要锚定国家重大战略急需，优化新文科专业建设布局。专业设置应围绕新科技、国家重大战略需求、经济社会新需求以及传统文化进行动态调整，还应加强基础新兴交叉学科专业建设，推动文文、文理、文工、文医、文农等多学科交叉融合，打造综合型文科人才。最后，应探索文科拔尖创新人才培养新模式，推动高校与实务部门、国内与国际的双协同，扩大国际学术交流和教育科研合作，促进学生的全面发展。

第三，树立大实践观，切实提升文科专业人才能力素质。新文科建设应积极回应国家经济社会发展战略需求，在树立大实践观的基础上塑造应用型文科人才。从学科融合视角来看，大实践观要求打破文科各专业间的壁垒，开展实施跨学科实践活动，推动文科专业与大数据、人工智能等学科专业的有机结合。在实践教学资源整合方面，大实践观倡导增加实践教学比重，建立课上课下协同、校内校外一体、线上线下融合的育人机制。高校应整合校内实验室、图书馆等资源，并与校外企业、政府部门、科研机构等建立紧密联系，构建全方位实践资源网络。在实践项目方面，高校应通过开展新文科建设社会实践活动，举办文科大赛等项目，建设文科实验室、实验平台、实习基地，增强学生的专业实践能力。就国际化实践交流层面而言，大实践观应鼓励文科专业学生参与国际实践项目，支持各高校与国外高校、机构合作开展研究，从而在全球视野下锻炼文科专业人才的沟通协调、问题解决等能力。

第四，持续推进国家教育数字化战略，深化 AI 赋能作用。国家重大战略急需和生成式人工智能的飞速发展要求新文科建设应持续推进国家教育数字化战略，助力教育教学深层次变革。当前，AI 为新文科建设赋能在实际应用中还存在着广度与深度不足的问题。为此，高校要强化顶层设计，制定系统

AI 融入文科发展规划，明确各阶段课程融入 AI 资源库的建设标准；组织教师参加 AI 教学培训，鼓励教师将 AI 元素巧妙融入日常教学，开发特色教材，提升课程覆盖面。此外，还需要高校、科研机构、企业等多元主体携手共建资源库，整合各方优势资源，引入前沿案例与多元数字场景，打造集教学、科研、实践为一体的综合性资源库，激发协同创新活力，全方位释放 AI 效能，深入推动教育科技人才的良性循环。

第五，引领新时代高水平教师队伍建设，提升教师在新文科建设中的参与度。教师是推动新文科建设的关键力量，目前存在跨学科科研与教学参与度不足等问题，制约了新文科的深入发展。为激发教师参与新文科建设的积极性，首先，高校应健全新文科教师教育培养培训体系，组织常态化、系统性培训，培训应涵盖学科融合、前沿教学理念与实践指导等内容。其次，在科研与教学机会方面，学校应设立跨学科研究基金，组织跨学科研讨会，建立教师交流平台，促使教师更新知识、分享经验，助力新文科建设稳步推进。最后，教师应该提升自身的信息技术水平和数智化水平，丰富完善学科知识结构，深刻把握行业需求和发展趋势，积极参与学科交叉项目和新文科研究或改革实践项目，更新教学方法，主动与其他学科教师开展合作研究，提升自身教学质量。

第六，进一步推动新文科建设要素协同优化。新文科建设涉及组织调整、资金投入、政策规划等不同要素，各要素之间的互动会影响新文科专业调整、课程设置、模式创新等建设状况，进而影响到育人成效。由此可见，新文科建设是一个系统性工程，应进一步加强各要素协同优化。首先，强化顶层设计，构建统一协调的领导机制，使相关机构和部门在新文科建设目标上达成共识。其次，加强资源整合，将分散的资金、师资、技术等资源进行有效汇聚，加快建成一批核心课程、一批核心教材、一批核心师资队伍、一批实践实训项目。最后，把握经济社会发展需求以及科技革命发展需要，全方位、系统性地推进各要素协同优化，提升新文科建设质量，培养出适应时代需求的复合型文科人才。

总体来看，各高校正有序推进着学科交叉融合，创新理论体系、学科体系、教学体系、评价体系，产生了较为丰富的教研成果，形成了加强课程思政建设、完善制度保障机制、培育文科战略新兴专业、促进课程提质创新、驱动教育数字化转型、推动多元化人才培养模式改革等创新举措，为新文科建设提供了有力支撑。新文科就是文科教育的全面创新与发展，未来，新文科建设应该继续立足新时代、回应新需求，促进文科教育的融合化、时代化、中国化、国际化和数智化，应该着力于中国自主知识体系建设和中国自主人才培养体系建设，推动新文科建设走深走实、行稳致远，为建设社会主义现代化强国提供有力支撑。

学科专业动态

涉外法治人才培养中国模式的初步探索与完善路径

黄文艺　杜焕芳*

在当前世界变乱交织、百年变局加速演进的时代背景下，涉外法治成为国家法治软实力和核心竞争力的重要组成部分，涉外法治人才已成为维护国家利益、提升全球治理能力的战略性人才资源。以习近平同志为核心的党中央把涉外法治人才培养工作纳入涉外法治建设的重要议程，做出一系列顶层设计和战略部署，加快培养政治立场坚定、专业素质过硬、通晓国际规则、精通涉外法律实务的涉外法治人才，推动建设高素质专业化涉外法治工作队伍。本文基于对习近平总书记关于涉外法治人才培养的重要论述和党中央关于涉外法治人才培养规划部署的系统梳理，着重总结涉外法治人才培养中国模式的基本特征、创新做法、成功经验，分析涉外法治人才培养工作面临的现实困难，提出完善涉外法治人才培养模式的路径方法，以期为加快推进我国涉外法治人才培养工作提供有益参考。

一、党中央关于涉外法治人才培养的战略部署

（一）习近平总书记关于涉外法治人才培养的重要论述

党的十八大以来，习近平总书记高度重视涉外法治人才培养工作，多次就加强涉外法治人才培养发表重要讲话、做出重要指示，深刻回答了为什么要培养涉外法治人才、培养什么样的涉外法治人才、怎样培养涉外法治人才等一系列重大问题，提出了一系列具有时代性、科学性、前瞻性的新理念新

---

* 黄文艺，中国人民大学法学院教授、博士生导师；杜焕芳，中国人民大学法学院教授、博士生导师。

思想新战略。习近平总书记关于涉外法治人才培养的重要论述是习近平法治思想的重要组成部分，为做好新时代涉外法治人才培养工作提供了根本遵循和行动指南。

2016 年 9 月，习近平总书记在十八届中央政治局第三十五次集体学习时提出："参与全球治理需要一大批熟悉党和国家方针政策、了解我国国情、具有全球视野、熟练运用外语、通晓国际规则、精通国际谈判的专业人才。要加强全球治理人才队伍建设，突破人才瓶颈，做好人才储备，为我国参与全球治理提供有力人才支撑。"①

2019 年 2 月，习近平总书记在中央全面依法治国委员会第二次会议上讲到加快涉外法治工作战略布局时强调："专业人才培养要跟上。这些年来，我国涉外法律服务业有了长足发展，但同快速增长的需求并不相配。目前，国内能够熟练办理涉外法律业务的律师只有七千二百多名，能够办理'双反双保'业务的律师不到六百名，能够在世界贸易组织上诉机构独立办理业务的律师只有三百多名。国内企业大量的涉外业务都被欧美律所拿走了，其中蕴含着很大的安全风险。有关部门要拿出有效措施，下决心尽快解决。同时，要积极推荐更多优秀涉外法律人才到国际经济贸易组织、国际仲裁机构任职，主动参与并努力引领国际规则制定，推动形成公正合理透明的国际规则体系，提高我国在全球治理体系变革中的话语权和影响力。"②

2020 年 11 月，习近平总书记在中央全面依法治国工作会议上强调："要加大涉外法学教育力度，重点做好涉外执法司法和法律服务人才培养、国际组织法律人才培养推送工作，更好服务对外工作大局。"③

2021 年 12 月，习近平总书记在十九届中央政治局第三十五次集体学习时强调："要加强涉外法治人才建设。"④

2023 年 11 月，习近平总书记在二十届中央政治局第十次集体学习时强

---

① 习近平:《论坚持推动构建人类命运共同体》,中央文献出版社 2018 年版,第 385 页。

② 习近平:《论坚持全面依法治国》,中央文献出版社 2020 年版,第 257—258 页。

③ 习近平:《坚定不移走中国特色社会主义法治道路 为全面建设社会主义现代化国家提供有力法治保障》,《求是》2021 年第 5 期。

④ 习近平:《坚持走中国特色社会主义法治道路 更好推进中国特色社会主义法治体系建设》,《求是》2022 年第 4 期。

调："要加强专业人才培养和队伍建设。坚持立德树人、德法兼修，加强学科建设，办好法学教育，完善以实践为导向的培养机制，早日培养出一批政治立场坚定、专业素质过硬、通晓国际规则、精通涉外法律实务的涉外法治人才。健全人才引进、选拔、使用、管理机制，做好高端涉外法治人才培养储备。"①

习近平总书记关于涉外法治人才培养的重要论述，系统阐释了涉外法治人才培养的理念思路、目标任务、政策举措、路径方法，是引领新时代涉外法治人才培养工作取得历史性成就的思想武器。

（二）中央层面关于涉外法治人才培养的规划部署

新时代以来，中央层面对涉外法治人才培养工作做出了顶层设计和战略部署，加快推进涉外法治人才培养体系建设，涉外法治人才培养工作步入快车道，涉外法治人才队伍建设取得重大成就。

2014 年 10 月，党的十八届四中全会审议通过的《中共中央关于全面推进依法治国若干重大问题的决定》明确提出涉外法治人才队伍建设问题，即"建设通晓国际法律规则、善于处理涉外法律事务的涉外法治人才队伍"②。

2018 年 9 月，教育部、中央政法委制定的《关于坚持德法兼修实施卓越法治人才教育培养计划 2.0 的意见》，对构建涉外法治人才培养新格局做出重要部署，明确提出："进一步拓宽与国际高水平大学和国际组织合作交流渠道，深化与国际高水平大学学分互认、教师互换、学生互派、课程互通等实质性合作，积极创造条件选送法学专业师生到国际组织任职实践，培养一批具有国际视野、通晓国际规则，能够参与国际法律事务、善于维护国家利益、勇于推动全球治理规则变革的高层次涉外法治人才。"③

2020 年，中共中央印发的《法治中国建设规划（2020—2025 年）》把涉外法治人才培养纳入我国法治人才培养体系，明确提出："完善高等学校涉外

① 《习近平在中共中央政治局第十次集体学习时强调 加强涉外法制建设 营造有利法治条件和外部环境》,《人民日报》2023 年 11 月 29 日。

② 《中共中央关于全面推进依法治国若干重大问题的决定》,人民出版社 2014 年版,第 33 页。

③ 《教育部 中央政法委关于坚持德法兼修实施卓越法治人才教育培养计划 2.0 的意见》,2018 年 9 月 17 日,http://www.moe.gov.cn/srcsite/A08/moe_739/s6550/201810/t20181017_351892.html。

法学专业学科设置。加大涉外法治人才培养力度，创新涉外法治人才培养模式。”①

2022 年，教育部印发的《关于加快高校涉外法治人才培养的实施意见》明确提出，支持有学位授权自主审核权的高校自行按程序设置国际法学相关一级学科。国务院学位委员会发布的《急需学科专业引导发展清单（2022年）》中专列涉外法治专业包括国际法学。②

2023 年 2 月，中共中央办公厅、国务院办公厅印发的《关于加强新时代法学教育和法学理论研究的意见》（以下简称《意见》）明确提出：“完善涉外法学相关学科专业设置，支持能够开展学位授权自主审核工作的高等学校按程序设置国际法学相关一级学科或硕士专业学位类别，支持具有法学一级学科博士学位授权点的高等学校按程序自主设置国际法学相关二级学科，加快培养具有国际视野，精通国际法、国别法的涉外法治紧缺人才。”③

2024 年 7 月，党的二十届三中全会审议通过的《中共中央关于进一步全面深化改革 推进中国式现代化的决定》就加强涉外法治建设做出专门部署，明确提出“建立一体推进涉外立法、执法、司法、守法和法律服务、法治人才培养的工作机制”④。

二、涉外法治人才培养中国模式的初步探索

与常规法治人才培养相比，涉外法治人才培养具有更强实战性、更大复杂性、更多特殊性，不能沿用老套路、老范式、老模式，必须探索人才培养的新模式新进路。从供给端来看，涉外法治人才培养需要提供政治+业务、理论+实务、法律+外语、境内+境外等多环节培养、多场景训练，教育周期更

---

① 《中共中央印发〈法治中国建设规划（2020—2025 年）〉》，2021 年 1 月 10 日，https://www.gov.cn/zhengce/2021-01/10/content_5578659.htm。

② 参见杜焕芳：《全面把握涉外法治人才培养的方位要素和维度》，《法治日报》2023 年 5 月 24 日。

③ 《中办国办印发〈关于加强新时代法学教育和法学理论研究的意见〉》，《人民日报》2023 年 2 月 27 日。

④ 《中共中央关于进一步全面深化改革 推进中国式现代化的决定》，人民出版社 2024 年版，第 32 页。

长、成本更高。从需求端来看，涉外法治人才需求分散在各级党政机关、境内外企业、纠纷解决机构、法律服务机构、国际组织等各类单位，具有多样化、碎片化、小众化、多变性特点，需要多院校分工协作才能满足市场需求。从市场端来看，涉外法治人才市场存在供需双方信息不对称、搜寻成本高、自发调节难等问题，更需要政府的统筹规划和中介组织的中介服务。可以说，涉外法治人才培养新模式的探索和构建是法学教育领域的一场革命性变革。

党的十八大以来，在以习近平同志为核心的党中央的坚强领导下，在习近平法治思想的科学指引下，在教育部、中央依法治国办、司法部等部门的正确指导下，各法学院校认真贯彻落实党中央决策部署，积极探索涉外法治人才培养的规律特点，涌现出各具特色的涉外法治人才培养方案和做法，在协同育人机制构建、基地班设置、课程教材建设、教学资源建设、教学团队建设等方面取得重要进展，初步构建起了具有中国特色的涉外法治人才培养模式。

（一）明确涉外法治人才培养目标

涉外法治人才培养目标是习近平总书记提出的培养“政治立场坚定、专业素质过硬、通晓国际规则、精通涉外法律实务的涉外法治人才”。这一目标可具体化为以下要求：（1）政治立场坚定。自觉学习掌握习近平新时代中国特色社会主义思想，熟练运用习近平法治思想观察、分析和处理法律问题。（2）专业素质过硬。系统掌握法学基本理论，通晓各部门法和领域法基本法律制度，能够熟练运用法律知识分析和解决复杂法律问题。（3）通晓国际规则。熟悉国际法和区域国别法规则，了解国际法律实践前沿动态，具有熟练从事涉外法治工作的坚实知识基础和能力素质。（4）精通涉外法律实务。涉外法律检索、写作、谈判、辩论、裁判能力强，能够熟练从事各类涉外法律业务，胜任各类涉外法律工作岗位。（5）跨文化交流技能娴熟。熟练掌握英语、法语等外语，具备高水平的外语交流能力，能够在多元文化背景下有效开展涉外法治工作。（6）职业道德素质优良。具备良好的法律职业道德和责任担当，尊重法律和事实，具备团队协作精神和社会责任感。

（二）构建多方协同育人机制

优秀涉外法治人才的培养，不仅只靠法学院校单打独斗，还需要整合各种力量资源，构建包括法学院校和法治工作部门、外语院校、境外机构等多方参与的协同育人机制。

一是法学院校和法治工作部门协同育人。法学是一门实践性学问，实践教学是法学教育的鲜明特征。《意见》反复强调："法治工作部门要加大对法学院校支持力度，积极提供优质实践教学资源，做好法律职业和法学教育之间的有机衔接。""深化协同育人，推动法学院校与法治工作部门在人才培养方案制定、课程建设、教材建设、学生实习实训等环节深度衔接。""法治工作部门要加强实践资源、实践平台和实践机会供给，推动法学教育与法治实务相互融合。"① 涉外法治人才的实践能力培养要求更高，更需要推动法学院校与法治工作部门紧密合作，畅通学生到涉外法治实践一线实习实训的通道，切实培养学生的实践实战能力。因此，应打破法学院校和社会之间的体制壁垒，构建法学院校与法治工作部门联合培养机制，把涉外法治实践的最新经验和生动案例带进课堂教学。这要求推进人员互聘，鼓励教师到实务部门挂职，聘请校外导师，邀请实务部门人员到学院开坛设讲。

二是法学院校和外语院校紧密合作。涉外法治人才必须具备娴熟的外语交流和跨文化沟通能力。各法学院校坚持将专业教育和外语教育融合起来，普遍注重加强与外语院校合作，开设专业外语类相关课程，提升学生的外语交流能力和国际传播能力。从涉外法务市场需求来看，精通小语种的涉外法治人才特别稀缺。为此，中国人民大学依托国际商事争端预防解决研究院，利用涉外律师项目等资源，推进法学院和外语学院跨学院联合培养，设计了"法律+外语+N"的课程体系，致力于培养高层次复合型涉外法治人才。中国政法大学联合北京外国语大学推出"法学+英语"联合学士学位项目，创新"1+1>2"的育人模式，培养外语强、法律精的高端涉外法治人才。

三是境内培养和境外培养有机衔接。到境外法律机构学习、进修和实习，在国际法律环境中见世面、经风雨，是涉外法治人才培养不可或缺的环节。特别是要到境外工作尤其是国际组织工作的涉外法治人才，在境外学习或实训的经历和锻炼至关重要。各法学院校大力开拓和扩展境外合作伙伴网络，

① 《中办国办印发〈关于加强新时代法学教育和法学理论研究的意见〉》，《人民日报》2023 年 2 月 27 日。

与全球著名法学院、国际机构合作设立各类项目，构建多层次、多维度的境外培养体系，为学生到境外学习、交流、实习提供机会。许多法学院校都与境外大学法学院签订合作协议，积极推进教师互派、学生互换、课程互通、学分互认和学位互授联授等实质性合作，支持教师和学生到境外大学法学院学习交流。例如，中国人民大学与香港中文大学、香港城市大学等高校开展合作，为学生提供在香港高校交流学习的机会，强化其对普通法体系的理解，同时拓宽其国际视野。西南政法大学组织学生赴越南胡志明市国家大学学习语言和法律课程，通过对越南语及越南投资法的学习，学生不仅掌握了区域法律的特点，也增强了参与东南亚法律事务的能力。甘肃政法大学与莫斯科国立法律大学签署交换学生协议，为基地学生提供赴莫斯科学习的机会，帮助学生深入了解俄罗斯法律体系和国际法实践。为了给学生到国际组织实习实践创造条件，不少法学院校与国际组织签订协议，推出学生到国际组织实习的项目。例如，北京大学与哈萨克斯坦阿斯塔纳国际金融中心法院、阿斯塔纳国际仲裁中心签订涉外法治人才培养合作协议，为涉外法治实验班提供结构化暑期实习项目，组织学生前往哈萨克斯坦阿斯塔纳开展涉外法务实习实践，不仅帮助学生从实践中提升解决问题的能力，也是对加强“一带一路”相关涉外法治建设的积极响应。这些跨国学习与实践项目，能让学生亲身体验国际法律事务的复杂性，增强全球视野和实际操作能力，提高在国际法治实践中的胜任力与竞争力。

（三）探索基地班培养新机制

在中央有关部门的指导下，全国51家高校涉外法治人才协同培养创新基地普遍探索“基地班”培养新机制。各个基地普遍建立了基地班学生择优遴选机制，大多面向全校学生公开遴选对涉外法治有志趣、综合素质优秀的学生，经考核后进入基地班学习。基地班学生单独编班，实行小班化教学、精细化培养，确保人才培养质量。基地班一般推行“学业导师+实务导师”的双导师制，即为每位学生配备学业导师和实务导师，学业导师一般由法学院专职教师担任，负责指导学生的专业学习；实务导师一般由涉外法治实务部门专家担任，负责指导学生的业务实习。如上海政法大学通过遴选优秀学生成立基地班，强化英俄双语训练，并开设普通法、比较法等前沿课程，突出国际化与多学科融合的特点，全面提升学生的国际化法律素养。中南财经政法大学通过高考招生与校内选拔相结合的方式设立本科创新班，制定系统化的实施方案，保障培养过程的有序推进。中国人民警察大学选拔 73 名优秀本科生，组建涉外警务专业国际刑警与警务联络专业两个卓越班以及出入境管理专业出入境证件鉴别卓越班、海外安全管理专业海外安全官卓越班。暨南大学面向全校选择优秀本科生组建基地班，通过全英语授课与双语教学的方式，构建多元化的国际化学习平台。这些实践表明，基地班不仅是提升学生学术能力与实践能力的重要平台，更是推动涉外法治人才培养模式创新、实现国际化法律教育目标的重要途径。

（四）构建多模块专业课程体系

涉外法治专业课程体系如何设置，不仅直接决定涉外法治教学的具体内容，还深刻影响学生的知识体系和能力结构。为适应实战型、复合型法治人才培养的定位，各法学院校普遍开展专业外语、基本技能课程、案例分析课程、实务前沿课程、诊所式教育课程等多模块课程建设，打造多层次、立体化的涉外法治课程体系。例如，中国人民大学与实务部门一起完善了涉外法治人才培养方案，构建起了由国际法课程、比较法和外国法课程、涉外法律案例分析课程、涉外法治基本技能课程、涉外法律实务前沿课程、诊所式法律教育等课程模块构成的专业课程体系。北京大学与法治实务部门合作，修订完善了基地班培养方案，深化国际法学课程、涉外法律实务课程、诊所式法律教育等课程模块建设，推进涉外法律检索教材的编写，构筑实务化的专业课程体系。四川大学先后与多家律师事务所合作开展“涉外法治案例及实务课程集体备课”活动，共同打造“国际投资法律实务”“国际金融法律实务”“跨国并购法律实务”等案例课程体系。各个法学院校都注重开设双语或全外文课程，培养学生专业外语表达与交流能力。例如，大连海事大学发挥涉外海事法律领域的专业优势，专门设置“海洋法”（全英）、“海商法”（全英）、“海上行政执法”（双语）、“国际公法经典案例研读”（双语）、“国际仲裁”（双语）、“普通法概论”（全英）等涉外法治方向特色课程。

（五）建立实践导向的教学体系

实践教学是传统法学教育的最大短板，是涉外法治人才培养的最重要环节。各个法学院校坚持突出实践教学的根本导向，探索多元化的实践教学模式。“针对涉外法治人才培养普遍存在实践能力缺乏的问题，法大提出了‘理论与实践相结合，实践教学与理论教学并重’的方针，以同步实践教学模式走出了一条涉外法治人才培养实践教学改革之路。”① 中国政法大学以五大平台为依托，全方位、深层次、多视角探索涉外法治人才实践教学改革，突出成果即国际模拟法庭实践教学模式。

各法学院校注重通过积极组织各类法律竞赛活动尤其是英文模拟法庭竞赛，或者激励学生参加各类国内国际赛事，培养和提升学生实战能力。例如，中国人民大学法学院依托模拟法庭“先锋”训练营等机制，构建基地班学生竞赛训练体系，激励基地班学生参加高水平模拟立法竞赛、模拟法庭竞赛、模拟仲裁庭竞赛、法科学生写作大赛等国际国内赛事，达到以赛促学、以赛促练的效果。在外语能力培养上，不少法学院校指导学生掌握法律外语特点难点，强化学生在写作、发言等实践情景中的法律外语应用能力，提前适应以法律外语作为工作语言的涉外法治工作环境。

各法学院校与实务部门深入合作，为学生搭建了多层次、多元化的实习实践平台，通过实际操作增强其法律事务处理能力和国际竞争力。例如，中国人民警察大学组织基地实验班学生赴公安机关开展为期一个半月的暑期实习，帮助学生在真实的执法环境中锻炼法律实践能力。南京理工大学组织基地班学生前往共建实务部门开展四至六个月的知识产权相关实习，深入了解知识产权保护与国际法的具体应用。

各法学院校还通过加强与境外法律机构合作，积极拓展境外实习实践渠道，为学生提供跨文化、跨法域的实践机会，使其能够在多元文化背景下熟悉法律规则和实务操作。例如，武汉大学与联合国大学驻澳门研究所签订实习生项目合作备忘录，已遴选派出三批实习生，为学生提供国际组织实习机会；设立“明思涉外法治人才”专项基金，为学生实习提供专项经费支持，并开展“走进跨国公司”系列活动，不断强化与国际组织及中国跨国公司的实习合作。暨南大学选拔学生赴香港国际争议解决与风险管理协会进行为期

① 高瀚伟、周一帆：《以实践为导向 加强涉外法治人才培养》，《民主与法制》2024年第35期。

一个月的实训，学生通过参与实际案件的分析和研究，进一步理解普通法与国际争端解决机制。湘潭大学选派学生赴加州大学戴维斯分校参加冬季美国法课程，学生通过全英语的课堂和实践活动进一步提升了自身跨法域的适应能力。

（六）加强专业教材建设

法学教材是法学教学的最权威文本，直接决定法学教学的专业规格和知识图谱。面对新课程，各法学院校普遍加强教材建设，特别是加强实务教材建设。例如，沈阳师范大学法学院与共建实务部门共同编写《民事法务实训》《刑事法务实训》《行政法务实训》《非诉法务实习》《涉外仲裁法务实训》《国际法务实训》等涉外法治法律硕士实务系列教材。山东大学法学院组织学院教师，编写出版了《国际商法》《中日比较法讲义》等涉外法治特色教材10余部。

（七）组建高水平师资队伍

教师是立教之本、兴教之源。《意见》强调，突出政治标准，落实立德树人根本任务，推进法学教师队伍建设改革，打造一支政治立场坚定、法学根底深厚、熟悉中国国情、通晓国际规则的高水平专兼职教师队伍。[①] 高素质涉外法治人才培养，离不开一支由专任教师、实务教师、境外教师构成的高水平涉外法治教师队伍。各法学院校从涉外法治人才培养所需的师资力量出发，立足自身的行业、区域和国际合作优势，把各方面优秀人才汇聚起来，着力打造各具特色的涉外法治教师团队，为学生提供理论与实践并重的教育平台。

一是配强专职教师队伍。各法学院校注重从本单位教师中遴选一批政治立场坚定、师德师风优良、熟悉涉外法治实践、专业素质精湛的教师，担任涉外法治教学的专职队伍。同时，通过项目合作、资金支持等方式支持中青年教师到国际组织和国外高校进修、访问，不断提高教师队伍的国际化程度，提高专业水平和育人能力，打造既根植于中国法治本地实践又面向全球法治大格局的涉外法治师资队伍。

---

① 参见《中办国办印发〈关于加强新时代法学教育和法学理论研究的意见〉》，《人民日报》2023年2月27日。

二是选优实务教师队伍。各法学院校充分运用各种社会资源，从外事部门、司法机构、法律服务机构等单位，选聘一批专业功底深厚、实战经验丰富的领导和专家，担任校外实务教师。例如，西北政法大学引入37名具有实务经验的专家担任兼职教授和导师，让学生直接受益于实践经验丰富的导师资源，增强对法律适用复杂性和多样性的理解，弥合了学术教学与实践需求之间的鸿沟。中山大学与本地司法机构合作，遴选20名实务导师组成导师团队，结合区域法治需求开展教学与指导。南京理工大学通过设立涉外知识产权法治人才培养专家库，邀请国内外53名高校及实务界专家担任导师，覆盖法学多个前沿领域，确保学生能够接触到多学科交叉的实务知识。

三是充实境外教师队伍。依托国家、学校、学院的各类外专项目，以全职、兼职、短期讲学等多种形式引入海外法律法学专家，参与涉外法治专业教学和指导工作。如中国人民大学等高校成功引进多位国际组织官员、境外知名国际法专业学者、实务经验丰富的专家担任导师或客座教授，共同组成了一支兼具家国情怀和国际视野的高素质师资团队，为培养高端涉外法治人才提供强大动力支撑。中南财经政法大学联合国际统一私法协会和世界知识产权组织，打造国际化教研团队，为学生提供全球化视野与专业化指导。

总体来看，新时代我国涉外法治人才培养工作取得了显著进展，积累了弥足珍贵的经验：一是坚持党中央的集中统一领导。由党中央做出顶层设计和战略部署，并统筹各方力量资源予以贯彻落实，是我国涉外法治人才培养工作的显著优势。二是强化多部门协作机制。教育、司法行政等多部门紧密协作，构建涉外法治人才培养大协同格局。三是加强理论指导和政策引导。中央有关部门通过出台相关文件、推出政策举措、召开专门会议，指导与推动法学院校和实务部门做好涉外法治人才培养工作。四是充分发挥法学院校的主体作用。法学院校作为涉外法治人才培养的主体力量，积极探索教学方案、协同育人、课程建设、教材建设、团队建设等方面的新举措、新做法，形成了一系列新经验、新成果。五是注重人才培养的国际化导向。从教学方案设置、教学要素配置再到教学组织实施，突出国际法律场景和实践，提升学生的国际适应性与国际竞争力。

三、涉外法治人才培养面临的现实困难

在充分肯定我国涉外法治人才培养成就的同时，我们应当清醒认识到，涉外法治人才培养工作仍处于起步阶段，还面临着不少现实困难，存在一定薄弱环节。

（一）难以满足涉外法治人才的巨大需求

当前，无论是涉外法治人才数量，还是涉外法治人才质量，都难以满足新时代高质量发展和高水平开放的实际需要。从我国现有法治工作队伍规模来看，精通涉外法律知识和业务的法治人才比例很低。以律师行业为例，截至 2024 年年初，全国共有律师 72.5 万人，但涉外律师仅有 1.2 万余人，仅占全国律师总数的 1.66%，与我国巨大的贸易体量和涉外法律市场需求不相匹配。[①] 在涉外法治人才中，精通国际法律实务、能在国际组织任职的高端法治人才尤其匮乏。我国已参加 100 多个政府间国际组织，但各国际组织秘书处中中国籍职员的比例明显偏低，在国际话语权的关键领域影响力不足。例如，根据联合国秘书长 2019 年关于秘书处职员构成报告，2018 年年底联合国秘书处职员总数为 37505 人，其中，中国籍职员 546 人，仅占职员总数的 1.46%，且大多从事语言服务类工作，从事法律和政治事务的稀少，与我国综合国力和国际地位不相称。[②] 有学者明确提出，我国现有涉外法治人才培养规模仍然偏小。“各校涉外法治实验班的规模在 30 人左右，即便学生都成才并在毕业以后就职于涉外岗位，全国每年也只有约 600 名合格的国际法（涉外法）本科生。2024 年，教育部批准了 51 家涉外法治人才协同培养创新基地，理想状态下每年也只能培养约 1500 名合格本科生。”[③]

（二）涉外法治学科设置不健全

目前，由于涉外法治或国际法学不是一级学科，涉外法治人才培养仍必须在传统的法学一级学科体系之下组织实施。这意味着，涉外法治人才培养

---

① 参见莫纪宏、田禾:《中国法治发展报告 No.22(2024)》,社会科学文献出版社 2024 年版,第 41—45 页。

② 参见黄惠康:《加强涉外法治体系建设的顶层擘画》,《武大国际法评论》2024 年第 1 期。

③ 肖永平:《坚持上下联动、内外协同 破解涉外法治人才培养难题》,《民主与法制》2024 年第 18 期。

要遵循法学专业教育的规格标准，首先要完成法学专业课程体系中的各类必修课程，然后才能去选修若干涉外法治或国际法学的相关课程。这样，即使各个法学院校开设的涉外法治专业课程很丰富，学生在修完法学专业必修课程之后选择的空间仍很有限。

（三）实战实训培养环节有待加强

习近平总书记指出："法学学科是实践性很强的学科。法学教育要处理好知识教学和实践教学的关系。"① 这一点在涉外法治教育上表现得更为明显。涉外法治人才培养的目标非常明确，就是培养能在涉外法治实践一线和前线打好仗、打胜仗的实战型人才。我国现有的涉外法治教学离这一人才培养目标仍有差距。例如，不少涉外法治工作部门协同法学院校开展涉外法治人才培养的经验不足，组织学生开展实习实训的机制有待完善，协同育人的实际成效有待提升。又如，愿意接收国内法学院校学生实习的境外法律机构和国际组织数量较少，而且接纳能力有限，难以满足学生的实际需求。

（四）涉外法治专业教材体系有待构建

教材建设是涉外法治专业教育的基础工程。目前，各个法学院校虽然开设了很多具有创新性、特色性的新课程，但大多没有编写出相应的教材，更缺乏专业性、权威性、精品性教材，导致课程教学内容的随意性、零散性突出，难以引领学生深入掌握相关领域的概念体系、知识体系、理论体系。

（五）高水平涉外法治师资队伍组建难

首先，涉外法治专职教师数量有限。从现有教师规模来看，大多数法学院教师队伍一般不超过 50 人，勉强能完成既有的法学教学和科研任务，能专门从事涉外法治教学和科研的教师很少。一些法学院虽然根据涉外法治人才培养需要设计出不少新课程，但实际上难以找到相应的教师进行教学。其次，国际法学和涉外法治存在申项目难、出成果难、发文章难等问题，导致一些优秀青年教师不愿从事国际法学和涉外法治的教学科研工作。从实务教师队伍来看，目前组织部门对党政机关公务员特别是领导干部的兼职有严格的限制，导致各法学院校所聘任的实务导师队伍在人员结构上不合理，主要是律

---

① 习近平:《论坚持全面依法治国》,中央文献出版社 2020 年版,第 177 页。

师、仲裁员等法律服务行业从业人员。同时，实务导师多为各个实务部门的业务骨干，本职任务重、压力大、工作忙，投入到涉外法治人才培养工作上的时间和精力有限。

四、完善涉外法治人才培养模式的对策建议

（一）加强涉外法治人才培养的顶层设计

完善涉外法治人才培养模式，必须深入学习贯彻习近平法治思想和习近平总书记关于教育的重要论述，充分发挥党中央集中统一领导的政治优势，加强中央顶层设计，破解涉外法治人才培养工作面临的难题困境，构建涉外法治人才培养大协同格局，推动涉外法治教育工作高质量发展。

第一，坚持以习近平法治思想和习近平总书记关于教育的重要论述为指引。习近平法治思想是马克思主义法治理论中国化时代化的最新成果，深刻回答了新时代全面依法治国的一系列重大理论和现实问题，科学指明了涉外法治建设和涉外法治人才培养的方针政策、理念思路、目标任务、路径方法。习近平总书记关于教育的重要论述是当代中国的马克思主义教育思想，深刻回答了新时代建设教育强国的一系列重大理论和现实问题，为涉外法治人才培养工作指明了前进方向。加强涉外法治人才培养工作，要将学习贯彻习近平法治思想与学习贯彻习近平总书记关于教育的重要论述有机结合起来，深入领会其核心要义，全面把握其实践要求，确保政治方向不偏、政治立场不移。

第二，制定涉外法治人才培养规划。涉外法治人才培养工作是一项系统工程，涉及各级党委、政府、司法机关、高等学校、科研院所、企业、纠纷解决机构、法律服务机构、国际组织等。这需要制定长远的战略性规划，整合各种力量资源，明确各方任务分工，确保形成涉外法治人才培养大协同、一盘棋的总体格局。比如，随着我国的国际交流网络和海外利益已经遍布全世界，我国的国别法研究和人才培养工作亦应覆盖世界上所有国家和地区。如此艰巨繁重的任务显然不可能由几所法学院校完成，而需要由全国法学院校进行分工协作。这要求国家层面对国别法研究和人才培养工作进行战略规划和顶层设计，指导各个法学院校根据区位优势和既有基础合理确定各自分

工，避免无序发展和同质化竞争。[①]

第三，建立产学研用融合的教育联动机制。涉外法治教育更需要打通产学研用各环节。建议由教育行政部门和司法行政部门牵头，建立全国性的涉外法治产学研用交流机制，组织涉外法治人才培养单位、实务部门、用人单位定期研讨会商，明确涉外法治人才培养方针政策、任务举措。为解决涉外法治人才培养单位、用人单位之间信息不对称、供需不匹配的难题，逐步推行订单式人才培养模式，可搭建全国性的涉外法治人才供需服务平台，汇总全国高校人才供给信息和用人单位人才需求信息。根据人才市场需求情况，还可适时协调有关单位举办全国性或区域性的涉外法治人才推荐会或招聘会。

第四，出台法治工作部门和法学院校人员双向交流的具体制度。法治工作部门和法学院校人员双向交流，是涉外法治教师队伍建设的重要制度保障。法学院校教师必须到涉外法治部门挂职锻炼，掌握涉外法治实践第一手情况，积累涉外法治工作一线实战经验。涉外法治部门的优秀专家应有合法渠道参与涉外法治人才培养工作，担任法学院校实务导师，参与课程建设、课程教学、论文指导等工作。《意见》提出："推动法学院校、科研院所与法治工作部门人员双向交流，加大法学教师、研究人员和高等学校法务部门工作人员到法治工作部门挂职力度，在符合党政领导干部兼职等有关政策规定基础上，探索建立法治工作部门优秀实务专家到高等学校任教以及到智库开展研究制度，实施人员互聘计划。"[②] 建议中央有关部门出台具体办法，保障上述制度设计落地落实。

（二）完善涉外法治教育体系

习近平总书记在中国政法大学座谈会上明确提出法学教育体系的概念，深刻论述法学学科体系、教学体系、课程体系、教材体系建设的重点任务，推动形成内容科学、结构合理、系统完备、协同高效的法学教育体系的目标。涉外法治教育体系作为法学教育体系的重要组成部分，应构建由学科体系、教学体系、课程体系、教材体系组成的内容科学、结构合理、系统完备、协

---

① 参见黄文艺:《论构建中国特色、世界一流的法学学科体系》,《法学家》2023 年第 2 期。

② 《中办国办印发〈关于加强新时代法学教育和法学理论研究的意见〉》,《人民日报》2023 年 2 月 27 日。

同高效的法学教育体系。

第一，完善涉外法治学科体系。要加强涉外法治相关学科建设尤其是构建中国自主的国际法学科体系，提升国际法在法学学科体系中的地位。一是增设一级学科。按照中央有关规定，支持有学位授权自主审核权的高校自行按程序设置国际法学相关一级学科。二是扩容二级学科，不限于传统的三国法，在宏观国际法框架下，尤其是针对经贸金融、生态、安全、国际公共卫生等重点领域，科技、网络、极地、太空等新兴领域，扩容设置更多国际法、涉外法治相关二级学科、交叉学科和专业。三是延展相关学科，包括对外开放法、国别法、区域法、比较法、国际关系、国家安全等。[①]

第二，完善涉外法治教学体系。一是适应高素质涉外法治人才培养周期长的特点，坚持本硕博贯通，构建开放式选拔的本硕博相衔接的育人通道，形成吸引优秀生源选择涉外法治专业的激励机制。二是推广双语教学和全外文授课，锻炼和培养学生熟练运用专业外语进行跨法域和跨文化交流的能力，更好胜任境外工作任务。三是完善涉外法治教学质量评估和监控机制，定期评估教学方案和教学效果，广泛听取和搜集各方意见建议，及时更新教学方案和课程内容，确保人才培养质量和实效。

第三，完善涉外法治课程体系。目前，许多法学院校开设了各具特色的涉外法治课程，形成了百花齐放、百舸争流的局面。未来，要全面总结集成各个法学院校课程设置的先进经验，逐步确立起既有统一规格标准又预留自主探索空间的涉外法治课程体系。一是实施模块化课程设计，合理设计各模块的课程群，形成科学化、系统化的涉外法治专业课程体系。二是注重跨学科课程开发，推动法学与国际贸易、国际经济、国际政治、国际关系、区域国别学等相关学科的深度融合，加强法学与互联网、大数据、人工智能等新兴领域的有机结合，建设一批高质量的涉外法治交叉课程，拓宽学生的理论视野和知识结构。

第四，完善涉外法治教材体系。目前，涉外法治教材建设仍处于起步阶段，应适应涉外法治人才培养的紧迫需要，按照中央层面统一规划和各法学

① 参见杜焕芳:《全面把握涉外法治人才培养的方位要素和维度》,《法治日报》2023 年 5 月 24 日。

院校自主研发相结合的思路，坚持先急后缓、先易后难、先本后研的原则，分批次、分系列、分领域有序推进涉外法治教材建设，加快构建具有中国特色、引领世界潮流的涉外法治教材体系。一是加快编写修订基础性、骨干性的教材。按照中央有关部门的统一部署，加快组织编写《中国涉外法治》《对外关系法》等基础性教材，修订《国际法》《国际经济法》等骨干性教材，发挥好这些教材的定方向、固根本、立标杆的作用。二是适应涉外法治人才多环节训练需要，加快推出涉外法治专业的原理教材、案例教材、实务教材、技能训练教材等多样态教材，形成从理论到实战全贯通的立体化教材格局。三是紧密跟踪涉外法治新兴领域和全球法治前沿领域，组织编写网络治理、人工智能、太空法律等领域的新教材，提高学生驾驭涉外法治制高点的能力。四是满足学生多语种学习需求，鼓励各个高校因地制宜地编写英文、法文、德文、俄文等语种涉外法治教材，推动多语种涉外法治教材的研发应用。五是充分利用数字化、多媒体技术，大力推进涉外法治数字教材、视频教材、智能教材等新形态教材建设工作。

（三）健全涉外法治人才培养机制

第一，健全涉外法治人才分类培养机制。面向涉外立法、执法、司法、法律服务等环节，面向经贸、金融、科技、网络、生态、知识产权、海洋、极地、太空等领域，探索服务不同区域、不同国家、不同专业领域的涉外法治人才分类培养机制，培养满足国家涉外法治建设各方面需要的专门型、复合型、国际型、应用型高层次涉外法治人才。

第二，健全国际联合培养机制。扩大国家留学基金委国际组织后备人才培养等项目遴选的规模和支持力度，选派更多的中国学生赴世界高水平大学留学、科研机构访学、法律服务机构或相关国际组织实习实训。激励国内法学院校与世界高水平大学通过联合设置双学位、国际学生交换、海外实习、海外游学、海外课程、圆桌讨论会、远程视频课程等国际化项目，让学生有更多到境外学习、交流、实训的机会。

第三，健全实践能力培养机制。加强涉外法律诊所、模拟法庭以及跨境法律事务等实训课程建设，重点围绕国际仲裁、跨境投资法律风险等实际案例开展教学，帮助学生在模拟环境中熟悉法律实务操作流程。加强与境外律师事务所、仲裁机构、司法机构、国际组织的合作，设立更多的境外实习实践基地，尽可能满足我国法学院校境外实习实训的需求。推进涉外实践教学资源的整合，引入虚拟国际法庭、案例数据库和跨境法律事务处理系统，建设高水平的国际化实践教学平台。

新文科背景下
科技考古人才培养的创新发展

方　辉　王　芬　郎剑锋　陈雪香　赵永生*

考古学对于研究我国百万年人类史、一万年文化史和五千多年文明史具有无可替代的作用，尤其是科技考古在实证古代遗迹、遗物方面所具有的独特价值，使其成为考古学科高质量发展的新引擎。

2020 年 9 月 28 日，中共中央政治局以我国考古最新发现及其意义为题举行第二十三次集体学习。习近平总书记会上强调："要高度重视考古工作，努力建设中国特色、中国风格、中国气派的考古学，更好认识源远流长、博大精深的中华文明，为弘扬中华优秀传统文化、增强文化自信提供坚强支撑。"①他指出："考古学界要会同经济、法律、政治、文化、社会、生态、科技、医学等领域研究人员，做好出土文物和遗址的研究阐释工作，把我国文明起源和发展以及对人类的重大贡献更加清晰、更加全面地呈现出来。要吸收最新史学研究成果，及时对我国古代历史部分内容进行完善，以完整准确讲述我国古代历史，更好发挥以史育人作用。"② 2022 年 5 月 27 日，中共中央政治局就深化中华文明探源工程进行第三十九次集体学习，习近平总书记指出，"我们运用生物学、分子生物学、化学、地学、物理学等前沿学科的最新技术分析我国古代遗存，使中华文明探源有了坚实的科技分析依据，拓展了我们对

---

* 方辉，山东大学讲席教授，文化遗产研究院院长，山东大学博物馆馆长；王芬，山东大学本科生院院长，山东大学考古学院院长、教授；郎剑锋，山东大学考古学院常务副院长、教授；陈雪香，山东大学考古学院副院长、教授；赵永生，山东大学考古学院院长助理、教授。

① 《习近平在中央政治局第二十三次集体学习时强调 建设中国特色中国风格中国气派的考古学 更好认识源远流长博大精深的中华文明》，《人民日报》2020 年 9 月 30 日。

② 习近平：《建设中国特色中国风格中国气派的考古学 更好认识源远流长博大精深的中华文明》，《求是》2020 年第 23 期。

中国五千多年文明史的认知。对文明起源和形成的探究是一个既复杂又漫长的系统工程，需要把考古探索和文献研究同自然科学技术手段有机结合起来，综合把握物质、精神和社会关系形态等因素，逐步还原文明从涓涓溪流到江河汇流的发展历程。要加强统筹规划和科学布局，坚持多学科、多角度、多层次、全方位，密切考古学和历史学、人文科学和自然科学的联合攻关，拓宽研究时空范围和覆盖领域，进一步回答好中华文明起源、形成、发展的基本图景、内在机制以及各区域文明演进路径等重大问题”①。习近平总书记的重要讲话，对科技考古在支撑中华文明探源研究中取得的成果给予了充分肯定，为考古学科高质量发展提供了根本遵循。

习近平总书记的两次重要讲话，都强调考古学研究、文明起源探索要重视多学科交叉，这与教育部大力推进的“新文科建设”一脉相承，高度契合。自 2020 年《新文科建设宣言》发布，到“新文科”作为关键词出现在各级教改项目、教学成果奖题目当中，再到新文科专题刊物创刊，一系列相关研究成果大量涌现，直至“2024 年大学生新文科实践创新大赛”圆满落幕，新文科已不再是单纯的理念阐释和学术探讨，而是在高校文科教育教学实践中形成广泛共识。同时，新文科的“新”首先体现在打破传统文科的学科界限，与文科联系紧密的理工农医诸多学科也越来越多地参与到新文科的创新实践中。因为人文社科天然具有的历史深度和现实广度，新文科不仅仅从相邻学科门类汲取营养成分，反过来对这些学科门类也发挥着越来越重要的作用。越来越多的学者认识到，新文科肩负着中国特色自主知识体系建构、中国特色自主人才培养体系构建的重要使命，必须坚持交叉融合、开放互鉴，革故鼎新、守正创新，培根铸魂、育人为本。如此，才能引领带动高等教育质量整体提升，加快实现教育强国建设目标。②

本文聚焦新文科背景下科技考古人才培养这一主题，梳理科技考古学发展历程，总结分析科技考古人才培养经验，为新时代考古学创新人才培养提供借鉴。

---

① 习近平：《把中国文明历史研究引向深入 增强历史自觉坚定文化自信》，《求是》2022 年第 14 期。

② 参见樊丽明、申树欣：《教育强国建设 新文科何为》，《国家教育行政学院学报》2024 年第 1 期。

一、科技考古发展简史及其重要性

考古学是通过实物资料研究古代人类社会历史的一门学科。其中的实物资料既包括人工制品或通常所说的文物，也包括与人类生存关系密切的所谓“自然遗物”。这些实物反映着古人在技术、社会、信仰和环境利用开发等方面的信息，都是考古学研究的对象，但它们不会自证其价值，因而需要从不同角度采用跨学科手段，运用科技考古方法取得经过实证的可以信赖的信息，才能获知其意义。因为古人的生活丰富多彩，对考古出土实物分析、研究的方法也多种多样。

（一）科技考古发展简史

考古学的研究目标是复原古代人类社会历史，属于历史学科的一部分，但考古学获取和分析古代遗存的手段起初来自地质学和生物学，因此考古学科天然具有跨学科和交叉学科的性质。随着考古学的发展，越来越多自然科学的方法进入学科领域，科技考古便应运而生。

科技考古是指利用自然科学的理论、方法和技术，分析古代实物资料，从中提取古代人类活动的信息，用以探讨人类行为、生存方式、生产技能以及人与自然的关系及其发展规律的一门科学。科技考古学广义上包括将各种学科的理论、方法、手段有机结合，应用于收集、整理、分析和研究；狭义上则主要是指各种自然科学方法，如断代测年、产地分析、食谱分析、生物（基因）方法、遥感技术以及人工智能技术等。

国际上科技考古的发展可以追溯到20世纪中期，特别是“二战”期间催生的一系列高科技手段，如航空摄影、测绘技术、计算机技术等，在战后被广泛运用于考古研究领域，大大提高了考古研究的精度与深度。其中，1949年美国芝加哥大学物理学家利比发明的碳十四测年技术在考古学中的应用，使考古学家第一次对史前考古有了比较精确的绝对年代的数据，堪称考古学上的革命，推动了考古学从定性描述向定量表述、由归纳性向演绎性和阐释性学科的转型。20世纪60年代诞生于北美、继而影响全世界学科发展的“新考古学”，就是在科技考古的促进下形成的。到了70年代，随着各种科技考古方法的普及和学者们考古学阐释能力的提高，以描述性为主要特征、以考古学文化史为研究重心的传统考古学逐渐淡去，以至于英国考古学家戴维·克拉克发出了“考古学纯洁性的丧失”这样的概叹。当然，他是从学科进步的角度对这种“丧失”持完全肯定态度的。[①] 进入新世纪以来，随着科学技术的迅猛发展，科技考古在探测技术、分析技术和保护技术方面都有了显著进步。例如，遥感技术、电子全站仪和分子考古学、同位素科技分析在科技考古和文物保护中的应用，使得考古工作更加精确和高效。其中，分子考古学是考古学与遗传学等学科交叉融合的前沿领域，它利用分子生物学技术，如古 DNA 分析、古蛋白质组学等，来研究古代人类的历史和文化。这一革命性的进展与传统的考古学方法相比，提供了更加精确和深入的视角，使得我们能够以前所未有的方式理解和解读古代世界。2020 年，美国哈佛大学戴维·里奇（David Reich）教授根据近 20 年来分子生物学技术在推动考古学研究方面所发挥的作用，提出古 DNA 技术是考古学的第二次革命，也预示着考古学新发展的到来。[②]

科技考古在我国起步很早。早在 1928—1937 年安阳殷墟考古发掘中就采用地质学、生物学等方法研究商代晚期的环境、生业与冶金等，但有计划、有目的地开展科技考古则始于 20 世纪 80 年代，其基础是碳十四测年技术在我国应用并产出了第一批测年数据。[③] 我国的考古学文化首次有了可以据信的绝对年代数据，考古学文化年代序列得以建立并不断完善。在此基础上，考古学研究的重点从年代学向环境、资源、社会等问题研究转型。1988 年，第一次全国性的科技考古研讨会在广西南宁召开。虽然科技考古当时被称作“实验室考古”，但这次会议实际上标志着科技考古在全国范围得到广泛认可。随后，1989 年在安徽合肥召开的第二次会议正式将“实验室考古”更名为“科技考古”，旨在强调用科技手段解决考古学问题。1991 年召开了第三次科技考古学讨论会，会上正式成立中国科技考古学会，以指导并引领全国的科技考古学术活动。此后，科技考古在我国的发展进入快车道，具体表现为科

---

① 参见［英］戴维·克拉克:《考古学纯洁性的丧失》,陈铁梅译,中国国家博物馆主编:《当代国外考古学理论与方法》,三秦出版社 1991 年版,第 346—361 页。

② Reich, D., Green, R. E., et al.,“Genetic History of an Archaic Hominin Group from Denisova Cave in Siberia”, *Nature* , 2010,468(7327).

③ 参见夏鼐:《碳-14 测定年代和中国史前考古学》,《考古》1977 年第 4 期。

技考古工作者数量迅速增加，讨论的主题越来越广泛、深入，尤其是以植物、动物、人骨为主要内容的生物考古逐渐升温，越来越与国际学术界接轨。截至2023年，从事科技考古研究的人才已近400人，是1988年的三倍多；科技考古已成为衡量考古研究水平高低的重要标尺；科技考古领域多元化与国际化色彩明显，许多成果已处于国际前沿水平；科技考古解决考古学实际问题的能力大大提升；围绕国家战略需求所开展的科技考古研究课题、成果日益凸显。[①] 随着考古学文化编年问题的解决，考古学对出土人工制品功能分析和“自然遗存”的关注度日益提高，科技考古研究不断深化，产生了众多分支学科，如环境考古中的沉积物分析，生物考古学中的分子生物学考古、锶同位素分析、碳氮同位素分析，生业与经济考古中的化学微量元素分析等，科技考古与文物保护也已被列为考古学一级学科之下的二级学科。

（二）新时代深化科技考古研究的重要性

近半个世纪的科技考古实践已经显示出科技赋能考古学科发展的重要性。20世纪80年代之前，传统的田野探测多是依靠“洛阳铲”，通过打探孔的方式，借助经验知识形成对地下遗存的认知和判断。随着科学技术的发展，先进的遥感勘探技术、分析检测技术、计算机技术也越来越多地被应用到考古学中。如运用航空遥感、高精度磁测、大地电场岩性探测和地球化学汞含量测试等方面技术逐渐提高探测的范围和精度，在地球物理和地球化学探测技术和传统探测技术的结合中不断验证并改进新技术在田野考古中的应用。

近年来，备受关注的四川三星堆遗址的考古发掘工作，让人们深刻感受到现代科技手段在考古学研究中的重大作用。新一轮的考古发掘工作相较于1986年的首次多部门联合开展的大规模发掘，其科技含量不可同日而语，考古成果与所捕捉到的历史考古信息亦可谓天壤之别。人们在为本次考古发掘的新成果而惊叹的同时，也不得不为1986年那次发掘所留下的遗憾而叹息。三星堆遗址的考古发掘工作，以生动的案例表明，由于考古遗存和出土文物本身具有唯一性和不可再生性，发展科技考古、提升考古科技水平、突破当前考古发掘与文物保护领域的技术瓶颈并向普通的考古发掘普及，可谓刻不容缓。

---

① 参见胡耀武:《中国科技考古的发展历程、研究方法和展望——以全国科技考古学术讨论会为例》,《文物保护与考古科学》2024年第1期。

进入新时代，科技赋能考古研究的重要性日益凸显。以揭示人与环境之间互动关系为目标的动物考古、植物考古、人类骨骼考古、稳定同位素分析等国际科技考古成熟技术在国内得到应用，日益成为国内学科发展的新态势。其在人类起源与演化、农业起源、冶金术起源等方面的实证性研究成果，支撑起我国文明起源和多元一体文明格局进程研究。对古代陶瓷器、金属器、玉石器和纺织品等人工制品的分析，不仅帮助我们认识古代科学技术的发展与演变，而且推动了对上述人工制品流通和消费的研究，成为我们了解古代人群流动和技术交流等情况的重要手段。考古学越来越强调在人类起源、农业起源、文明起源与发展问题上的实证性研究，环境考古、生物考古、社会考古、经济考古等理论方法受到前所未有的重视，而解决这些问题都离不开科技考古的支撑。考古学研究范围进一步扩大，研究对象进一步多样化，几乎包括了与人类生存发展有关的各类遗存，发展出诸如人工制品成分分析、微观形态分析、古 DNA 分析、稳定同位素分析等科技考古分析技术，科技考古越来越成为支撑学科发展的基础，成为学科发展的新引擎。①

党和国家对科技考古和文物保护给予了前所未有的重视。党的十八大以来，以习近平同志为主要代表的中国共产党人站在中华民族伟大复兴的高度，高度重视我国优秀传统文化的传承创新，“坚持把马克思主义基本原理同中国具体实际相结合、同中华优秀传统文化相结合”，“创立了习近平新时代中国特色社会主义思想”。② 其中的“第二个结合”，就是要在五千多年中华文明深厚基础上开辟和发展中国特色社会主义，把马克思主义基本原理同中华优秀传统文化相结合。③ 这一结合意味着要“把马克思主义思想精髓同中华优秀传统文化精华贯通起来、同人民群众日用而不觉的共同价值观念融通起来，不断赋予科学理论鲜明的中国特色，不断夯实马克思主义中国化时代化的历史基础和群众基础，让马克思主义在中国牢牢扎根”④。习近平总书记还特别强调：“要积极培养壮大考古队伍，让更多年轻人热爱、投身考古事业，让考

① 参见方辉：《探索未知 揭示本源》，《光明日报》2021 年 9 月 6 日。

② 《中国共产党第十九届中央委员会第六次全体会议公报》，人民出版社 2021 年版，第 9—10 页。

③ 参见习近平：《在文化传承发展座谈会上的讲话》，人民出版社 2023 年版，第 5 页。

④ 《习近平重要讲话单行本（2022 年合订本）》，人民出版社 2023 年版，第 90 页。

古事业后继有人、人才辈出。”[①] 习近平总书记的一系列重要讲话和指示批示，为我国考古学科发展和科技考古人才培养指明了方向。

二、科技考古人才培养现状

我国科技考古人才培养与科技考古学科发展紧密相关。新旧世纪之交时，学界回顾学科发展的历史，展望未来发展前景，对科技考古在学科发展中的价值和意义有了更高、更明确的认识，而科技考古人才培养自然成为学界关注的重点。进入21世纪，科技考古作为高校考古专业一门课程，出现在考古专业本科生课程中。如果为科技考古人才培养寻找一个更明确的标志，那就是“科技考古学”教材的正式出版。国内公开出版的第一部“科技考古学”教材是《科技考古学概论》，由西北大学赵丛苍教授等领衔编著，于2006年由高等教育出版社出版，该教材被列入“普通高等教育‘十五’国家级规划教材”。2008年，北京大学陈铁梅教授编著的《科技考古学》由北京大学出版社出版。

如果说科技考古学专业教材的编著出版还只是各高校自身行为的话，那么2009年教育部“国家级考古实验教学示范中心”的设立则是科技考古人才培养顶层设计的结果。首批获得教育部评估验收的高校——北京大学、西北大学、四川大学和山东大学，都是国内最早开展科技考古研究并率先设立考古实验教学中心的高校，如北京大学考古学教学实验室于1998年成立，2009年通过教育部评审，成为国家级实验教学示范中心建设单位。该实验室以教学为主，由考古学技术与方法教研室、田野考古实习基地和赛克勒考古与艺术博物馆、科技考古与文物保护实验室三个部分组成，隶属于考古文博学院。于2010年组建的西北大学文化遗产保护技术实验教学中心是依托陕西省重点学科、陕西省名牌专业和特色专业——西北大学考古学、文物保护学两个主干学科和陕西高校人文社科重点研究基地——西北大学文化遗产保护与考古学研究中心的学术力量，利用教育部文化遗产研究与保护技术重点实验室技

---

① 习近平:《建设中国特色中国风格中国气派的考古学 更好认识源远流长博大精深的中华文明》,《求是》2020年第23期。

术平台和西北大学历史博物馆的馆藏文物优势，并与地质学、化学、物理学、生物学、计算机科学与技术等相关优势学科紧密结合，以本科生实验、实践教学为中心，以培养多技能、高素质专门人才为目的的实验教学机构。四川大学国家级实验教学示范中心是在2006年建立的考古学实验教学中心基础上获准立项的，该中心于2008年获准成为四川省高等学校实验教学示范中心，2009年成为国家级实验教学示范中心建设单位，该中心聚焦西南山地考古和巴蜀文化研究，由此形成自身特色。山东大学国家级考古学实验教学中心则是在2002年成立的东方考古研究中心基础上组建的，自2009年获批成立，现已发展为涵盖植物考古、动物考古、陶瓷器考古、玉石器考古、稳定同位素考古、人类演化、体质人类学、文物保护技术、数字考古等多个门类的实验室，发挥着重要的教学育人功能。

四个国家级考古实验教学示范中心分布于我国华北、西北、西南和华东地区，很好地发挥着科技考古人才培养的辐射功能。地处东北地区的吉林大学虽然没有进入四个国家级考古实验教学示范中心之列，但依托边疆地区考古学教育部重点科研基地和文科实验室，其对东北乃至全国范围科技考古人才的培养同样发挥了很大作用。

以上5所高校，恰恰也是考古学一级学科排名位居前列的高校，它们共同组成了学科排名的第一方阵。这一成绩的取得并非偶然。如前所述，科技考古作为引领考古学科发展的生长点，抓住科技考古就是抓住了学科发展的“牛鼻子”。在以年代学或考古学文化史为重心的时代，发掘一处遗址产出的成果若为10，在科技考古快速发展的今天，其成果产出量至少是原来的10倍，甚至更高。显然，科技考古对于考古学发展具有巨大的推动作用。如果说田野考古是考古学科和专业发展的基础，坚持田野考古就是“守正”，那么发展科技考古就是在守正基础上的“创新”。

这些高校在学科和专业创新方面均有其独到之处。北京大学长期注重发展考古测年技术，及时引进碳十四测年质谱仪，基于加速器质谱（AMS）技术，从而实现了对古代遗物进行高精度的年代测定。西北大学立足长安，面向西北和“一带一路”沿线国家，大力发展文物保护技术。四川大学依托西南地区丰富的考古资源，发展历史时期考古和冶金考古。吉林大学重点发展边疆考古，在人骨考古和生物考古领域取得领先地位。山东大学根植齐鲁大地，在聚落考古、环境考古和生业考古领域具有显著优势。各高校均在科技考古相关领域发力，建立起由高层次人才领衔的若干团队，获得了教育部、国家文物局和所在省市的多个科研与国际化建设平台。

各高校在考古学二级学科或重点方向上各有侧重，形成自身特色，而在科技考古人才培养方面则呈现出诸多共性。共性之一，都力图把科技考古融入人才培养体系中，使其不仅体现在课堂教学中，更是贯穿于考古实践教学环节中。如，北京大学国家级考古实验教学示范中心明确由考古学技术与方法教研室、田野考古实习基地和赛克勒考古与艺术博物馆、科技考古与文物保护实验室三个部分组成；西北大学考古学科在国内最早形成了“三位一体”的学科体系（以考古学研究为价值的认知体系、以文物保护技术为价值的保护体系和以文化遗产管理为价值的传承体系），并获得教育部优秀教学成果二等奖；山东大学明确提出“课堂·田野·实验室”三位一体人才培养体系建设，两次荣获山东省高校优秀成果二等奖。共性之二，都把科技考古中最要紧的门类作为重点纳入本科生人才培养体系中。各高校国家级考古实验教学示范中心，都首先将如下课程纳入科技考古实验教学体系之中：以人类自身为研究对象的体质人类学或人骨考古，以人类赖以生存的食物和环境为研究对象的植物考古、动物考古，以考古遗存最为常见的玉石器、陶瓷器和金属器具为研究对象的玉石器考古、陶瓷考古和冶金考古等。这些实物都是有形可见、可以触摸到的人工制品，它们构成了科技考古课程的核心内容。至于肉眼不可见的微体遗存，如植硅体、孢粉、同位素和古 DNA 等内容，则放入研究生阶段学习。经过 20 多年的建设发展，4 所国家级考古实验教学示范中心的示范作用逐渐显现，发挥了很好的引领和带动作用。2023 年 1—2 月，我们对全国 41 所设有考古学科和专业的高校做了问卷调查并得到相关数据，以下试做分析。

一是关于科技考古师资的情况。科技考古课程的开设首先需要有师资队伍。据统计，上述学科排名前五位的高校师资队伍数量都在 40 人以上，而科技考古师资占比均不低于 23%，最高的西北大学则达到 48%，新成立的中国社会科学院大学占比也达到了 34.80%（据了解，其中多为兼职）。在上述高校的示范带动下，全国设有考古本科专业的高校，除个别高校（如湖南大学）没有科技考古师资配备之外，一般高校科技考古师资占比均在10%以上。并且，其科技考古师资除少数来自海外高校之外，大部分来自上述5所高校培养的人才。

二是关于科技考古课程开设情况。从各高校开设的课程来看，除“科技考古学”作为综合性课程之外，“体质人类学（人骨考古）”“动物考古”和“植物考古”是各高校开设最多的三门课程，这四门课程可以视为科技考古学的基本课程。开设“陶瓷器考古”“冶金考古”“环境考古”课程的高校占一定数量，而开设“残留物分析”“分子生物考古（古DNA研究）”“地理信息系统（GIS考古）”等尖端或前沿性课程的高校只有北京大学、吉林大学和山东大学。与科技考古关系密切的文物保护课程在若干高校受到重视，如西北大学的文物保护课程几乎涵盖了各种材质的文物种类，其他如北京大学、山东大学和重庆师范大学等高校也开设有针对特殊种类的文物保护课程。

三是关于高校是否设有田野考古实习基地和科技考古实验室的统计情况。截至2024年年底，全国37所高校都建有不同形式的实习基地，有些高校如北京大学、吉林大学、山东大学、西北大学、四川大学、郑州大学、武汉大学等，其实习基地不止一处，只有暨南大学、陕西师范大学、北京师范大学、湖南大学尚未建立田野考古实习基地。全国31所高校都建有数量不等的实验室，设有国家级考古实验教学示范中心的高校均拥有多个实验室，面积一般在1000—6000平方米不等。吉林大学、四川大学、北京大学、北京联合大学、中国社会科学院大学的实验室在2000平方米以上。山东大学实验室面积近10000平方米，西北大学则达到17000平方米。数据还显示，田野考古实习基地和科技考古实验室这两项数据具有极高的重合度，即凡设有田野考古实习基地的高校，几乎都设有科技考古实验室。

四是关于科技考古类研究生论文的情况。从考古学专业硕士研究生、博士研究生论文中科技考古类论文的数量和占比来看，科技考古人才培养效果显著。经过对我国2022届高校考古学专业硕士、博士学位论文中科技考古类论文占比进行随机抽查，结果如下：中国科技大学因学科特点突出，其硕士、博士学位论文中的占比分别达到86.70%、100%。就硕士学位论文而言，在绝对数量和占比上，山东大学、北京大学、西北大学排名前三，分别达到31.40%、30%和25.30%。吉林大学、山西大学达到20%以上，其他如武汉大学、郑州大学、中央民族大学等占比也接近20%，科技考古论文为零的大学数量并不多。北京联合大学占比高达38.10%，格外引人注目。该校在2024年度一举获得考古学博士学位和文物专业博士学位授权点，与其倡导并大力发展科技考古有紧密关联。考古学专业博士学位论文中，以科技考古为内容者，北京大学占比高达45%，山东大学、复旦大学、吉林大学等也都在20%以上，浙江大学占比也较高，但毕业人数基数较小。从该项统计数据来看，除四川大学之外，其他四家学科排名头部高校在这项统计中明显占优，而考古学科发展较晚的高校，如浙江大学、复旦大学和北京联合大学等具有明显的后发优势。

由此可见，经过40多年的建设，我国科技考古学科发展迅速，以此为基础，科技考古人才培养同样取得快速发展。几乎所有开设考古专业的高校都聘任了科技考古师资，有些高校科技考古师资所占比例达到1/4或1/5。与此相应，各高校或多或少开设了科技考古课程，作为科技考古课程体系中最重要的“科技考古学”“体质人类学（人骨考古）”“动物考古”和“植物考古”四门课程日渐普及。越来越多的高校在建立田野考古实习基地的同时加强科技考古实验室建设，而且大部分发展很快。科技考古人才培养的直接效果是，越来越多的硕士、博士研究生以科技考古为论文选题，产出一批批科研成果，成为能够独立从事科技考古教学、科研的专家学者。可以说，20多年的科技考古人才培养成绩喜人，较好地支撑了我国考古学科的发展。

三、科技考古人才培养存在的不足与原因

在看到我国科技考古人才培养取得喜人成果的同时，也应该注意到科技考古人才培养方面的不足之处。这些不足，从调查反馈的统计数据中也可窥见，其中最突出的是各高校发展不平衡问题。

首先，科技考古师资力量薄弱。虽然多数开设考古专业的高校配备了科技考古师资，但除学科排名头部及专业设置较早的高校科技考古师资数量在5名以上之外，相当数量高校的科技考古师资不足5人。更值得注意的是，有

的高校甚至完全没有配置科技考古师资，无法满足开设科技考古课程的基本需要。

其次，科技考古实验室空间不足。尽管多数高校已建立起科技考古实验室，但实验室面积普遍偏小，其中7所高校实验室面积不足100平方米。此外，部分高校如黑龙江大学、湖北大学、西北师范大学、辽宁师范大学、湖南大学等尚未建立科技考古实验室。

最后，科技考古设备投入不够。据统计，设备投入达到1000万元以上的高校有11所，不足100万元的高校有5所，另有4所尚未进行相关设备投入。

造成以上问题的主要原因，客观上与考古学的学科定位有关。考古学科属于历史学科门类，被划定在人文学科范畴，而传统的人文学科对实验室需求较少。按照高校生均一般公共预算教育经费的标准，考古专业的生均经费与文史哲等人文类专业相同，但这一标准未能充分考虑考古专业田野考古实习和科技考古实验室建设经费需求。实际上，培养一名考古专业本科生所需经费约为其他人文类专业学生的四至五倍。专业建设成本较高，也是导致各高校在新设本科专业时更倾向于文博专业而非考古专业的重要原因。

为解决科技考古师资队伍和实验室空间不足等制约人才培养的诸多问题，首先需要各级教育主管部门和各高校的重视，要深刻认识科技考古对于学科发展的重要性，从“建设具有中国特色、中国风格、中国气派的考古学”高度出发，全面提高我国考古科技水平，进而整体提升我国科技考古水平，达到更好地认识源远流长、博大精深的中华文明，坚定文化自信的目标。其次，必须认识到考古学科在历史学科门类乃至整个人文学科领域中的特殊性。借助大力倡导新文科发展的契机，明确考古学科作为交叉学科而非传统的人文学科的定位，积极动员社会力量，加大实验室建设经费的投入。比如，山东大学、西北大学成功获得唐仲英基金的大力支持，筹措1000多万元用于资助实验室建设，大大缓解了资金投入的压力。

需强调的是，发展科技考古并不仅是高校的责任，也是考古文博行业需共同承担的使命。高校的人才培养是为行业服务的，高校人才培养质量直接关乎文化遗产事业的发展水平。值得注意的是，国家文物局于2022年1月设立科技教育司，也凸显了强化科教融合的导向。实际上，国家文物局在考古人才培养方面积累了一些成功的经验。针对考古专业人才培养成本高、高校考古专业增设意愿低的困境，国家文物局于2013年出台政策，为具备团体考古发掘资质的高校本科生实习提供考古发掘经费，有效缓解了考古专业实习经费短缺问题，进而推动更多高校开设考古本科专业，初步实现了专业人才培养与行业需求的良性互动。在科技考古人才培养成本持续攀升的今天，国家和各级文物主管部门应进一步加大投入，支持高校科技考古实验室建设，解决制约科技考古人才培养空间不足和设备短缺等问题。

四、新文科背景下科技考古人才培养新路径

尽管当前科技考古人才培养面临多重制约，但面向文化强国战略目标和学科发展需求，急需高校培养更多优秀的科技考古人才。在新文科建设背景下，有条件的高校应该把握先机，乘势而上，积极探索中国特色科技考古拔尖人才培养新路径。

（一）正视差距，迎头赶上

首先需要认识到我国考古学科与国际先进水平之间的差距。这种差距既体现在考古探测、发掘技术方面，也存在于分析、保护等诸多环节，主要表现为现代科技手段的应用广度和深度不足，甚至存在明显的短板与技术瓶颈。即使是学科排名处于头部的几所高校以及国家级科研院所，所采用的科技考古理论方法体系仍以欧美学术范式为主导。当前国内科技考古领域最前沿的学者，也不过是借助国际先进的理论方法和设备分析我国考古标本，产出所谓“国内领先、国际一流”水平的成果。也就是说，目前我国的科技考古水平仍然是在跟踪世界前沿，远未达到理论方法创新、引领国际学术前沿的水平。中国考古学迫切需要实现从传统考古向现代科技考古的转变。

要实现这一转变，考古学科的国际化建设势在必行。排名头部的几所高校无不重视国际学术交流与国际化建设，形成了稳定的国际合作交流伙伴，比如北京大学与英国伦敦大学学院、哈佛大学，山东大学与耶鲁大学、加州大学洛杉矶分校，吉林大学与匹兹堡大学、西蒙菲莎大学，西北大学与伦敦大学学院、乌兹别克斯坦国家科学院考古所，四川大学与华盛顿大学、爱媛大学等，长期开展科研合作和人才联合培养，成绩显著。山东大学、四川大

学还成功获批“高等学校学科创新引智计划”和国际合作联合实验室，西北大学建立了“一带一路”联合实验室等，大大提升了学科水平与国际化人才培养质量。

纵观中外科技考古发展历史，高校承担着理论创新和人才培养的双重使命，而我国高等教育的发展，也为考古学科理论创新和人才培养模式创新提供了可能。有学者指出，新时代我国高等教育发展呈现出新的特点：一是从规模扩张向内涵建设转变；二是从学科建设向体系建设转变；三是从“单学科”建设向“跨学科”建设转变。这一系列的发展变化为我们推进高等文科教育高质量发展提出了新课题、创造了新条件、注入了新活力，也对文科教育提出了新的要求和挑战。[①] 在此背景下，考古学科建设应主动聚焦文化强国战略、人类命运共同体构建和“一带一路”倡议，乘势而上，主动作为，探索出一条适合我国科技考古人才培养的新路径。

（二）守正创新，分层培养

在新文科建设背景下，高校要坚持守正创新，充分发挥教育部“基础学科拔尖人才培养计划 2.0”与教育部、国家文物局实施的“考古学国家急需高层次人才培养专项”的政策优势，采取专门选材方式，实行宽口径、厚基础、长学制贯通培养，尤其是实行滚动式可淘汰的本硕博贯通培养模式。

所谓“守正”，就是立足田野。因为考古学科本身来自田野实践，而且现代田野考古在高新科技方面发展迅速，遥感、探地雷达、声呐技术等在地下、水下考古遗存发现、探测方面成效日益显著，将自然科学手段应用在“发现”方面本身就是学科应有之意。所谓“创新”，则是在田野考古之外进行的考古信息的实验室“二次发掘”，以及在此基础之上进行的价值阐释。近年来，山东大学依托国家级考古实验教学示范中心，尝试建立的“课堂·田野·实验室”人才培养体系，在科技考古人才培养体系建设方面进行了积极尝试。该体系以“田野”贯穿课堂和实验室，有效避免了本科生实习只参与前两个阶段，而实验室训练推迟至研究生阶段的脱节现象。在大力发展新文科的背景下，需进一步深化该人才培养体系，突破三者尤其是后两者之间的壁垒，培

① 参见樊丽明、申树欣:《教育强国建设 新文科何为》,《国家教育行政学院学报》2024 年第 1 期。

养兼具扎实的田野实操技能与考古学前沿科技素养的高层次专门人才。我们虽无法要求所有拔尖班的学生专攻科技考古方向，但在硕博阶段至少应掌握一门本专业最为基本的科技考古或文物保护技能——人骨考古、动物考古、植物考古和文物保护，以满足学科发展和行业发展的需求。

根据我国文博考古工作现状，高校的人才培养还应树立分层次培养的理念。向高层次人才实施本硕博贯通培养模式的同时，对于未进入拔尖计划和“国家急需高层次人才培养专项”的普通本科生、硕士生，则可将科技考古实验室分析和文物保护环节前置到田野实践教学环节中。通过将人骨考古、动物考古、植物考古和陶器分析等最基本的实验室技术提前到田野环节中进行，确保毕业生掌握最基本的科技考古方法。当前，由于受技术、设备和资金限制，大量珍贵文物积压于基层文博机构库房，未能得到及时有效的分析、检测、保护与研究，承载着中华文明传统价值的珍贵文物面临本体损坏和考古信息流失的巨大风险。为此，山西大学、山东大学等高校率先行动起来，在省级文物主管部门主导下，尝试实施文物全科人才定向培养计划，即为县域基层文物部门定向免费培养文物全科人才，使大学生通过四年的学习、训练，掌握田野考古、文物鉴定和保护、博物馆展陈技能，改变我国基层单位专业人才极度缺乏的现状。对于这部分学生而言，将科技考古和文物保护课程前置到田野考古环节的做法就显得十分有必要了。

专家观点

加快构建自强卓越的高等文科教育体系

樊丽明　申树欣*

党的二十大报告指出，“教育、科技、人才是全面建设社会主义现代化国家的基础性、战略性支撑”，做出“加快建设教育强国”部署。① 党的二十届三中全会《中共中央关于进一步全面深化改革 推进中国式现代化的决定》进一步指出，“统筹推进教育科技人才体制机制一体改革”，并强调“强化科技教育和人文教育协同”②，为进一步深化教育综合改革做出具体部署。2024 年 9 月 10 日，习近平总书记在全国教育大会上强调，建成教育强国是“实现以中国式现代化全面推进强国建设、民族复兴伟业的先导任务、坚实基础、战略支撑，必须朝着既定目标扎实迈进”③。2025 年 1 月 19 日，中共中央、国务院印发了《教育强国建设规划纲要（2024—2035 年）》，面向 2035 年建成教育强国目标，对加快建设教育强国做出全面系统部署，并明确提出“深化新工科、新医科、新农科、新文科建设”④。

面向新时代新要求，要深刻把握新形势新挑战，以更高站位、更宽视野、更大力度谋划和推进新文科 2.0 建设，加快构建自强卓越的高等文科教育体系，推动实现教育强国建设目标，为中国式现代化建设提供有力支撑。

---

* 樊丽明，全国新文科教育研究中心主任，山东大学国家治理研究院院长；申树欣，山东大学本科生院副院长，全国新文科教育研究中心办公室主任。

基金项目：本文系教育部哲学社会科学研究重大课题攻关项目“新时代推进新文科建设的理论与实践研究”（21JZD058）的阶段性成果。

① 参见习近平：《高举中国特色社会主义伟大旗帜 为全面建设社会主义现代化国家而团结奋斗——在中国共产党第二十次全国代表大会上的报告》，人民出版社 2022 年版，第 33 页。

② 《中国共产党第二十届中央委员会第三次全体会议文件汇编》，人民出版社 2024 年版，第 30—31 页。

③ 《习近平在全国教育大会上强调 紧紧围绕立德树人根本任务 朝着建成教育强国战略目标扎实迈进》，《人民日报》2024 年 9 月 11 日。

④ 《中共中央、国务院印发〈教育强国建设规划纲要（2024—2035 年）〉》，《人民日报》2025 年 1 月 20 日。

一、充分认识新文科 2.0 建设的良好基础

“新文科”于 2018 年首次提出。2020 年 11 月，新文科建设工作会议召开，会上发布《新文科建设宣言》，对新文科建设做出全面部署。自此，全国高等文科教育战线按照《新文科建设宣言》描绘的新文科建设“施工图”，坚持五大共识，秉持四项原则，落实六大任务，全面推进新文科建设，在强化价值引领、促进专业优化、夯实课程体系、推动模式创新四个方面取得突出成就，为新文科 2.0 建设奠定了扎实基础。

（一）价值引领不断强化

牢牢把握文科教育的价值导向性，推动习近平新时代中国特色社会主义思想进高校、进教材、进课堂，结合学科专业特点，将习近平法治思想、经济思想、生态文明思想、文化思想、教育思想等有机融入专业教育教学。在外语类专业，推进《习近平谈治国理政》多语种版本“三进”，出版 11 个语种 43 本《理解当代中国》多语种系列教材并广泛使用；在法学类专业，开设“习近平法治思想概论”课程，并将其列为法学类专业核心课。

坚持立德树人，全面推进思政课程和课程思政高质量建设，坚持思政课建设与党的创新理论武装同步推进、思政课程与课程思政同向同行。教育部等十部门印发《全面推进“大思政课”建设的工作方案》，设立各级实践教学基地 2500 多家，高校普遍成立思政课建设领导小组，出台文件、方案等，思政课建设环境全面改善、创新活力不断激发；建设本科教育课程思政示范课程 699 门、教学名师和团队 699 个、教学研究示范中心 30 个，开展教师课程思政教学能力提升培训 103 万人次。

（二）专业优化调整加速

积极回应国家重大发展战略和区域经济社会发展需要，主动适应新科技革命，积极发展新兴专业，大力推动交叉融合，促进专业转型升级，不断提升专业建设质量。2013—2023 年，新增文科专业建设点 10142 个，占新增专业点总数的 46.44%；撤销文科专业建设点 2708 个，占撤销专业点总数的 51.47%。[①]

① 数据来源：教育部历年公布的普通高等学校本科专业备案和审批结果。

（见图 1、2）近三年，全国高校调整文科本科专业点 5322 个，占文科本科专业点总数的 17%。全国高校集中新增一批适应新技术革命和社会需求变化、体现学科交叉融合的专业点，数字经济、金融科技、网络与新媒体、数字媒体艺术、大数据管理与应用等专业点增长较多，公共事业管理、信息管理与信息系统、服装与服饰设计、市场营销等专业点明显减少。2018—2023 年，新增文科专业 75 个，占新增专业总数的 40. 3%。① 其中，积极回应国家战略需求、服务高水平对外开放，开设国际组织与全球治理、国际新闻传播、国际经济发展合作等新专业；主动拥抱新科技革命、体现交叉融合，开设数字人文、数字经济、计算金融等新专业；助力现代服务业发展与乡村振兴，开设养老服务管理、乡村治理等新专业；助力传统文化传承与创新发展，开设古文字学、非物质文化遗产保护、曲艺等新专业，等等。在教育部组织评审的三批 11761 个国家一流专业建设点中，文科专业点 5293 个，占比 52. 50%。此外，各高校积极探索微专业建设，为学生多元发展提供了新机遇，也为新专业培育积累了丰富经验。总体而言，文科专业结构优化、调整、转型、升级的速度明显加快，力度明显加大，专业交叉融合特征越发凸显，新增专业在服务国家重大发展战略、区域经济社会发展以及产业结构转型升级中的作用愈发突出。

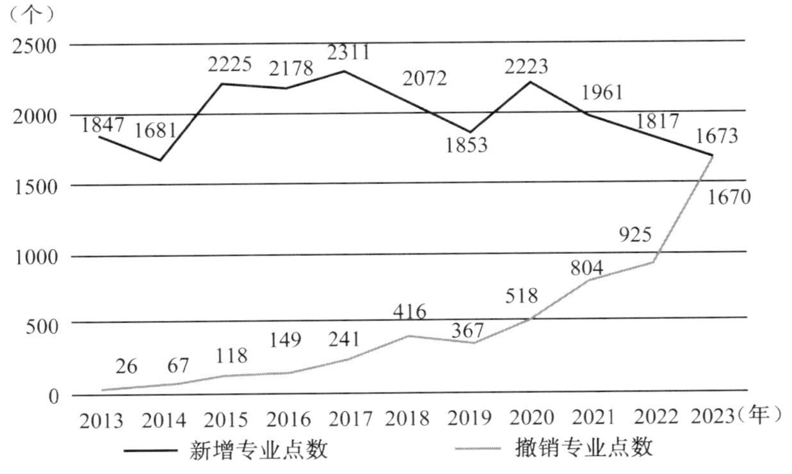

图 1　2013—2023 年全国高校专业调整情况

① 数据来源：教育部历年公布的普通高等学校本科专业备案和审批结果。

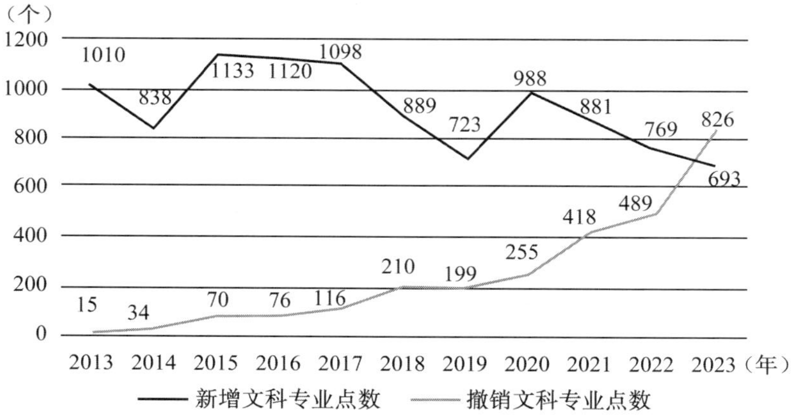

图 2　2013—2023 年全国高校文科专业调整情况

（三）课程改革取得突破

以学生为中心，依托一流课程建设“双万计划”，大力加强教材建设，推进课程内涵提升。一是围绕新设专业（方向），建设一批专业新课程、新教材，以课程之新支撑专业之新。如国际组织与全球治理专业开设全球化与全球治理、国际公文写作、英语话中华、跨文化传播等新课程，专业建设共同体已组织专业建设和教材研讨，着手编写相关课程新教材；数字经济专业开设金融大数据、区块链与数字货币、大数据经济学等课程，教材建设亦在进展之中。二是针对已有专业，转变教育理念，重构课程体系，更新课程内容，编写新教材。在教育部的指导下，北京大学、中国人民大学牵头推动经济学、哲学领域“101”计划，组织专家团队，建设核心课程。教育部组织 13 所学校、25 个团队编撰《中国经济学》系列教材。山东大学建设“新文科”经济数学系列教材、中国考古学通论系列教材（12 部）、“外语话中华”系列教材（8 部）等。三是通识教育课程和教材建设呈现新动向、新特点。一方面，高校积极拥抱新科技革命，开设一批“AI+”课程，提升学生科技素养。如清华大学开展 100 门“AI 赋能教学试点课程”，打造 38 门具有清华特色的人工智能类通识课程。浙江大学开设“人工智能引论”“数据智能与应用”等课程，推出 DeepSeek 系列专题线上公开课。另一方面，充分发挥文科培根铸魂作用，建设系列通识课程，加强文化素质教育，提升学生人文素养。如山东大学的中华文化体验系列课程，四川大学巴蜀文化等大师级通识课程，武汉大学建设大型通识教育丛书“珞珈博雅文库”、启动实施“百种通识教材”和“百种经典导引”项目等。四是适应教育信息化数智化发展新趋势，教育部在全国设立一批虚拟教研室，面向一线骨干教师，开展有组织的教育教学研究活动，推动课程建设不断走向深入。总之，课程和教材建设取得实质性进展，成果较为显著。

（四）培养模式更加多元

聚焦国家战略急需的基础学科、涉外、考古、金融科技等文科关键领域，科学确立人才培养目标，超常规创新人才培养模式。建设70个文科类基础学科拔尖学生培养计划2.0基地，打造一批文科基础学科拔尖人才培养高地。如北京大学实施“未名学者计划”，创办“新结构经济学实验班”，培养经济学理论创新拔尖人才；中国人民大学构建学科交融的“哲学+”人才培养模式，设计以课程建设为中心衔接本硕博一体化培养方案；山东大学创办“尼山学堂”“经世学堂”，致力培养国学经典、社会科学领域领军人才。对标国家涉外领域战略急需，与实务部门全面深度协同，指导51所高校与136家实务单位共建涉外法治人才协同培养创新基地，全面提高涉外人才自主培养质量。同时，高校充分利用区域优势，积极发挥学科特色，在多主体深度合作、优质教育资源共建共享等方面也取得了突破性进展。譬如，北京外国语大学与中国政法大学联合设立“法学+英语”联合学士学位培养项目，培养具有国际视野、通晓国际规则的涉外法治人才；四川外国语大学与西南政法大学共建全国首个“法学+法语”联合学士学位项目，培养“一带一路”国际化高端法治人才；中央财经大学与北京航空航天大学、北京理工大学联合共建“计算机+金融”“智能金融英才班”，联合开展金融科技专业人才培养；电子科技大学与西南财经大学联合共建“新财经+新工科”人才培养实验班，培养文工融合的新财经人才；等等。总的来说，文科人才培养模式不断创新，通过拔尖培养、协同培养等多元方式，构建形成分类分层的立体化人才培养体系，更加适应社会需求和学生个性化发展。

二、深刻把握新文科2.0建设的形势挑战

中国式现代化的提出、教育强国建设的要求以及新一轮科技革命的浪潮，

共同构成了新文科2.0建设的时代背景，也带来了前所未有的机遇与挑战。

中国式现代化的提出给新文科2.0建设带来了新的时代命题。2021年7月1日，习近平总书记在庆祝中国共产党成立100周年大会上的讲话中首次提出“中国式现代化新道路”。[①] 党的二十大报告强调，从现在起，中国共产党的中心任务就是全面建成社会主义现代化强国、实现第二个百年奋斗目标，以中国式现代化全面推进中华民族伟大复兴。中国式现代化，是中国共产党领导的社会主义现代化，既有各国现代化的共同特征，更有基于自己国情的中国特色。中国式现代化是人口规模巨大、全体人民共同富裕、物质文明和精神文明相协调、人与自然和谐共生、走和平发展道路的现代化。[②] 中国式现代化的基本特征，决定了新文科2.0建设必须始终立足基本国情，坚持教育服务高质量发展这个硬道理，一方面要构建具有中国特色、中国风格、中国气派的哲学社会科学体系，为推进中国式现代化提供理论支撑和智力支持；另一方面要培养既能扎根中华优秀传统文化、传承与弘扬民族精神，又能立足当下、用人文智慧助力解决社会发展中的不平衡、不充分等实际问题的新时代文科人才，为建设社会主义现代化国家夯实人才之基。

教育强国建设的要求为新文科2.0建设指明了发展方向。《教育强国建设规划纲要（2024—2035年）》（以下简称《纲要》）是我国首个以教育强国为主题、以全面服务中国式现代化建设为重要任务的国家行动计划，为加快建设教育强国、确保教育强国建设战略目标如期实现擘画了宏伟蓝图、明确了行动指南，也为新文科2.0建设指明了前进方向。《纲要》提出了“四个全面”“两个加快建设”的教育强国建设总体要求，即“全面贯彻习近平总书记关于教育的重要论述，深刻领悟‘两个确立’的决定性意义，坚决做到‘两个维护’，坚持教育优先发展，全面贯彻党的教育方针，坚定不移走中国特色社会主义教育发展道路，坚持社会主义办学方向，全面把握教育的政治属性、人民属性、战略属性，落实立德树人根本任务，为党育人、为国育才，

---

① 参见习近平：《在庆祝中国共产党成立100周年大会上的讲话》，人民出版社2021年版，第14页。

② 参见习近平：《高举中国特色社会主义伟大旗帜 为全面建设社会主义现代化国家而团结奋斗——在中国共产党第二十次全国代表大会上的报告》，人民出版社2022年版，第21—23页。

全面服务中国式现代化建设，扎根中国大地办教育，加快建设高质量教育体系，培养德智体美劳全面发展的社会主义建设者和接班人，加快建设具有强大思政引领力、人才竞争力、科技支撑力、民生保障力、社会协同力、国际影响力的中国特色社会主义教育强国，为建设社会主义现代化强国、全面推进中华民族伟大复兴提供有力支撑"①。新文科 2.0 建设要服务于教育强国建设，围绕《纲要》提出的重点任务，深化教育教学综合改革，提高文科人才自主培养质量，构建中国自主文科人才培养体系，推动我国的文科教育在与国际对标对话中进入前列，成为世界文科教育的重要中心，以文科之强助力教育强国建设，切实回答好"教育强国建设，文科何为"这一重要命题，满足国家对创新型、复合型文科人才的迫切需求。

新一轮科技革命的浪潮为新文科 2.0 建设带来了新的机遇和挑战。以人工智能、大数据、云计算等为代表的新一轮科技革命和产业变革正在深刻改变着人类的生产生活方式，也给高等文科教育带来革命性影响：一方面创造了新的研究对象和研究领域，提供了新的研究方法和工具，为人文社会科学的发展提供了新空间新动力；另一方面对文科人才培养的定位、重点、模式、内容等方面都提出了新任务新要求，也为知识传授和三全育人提供了新手段新场景。新文科 2.0 建设必须主动回应新科技发展需求，积极拥抱新技术，打破学科壁垒，推动学科交叉融合，探索新的研究方法和研究范式，因势而变，改革教育教学方式方法，构建新的知识体系和人才培养体系，培养具有数字素养、创新精神和国际视野的新时代文科人才。同时，也要警惕技术理性对人文精神的冲击，坚持工具理性与价值理性的统一，在科技发展中坚守人文情怀，在时代变迁中传承人文精神。

同时，我们必须正视的是，面对新时代新形势，新文科建设还存在一些突出问题。

一是专业动态调整机制不够健全，专业发展的适应性和前瞻性不足。面对数智科技发展、人口结构变化、产业转型升级、国际合作竞争、国家治理创新、文化传承创新的时代要求，文科部分专业服务国家发展大逻辑的针对

---

① 《中共中央、国务院印发〈教育强国建设规划纲要（2024—2035 年）〉》，《人民日报》2025 年 1 月 20 日。

性和精准度不够，人才需求预测预警机制和学科专业动态调整机制仍不完善，招生、培养、就业全链条联动机制尚未形成，人才培养与经济社会发展需要的适配度有待提高。国家急需的基础学科拔尖创新人才和实战型即战型高质量人才还不能满足需要，人才支撑力亟待提高。

二是重知识轻能力素质的倾向依然存在，模式创新尚需深化。技术革命时代的教育理念转变不到位，对能力和素质培养的重视和落实尚有差距，科教融汇、产教融合、校际合作等模式创新正在探索之中，亟待拓展和深化。在全国新文科教育研究中心2023—2024年开展的专题调研中，超过20%的学生表示，相比知识的获得与掌握，工具性技能和社会性技能的提升幅度很小或没有提升，尤其是“跨学科知识融通能力”“数量分析与推理能力”“抽象思维与审辨能力”“国际理解和交往能力”和“职业胜任力”等能力提升不足，凸显变革传统育人模式的紧迫性。①

三是科技革命影响文科教育的认识和行动尚不到位，科技教育与人文教育协同不紧。部分高校和教师对科技革命的理解仍停留在技术层面，未能深刻认识到其对人文社会科学研究范式、学科体系、人才培养等带来的全方位、深层次影响，导致对科技革命背景下的文科教育改革的认识不深、反应不快、回应不力，未及时将新技术新内容纳入教学体系，甚至沿用传统的教学模式。与之相联系，科技教育与人文教育协同不强不紧，效果不够明显。通识教育中科技与人文的融合度不高，许多通识课程仍停留在传统文科领域，难以引导学生从人文视角思考科技发展带来的社会影响；专业教育中科技与人文的协同性不足，新兴科技知识的引入和应用尚有短板，导致学生难以适应未来社会的人才需求。

四是与高质量的高等教育体系相适应的质量文化和质量保障体系尚未健全。符合文科发展需要的质量标准体系和质量保障机制尚未建立健全，难以对人才培养、科学研究等方面进行科学评价，对新文科建设进行全过程全方

---

① 为了解新文科建设情况，全国新文科教育研究中心通过座谈访谈、实地调研、调查问卷等形式面向山东、陕西、吉林、广东、黑龙江、江西、湖南、重庆及上海9省（市）86所高校（含综合型及文科单科类高校）开展专题调研。经过数据清洗，最终有效问卷包括省级问卷3份、校级问卷73份、教师问卷6983份、学生问卷47216份。

位的质量监控和评估。

三、新文科 2.0 建设的目标、原则与路径

面向 2035 年教育强国建设目标，认真贯彻习近平总书记在全国教育大会上的讲话精神，全面落实《纲要》任务要求，本文探讨性提出新文科 2.0 建设的总体目标、基本原则和可行路径，以期推动全国高等教育战线进一步深化改革，实现文科教育跨越式、高质量发展。

（一）新文科 2.0 建设的总体目标

《纲要》指出要全面构建自强卓越的高等教育体系，加快建设具有强大“六力”的中国特色社会主义教育强国。对标《纲要》总体要求，新文科 2.0 建设的总体目标为深化新文科建设，加快构建自强卓越的文科教育体系。

深化新文科建设，是指要立足新文科 1.0 的建设基础和已有经验，对标《新文科建设宣言》的任务要求，找准差距、补齐短板，发扬优势、寻求突破，推动新文科建设进入新阶段。加快构建自强卓越的文科教育体系，是文科教育对构建自强卓越的高等教育体系的有力回应。占据整个高等教育半壁江山的文科教育不“强”，高等教育体系很难实现“自强卓越”。“自强”寓意独立自主、具有中国特色，特别是文科教育要扎根中国大地，构建中国自主知识体系和自主文科人才培养体系，用中国理论阐释中国实践，培养拔尖创新人才，服务中国式现代化建设。“卓越”即实现文科教育的高质量发展，实现从跟跑到并跑、领跑的跨越式发展，加快建设具有“六大特质”即具有强大思政引领力、人才竞争力、文化支撑力、民生保障力、社会协同力、国际影响力的文科教育，为实现由“高等教育大国”到“高等教育强国”的系统跃升注入强大动力。

（二）新文科 2.0 建设的基本原则

深入推进新文科 2.0 建设，要把握时代发展趋势，遵循教育基本规律，整合利用多元优势，全面提升新文科 2.0 建设实效。

坚持价值引领为先。文科具有科学性和价值性的双重属性和双重育人功能。发挥文科价值引领作用，全面落实立德树人根本任务，把理想信念教育贯穿人才培养全过程，并覆盖文理医工所有学生，培养堪当民族复兴大任的

时代新人，提升思政引领力。

坚持服务国家战略为要。要把服务国家和区域经济社会发展战略摆到更加突出的位置。要建立人才培养与经济社会发展需要适配机制，及时洞察人才需求变化，超前布局、动态调整学科专业结构，超常规培养文科基础学科拔尖人才和国家战略急需人才，为国家高质量发展提供人才支撑。

坚持能力素质培养为重。正确处理知识学习和全面发展的关系，强化核心素养培育、促进学生全面发展是教育的本质目标。要扭转文科“重理论轻实践”“重知识轻能力素养”的偏差，推动文科教育从以知识传授为主向以能力素质培养为重转变，着力培养学生实践创新能力、跨学科学习能力、跨文化交流能力和全球胜任力。

坚持多元主体协同育人。人才培养是一项复杂的系统工程。要打破壁垒，推动院系、校际合作，推进科教融汇、产教融合，深化国际交流合作，整合优质资源，汇聚育人合力，创新培养模式，构建全链条、全周期、高质量的文科人才自主培养体系，提升文科人才自主培养质量。

坚持教育与技术双向赋能。实施国家教育数字化战略，以教育数字化开辟发展新赛道、塑造发展新优势。推动人工智能赋能文科教育变革，强化科技教育和人文教育协同发展，全面提升学生科技素养和人文素养；文科教育反向促进数智技术可持续发展和应用治理。

（三）新文科2.0建设的路径举措

1. 践行价值引领，实施新时代铸魂育人新工程

价值引领是新文科建设的内在要求。对标教育强国建设要求，要坚持不懈用习近平新时代中国特色社会主义思想铸魂育人，将习近平新时代中国特色社会主义思想有机融入专业教育，推动习近平经济思想、法治思想、外交思想、文化思想、教育思想等进课堂，实现价值塑造、知识传授和能力培养有机结合。加强和改进新时代学校思想政治教育，推动思政课程和课程思政同向同行，把思政教育“小课堂”和社会育人“大课堂”有效融合起来，打造一批“大思政课”品牌。加强社会主义核心价值观教育，全面开展社会主义先进文化、革命文化、中华优秀传统文化教育，把新时代伟大改革成就和红色资源全面融入思想政治教育全过程。充分发挥文科培根铸魂的育人功能，

实施文化素养教育专项，建设一批通识教育金课，打造通识教育 2.0 课程体系，覆盖至文理医工所有学生，全面提升学生人文素养，坚定文化自信。

2. 把握“大逻辑”，构建专业动态调整新机制

深刻认识和准确把握服务国家战略和经济社会发展的“大逻辑”，以国家战略急需和区域经济社会发展需要为牵引，以总体适配、动态平衡、良性互动为原则，加强教育行政部门、高校、实务部门、行业企业的协同，建立常态化人才需求发现机制和预测预警机制，建设国家人才供需对接大数据平台，分行业分领域开展人才需求分析，定期发布人才需求报告，推动人才供需精准适配。建立国家或省级人才供需适配评估机制，定期发布适配度评估结果，系统科学、有针对性地调整学科专业结构，实现学科专业管理“统放有序”。面对科技发展和经济形势的快速变化，建立及时、规范的学科专业设置调整机制，可考虑一年两次常规性专业设置调整工作；对于国家急需领域和新兴行业，建立超常规学科专业布局机制，开设绿色通道，灵活组织专业申报和增设，引导、推动有条件高校超常布局急需学科专业；同时，高校要灵活应变，及时转换相近学科专业的发展方向，对具有相近专业基础的学生开展“2+2”转段培养，加快国家急需人才培养速度。此外，要加强基础学科、交叉学科建设，发展新兴学科，扶持战略急需的冷门绝学和边缘学科，全面优化文科学科专业体系。

3. 加大改革力度，探索拔尖人才培养新模式

特色化培养文科基础学科拔尖人才，深入实施强基计划、基础学科拔尖学生培养计划 2.0，明确拔尖基地“主攻点”和特色发展方向，超常规创新拔尖人才选才机制和个性化培养模式，构建拔尖人才培养“特区”。完善拔尖学生早期发现培养机制，全面实施中学生“英才计划”“脱颖计划”等。深化招生评价体系改革，注重学生关键能力、学科素养和思维品质考查，扩大高校招生自主权，给“偏才”“怪才”开设“绿色通道”。建立“多类、多次、多维”的选拔和动态调整机制，给学生多次入选机会，实现拔尖学生有进有出、动态调整。优化拔尖人才培养模式，深入实施个性化、小班化培养，探索实行“一人一课表”培养计划。鼓励高水平研究型大学全面推行个性化专业认定制度，制定专业课程体系矩阵表，学生根据兴趣自由选择修读课程，

毕业时进行专业认定，推动人才培养“标准化”向“个性化”转变。深化本硕博贯通培养，建立分级递进、有机衔接、一体贯通的本硕博课程体系，有序适度扩大拔尖学生推免计划。深入推进科教融汇，推动高校与科研院所深度合作，探索共建科教融合学院，实现师资队伍、科研项目、实验实践条件等优势互补、资源共享；以科研立项的方式，引导学生早进科研团队、早进课题组、早进实验室，强化学生学术训练和科研实践，培养拔尖学生原始创新能力。超常规培养国家急需高层次人才，联合相关部委出台国际组织与全球治理、国际新闻与传播、涉外法治等关键急需领域人才培养的指导意见。加强校际联合培养，充分发挥各自学科专业和资源优势，开展跨学科人才联合培养项目。深化产教融合协同育人，推动实务部门、行业企业等深度参与人才培养全过程，共同布局建设一批现代产业学院或行业特色学院，成建制培养“一顶一”文科拔尖创新人才。

4. 突出能力素质，提升教学要素建设新水平

面向未来科技发展和经济社会需求，深化以能力素质为导向的教育教学关键要素改革，以要素建设“小切口”带动人才培养“大改革”。聚焦专业能力素质培养，构建专业知识图谱、能力图谱、素质图谱，以知识、能力、素质图谱带动专业核心课程体系、教学内容的重塑；加快研制文科专业类教学要点，将新的思想、理论、技术融入教学内容，建设面向未来、适应社会发展、服务强国建设的专业课程体系和教材体系。大力推行“微专业”，建设跨学科课程群，培养学生跨学科知识能力。深化实践育人改革，制定深化高校实践育人改革的指导意见，完善学生实习实践制度，增加文科实践教学环节比重；联合高校、政府、企业、科研机构，成立区域性文科融创实践联盟，建设产学研用协同的文科融创实践园区，搭建社会性实习基地、实践创新工作坊、虚拟仿真实验项目等跨学科综合性实践平台，将企业真实场景、研发项目等引入学生实践环节，促进教育链、产业链、创新链的有机衔接、融合发展；探索“项目驱动+能力拓展”的实践育人模式，大力推行项目制实习实践训练，引导学生聚焦国家区域发展战略需求、社会热点难点问题、行业企业实际案例开展实践探索，全面提升学生实践能力和创新精神。教师是教育教学工作的“主力军”，要推动教师观念和认识转变，大力实施教师能力提升

计划，开展教师教育理念、教学技能、数字素养等常态化培训，提升教师教学新能力；探索建立校内校外人才双向流动机制，实施行业导师“特岗计划”，常态化开展高校教师挂职锻炼计划，打造一支高水平“双师型”队伍。

5. 强化AI赋能，全面塑造教育教学新形态

深入实施国家教育数字化战略，加强人工智能、大数据等现代信息技术与文科教育深度融合，探索“人工智能+”专业建设、要素创新、场景搭建、工具开发、评价改革等新模式新路径，推动人工智能助力文科教育变革。面向数字经济和未来产业发展，加强“AI+文科”专业、双学位项目、微专业建设，以数智赋能课程体系和教学内容改革，重构“AI+文科”专业课程体系，开发一批“AI+文科”融合课程，建设一批“人工智能”“科技素养”类通识课程，加强人文社科类专业学生的科技教育，实现科技教育和人文教育协同，提升学生科技素养。以数智赋能教育教学资源和手段创新，建设文科领域人工智能教育大模型，充分利用国家或地方高等教育智慧教育平台，将教学设计、课程、教材、案例库、实践项目等转化为数字资源，建设智慧教室、全息教室、VR实验室等数字化教学空间；创新教育教学方式，引入智能助教、智能学伴等，探索“师—机—生”深度交互、虚实结合的教学模式；建立基于大数据和人工智能支持的教育评价和科学决策制度，开展教学质量实时监测、学情智能诊断，动态调整、生成个性化教学方案，助力实现大规模因材施教。加强人工智能与文科教育融合发展的研究，充分发挥文科在价值评判、审美取向、伦理约束等方面的作用，将数字技术发展的伦理性、思想性、智慧性等问题引入文科专业教学，推动人工智能可持续发展。

6. 全面开放互鉴，打造国际化人才培养新格局

复杂多变的国际形势带来全球教育合作版图和教育合作范式的深刻变化。坚持“引进来”与“走出去”，深入推动教育对外开放，建立真正的“全球观”，优化全球区域合作版图，加强与“一带一路”国家、发展中国家的合作交流。加快“引进来”，大力开展“在地化”国际人才培养。鼓励和支持高水平研究型大学主动拓展国际友校、学术机构等，通过设立“全球英才伙伴计划”国际合作专项，引进世界一流教育资源；发起或参与重大国际科研项目，建设学科创新引智基地、国际合作联合实验室等，联合开展科研攻关；

建立国际化人才联合培养专项，常态化持续性开展联合办学、国际暑期学校、双学位项目、互访交流、学术训练营、学习考察等，共同开发国际化课程，借助国家智慧教育平台促进资源共享，实现中外学生同步学习交流。举办“全球胜任力工作坊”、模拟 APEC 大会、国际胜任力大赛等，模拟联合国会议、国际商务谈判等场景，开展实景化教学和实战演练；通过特聘短聘、项目合作等柔性引才方式，吸引海外顶尖人才来华交流培训、担任专职或兼职教师，打造国际师资队伍。推动“走出去”，拓展国际化人才培养平台。建立海外实习实践基地网络，拓展联合国、欧盟、东盟等重要国际组织实习岗位，定期定向输送国际组织实习学生；与“一带一路”国家、“出海”企业等建立合作，面向特定区域国别、特定行业，订单式培养国际化人才；开发“中国特色”国际课程，推动课程全面“出海”；建立文科类中外教育联盟，推动中国教育理念、模式走向世界，提升中国教育全球话语权。

7. 注重质量文化，建立健全质量保障新标准

面对建设高质量教育体系新要求，要建立健全质量保障新标准，构建中国特色的文科教育质量保障体系，建设文科特色质量文化。借鉴国际工程教育专业认证《华盛顿协议》的理念，制定并发布《人文社科类专业认证国家标准》，健全完善专业认证办法和程序，建立科学有效的文科专业三级认证体系。全面开展文科专业认证工作，充分发挥教育行政部门、教指委以及相关实务部门作用，建立多元主体参与的专业认证机制，采取常态化监测与周期性认证、在线监测与进校考查、定量分析与定性判断、第三方认证与学校自主认证相结合的专业认证方法，多维度、多视角评价专业建设质量。构建文科课程评价标准，按照“两性一度”要求设置课程评价指标，强调学生评价、过程性评价、周期性评价结果。建立国家级、省级一流专业建设点、一流课程建设点评价标准，根据建设周期加快完成评估验收工作。建立健全基于大数据和人工智能支持的文科教育质量常态监测体系，实时监测教育教学全流程，整合多源数据，量化评估文科教育教学质量；构建教育教学质量预警模型，及时反馈教育教学问题，形成“评价—反馈—改进”闭环质量保障机制，切实推动文科教育高质量发展。

8. 致力理论创新，构建哲学社会科学新体系

加快构建中国特色哲学社会科学，归根结底是建构中国自主的知识体系。要大力推动中华优秀传统文化创造性转化、创新性发展，深刻把握中华文明的突出特性，深入挖掘、阐释中华文化和中国精神的时代精华，利用新技术新方法新媒体演绎转化、传播弘扬，提升中华文化影响力。要聚焦中国式现代化建设重大理论和实践问题，以有组织科研推进各学科基础理论研究和知识创造，加快推动经济学、管理学、法学、教育学等学科构建以标识性概念、原创性理论为主干的哲学社会科学新体系。要正确认识知识体系建构与人才培养的“源”与“流”的关系，以强有力的科学研究和理论创新，支撑新文科人才培养。同时，建构中国自主知识体系的过程是一个渐进的、长期的过程，应率先从课程体系、课程大纲、知识要点等着手，逐步优化教育教学知识体系；发挥自主知识体系的育人功能，以科研带动教学，及时将优秀科研成果转化成优质教学资源，不断开发新课程新教材，更新教学内容，将科研优势转化为育人优势，形成育人与研究的“双向循环”，融合互促，推动高等文科教育高质量发展。

2020 年，新文科建设工作会议吹响了新文科建设的号角，开启了新文科建设的新篇章。全国教育大会的召开和《教育强国建设规划纲要（2024—2035 年）》的发布，推动新文科建设迈入了 2.0 阶段。立足新起点，让我们携手并肩，砥砺奋进，共同推动新文科 2.0 建设创新发展，加快构建自强卓越的高等教育体系，助力 2035 年教育强国建设目标的实现。

（原载《新文科理论与实践》2025 年第 1 期）

新文科 2.0 建设的理念、思路与重点举措

张　斌*

高等教育是国家创新体系整体效能提升的基础性、战略性支撑。当前，教育强国建设进入蓄势突破、全面跃升的关键阶段。在推进中国式现代化的关键节点，新文科 2.0 建设承载着推动文科教育创新变革、助力国家教育强国战略的重要使命。习近平总书记指出："建设教育强国是一项复杂的系统工程，需要我们紧紧围绕立德树人这个根本任务，着眼于培养德智体美劳全面发展的社会主义建设者和接班人，坚持社会主义办学方向，坚持和运用系统观念，正确处理支撑国家战略和满足民生需求、知识学习和全面发展、培养人才和满足社会需要、规范有序和激发活力、扎根中国大地和借鉴国际经验等重大关系。"① 这为高质量谋划和建设新文科 2.0 提供了根本遵循。因此，必须以习近平新时代中国特色社会主义思想为指导，贯彻全国教育大会精神、落实《教育强国建设规划纲要（2024—2025 年）》，准确把握文科教育面临环境的深刻变化，增强以新文科 2.0 建设支撑引领中国式现代化的使命感。

一、新文科 1.0 的回顾与反思

在我国文科教育发展的历程中，新文科 1.0 开启了我国文科教育改革的新篇章，其以打破学科壁垒、促进交叉融合为核心，在学科建设和人才培养

---

* 张斌，中国人民大学信息资源管理学院教授、博士生导师，中国人民大学图书馆馆长，教育部新文科建设工作组成员，教育部档案学专业教学指导委员会主任委员，国务院第八届信息资源管理学科评议组成员、秘书长。

基金项目：本文系中国人民大学科学研究基金（中央高校基本科研业务费专项资金资助）项目"中国自主的档案学知识体系建构"（24XNN012）的阶段性研究成果。

① 《紧紧围绕立德树人根本任务 朝着建成教育强国战略目标扎实迈进》，《人民日报》2024 年 10 月 11 日。

上取得了一定成果，如数字人文、人工智能法学等新兴专业的设立，深度融合了人文社科与前沿科技，拓宽了学生的知识边界和职业发展路径。然而，深入审视新文科建设的现状，受限于各地各校办学的思想理念、基础条件、师资队伍和资金等因素，新文科 1.0 建设存在诸多局限：各地高校在理解和践行新文科理念时存在显著差异，部分院校仍秉持传统文科教育思维，过于强调学科的独立性与专业性，新文科建设中的学科交叉往往停留在形式层面，不同学科间缺乏深度的协同创新机制，无法实现知识的有机融合与创新，导致跨学科项目难以产出具有重大影响力的成果，跨学科课程未能真正发挥培养学生综合素养的作用；在新兴技术应用方面浅尝辄止，未能充分挖掘人工智能、大数据等技术对文科教育教学模式和研究方法的变革潜力，未能充分发挥新兴技术对文科领域研究的赋能作用；在服务国家战略需求上，国家各项事业发展不断对文科领域在科技创新、产业升级、社会治理等方面提出了新的需求，但新文科 1.0 建设在学科布局、研究方向设置等方面缺乏对国家战略需求的深入研判，未能实现精准对接，难以有效支撑新质生产力发展对文科领域的需求。

二、新文科 2.0 的新内涵

（一）理念之新

1. 以学生为中心的全面发展理念

新文科 2.0 应将学生置于文科教育的核心位置①，要将学生视为高等教育体系中具有客观判断力、主观能动性、独特认知结构与发展潜力的个体，不仅要传授专业知识和技能，更要着力培养学生的创新思维、批判性思维、社会责任感和全球视野。通过构建多元化、个性化的教育体系，满足不同学生的成长需求，鼓励和引导学生突破传统思维定式，敢于提出新观点、探索新方法，激发学生的内在潜能，使学生在知识、能力和价值观等方面实现全方位提升，从“小我”走向“大我”。

---

① 参见臧玲玲、季波：《如何基于“以学生为中心”重构高等教育生态系统——欧洲的经验与启示》，《教育发展研究》2024 年第 17 期。

2. 深度融合与创新驱动理念

新文科 2.0 指向的融合应是深度的、系统性的，以创新为核心驱动力。深度融合强调文科内部各学科之间、文科与理工科之间，以及文科与产业之间的全方位、系统性融合。如数字人文领域的兴起，便是计算机科学与人文社科深度融合的创新性成果。要积极拥抱人工智能、大数据等新兴技术，聚焦现实问题，打破文科与理工科、文科与产业之间的壁垒，推动文科研究领域和教育模式的创新，促进知识的跨界流动与整合，催生新的知识增长点。如利用人工智能技术对海量人文社科数据进行挖掘和分析，开辟新的研究方向；在历史研究中，借助大数据可视化技术呈现历史事件的时空脉络，丰富历史研究的表达方式；结合新产业需求，创新文科人才培养模式，为新质生产力发展提供创新型人才支撑。

（二）思路之新

1. 从学科交叉到学科重塑思路转变

新文科 1.0 倡导的学科交叉更多停留于简单叠加的模式，仅将不同学科知识机械组合。新文科 2.0 则致力于实现学科重塑，其以复杂现实问题为根本导向，突破传统学科壁垒森严的边界，对文科知识体系进行系统性的重新梳理与深度整合。[①] 例如，在应对数字时代的隐私保护问题时，需要整合法学、社会学、信息资源管理等多学科知识，构建全新的学科研究范式，为解决实际问题提供兼具理论深度与实践操作性的方案，推动新质生产力在数字领域的健康发展。

2. 从国内视野到全球视野拓展思路

新文科 2.0 应立足全球，以全球学科前沿动态、多元文化碰撞交融现象，以及全球性社会议题为切入点，积极参与全球人文社科领域的交流与合作，彰显中国文科教育发展理念的进阶。在教育强国建设背景下，新文科 2.0 应该要肩负双向使命。一方面，要积极与国际同行展开深度对话，密切跟踪并汲取国际先进的文科教育理念，如在课程设计、教学方法革新、人才培养模式优化等方面，吸收国际先进的文科教育理念和研究成果，因地制宜将其融

① 参见胡莉芳、王洪成：《学科交叉：社会科学与自然科学的互动》，《清华大学教育研究》2024 年第 6 期。

入国内新文科教育体系，从理论创新、研究方法突破等维度，为国内文科教育和研究注入新活力，提升我国新文科建设水平；另一方面，要积极传播中国文化精髓和学术研究成果，借助国际学术交流平台、多边教育合作项目等渠道，将中国特色文科理论体系、蕴含东方智慧的研究成果推向世界，增强我国在全球人文社科领域的话语权，推动中国新文科模式和成果走向世界舞台，实现从国内深耕到全球辐射的发展路径转变，为全球人文社科发展贡献中国智慧与方案。

（三）重点举措之新

1. 强化新兴技术赋能文科教育

在数字时代浪潮下，积极强化新兴技术对文科教育的赋能作用，成为新文科建设的关键着力点。基于此，迫切需要大力推动人工智能、大数据、云计算、虚拟现实等新兴技术在文科教育领域的深度融合与应用。[①] 依托人工智能算法，构建智能化教学平台，实现教学资源的精准推送和学习过程的智能化评估；借助虚拟现实技术，打造沉浸式教学场景，突破传统教学时空限制，激发学习兴趣与创造力，提升学生的学习体验；运用大数据分析学生的学习行为和需求，为教学改进提供科学依据，培养适应数字时代复杂需求的文科专业人才。

2. 构建多方协同育人的新生态

新文科 2.0 要构建政府、高校、企业、社会多方协同育人的政产学研用全新生态。[②] 政府应发挥政策引导作用，高校要优化人才培养体系，企业需提供实践平台和行业需求导向，社会力量可参与教育资源建设。通过多方协同，形成资源共享、优势互补、协同共进的育人格局，共同培育适应新质生产力发展需求，兼具深厚人文底蕴、创新思维能力与实践操作技能的复合型文科人才，为新文科建设注入源源不断的发展动力，推动文科教育与社会经济发展深度融合、同频共振。

---

① 参见程建钢、崔依冉、李梅等：《高等教育教学数字化转型的核心要素分析——基于学校、专业与课程的视角》，《中国电化教育》2022 年第 7 期。

② 参见杨文、蒋纯纯：《2023 年中国档案产教融合发展报告》，中国人民大学档案事业发展研究中心：《中国档案事业发展报告（2024）》，人民日报出版社 2024 年版，第 272—288 页。

三、新文科 2.0 建设的理念坚守

（一）践行知识生产与应用一体化理念

新文科 2.0 建设需打破传统认知中知识生产与应用之间存在的二元对立藩篱，致力于实现二者的有机整合与协同发展。在知识生产端，鼓励文科教师积极主动地面向复杂多样的实际问题展开深入研究，综合运用多学科知识，扎根于社会现实，以解决实际问题为导向，形成具有创新性与实用性的研究成果，最终将研究成果迅速转化为社会生产力。如在文化创意产业研究中，综合运用多学科知识，制定切实可行的产业发展策略，并应用于实际产业发展中，为新质生产力在文化领域的孕育、培育与持续发展提供强劲动力与坚实支撑，实现从知识到生产力的高效转化，彰显新文科知识生产与应用一体化的实践价值。

（二）践行人文精神与科学精神的融合

新文科教育应兼顾人文精神与科学精神的培育。人文精神赋予文科教育深厚的文化底蕴、价值关怀与人文情怀，而科学精神则为文科教育注入实证、理性与创新的要素。将科学精神融入文科教育，有助于引导学生在学习深厚人文底蕴的同时，也要掌握科学的思维方式和研究方法。[①] 如在历史研究中，借助科技手段如地理信息系统（GIS）对历史地理变迁进行可视化、定量化研究，可以精确分析不同历史时期地理环境的演变、人口迁徙路径、城市兴衰轨迹等复杂历史现象，突破传统历史研究仅依赖文献资料的局限，深化对历史现象的理解，拓展历史研究的广度与深度，实现人文与科学精神在知识探究过程中的有机统一，培养出既具人文素养又有科学思维的复合型文科人才。

（三）践行开放包容与本土特色兼顾的教育理念

新文科 2.0 建设要秉持开放包容的态度，拓宽学术视野，推动国内文科教育理念、研究方法与国际教育界的互动。同时，新文科 2.0 建设不可忽视对中国本土文化资源的深度挖掘与传承，要深入挖掘和传承中华优秀传统文化，梳理中华文化脉络，立足中国国情和学科发展规律，加快建设和形成具

---

① 参见罗玉玲、王祖霖：《科学与人文契合：大学完整教育的“不二法门”》，《大学教育科学》2015 年第 4 期。

有中国特色的文科教育体系、学术体系、话语体系、知识体系。[1] 如在文学研究领域中，可借鉴西方文艺理论聚焦中国古典文学，从文化内涵、审美范式、创作手法等方面进行深入挖掘与阐释，深入研究中国古典文学的独特价值，将中国古典文学研究成果以国际化表达推向世界，增强中国文学研究在国际学术界的影响力，实现开放包容与本土特色的平衡兼顾，推动新文科在国际舞台上的特色化发展。

四、新文科 2.0 建设的思路探索

（一）重构课程体系

1. 开展跨学科课程整合

面对新文科建设倡导的学科融合理念，亟须打破传统学科界限，围绕复杂现实问题和新兴研究领域，整合多学科方法，对不同学科知识进行有机融合与结构化重组，设计跨学科课程。[2] 如开设“数字社会与人文治理”课程，融合信息资源管理、社会学、法学、计算机科学等学科知识，培养学生应对数字时代社会治理问题的能力，继而满足新质生产力发展进程中，数字经济、智能社会等领域对具备多元知识结构与问题解决能力人才的迫切需求，为新文科人才投身新兴产业、推动社会创新发展奠定坚实基础。

2. 设置前沿与实践课程

紧密跟踪学科前沿动态和社会发展需求，设置前沿课程和实践课程，是新文科 2.0 课程体系与时俱进、保持生命力的关键。前沿课程建设要聚焦最新研究成果、学术热点和新兴理论范式，拓宽学生的学术视野，提升学生对学科发展方向的前瞻性认知能力，激发学生的创新思维；实践课程要加强学生的实践能力培养，通过实际项目锻炼学生在真实的问题情境中运用所学知识解决问题的能力，这种实践导向的课程设置，不仅有助于提升学生的专业素养与实践操作能力，更能培养学生的创新精神与团队协作能力，契合教育强国建设对文科人才实践能力与创新精神的要求。

---

① 参见张斌、杨文:《建构中国自主的档案学知识体系》,《中国图书馆学报》2023 年第 2 期。

② 参见杨文、姚静:《档案学科建设与人才培养的数字转型——基于图书情报与档案管理一级学科更名为信息资源管理的思考》,《图书情报工作》2023 年第 1 期。

（二）优化师资队伍

1. 提升教师的跨学科素养

新文科 2.0 强调学科交叉融合，对教师的知识结构与能力体系提出全新要求。高校应积极组织多元形式的培训活动，可以围绕学科交叉的前沿理论、实践案例以及研究方法进行深入剖析，加强对现有文科教师的跨学科培训，可以通过举办学术讲座、工作坊、短期进修等方式，提升教师的跨学科知识和能力。同时，鼓励文科教师和理工科教师开展跨学科合作，共同针对复杂现实问题构建跨学科研究团队，共同设计跨学科课程，发挥各自学科优势，丰富教学内容与方法，打造适应新文科 2.0 建设需求的高素质教师队伍。

2. 改革师资评价体系

建立全新的适应新文科 2.0 建设的师资评价体系，加快革新以论文数量和科研项目级别与数量等量化指标为主的单一评价方式。要注重对教师跨学科教学能力的评估，尤其是关注教师在跨学科教学、课程设计、实践教学、社会服务等方面的表现，鼓励和引导教师开展创新性的教学和研究工作，在跨学科教学与研究、实践育人以及社会服务等领域不断探索，激发教师的积极性和创造性，为新文科建设注入源源不断的活力。

（三）推动科研创新

1. 鼓励问题导向的跨学科研究

面对当今社会高度复杂、交织多元的问题情境，要以解决重大现实问题为出发点，组织跨学科研究团队，整合不同学科的理论、方法与技术等优势资源，开展协同创新研究。聚焦国家战略需求和社会热点，如数据治理、乡村振兴、区域发展、文化传承等，整合多学科资源，开展综合性研究，切实为国家发展提供强有力的智力保障，推动新质生产力在各个相关领域的稳健发展。

2. 推进科研平台建设与合作

科研平台是有效开展科学研究、汇聚科研资源、培养科研人才的重要载体。要加强新文科科研平台建设，整合区域、校内文科资源，依据学校学科特色与区域发展需求，打造具有特色和优势的科研创新基地。同时，积极拓展科研合作渠道，开展校际、校企、校地合作，注重资源的优化配置，拓展科研合作渠道，提升科研创新能力，促进科研成果转化为现实生产力，推动新文科科研更好地服务于社会经济发展，实现科研价值的最大化。

五、新文科 2.0 建设的重点举措

（一）加强教学资源建设

1. 开发数字化教学资源

要加大对数字化教学资源研发的投入力度，加强数字教材建设与推广，设立赋能新文科 2.0 建设的教学资源库。要整合各类优质课程资源、学术文献、案例库等，利用人工智能技术实现教学资源的智能化推荐和个性化服务。开发智能教学辅助工具，如智能写作助手、虚拟学术导师等，借此洞察学生的学习偏好、知识掌握程度以及能力发展水平，弥补教师资源的相对不足，提高教学效率和质量。

2. 优化实践教学基地

结合国家战略对文科人才的多元化需求，建议高校进一步加强与政府部门、企业、社会组织等的合作，建立一批稳定的实践教学基地，创新实践教学方式，为学生提供实习、实训、社会实践等机会，搭建理论知识与实际应用紧密结合的桥梁，提高学生的实践能力和职业素养，培养适应国家需求的文科人才。如在高校与政府部门合作方面，可以聚焦政策制定、社会治理、公共服务等领域，为学生提供参与政策调研、数据分析、项目评估等实践机会，有助于学生在实践中深化对理论知识的理解。

（二）创新人才培养模式

1. 开展本硕博贯通培养

探索和推进“项目制”本硕博贯通的新文科人才培养模式，打破本科、硕士、博士培养阶段之间相对独立、衔接不畅的壁垒，构建一体化、系统性的人才培育体系。这一模式要求围绕国家战略对高层次文科人才的新要求，制定覆盖本科至博士全学段的一体化培养方案，实现课程体系、科研训练、实践教学等关键环节的有机衔接与协同递进，真正培育出具有深厚学术素养、扎实专业功底与卓越创新能力的高层次新文科人才，为教育强国建设储备高端文科人才资源，助益我国在全球人文社科领域竞争力的提升。

2. 培育创新和创业人才

将创新创业教育融入新文科人才培养全过程，加强创新创业课程建设和实践平台建设，是顺应经济社会发展趋势、为新质生产力发展注入创新活力的重要举措。高校要为学生自主创业与高质量就业创造有利条件，通过模拟创业项目、创业竞赛等活动，让学生在实际项目运作中锻炼团队协作、项目管理、市场开拓等能力，同时可以邀请创业成功人士、投资专家等担任指导教师，为学生提供创业咨询、项目评估、融资指导等支持，培养学生的创新意识、创业精神和创业能力。此外，高校要为学生提供创业指导和个性服务，以创新型文科人才推动新质生产力在各领域的蓬勃发展，助力我国经济社会的创新发展与转型。

（三）重视国际交流与合作

1. 开展国际学术交流活动

积极举办和参与国际学术会议、研讨会等交流活动，搭建高水平国际学术交流平台，围绕新文科领域的前沿议题，如数字人文的跨文化传播、全球治理中的文科理论创新、打造人类命运共同体的文化与价值倡导等，组织专家学者展开深入研讨，吸引国际顶尖学者分享最新研究成果，展示全球新文科研究动态，为国内文科教师与学生提供主场交流的机会，提升其在国际学术舞台的参与度。鼓励和支持文科教师和学生参与国际学术交流，了解国际学术前沿动态，展示新文科建设成果，汲取国际学术精华，反思自身研究，优化研究思路，提升学术水平和国际影响力，促进知识的跨国界传播与创新。

2. 拓展国际教育合作项目

国内高校要加强与国外知名高校的文科教育合作，深入开展联合培养、交换生、双学位、游学等多样化的教育合作项目。引进国外优质教育方法和资源，汲取不同教育体系的优势和经验，包括教育理念、课程体系、教学方式、教材以及国际化师资等，将国外优质教育资源与国内新文科教育实际相结合，提升我国新文科人才培养质量，切实培养出一批具备全球视野、熟悉国际规则、拥有跨文化交流能力、能够在国际舞台上发挥重要作用的文科人才，为新文科 2.0 建设注入国际活力，促进中国新文科教育在全球教育格局中实现高质量发展。

（原载《新文科理论与实践》2025 年第 1 期）

教育强国建设 新文科何为

樊丽明　申树欣

党的二十大报告指出，“教育、科技、人才是全面建设社会主义现代化国家的基础性、战略性支撑”，要“加快建设教育强国”。[①] 2023 年 5 月，习近平总书记在主持中共中央政治局第五次集体学习时强调，“建设教育强国，是全面建成社会主义现代化强国的战略先导”，“要坚持把高质量发展作为各级各类教育的生命线”。[②] 习近平总书记的系列重要论述体现了党和国家对教育工作的高度重视和殷切期待，为新时代文科教育创新发展指明了方向，提供了根本遵循。

建设教育强国，龙头是高等教育。高等文科教育作为高等教育的重要组成部分，占学科门类的三分之二，占专业种类和在校学生数的半壁江山，文科教育的振兴关乎高等教育的振兴。“新文科”是文科教育的创新发展，是哲学社会科学教育领域的一场深刻变革，是哲学社会科学发展的重要战略。教育部部长怀进鹏提出，要回答好“强国建设，教育何为”这一时代课题[③]，那“教育强国建设，新文科何为”，需要我们深入思考。

一、新文科的发展背景

“社会大变革的时代，一定是哲学社会科学大发展的时代。”[④] 我国顺利

---

① 习近平：《高举中国特色社会主义伟大旗帜 为全面建设社会主义现代化国家而团结奋斗——在中国共产党第二十次全国代表大会上的报告》，人民出版社 2022 年版，第 33 页。

② 《加快建设教育强国 为中华民族伟大复兴提供有力支撑》，《人民日报》2023 年 5 月 30 日。

③ 《国新网 国新办举行“权威部门话开局”系列主题新闻发布会介绍“加快建设教育强国 办好人民满意的教育”有关情况》，2023 年 7 月 6 日，http://www.scio.gov.cn/xwfb/gwyxwbgsxwfbh/wqfbh_2284/49421/50117/wz50119/202307/t20230724_729119_m.html。

④ 习近平：《在哲学社会科学工作座谈会上的讲话》，《人民日报》2016 年 5 月 19 日。

开启全面建设社会主义现代化国家新征程后，高质量高等教育成为人民对美好生活向往的重要目标之一。时代呼唤知识创新、理论创新、方法创新，回答中国之问、世界之问、人民之问、时代之问。

（一）国际国内大局势

党的二十大报告指出，“当前，世界百年未有之大变局加速演进，新一轮科技革命和产业变革深入发展，国际力量对比深刻调整，我国发展面临新的战略机遇”①。当前，我国正处在中华民族伟大复兴强力推进与世界百年未有之大变局相互交织、激荡的关键时期，这构成我们全面建设社会主义现代化国家的历史坐标和时代背景。

当前，世界之变、时代之变、历史之变正以前所未有的方式展开，各种各样的新老问题和复杂矛盾相互交织碰撞，人类社会面临前所未有的挑战，不稳定、不确定、难预料成为常态，人类前途命运再次来到何去何从的十字路口。今天的中国日益走近世界舞台中央，世界不仅需要我们提供中国制造，更需要我们提供中国智慧、中国方案、中国经验，回答好“世界怎么了”“人类向何处去”的时代之题。如何把马克思主义基本原理同中国具体实际相结合、同中华优秀传统文化相结合，推进马克思主义中国化时代化；如何推动中华优秀传统文化创造性转化、创新性发展，打造哲学社会科学中国学派；如何从中国数据、中国材料中总结中国经验，形成标识性概念，产出标志性成果，推动构建中国自主的理论体系和话语体系，彰显中国之路、中国之治、中国之理；如何融通中外文化，增进文明交流，传播中国声音、中国理论、中国思想，向世界呈现真实、立体、全面的中国，让世界更好读懂中国，为推动构建人类命运共同体做出新的更大贡献，是进入中国特色社会主义新时代哲学社会科学应该着力研究和破解的问题。

（二）科技革命新趋势

习近平总书记强调：“新科技革命和产业变革将是最难掌控但必须面对的

---

① 习近平：《高举中国特色社会主义伟大旗帜 为全面建设社会主义现代化国家而团结奋斗——在中国共产党第二十次全国代表大会上的报告》，人民出版社2022年版，第26页。

不确定性因素之一，抓住了就是机遇，抓不住就是挑战。”[①] 现代社会，互联网、云计算、大数据等现代信息技术的不断变革，促使人们的思想、生产、生活和学习方式产生了巨大的变化，带来了广阔的发展前景。科技创新是人类社会发展的重要引擎和推动经济社会发展的核心变量。科技革命是深刻改变世界发展格局的关键要素。从人类发展的历史进程看，引领科技革命的国家，通常能够率先把握发展机遇。人类因教育而文明，教育因科技而发展。因应信息技术发展，推动教育变革和创新，是各个国家共同面临的重大课题。回顾历史，每一轮科技革命都会给人类文明及教育形态带来巨大影响。造纸术、印刷术将知识传播到更广泛的人群，工业革命推动学校教育体系变革。随着新一代数字技术的迅猛发展和日益普及，新产业、新业态、新模式纷纷涌现，新知识、新领域快速拓展，知识体系综合趋势日益增强，知识更新不断加快，促进了学科之间的交叉融合，催生了大批新兴交叉学科，对知识复合、学科融合、实践能力强的新型人才的需求更加迫切，对数字时代高等文科教育新形态提出了新的要求、提供了新的支撑。如何回应科技革命新变化，把握科技革命新机遇，以信息技术推动教学内容更新、教学环境优化、课程教学模式改革与范式革新，赋能高等文科教育高质量发展，是新文科必须考虑的问题。

（三）高等教育新形势

习近平总书记在清华大学考察时强调，“新中国成立以来，我国高等教育走过了从小到大、从弱到强的极不平凡历程，办学规模、培养质量、服务能力实现历史性跃升。特别是党的十八大以来，我国高等教育与祖国共进、与时代同行，创造了举世瞩目的发展成就”[②]。当前，我国已经全面建成世界上规模最大的教育体系，我国高等教育毛入学率在 2022 年达到 59.6%，普及化

① 中共中央文献研究室编：《习近平关于科技创新论述摘编》，中央文献出版社 2016 年版，第 78 页。

② 习近平：《坚持中国特色世界一流大学建设目标方向 为服务国家富强民族复兴人民幸福贡献力量》，《人民日报》2021 年 4 月 20 日。

程度不断提高；高等教育在学总规模达到4655万人[①]，2.4亿人接受高等教育[②]，新增劳动力平均受教育年限达14年[③]。质量上，中国高等教育质量指标均在世界前1%—4%，中国高等教育的整体质量已经进入世界第一方阵。新时代中国高等教育发展呈现出新的特点：一是从规模扩张向内涵建设转变，二是从学科建设向体系建设转变，三是从“单学科”建设向“跨学科”建设转变。这一系列的发展变化为我们推进高等文科教育高质量发展提出了新课题、创造了新条件、注入了新活力，也对文科教育提出了新的要求和挑战。

二、新文科的使命任务

2016年5月，习近平总书记在哲学社会科学工作座谈会上指出，“哲学社会科学是人们认识世界、改造世界的重要工具，是推动历史发展和社会进步的重要力量”，“一个国家的发展水平，既取决于自然科学发展水平，也取决于哲学社会科学发展水平。一个没有发达的自然科学的国家不可能走在世界前列，一个没有繁荣的哲学社会科学的国家也不可能走在世界前列”。[④] 新文科肩负着中国特色自主知识体系建构、中国特色自主人才培养体系构建的重要使命。加快构建中国特色哲学社会科学，培育壮大哲学社会科学人才队伍，是新文科建设的应有之义。

（一）建构中国自主知识体系，回答解决中国理论与实践问题

2022年4月，习近平总书记在中国人民大学考察时强调：“加快构建中国特色哲学社会科学，归根结底是建构中国自主的知识体系。要以中国为观照、以时代为观照，立足中国实际，解决中国问题，不断推动中华优秀传统文化创造性转化、创新性发展，不断推进知识创新、理论创新、方法创新，使中

---

① 参见教育部：《2022年全国教育事业发展统计公报》，2023年7月5日，http://www.moe.gov.cn/jyb_sjzl/sjzl_fztjgb/202307/t20230705_1067278.html。

② 参见闫伊乔：《我国接受高等教育人口达2.4亿（新数据新看点）》，《人民日报》2023年5月21日。

③ 参见教育部：《2022年学历教育在校生2.93亿人 新增劳动力平均受教育年限达14年》，2023年3月23日，http://www.moe.gov.cn/fbh/live/2023/55167/mtbd/202303/t20230323_1052352.html? eqid=f7e0bb28000bb541000000046475b0f4。

④ 习近平：《在哲学社会科学工作座谈会上的讲话》，《人民日报》2016年5月19日。

国特色哲学社会科学真正屹立于世界学术之林。”[①] 新文科建设的提出是基于当前宏观形势的变化和文科发展的实际而做出的理性抉择。强调知识体系创新是新文科建设核心内容之一，中国自主知识体系的建构则是其追求目标和价值取向。

传统文科发展目前遇到一些障碍，主要表现在以下几个方面。一是学科壁垒严重。如学科边界过于清晰，交叉学科尚未形成；人文社会科学学科之间相互分割、彼此孤立，缺乏紧密的联系；人文社会科学与自然科学之间缺乏有效的交流合作，社会科学对自然科学基础研究成果的吸收、借鉴不足等。在传统文科建设中，学科壁垒已成为影响学术创新的重要因素。新文科亟须打破传统文科的学科壁垒，打破传统文科与自然科学之间的壁垒，推进跨学科交叉研究。二是基础研究与应用研究割裂。长期以来，传统文科存在的一个误区是将基础研究和应用研究割裂开来。基础研究为应用研究提供理论支撑，应用研究为基础研究提供现实案例。事实上，不论是基础研究还是应用研究，都应立足实际问题，以解决现实问题为导向，要根据时代发展不断地加以修正、完善和创新。三是研究方法缺乏创新。传统文科研究一直存在着注重文本分析而轻视实证研究的倾向，在研究中大多选择定性研究法、访谈法等。研究方法的局限在一定程度上阻碍了学术研究创新的步伐。因此，新文科强调打破这种僵化思维，以创新的研究方法把握科学的内在逻辑关系和规律性认识，以期发现新问题，推动新发展。四是研究范式过于依赖西方。我国学科分类大规模移植自西方，改革开放后实践创新在前、理论总结创新在后，基于社会主义市场经济、社会发展的理论体系尚待建立，这也造成了我国哲学社会科学研究过于依赖西方理论、方法和模型的学术惯性。如何处理好自主研究和借鉴外来之间的关系，在研究范式上摆脱对西方学术体系、话语体系的依赖，从中国实践、中国经验中提炼新理论、概括新规律，展现中国思想、中国智慧、中国方案，是新文科建设的重要任务。

中国特色哲学社会科学是当代中国的“精神脊梁”，是中国人认识世界、

---

① 习近平:《坚持党的领导 传承红色基因 扎根中国大地 走出一条建设中国特色世界一流大学新路》,《人民日报》2022 年 4 月 26 日。

改造世界的思想武器。落实习近平总书记重要讲话精神，新文科应立足中华民族伟大历史实践和当代实践，用中国道理总结好中国经验，把中国经验提升为中国理论，把马克思主义基本原理同中国具体实际相结合、同中华优秀传统文化相结合①，在新的时代条件下不断推动中华优秀传统文化创造性转化、创新性发展；要创立新的研究对象、新的知识命题、新的研究范畴、新的知识边界与新的建设路径，探索具有中国特色的文科研究范式，构建中国特色哲学社会科学，构建中国自主的知识体系，推动建设社会主义文化强国、建设中华民族现代文明。

（二）构建中国自主人才培养体系，强化现代化建设人才支撑

习近平总书记在中共中央政治局第五次集体学习时发表重要讲话指出，“以立德树人为根本任务，以为党育人、为国育才为根本目标，以服务中华民族伟大复兴为重要使命”，“培养什么人、怎样培养人、为谁培养人是教育的根本问题，也是建设教育强国的核心课题”。② 习近平总书记的重要讲话揭示了人才在强国建设、民族复兴中的极端重要性，深化了对人才培养和教育强国建设的规律性认识，为新文科建设提出了根本遵循、指明了前进方向。

国无德不兴，人无德不立。当前，我国已迈上全面建设社会主义现代化国家的新征程，教育事业进入了高质量发展的新阶段。培养社会主义建设者和接班人是我国教育的根本任务。文科具有科学性和价值性的双重属性，承担着培根铸魂的育人功能，引导学生在掌握科学知识的基础上树立正确的人生观和价值观、辨别“善与恶”和“美与丑”，事关正确方向和道路。理工科知识的一个重要特征是拥有开发大自然的巨大力量，理工科知识的每一次突破都带来了世界的巨变。然而，大自然的巨大力量是否必然造福于人类，理工科知识并不能自动提供价值判断。每一种理工科知识的评价、掌控以及如何利用必须与人类社会的各种意愿联系起来。人文社会科学以人和社会为研究对象，必定要考虑人们的动机与价值判断，无论是构建可持续发展的社会，还是解决生命科学、信息技术发展中的现实问题，都应该重视人文社会

---

① 参见习近平:《高举中国特色社会主义伟大旗帜 为全面建设社会主义现代化国家而团结奋斗——在中国共产党第二十次全国代表大会上的报告》,人民出版社2022年版,第24—33页。

② 《加快建设教育强国 为中华民族伟大复兴提供有力支撑》,《人民日报》2023年5月30日。

科学的作用。[1]

文科是对人的塑造，拓宽人的视野，培养人的思维能力、精神品格和文明素质，其作用是润物细无声的，影响深刻且长远。与理工科聚焦某一具体研究问题不同，文科并不局限于从某一个方面看问题，而是强调培养学生以历史视角、社会视角、文明视角等更加宏观的视野分析看待问题，掌握事物发展规律，分析研判未来发展方向。文科帮助学生建立文化自信、培养批判性思维、掌握沟通交流的能力，在高科技急速进化的未来，这些能力素质能够使我们在世界的激烈竞争中处于领先地位。人类社会的每一次重大跃进，人类文明的每一次重大发展，都离不开哲学社会科学的知识变革和思想先导。[2] 诸子百家中的代表人物是中国第一批顶级文科学者，从某种程度上说，他们的理论和著作打造了中国人的精神内核。马列主义是救中国的唯一正确道路，用人文社科的知识告诉实业家和科学家们中国到底要向何处去，如何行动才能挽救中国。还有许多杰出的科学家如钱学森等在文科的熏陶与滋养下同时成为伟大的思想家、哲学家、艺术家。

自古以来，我国知识分子就有“为天地立心，为生民立命，为往圣继绝学，为万世开太平”的志向和传统。对标中央要求，文科教育应该担负起历史赋予的光荣使命，科学把握新时代新形势对人才的新要求，纠正过去人才培养过窄的专业教育倾向、过重的功利主义导向，突破专业教育的片面性，提高学生思想和道德素质，引导学生树立社会主义核心价值观，建立学生文化自信，增强学生的文化底蕴、人文关怀和社会责任感，培养学生思维及创新能力，提升综合素质，加快培养一批完整的人、独立的人，培养一批能够在不同领域服务社会主义现代化强国建设、提升国家综合国力和中华文化影响力的多样化人才，为全面建设社会主义现代化国家提供基础性、战略性支撑。

① 参见胡钰:《新时代呼唤“文科振兴”》,《北京日报》2023 年 1 月 9 日。

② 参见安钰峰:《办好中国特色世界一流大学的根本遵循——学习习近平总书记考察中国人民大学时的重要讲话》,《学校党建与思想教育》2022 年第 15 期。

三、新文科的实践进路

（一）交叉融合、开放互鉴

面对日益复杂的现实问题，新文科要打破学科专业界限，从宏观上重塑知识体系和思维模式，推动文科与文科、文科与理工农医学科深度交叉融合。文科内部首先要融合，特别是传统人文与社会科学各学科的融合，如文史哲专业要打通，才能培养出优秀国学人才。还要促进人文社会科学与自然科学的交叉融合，坚持问题导向，打破学科壁垒，聚焦国家战略需求，围绕人工智能、网络空间安全、文化传承创新等重要领域，培育金融科技、科技考古、计算法学、计算传播学等新兴交叉学科专业，建立跨学科融合的研究范式与研究方法，解决复杂的现实问题。要建设交叉融合型学术团队，搭建交叉学科的国家级平台，建立交叉学科发展引导机制，以跨学科高水平团队为依托，以国家科技创新基地、重大科技基础设施为支撑，加强资源供给和政策支持，建设交叉学科发展方阵，催生新的学科生长点。

新文科要突破学校壁垒、促进科教产教融合，构建协同育人共同体，重点加强文科生实践能力和原始创新能力培养。要充分整合政府、科研院所、行业企业的优质资源和创新要素，大力深化科教融汇、产教融合，让更多政府部门、科研院所、行业企业共同参与文科人才培养过程，推进人才培养全要素改革，共同开发具有高阶性、创新性和挑战性的优质文科课程，共同建设反映国际学术前沿、具有中国特色的一流核心文科教材，共同打造学科交叉融合、理论与实务结合的高水平教师团队，共同建设科教融汇产教融合的实践创新项目，提高人才培养水平。要建立健全多元参与的协同机制，推动政府部门、科研院所、行业企业与高校协同联动，将高端人才团队、科研平台、科研项目、先进行业产业技术、实践项目等服务于文科人才培养，促进学术研究、产业发展与人才培养的深度融合。要建设新文科协同创新平台，激发各主体的主动性、积极性，推进各主体深度紧密合作，推动物力资源、人力资源、财力资源、政策资源、社会资源与文科教育教学资源共建共享。

新文科要把握新一轮科技革命和产业变革深入发展的机遇，借助新一代信息技术推动教学内容更新、教学环境优化、课程教学模式改革与范式革新，以数字化建设赋能高等文科教育高质量发展。要以数字时代要求构建教学新内容，将大数据、人工智能、虚拟现实技术、增强现实技术等新技术、新手段、新内容有机融入文科专业教学，提升文科学生适应数字时代要求的能力和水平。要以数字技术手段塑造教学新形态，推进教育信息化新基建，借助人工智能、区块链、移动学习、虚拟仿真等新技术，建设模拟沙盘、智慧教室、数字场景等数字化教学空间，强化数字教学资源建设，将课程教案、课堂教学、教材、虚拟仿真项目等转化为数字资源，提供个性化、系统化学习方案，推进优质教育资源共建共享。

新文科要坚持对外开放，做好“引进来”和“走出去”两篇文章，在构建全球治理新格局中发挥应有作用。要加强国际合作育人，开展访学、联合培养等多种形式的国际化育人项目，着力提高学生的全球胜任力，培养具有全球竞争力的高层次涉外人才，为我国参与全球治理提供有力人才支撑。要开展国际科研合作，支持优势学科与海外名校共建国际联合实验室，积极参与举办国际学术会议，推动有组织国际项目合作，有效利用世界一流教育资源和创新要素联合推进高水平科学研究。要加强国际传播，大力推进“留学中国”品牌建设，着力打造中外合作办学、境外办学等人文交流品牌体系，培养“知华、友华、亲华”的外国友人，讲好中国故事、传播中国经验、发出中国声音。要积极参与全球教育治理，推动与世界各国的交流合作，积极参与国际规则制定，加强中外人文交流，提供国际公共产品，在全球教育治理中贡献中国力量。

（二）革故鼎新、守正创新

要坚持马克思主义的指导地位。马克思主义是我们立党立国的根本指导思想，是我们党的灵魂和旗帜。新文科建设必须坚持以马克思主义为指导，用好马克思主义科学的世界观和方法论。要着眼于服务中国特色社会主义伟大实践，围绕党和国家重大战略部署、党和国家事业发展面临的重大理论和实践问题，不断回答中国之问、世界之问、人民之问、时代之问。

要推动中华优秀传统文化创造性转化、创新性发展，推进中国特色社会主义文化建设，建设中华民族现代文明。文化关乎国本、国运。要深刻把握中华文明的突出特性，深刻理解“两个结合”的重大意义，坚定历史自信、文化自信，坚持古为今用、推陈出新，自觉认识和把握中华文化的历史传承与时代发展，继承和弘扬中华优秀传统文化，推动中华优秀传统文化创造性转化和创新性发展。要充分发掘中华优秀传统文化在凝聚精神动力、维系情感纽带、增进人格教化、推动人与自然和谐共生等方面的重要作用，不断赋予中国式现代化以深厚的中华文明底蕴。要处理好多元与主流、自主与互鉴的关系，立足于中国特色社会主义伟大实践，吸收借鉴人类文明的优秀成果。要大力加强国际传播能力建设，向世界阐释推介更多具有中国特色、体现中国精神、蕴藏中国智慧的优秀文化，推动中华文化走出去，提升中华文化影响力。

要建构中国自主知识体系。加快构建中国特色哲学社会科学，归根结底是建构中国自主的知识体系。要立足中华民族伟大历史实践和当代实践，用新思路、新概念、新逻辑、新方法从中国数据、中国材料中总结中国经验，把中国经验提升为中国理论。要加强前瞻性研究，加强原始创新，创立新的研究对象、新的知识命题、新的研究范畴、新的知识边界与新的建设路径，不断推进知识创新、理论创新、方法创新，探索具有中国特色的文科研究范式，产出标志性成果。

（三）培根铸魂、育人为本

千秋基业，人才为本。新文科要以人民为中心，满足人民需要，促进人的全面发展。要发挥文科培根铸魂、美人化人的重要作用，对理工农医学生进行价值外溢和辐射，引导学生坚定理想信念，树立家国情怀，自觉认同和践行社会主义核心价值观，回答好“为谁培养人、培养什么人、怎样培养人”这一根本问题。要坚持“五育”并举，德育为先、智育为重、体育为基、美育为要、劳育为本，促进学生全面发展，培养学生核心素养，培养德智体美劳全面发展的社会主义建设者和接班人。要坚持问题导向，推进跨学科学习及跨学科育人，设立社会调查实践项目，打造实践创新平台，引导学生扎根中国大地、深入社会基层、了解国情民生，开展基于问题的实践创新活动，不断提高学生运用专业知识解决实际问题的能力和水平，培养造就一批善于思考和研究中国问题的人才，回答好中国共产党为什么能、马克思主义为什么行、中国特色社会主义为什么好的问题。要加强国际化人才培养，开拓学生国际视野，提升学生跨文化交流能力，让学生有理说得出、说了传得开，为提高中华文化影响力、感召力、塑造力提供重要人才支撑，推动中国更好走向世界，让世界更好了解中国。

要培养好哲学社会科学领域拔尖人才。要围绕国家重大战略需求和科技经济社会发展急需，创新培养文史哲经基础学科拔尖人才，超常规培养国际组织与全球治理、国际新闻与传播、涉外法学、计算法学、知识产权管理、公共卫生与健康管理等国家急需的高层次复合型人才。要探索建立多渠道、多阶段、多方式的拔尖学生超常规选拔机制，选拔有志于服务国家重大战略且综合素质优秀的青年学生。要持续推动人文社科自主知识体系和教材体系创新、专业结构优化、课程体系更新、培养模式创新、实践教学改革、文科教育数字化建设，构建更加完善的文科教育教学体系，优化学生的知识结构、数据思维、创新意识、实践能力和综合素质。要建设高水平教师队伍，积极引育一批学科领军人物和创新团队，延揽一批活跃在国际学术前沿、有国际影响力的重要学者，建设政治素质过硬、业务能力精湛、育人水平高超的高素质教师队伍。要推进科教产教融合协同育人，充分整合政府、科研院所、行业企业的优质资源和创新要素，建设形成目标结合、过程结合、管理结合和利益结合的协同育人共同体，促进教育链、人才链与产业链、创新链的有机衔接。要加强机制创新和条件保障，建立健全资源配置机制、协同共建机制、能力提升机制、考核评价机制和质量保障机制，营造良好育人生态，保障改革举措全面落实，实现育人目标。①

新文科是教育强国建设的必然选择，也是教育强国建设的重要内容。推动中华优秀传统文化“两创”、建构中国自主知识体系、培养具有国际视野和国际竞争力的时代新人、提升国家文化软实力，新文科责无旁贷、任重道远、大有可为、刻不容缓。未来，要坚持以习近平新时代中国特色社会主义思想为指导，深入学习贯彻党的二十大精神，更加深入地推进新文科建设，引领带动高等教育质量整体提升，加快实现教育强国建设目标，以教育之强夯实国家富强之基。

（原载《国家教育行政学院学报》2024 年第 1 期）

---

① 参见樊丽明:《论新文科建设的机制保障》,《中国高教研究》2023 年第 5 期。

新文科视野下人文学科人才培养向度及学术评价

王　宁*

在当今中国的人文社会科学界，尤其在一些入选“双一流”的以理工科见长的综合性大学，也许为人们谈论最多的话题之一就是新文科。尽管就新文科的跨学科特征而言，西方人文学界早已有之，并且直接影响了中国当代人文学术研究，那么较之传统文科，中国的新文科作为发展社会主义先进文化的重要载体，是对传统文科的提升，新文科建设是时代赋予我们教育工作者的新的历史使命。本文将继续本人在新文科方面的研究①，把关注点放在所从事的人文学科的人才培养上，因为人文学科将人和人的意识活动作为主要研究对象，而构建中国的理论话语和中国的叙事体系，讲好中国故事，需要更好的人文学科来呈现，以讲得生动、讲得精彩。千秋基业，人才为本，无论是新工科、新医科、新农科，或者是本文所讨论的新文科，都必须由国内和国际顶尖的人才来引领该学科的教学和研究。正是基于这一观点，衡量一门学科是否属于一流，首先就要看该学科有无一流人才领衔并充当重要的学术骨干，有了一流的人才组成的强大学术团队更能产生出一流的科研成果，尤其之于文科，一流领军人才的作用是相当重要的。因此，毫不奇怪，广大高校特别是“双一流”建设高校都把人文素养的培育置于各项工作之高位加以推动，尤其注重创新拔尖人才的培养。

---

* 王宁，上海交通大学文科资深教授，欧洲科学院外籍院士。

① 参见王宁：《新文科视野下的外语学科建设》，《中国外语》2020 年第 3 期；《新文科视域下的翻译研究》，《外国语（上海外国语大学学报）》2021 年第 2 期；《科技人文与中国的新文科建设——从比较文学学科领地的拓展谈起》，《上海交通大学学报》（哲学社会科学版）2021 年第 2 期。

一、新文科的四个特征与“全球人文”概念的演变

（一）新文科的四大特征

如前所述，笔者已对新文科做过一些初步研究，提出新文科的国际性、跨学科性、前沿性和理论性四个特征是其区别于传统文科最重要的特征，在此先对这四个特征简略地作一概括。

新文科的第一个特征是国际性。从事中国传统文科研究的学者往往习惯于关起门来做学问，与本一级学科以外的国内大同行或国际同行进行交流较少。所谓“隔行如隔山”，这显然是针对不同学科之间的差异而言的，而新文科之所以“新”，就是要打破这种封闭狭隘的学科界限，此外还要打破语言的界限，将人文学术研究及成果放在一个更为广阔的国际视野下来进行考察和评价。因而新文科建设背景下，不仅这座所谓的“山”不能阻隔不同学科之间的交流和对话，而且我们还可以在两座山的交接之处发现其交叉和交融之点，即发现新的学科增长点。正是在这种国际性特征的启迪下，笔者提出了“全球人文”（global humanities）的概念，即在全球化深入发展的今天，人文学科的研究需要打破学科畛域，跨越民族和国家的疆界，不仅对于中国人文学界是这样，对于国际人文学界也是如此。因此，中国的人文学者既要就学科问题在国内学界发出声音，也要在国际学界发出中国的声音，用铸就的人文学科中国范式就全人类共同面对和关心的具有普适意义的问题贡献中国智慧、提出中国方案。这应该是中国的新文科不同于传统文科的重要一点，同时也是中国的新文科建设的历史使命和时代责任。

新文科的第二个特征是跨学科性。跨学科性其实在传统文科中早已有之，中国的学术传统本就具有文史哲不分家的特征，一些大思想家既在文学界占有重要地位，同时在历史学界或哲学界也占有一席之地。例如，古代的孔子、司马迁以及近现代的王国维、陈寅恪、赵元任、钱锺书、季羡林等人文学术大师就是如此。但是，这里所说的新文科的跨学科性还不只是在人文学科内部的跨越，也不止于人文学科与社会科学之间的交叉和跨越，更是指向人文学科与自然科学的跨越，即我们经常所说的科技人文。正如教育部发布的《新文科建设宣言》所强调，“进一步打破学科专业壁垒，推动文科专业之间

深度融通、文科与理工农医交叉融合，融入现代信息技术赋能文科教育”①。因此，新文科的跨学科性还体现在人文社会科学与自然科学以及现代信息技术的融合与渗透上。随着现代科技的飞速发展，一些人文学者受到严峻的挑战，渐渐地感到自己跟不上快速发展的形势而被“边缘化”了，尤其是在新冠疫情期间，原有的教学活动、学术活动和教学关系被改变，这对传统人文学者提出了更高的要求。人文学者不仅要掌握多学科的知识，还要具有一定的信息技术应用能力，这样才能保证其研究成果得以顺畅地被接受并得到广泛传播。

新文科的第三个特征是前沿性。自从中国现代文学学科建立以来，中国现代哲学和史学便率先突破了传统的藩篱，现代艺术更是率先走向了世界。在中国式现代化建设进程中诞生的这些现代学科从国外（尤其是从西方）引入了新的研究方法和理论，并且越来越重视基于全球视野开展国际交流，即便是古典学的研究也开始使用新的理论加以阐释并采用新的方法进行研究。因此，新文科应在跨学科和国际性的基础上密切关注当代问题，即使对古典学的研究也要运用新的理论和方法②，这样才能使其在当代被激活，并使我们的研究始终处于国内和国际学术前沿，发挥应有的引领作用。

新文科的第四个特征是理论性。新文科的理论性在一定程度上与其前沿性相关联，因为没有新理论指导的学科是不可能步入学术前沿的，更不可能产生广泛的国际影响。此外，新文科之“新”，不仅在于对传统文科内容更新及研究范式转换慢的瓶颈的突破，而且与科学技术融合，力图用新的跨学科的理论方法来阐释研究对象，并在阐释的过程中不断地提出本学科的新的理论课题。因此，人文学科也应该成为名副其实可以经得起评价的学术学科，同时也为学者阐释具有跨越学科界限和民族/国别界限的普适意义的理论课题铺平道路。

（二）新文科引领下“全球人文”概念的演变

科学无国界，技术更是没有国界的，但是使用科学技术的人却是有国界

---

① 《新文科建设工作会在山东大学召开》，2020 年 11 月 3 日，http://www.moe.gov.cn/jyb_xwfb/gzdt_gzdt/s5987/202011/t20201103_498067.html。

② 参见刘石：《大数据技术与古代文学经典文本分析研究》，《数字人文》2020 年第 1 期；《文献学的数字化转向》，《文学遗产》2022 年第 6 期。

的，对科学技术的正确使用完全可以造福于全人类；反之，滥用先进的科学技术，则会使其用于毁灭人类或限制人类的发展。今天，随着高科技的飞速发展，许多本来应该由人从事的工作逐渐改由机器或人工智能来承担，这样便使得一大批人被边缘化甚至失去工作，造成的后果就是社会的不稳定。因此，我们在消解人类中心主义意识的同时，也要防止走向另一个极端——科技中心主义。那么，也许人们会问，究竟什么是“全球人文”呢？我们既然有了全球政治和全球经济，那么人文学术研究在很大程度上也应该是没有国界的，优秀的文艺作品经过翻译完全可以走向全球，以其独特的艺术美而为各国人民所分享。此外，相较于其他交流形式，人文交流更具分享价值，优秀的文艺作品能够促进不同文化的融合。

第一，“全球人文”概念的提出恰逢其时。[①]“全球人文”概念是由两个关键词组成的：“全球”指研究者考虑问题一定要着眼于全球，“人文”则指我们所从事的人文学术研究。即使是研究中国独有的现象和问题，也完全可以将其置于一个广阔的全球视野下来考察，这样我们才能看到中国的人文学术研究能否产生广泛的世界性意义和影响。当今时代，全球化的进程不断加快，人文学科也不同程度地受其影响，有些传统的学科呈日渐萎缩的状态，而一些新兴学科和跨界的交叉学科则得到了长足发展。在文学界，世界文学这个话题再度被比较文学学者提出，并且焕发出新的活力，现已成为新世纪比较文学和文学理论界的一个前沿理论话题，在这方面中国学者起到了重要的开拓和引领作用。在语言学界，一方面，全球化时代的到来使得英语变得愈益强势，并逐步演变成为一种复数的“全球英语”（global Englishes）；另一方面，原先处于边缘地位的汉语也逐步从边缘走向中心，因此笔者也提出了一个复数的“全球汉语”（global Chineses）的概念。[②] 随着中国综合国力的日益强盛、文化日益繁荣，未来全球汉语将为重建全球语言体系做出中国贡献。在哲学界，一些致力于探讨普世问题的哲学家们也尝试建立一种新的“世界

---

① 参见王宁：《“全球人文”与人文学科在当代的作用》，《探索与争鸣》2011 年第 8 期；Wang Ning, “Specters of Derrida: Toward a Cosmopolitan Humanities”, *Derrida Today*, 2018(1)。

② Wang N., “Global English(es) and global Chinese(s): Toward Rewriting a New Literary History in Chinese”, *Journal of Contemporary China*, 2010(63).

哲学”（world philosophy），这同样是一个复数的概念，他们认为中国哲学应在建立这一学科的过程中发挥奠基性的先导作用。在史学界，一些学者也致力于世界体系分析和全球史的编撰，并已经初步做出独特的贡献。由此可见，全球性的视野完全可以用于全球人文学科的研究，在此背景下提出“全球人文”这个概念恰逢其时。基于此，文史哲等人文学科学者们在全球视野下确实可以就某一特定的话题进行跨民族、跨学科和跨语言沟通与讨论，并从各自不同的学科角度提出自己的观点和看法，形成有效的交流、对话并完成新的知识生产。

第二，“全球人文”具有强烈的时代性。人们也许会问，它的研究对象是什么？“全球人文”所要探讨的主要是全人类都关注的一些具有普适意义的话题，诸如全球文化（global culture）、全球现代性（global modernity）、超民族主义（transnationalism）、世界主义（cosmopolitanism）、全球生态文明（global eco-civilization）、世界图像（world picture）、世界语言体系（world language system）、世界哲学（world philosophy）、世界宗教（world religion）、世界艺术（world art）等。这些问题都超越了既定的民族和国家的界限，因此就这一点而言，“全球人文”不仅跨越了学科的界限，同时也跨越了语言、民族和国别的界限。

对于上述这些新的理论课题和新的方法主导的新文科，传统的人文学者确实难以接受，因为它已经明显地超越了他们的知识结构和学科训练，这自然是可以理解的。但是令人不安的是，我国当下的不少青年学生也没有跟上快速发展的形势，他们依然纠结于学习文科究竟“有用”还是“无用”等问题，并期望家庭、学校、社会能给出确切的答案。笔者曾任一所世界一流大学的人文学院院长，几乎每学年开学之初都要为入学的新生讲授“院长第一课”，并亲自为招生工作做宣讲，其中必然要强调学习人文学科的用处以及人文学者的责任和担当。笔者始终认为，应该辩证科学地看待人文学科的“有用”与“无用”，所谓“无用”是指人文学科既不能给人们带来可观的经济收益，也不能短期内给人们的生产生活带来深刻变革；而“有用”则指的是人文学科的重要性主要体现于对人们的综合素质的培育和精神世界的重塑，并指导人们在今后的日常生活中形成一种理念，反过来指导日常生活和工作。

当人们的认知和观念发生变化后，才能更为科学合理和符合人性地去利用日益发展的科学技术，并使之最终实现科技发展与人类发展的有效结合。唯有这样，才能使飞速发展的科学技术为我所用，实现“道”与“器”层面的相得益彰。因此，人文学科所产生的作用是一种“大用”①，其价值无法在短期内用经济效益来衡量，但从长远来看，却能转化为巨大的社会效益与人类福祉。总而言之，在推进中国式现代化的进程中，文化建设具有重要的地位，因此人文学科是不可缺少的，看不到这一点，一味追求短期的经济效应，势必会造成人文学科的失势、人文教育的遮蔽和人文精神的失落。同样，当前我国在深入推进世界一流大学建设的过程中，新一代的人文学者应该是大有作为的，而且新文科的四大特性也使人文学科本身越来越关注社会现实和人们的日常生活。

二、新文科建设背景下的人文学科人才培养和评价

新文科的理念付诸实施必然要落实到人才的培养上，这应该是新文科建设的第一要务，即培养拔尖创新人才，以满足我们推进中国式现代化的迫切需要。有鉴于此，笔者在这一部分就新文科视野下的人文学科人才培养和评价谈几点看法，以便回答著名的“钱学森之问”。

所谓“钱学森之问”，指的是2005年7月29日，时任国务院总理温家宝在看望钱学森先生时，在病榻上的钱学森先生坦诚建言：“我要补充一个教育问题，培养具有创新能力的人才问题。一个有科学创新能力的人不但要有科学知识，还要有文化艺术修养……现在中国没有完全发展起来，一个重要原因是没有一所大学能够按照培养科学技术发明创造人才的模式去办学，没有自己独特的创新的东西，老是‘冒’不出杰出人才。这是很大的问题。”② 钱学森先生逝世后不久，《新安晚报》刊登了沈正斌等11位安徽高校教授给教育部部长及全国教育界同仁发出的公开信《让我们直面“钱学森之问”》，信中将钱学森先生提出的疑问归纳为“为什么我们的学校总是培养不出杰出人才?”“钱学森之问”由此成为舆论的焦点，在全国引起强烈反响。这一发

① 参见王宁:《人文学科有“大用”》,《人民日报》2018年12月24日。

② 李斌:《亲切的交谈——温家宝看望季羡林、钱学森侧记》,《人民日报》2005年7月31日。

问体现了一位忧国忧民的老科学家对中国高等教育事业发展的高度关注，确实给中国教育事业在未来的发展提出了一个令人难以解答的命题，促使我们整个教育界乃至社会各界都需要进行深刻反思才能破解它。我们都知道，钱学森本人就是一位研究领域跨越多个学科的学术大师，他不仅在自己所从事的自然科学领域达到了世界顶尖水平，在人文领域亦造诣深厚，人文情怀贯穿其科研生涯始终，因此他能在近二十年前提出这个问题确实具有高度的前瞻性。我们应该辩证地理解“钱学森之问”，即在自然科学界，像牛顿、伽利略、爱因斯坦和霍金那样的科学大师确实在当今中国难以觅见，甚至像杨振宁和李政道这样的华裔科学大师在当今中国也寥寥无几，即使有那么几位，也是早年留学欧美后学成归国的。真正出自中国的大学且完全由我们培养出来的科学和人文学术大师确实少之又少，更谈不上问鼎诺贝尔奖了。但是，从另一方面着眼，随着当今科学技术的飞速发展，单靠某一个人的苦心钻研而创造出新成果的时代已经一去不复返了，当代重大科技成果的取得在很大程度上依靠研发经费充足、团队实力雄厚、拥有精良设备的研究群体，而钱学森所说的“缺乏杰出人才”，正是指缺乏像他本人那样的杰出科学大师和领军人才。若是将他的命题指向人文学科，也许就更为一语中的。确实，在当今这个“信息大爆炸”的时代，人们的生活节奏越来越快，碎片化信息使得人心浮躁，难以潜下心来阅读和思考。科技的飞速发展使我们的青年学生面临多种选择，获取知识和信息的途径增多，使他们无须终日沉溺在图书馆里阅读纸质的书刊，更多的时候是依靠电脑甚至智能手机来获取各种信息和数据。这样看来，像王国维、陈寅恪和钱锺书这样博学多才并在多学科和跨学科领域取得巨大成就和广泛影响的人文学术大师，确实难以在当今时代觅见。因此，就这一点而言，可以说，我们这个时代并不缺少在各行各业做出杰出贡献的专家，而是缺少能够引领学术潮流、载入学术史册的科学和人文学术大师。在这方面，新文科理念的提出，无疑为我们今后的人才培养模式注入了全新的思维和理念：在中国式现代化进程中，我们需要出类拔萃的专家，更需要引领学术潮流、确立学术范式的大师级人才。这应该是新文科的理念赋予我们的独特人才培养模式和评价标准。

在过去的二十年间，笔者先后在清华大学和上海交通大学从事纯粹的人文学科教学和研究，具体专业为外国语言文学和比较文学与世界文学，亲身体验并践行了新文科的跨学科教学和科研的理念，并取得了显著的效果。任职清华大学时，笔者所在的人文学院设立了人文科学实验班，这是我国新文科建设的重要尝试，其更强调文科专业的融通性，虽然笔者主要在外国语言文学系授课，但旁听生不乏人文科学实验班的学生，有些后来甚至成了笔者指导的硕士和博士研究生，这成为之后笔者在上海交通大学领衔践行新文科的人才培养模式的一个先声。

十分凑巧的是，钱学森就是毕业于上海交通大学的杰出校友。作为对老学长“钱学森之问”的回应，笔者提出，上海交通大学的人文学科应该在人文思想孕育、学术大师培养、情怀氛围构建等方面发挥不可替代的作用，同时在引领中国人文学术国际化方面发挥重要的作用，因为中国迫切需要打造具有影响力的人文学术话语体系。笔者主持制定了人文学院的总体发展目标，即努力落实立德树人的根本任务，通过人才引进、协同创新和内涵发展，立足中国、面向世界，不断追求卓越，努力成为人文学术和文化的传承创新者、一流人文素质教育和国际学生教育的先行者以及学科基础厚实、学术人才聚集、人文氛围浓郁的学术重镇，建设“特色鲜明、品质高端、贡献显著、国际知名”的人文学院。2021 年，上海交通大学人文学院开始建设以人文学院为主导的人文社科平台，参加的学院有凯原法学院、媒体与传播学院以及国际与公共事务学院。通过招生宣传会平台和专业宣讲会，本科年均招生 140 人左右，其中人文学院可录取近 30 人。一年后，这些受过人文精神熏陶以及社会科学方法训练的学生分别进入不同的学院，开始进行较为系统的专业化的培养，少数综合表现突出的学生则通过推荐免试攻读硕士学位或直接在本校或其他一流大学攻读博士学位，成为未来拔尖创新人才的培养对象。当然，由于时间的短暂，这些潜在的人才能否成为国家需要的拔尖创新人才还有待实践的检验，但至少这种人才培养模式已经初见成效。

通过工作中的接触发现，人文学科的师生普遍对科学技术的兴趣和热情不高，不太关心最新科学技术的发展情况，有些甚至存在偏见，认为科学研究与人文研究是天然对立的。因此，他们反对将人文学科进行科学和量化的评价。与之相反，笔者在教学中，常会遇到一些“特殊”的学生，是一些来自理科或者工科院系的旁听生，其中有些学生甚至还主动要求发言并做课堂演讲。他们对文学的热爱出人意料，而他们对学期论文和对演讲课件的重视程度更令人感受到那份不带有任何功利、对人文学科发自内心的热爱。看得出来，这些学生应从小就受过良好的人文熏陶或养成了良好的阅读习惯，并有着较好的汉英语写作功底，个别学生的艺术造诣较深。在撰写学期论文时，他们提出的观点时常别出心裁，有时甚至引入自然科学的研究方法和视角，对文学作品做出独特的解读和阐释。同时，他们也会提出一些对于学术评价及学术论文写作与发表的不同看法，例如，为什么文科的评价那么主观？为什么文科的博士生要发表一篇 CSSCI 论文似乎比理工科的博士生发表一篇 SCI 论文更费力？相较而言，理工科的研究生更重视用英语撰写学术论文并在国际刊物上发表，对于国际顶级期刊的熟悉程度也大于文科研究生，而文科的研究生更注重在国内的权威刊物上发表论文，但基于主客观的原因，要想在 CSSCI 来源期刊上发表论文困难重重。因此，一些高校规定博士生在提交论文答辩前必须发表两至三篇 CSSCI 来源期刊论文，这样的规定让许多博士生倍感压力；而理工科的研究生创新能力主要体现在实验成果上，英文写作功底辅之创新实验的结果，科研成果见诸外文期刊便有可能。既然文科与理工科有着如此大的差别，那么对之的学术评价就不能依赖同一标准。理工科的学生最好具备一些文学知识和艺术修养，而文科的学生则应具备一些科学素养。这样，当他们毕业走上工作岗位后才会保持与时代同步，这应该是在新文科视野下培养全面发展的拔尖创新人才想要达到的一个效果。

笔者曾于 21 世纪初率先将国际知名科技信息机构汤森路透开发的数据库 SSCI（社会科学引文索引）和 A&HCI（艺术与人文引文索引）引入中国学界，并在其后的多个场合建议将其作为衡量人文社会科学学者或学术机构的国际化水平的标准之一①，但需要指出的是，不加分析地滥用科学计量法来评

① 参见王宁：《国际英文权威学术期刊评介及写作策略》，《中国研究生》2003 年第 5 期；《对人文社会科学现行学术评价系统的确认与辩护》，《学术研究》2006 年第 3 期；《人文社会科学评价的多元化和国际化标准》，《重庆大学学报》（社会科学版）2009 年第 4 期；《人文社会科学的多元评价机制：超越 SSCI 和 A&HCI 的模式》，《清华大学学报》（哲学社会科学版）2014 年第 4 期；《再论人文社会科学的国际影响及评价标准——兼论中国实施文科院士制的可行性和必要性》，《中国社会科学评价》2017 年第 3 期。

价人文学科的成果显然失之偏颇、有违公道。上述两大引文索引数据库是西方的评价机构研发出来的计量产品，其目的并非为了评价，只是后来被越来越多的大学和科研机构用来量化学者的学术水平和影响力。这种方法虽然看似比较客观，但其缺点也是显而易见的，因为即便是用于评价文科的成果，人文学科与社会科学也存在着较大的差异。一篇高水平的社会科学论文（尤其是经济管理类的），发表的当年就会有较多的被引次数。相比之下，一篇具有很强理论性或学术价值的人文学科论文（尤其是古典学方面），有时却要等到几年之后才会被学界发现其价值进而拥有较多的被引次数；而有些学术观点十分超前且尖锐的人文学者也许生前并不为同时代人所认可，而是在去世多年后才被新一代学者“重新发现”，这在中外人文学术史上不乏案例。此外，上述两大数据库所收录的刊物绝大多数是英文刊物，几乎没有中文期刊，只有为数不多的中国学者作为主编并由西方出版机构出版的英文学术期刊得以跻身其中。尽管这两大数据库有着种种缺点，但是目前运用其来衡量人文学者的国际学术影响力能得出相对客观公允的结论，如果能在此基础上再邀请同行专家对其成果进行定性评价，这样得出的评价结果应该说是较为合理的。长远来看，从新文科对国际性的强调和繁荣中国人文学科的历史使命的角度出发，人文学术成果在国际学术期刊上发表依然是提升国际影响力的基本途径之一。

通过在上述两所以理工科见长的“双一流”建设高校的教学实践，可以得出另一个结论，即以理工科见长的大学发展文科有着某种后发优势，尤其是在国际化方面要高于同一级别的以文科见长的“双一流”建设高校。其原因何在？这主要体现为理工科的师生普遍重视外语学习，尤其注重用英语撰写论文并在国际学术刊物上发表。具有原创性的学术论文在任何地方都不失其原创性，它可以不分国界和语言的界限，而人文社会科学的成果有时则受制于特定的意识形态的因素而无法在国际英文刊物上发表，有时即使发表了，在传播上也受到一定的限制，这自然不无一定的道理。尽管如此，人文学科除了意识形态因素，更多的则是探讨一些全人类普遍关注的与人类的生存密切相关的问题。这些问题超越了特定的民族和国家的界限，受到不同国家的学者们的关注和讨论，因而对这些问题的探讨也应该是没有国界的。例如，由新冠疫情引发的人文思考以及对医学伦理的探讨等就有着广泛的普适意义。

三、人文学术的国际化与中国式现代化文化建设

在推进中国式现代化的历史进程中，文化建设必定占据重要的位置。所谓“中国式现代化”，必定是中国所特有的，但它又是符合世界现代文明发展规律的：它既是世界文明发展的一个特定阶段，同时又是中国的现代历史进程的一个必然。[①] 中国式现代化不同于西方的现代化，它应该具有中国特色，同时又能为世界上其他国家提供发展参考模式。中国式现代化绝不意味着封闭式的自我发展，它不仅意味着物质文明发展的一个高度，同时也意味着必须有与之相协调的精神文明，这样的现代化才是可持续发展的。如果说大学的理工科将对实现物质文明做出实质性的贡献，那么对于实现精神文明的贡献则非新文科莫属。这样看来，要实现中国式现代化的宏伟目标，首先需要一批世界一流的人才，因为无论科学技术发展到何种程度，都离不开人的掌控和管理。即使有人认为未来的许多工作将由人工智能取代，但是人工智能的发展和更新也同样取决于人，只有具有基本的伦理道德和人文情怀的科学家和管理者，才能担负推进中国式现代化的重任。

回顾历史、立足现实，在新文科建设的背景下进行中国式现代化的文化建设，需要充分关注传统文科与新文科的差异。在科技飞速发展的当下，将数字技术与人文学科、本土学术与国际视野、传统理论资源与国际学术前沿理论等充分结合，在多领域多学科展开深度协作与学术创新，才能在今天使中国的优秀传统文化焕发新的生机，进而促进中国式现代化的文化建设，提升中国国际学术话语权。因此，新文科的四个特征（国际性、跨学科性、前沿性和理论性）理应为中国式现代化文化建设所重点关注的人文学科的新特性。“全球人文”亦在此背景下呼之而出，中国人文学者应在其指引下，既要立足自身具体学科与中国本土，又要放眼全球与国际接轨，找到自然科学与人文学科的融合创新点，实现古今转换与中外融通。在学术创新与人才培养上以新文科理念为指导，勇于创新，大胆求实，现代科技与人文融会贯通，

---

① 参见王宁：《文学现代性与中国式现代化理论建构》，《南方文坛》2023 年第 4 期；《中国式现代化文化建设的双重进路与未来愿景》，《江海学刊》2023 年第 5 期。

加强文科实验室、融媒体、“科技+”等多学科交叉，实现人文学科的创新发展。同时，鉴于新文科的国际性特色，它要求从事新文科教学和研究的学者具有宏阔的世界视野和广博的多学科知识，此外还要具备与国际同行进行交流和传播中国文化的能力。因此，在人才培养上要更加偏重能够熟练掌握外语的专业人才的培养，以便使其担此重任，进而推进中国人文学术国际化的历史使命和社会责任。可喜的是，经过多年的努力践行，中国的人文学术在国际学界的地位和影响力已经开始得到国际权威机构的认可。显然，富有卓见的人文学者已经意识到，在全球化日益发展的今天，中国的人文学者与人文学术应该在世界人文学术之林拥有一席之地。改革开放以来长期学习西方导致中国人文学术的不自信甚至“失语”，这些情况在今天理应得到改变。立足历史，放眼全球，中国的人文学者需要在国际学界争得学术话语权，充分解决中国人文学术“卡嗓子”的问题，可谓任重而道远。作为中国的人文学者，我们应该不负众望，为中国新文科的建设、全球人文学科的建设做出贡献。由此想来，在新文科背景下开展中国式现代化的文化建设，促进中国人文学术的发展，依然任重而道远。

（原载《学术论坛》2024 年第 2 期）

新文科人才自主培养体系的创新转型

施春花　洪永淼　汪寿阳*

全面提升人才自主培养质量是高等教育普及化阶段高校立德树人根本任务的必然要求，也是建构中国特色人才自主培养体系和服务教育强国战略的重要使命。面对新技术革命、新一轮产业革命以及世界变局加速演进的时代背景，全面推进新文科建设、培养高质量的新文科人才，迫切需要高校建构有组织的新文科人才自主培养体系，将新文科建设理念有效嵌入高校人才自主培养体系之中。本文在把握新文科服务教育强国战略的重要使命是培育时代新人的基础上，分析高校提升新文科人才自主培养质量所面临的现实困境，并据此提出相应的改革路向，以期为高校高质量新文科人才自主培养提供新思路。

一、培育时代新人：新文科服务教育强国战略的重要使命

无论是从新文科建设的政策与实践指向，还是从各领域对人才自主培养质量的诉求来看，全面提升高校新文科人才自主培养质量在新时代都显得尤为紧迫和重要。培育时代新人是高校新文科高质量服务教育强国战略的重要使命，迫切需要建构新文科人才自主培养体系，高质量培养“知中国、服务中国”的新文科人才。

（一）全面深化新文科建设，服务教育强国战略和中国式现代化建设

党的二十大报告提出，“全面提高人才自主培养质量，着力造就拔尖创新

* 施春花，高等教育出版社副编审；洪永淼，中国科学院大学经济与管理学院院长，教授；汪寿阳，中国科学院特聘研究员，中国科学院大学经济与管理学院教授。

人才，聚天下英才而用之”[①]。服务教育强国战略和推进中国式现代化建设离不开高质量人才的支撑，全面提高人才自主培养质量已成为大势所趋。在新文科服务教育强国战略的背景下，强化价值引领，塑造学生正确的世界观、人生观和价值观成为一项核心任务。新文科人才自主培养需要坚持守正创新，坚持正确的价值导向和服务面向，牢牢把握国家对新文科人才的战略需求，更好地服务教育强国和中国式现代化建设的时代要求。

习近平总书记指出：“教育兴则国家兴，教育强则国家强。”[②] 持续深化“四新”建设是中国高等教育卓越拔尖人才自主培养之路的战略一招、关键一招，也是创新一招。[③] 就新文科建设而言，需要充分吸收和借鉴新工科、新医科、新农科的建设思想和发展范式，从教育思想、质量标准、培养方式等方面进行全方位改革，加快推进新文科人才培养模式改革，勇闯“深水区”，以高校新文科人才自主培养能力和质量提升筑牢教育强国和中国式现代化建设的根基。

（二）着力建构新文科人才自主培养体系

提升高校新文科人才自主培养质量，要求以系统思维建构和完善人才自主培养体系，这个体系势必以质量提升为导向，以自主培养为主线，以新文科内涵为基础，相互关联，缺一不可。新文科教育作为教育领域的一种创新和发展趋势，其核心在于打破传统学科的界限，实现学科之间的交叉融合，特别是文理交叉。通过学科之间的交叉融合和知识的多元化，鼓励学生跨出学科界限，探索不同领域的知识和思想，借鉴不同学科的研究方法，更加全面地理解世界，形成更加立体、多元的知识体系，培养学生的综合素养和创新能力，使他们更好地适应未来社会的需求。

走好新文科人才自主培养之路应主动适应党和国家事业发展需要，聚焦服务国家重大发展需求，把培养人才第一资源和增强创新第一动力相结合，

---

① 习近平:《高举中国特色社会主义伟大旗帜 为全面建设社会主义现代化国家而团结奋斗——在中国共产党第二十次全国代表大会上的报告》,人民出版社 2022 年版,第 33—34 页。

② 习近平:《在北京大学师生座谈会上的讲话》,人民出版社 2018 年版,第 4 页。

③ 参见吴岩:《深化“四新”建设走好人才自主培养之路》,《重庆高教研究》2022 年第 3 期。

推进高质量新文科自主人才培养和高水平中国特色哲学社会科学建设协同发展。[①] 在此背景下，只有建构高水平新文科自主人才培养体系才有可能持续提升人才自主培养质量。

（三）高质量培养“知中国、服务中国”的新文科人才

高校新文科人才自主培养需要重视价值引领，把握方向，保证中国特色社会主义教育底色，尤其是在社会主义核心价值观教育和建构中国自主知识体系方面，要能够自主培养出“知中国、服务中国”的人才。在用西方理论阐释中国道路、解读中国实践力不从心时，中国哲学社会科学就必须自觉担负起总结“中国奇迹”背后的理论和实践逻辑的重要使命和责任，“把中国经验提升为中国理论，实现精神上的独立自主”[②]，为广大发展中国家探索现代化道路提供借鉴和中国方案。

高质量培养“知中国、服务中国”的新文科人才是高校新文科人才自主培养的重要特征。这样的人才既具备过硬的知识和能力，又扎根中国大地，能够解决中国式现代化进程中的突出难题，并且思想解放，能够在把握世界发展大势中领悟治国治世之道。这样的新文科人才培养目标要求高校主动作为，加快建设具有中国特色的学科体系、学术体系、话语体系、教材体系，着力凝练体现中国立场、中国智慧和中国价值的理念、主张、方案，充分展现中国学术话语的特色和优势，这是新文科建设应该认真研究和破解的关键问题，也是提高新文科人才自主培养质量的必由之路。[③]

二、聚焦自主培养：新文科人才培养体系转型的现实瓶颈

新文科是文科教育的创新发展。[④] 新文科建设的三大重要抓手是专业优化、课程提质、模式创新，其中最基础、最关键的要素是新文科课程体系和教材体系。长期以来，我国高校在创新人才培养领域面临诸多挑战，尽管全

① 参见赵婀娜：《全面提高人才自主培养质量》，《人民日报》2022 年 12 月 4 日。

② 《习近平在文化传承发展座谈会上强调 担负起新的文化使命 努力建设中华民族现代文明》，《人民日报》2023 年 6 月 3 日。

③ 参见樊丽明：《中国新文科建设的使命、成就及前瞻》，《中国高等教育》2022 年第 12 期。

④ 参见吴岩：《积势蓄势谋势识变应变求变——全面推进新文科建设》，《新文科教育研究》2021 年第 1 期。

面推进新文科建设政策为高校文科专业人才培养体系的持续优化提供了强大动力，在文科“微专业”设置、文科“金课”建设、教育技术深度融合等方面实现了一定的创新突破，然而，在深入推进过程中，仍面临着自主性不强的现实瓶颈。新文科教育转型速度跟不上时代发展的步伐，主要体现在以下三个方面。

（一）新文科专业体系：自主调适机制乏力

我国高校在学科及专业设置上普遍呈现出一种“大而全”的态势，许多高校一窝蜂地追求热门学科或专业，没有基于长远发展和实际需求进行科学合理布局。习近平总书记在清华大学考察时强调：“要用好学科交叉融合的‘催化剂’，加强基础学科培养能力，打破学科专业壁垒，对现有学科专业体系进行调整升级，瞄准科技前沿和关键领域，推进新工科、新医科、新农科、新文科建设，加快培养紧缺人才。”[①]

高校既是人才培养的重要基地，也是人才招引的重要阵地。高校在教师招聘时通常采用单位制的形式，将教师归属于二级学院或研究机构，教师的利益和资源主要通过二级单位进行配置。这种相对固化的人员归口管理制度，限制了人力资源的灵活管理和配置，给学科专业结构的优化及人员重构带来了不小阻力。尽管国内一些高校已经开始实施交叉学科教授双聘制度，以促进学科交叉融合和协同创新，但在整体规模和质量上，双聘教授的数量还相对较少，且多集中在特定领域或高校之间，其质量参差不齐。此外，对于新兴学科及新知识背景人才的聘用机制，高校普遍缺乏灵活性与创新性。这些都在一定程度上影响新文科人才自主培养体系的建构与完善。

（二）新文科课程体系：自主知识融入困难

我国高等教育改革已进入“深水区”，改到深处就是课程建设。课程作为人才培养体系的核心要素，不仅是教育教学中最基础、最微观的要素，也是落实“立德树人成效”根本标准的具体化、操作化。[②] 针对高校新文科人才培养体系建设，课程建设亦是一块“硬骨头”。当前推动新文科课程体系建设

① 《习近平在清华大学考察时强调 坚持中国特色世界一流大学建设目标方向 为服务国家富强民族复兴人民幸福贡献力量》，《人民日报》2021 年 4 月 20 日。

② 参见吴岩：《中国式现代化与高等教育改革创新发展》，《中国高教研究》2022 年第 11 期。

主要面临以下难点：首先，科教融合程度不足，支撑新文科课程升级的自主知识体系基础尚显薄弱；其次，学科前沿知识融入新文科课程体系建设的渠道还不够通畅，一些最新的自主学术成果无法被及时吸纳进课程体系；最后，学科队伍和教学队伍之间的联系和协作还不够密切，二者之间存在一定程度的割裂。

（三）新文科教材体系：自主迭代动力较弱

教材体系是新文科人才培养体系的重要一环，不仅是课程体系与教学体系之间的重要纽带，也是支撑日常教学活动有效开展的重要载体。新文科教材体系建设不是对现有教材的修修补补，而是要将习近平新时代中国特色社会主义思想的理论成果和实践经验融入教材，将大数据、人工智能等现代信息技术与文科教材内容深度融合，在理论体系、内容设计和体例编排上，契合文科教育新的人才培养模式。当前，高校新文科人才培养体系建设方兴未艾，相应的教学改革尚处于探索阶段，相关责任主体对新文科教材体系自主更新迭代的重视程度相对不足。许多高校倾向于将注意力和行动资源投入学科专业建设、课程教学改革、专项培养计划等能够快速显现效果的前端环节，相比之下，在需要长期投入、久久为功的新文科教材编写和开发工作方面存在一定的弱化趋势。这也导致新文科课程教学改革虽如火如荼，但仍存在知识内容碎片化、知识联系即时化、知识结构离散化等一系列问题。这些问题的根源在于，新文科知识体系未能及时、系统化地融入教材体系中。缺乏系统化的新文科教材体系支撑，新文科人才培养体系的可持续发展也会变得举步维艰。

三、新文科人才自主培养质量提升的改革路向

（一）优化学科专业结构

优化学科专业结构是提升新文科人才自主培养质量的基础性任务。高等教育人才自主培养质量以及服务国家和区域经济社会发展能力的高低，首先体现在学科专业的结构和质量上。习近平总书记高度重视学科专业设置工作，强调“要优化同新发展格局相适应的教育结构、学科专业结构、人才培养结

构，完善全民终身学习推进机制”[1]。

促进学科专业的交叉融合是提升新文科人才自主培养质量的重要途径。2023 年教育部等五部委发布的《普通高等教育学科专业设置调整优化改革方案》，旨在通过深入推进专业设置调整优化改革，使高等教育学科专业结构更加协调、特色更加彰显、优化调整机制更加完善，形成高水平人才自主培养体系，有力支撑建设一流人才方阵、建构一流大学体系。按照教育部有关文件要求，高校要着力推动文科之间、文科与理工农医学科交叉融合，积极发展文科类新兴专业，推动原有文科专业改造升级，更加注重培养学生交叉学科知识与方法。需要强化重点领域涉外人才培养相关专业建设，主动服务国家软实力提升和文化繁荣发展。推进文科专业数字化改造，深化文科专业课程体系和教学内容改革，做到价值塑造、知识传授、能力培养相统一，打造文科专业教育的中国范式。

（二）融通课程体系和教材体系

课程体系和教材体系的融通是高校提升新文科人才培养质量的重要支点和落脚点。要聚焦课程和教材的紧密结合，避免将二者割裂开来而产生“两张皮”现象。通过各学科专业在实践中不断创新和纠偏，依托教材开设融通型课程，基于课程创新与变革打造一批中国特色、世界水平的“金课”。例如，当前数字经济在我国的发展前景广阔，数字经济与实体经济深度融合成为驱动国家重大战略的核心动力。面向这样一个新兴的跨学科领域，数字经济课程体系和教材体系建设不仅成为新文科建设的重要方向，也为新文科教育提供了广阔的应用场景和实践平台。[2]

课程体系和教材体系的融通为基础学科人才培养打牢强有力的根基。高校应在新文科课程体系、教材体系、师资队伍、实践条件等基础要素上下功夫，建设一批具有“高阶性、创新性、挑战度”的一流新文科核心课程，开发一批反映国际学术前沿、具有中国特色的哲学社会科学一流核心教材，吸

① 《习近平主持召开教育文化卫生体育领域专家代表座谈会强调 全面推进教育文化卫生体育事业发展 不断增强人民群众获得感幸福感安全感》，《人民日报》2020 年 9 月 23 日。

② 参见施春花、于明、付雅楠：《新文科背景下数字经济教材建设的实践和思考》，《中国编辑》2024 年第 4 期。

引高校、科研院所的顶尖学者参与新文科自主人才培养，发挥高层次人才“蓄水池”的育人实效。要持续深化新时代教师队伍建设改革，弘扬教育家精神，激励教师成为学生为学、为事、为人的“大先生”。[①] 为有效推进新文科人才培养，高校可依托一流本科课程建设“双万计划”的示范辐射作用，重构课程体系，创新课程建设模式。同时，应持续开展教学大师奖、杰出教学奖评选，办好教师教学创新大赛，激励教师不断提升教学能力。教材建设方面，通过全国教材建设奖选树优秀教材，结合国家规划教材立项工作，推动“四新”教材建设，立足强导向、建机制、促建设，不断提升教材建设的时代性和前瞻性。

（三）推动教育数字化转型

教育数字化是我国开辟教育发展新赛道和塑造教育发展新优势的重要突破口，是未来我国高等教育发展的重要趋势，也是提升高校新文科人才自主培养质量的重要途径。教育数字化的呈现形式是教学资源的立体化和数字教材的建设。[②] 当前，世界正处于第四次经济全球化浪潮中，这一浪潮由数字技术革命和数据要素驱动。移动互联网、物联网、大数据、区块链、云计算、人工智能和基因工程等新技术的广泛应用极大地改变了全球经济的运作方式和商业模式，改变了人类的生产和生活方式，也给传统的法律体系、道德观念、伦理规范等带来了冲击。[③] 在教育数字化战略下全面提升新文科人才自主培养质量，需要以数字化助力建构新文科人才培养体系。一是要加快建设多元化、立体化的教学资源，创新教研新形态；二是要开发数字教材，形成学习新形态。其中，尤其要推进教材数字化建设。教材数字化是指通过多种媒介和数字化技术手段，将传统纸质教材与数字资源有机整合，在纸质教材中关联智能体、融入大模型，形成一种人工智能化的教材形态。随着传统纸质教材配套数字资源建设方式日益成熟，以及教学资源呈现形式不断丰富和教学需求的持续增长，融合互联网和人工智能等信息技术的虚拟现实、增强现

① 参见怀进鹏：《以教育之强夯实国家富强之基》，《人民日报》2023 年 8 月 31 日。

② 参见施春花、于明、付雅楠：《新文科背景下数字经济教材建设的实践和思考》，《中国编辑》2024 年第 4 期。

③ 参见洪永淼、史九领：《数据要素与数据经济学》，《经济理论与经济管理》2024 年第 8 期。

实、配套移动软件等表现形式丰富的数字教材，将成为新文科教材建设形式的大趋势。[①] 新文科数字教材的研发与推广，标志着学习方式的根本性转变，将为文科教育注入新的活力。

具体而言，新文科专业人才自主培养离不开信息技术的深度嵌入，要充分发挥数字技术在拓展教学时间与空间、提供学习资源与工具、增进学生体验与互动、支持数据采集与运用等方面的优势，深化学生学习体验，增进学生互动交流，促进学生个性化发展。一方面，利用数字技术丰富教学途径，促进学生深度参与教学过程，强化学习体验与交流过程；另一方面，利用数字多媒体多形式呈现和组织教学内容的潜在优势，活化课程资源，扩大知识交叉融合面，便利学生学与教师教，持续提高教学效能。此外，还要积极打造时时可学、处处能学的教学环境，跨越时空界限，为学习型社会的建构提供技术支持。

（四）完善自主培养跨界协作网络

高质量新文科人才自主培养离不开高校教育教学实践创新，需深化人才自主培养的跨界融合，积极推动高校与产业跨界融合和破界创新，创造更多更充分的教学实践资源。而这需要厘清新文科自主知识体系的形成逻辑——以维护人性尊严为准则，以建设人类命运共同体为指引，以建构生命共同体为使命[②]，培育学生的家国情怀、国际视野、人文素养和创新精神。

深化人才自主培养的跨界融合，应重视创业教育，着力培养能够跨界融合的创新创业新文科人才。近年来，教育部把加强创新创业型人才的培养作为落实创新驱动发展战略、推进“大众创业、万众创新”的重要举措，以举办中国国际“互联网+”大学生创新创业大赛为切入点，以赛促学、以赛促教、以赛促创，持续推进高校人才培养机制改革。大赛已经成为高等教育落实立德树人根本任务的重要举措，成为推动高校创新创业教育改革的重要平台，成为展示新时代高等教育教学改革成果的重要窗口，成为世界大学生交

---

① 参见施春花、于明、付雅楠：《新文科背景下数字经济教材建设的实践和思考》，《中国编辑》2024 年第 4 期。

② 参见高利红：《新文科自主知识体系的建构》，《华中师范大学学报》（人文社会科学版）2023 年第 4 期。

流互鉴、实现创新创业梦想的全球盛会。在大赛的带动下，高校深入实施产教融合、科教融汇，将创新创业实践与推进产业变革紧密结合，推进人才培养规格与行业标准、教育内容与企业需求相融合，通过育人理念、培养机制、教学改革创新，让“我敢闯、我会创”成为新时代新文科人才培养的重要路向。

（五）打造拔尖人才自主培养高地

推动有组织的新文科自主人才培养，要重视“自下而上”和“自上而下”的改革与实践，这不仅需要高校及其内部学院“自下而上”地跟进实施，也需要政府部门的积极作为和强有力推动。要建设一批新型特色人才培养基地，培养特定领域的拔尖人才，打造拔尖人才自主培养高地。要坚持目标导向、效果导向，整合校内外相关资源，创新人才培养组织形式。要依据新文科的内涵和各自的学科特点，打造学科特色和高地，同时加强“四新”之间的合作协同，打造一批重点人文社科平台和示范性人才培养学院。在卓越人才、紧缺人才培养方面，加强智库平台、跨学科培养平台建设，发展研究院所和产业学院，建成一批国家产教融合创新平台，建成一批国家战略和民生重点领域急需的新文科专业。根据学科专业特点，积极强化基础学科拔尖人才培养，建构“一部六院”科教融汇协同育人机制，全面提升拔尖创新人才自主培养能力。

推动有组织的新文科人才培养还要以立德树人为己任，培养遵循社会主义核心价值观的新文科人才，高度重视课程思政建设。课程思政是落实立德树人根本任务的关键环节，目的是发挥所有课程的育人功能，实现价值塑造、知识传授和能力培养相统一。要对学科专业建设、人才培养方案、课程体系建设、教学体系建设、教材体系建设、课堂教学、教师队伍建设、评价激励机制等进行一体化设计，形成全面覆盖、类型丰富、层次递进、相互支撑的课程思政体系。要在“分类推进”上做深做专，在“资源共享”上做优做广，在“教师能力”上做精做强，在“协同机制”上做通做实，重点要从破解“两张皮”、解决“硬融入”上下功夫。同时，要用好课程思政示范项目，充分发挥这些示范项目的引领辐射作用，带动提升全国高校课程思政建设整体水平。

总之，全面深化新文科建设、夯实新文科人才自主培养质量之基，是全面推进新文科建设、服务教育强国战略的重要使命。为此，不仅要在文科各个学科专业领域取得重要突破，也要在新文科人才培养的理论研究、组织模式、内容方式、教学实践创新等方面，进行全方位、全过程、全要素改革和创新，从而优化学科专业结构、课程体系、教材体系、教学体系和教学方法，强化新文科拔尖人才培养，以夯实高等教育"龙头"之力，为建设教育强国、科技强国、人才强国、文化强国和增强国家文化软实力，做出新文科建设的应有贡献。

（原载《新文科教育研究》2024 年第 4 期）

国际比较视野下大学文科教育的困境与路径

张欣琪　刘业青　林　杰[*]

一、问题的提出

近年来，“文科生是否太多了?”备受热议。[①] 2021 年 3 月，中国人民银行发布题为《关于我国人口转型的认识和应对之策》的工作论文，认为文科生过多是东南亚国家陷入中等收入陷阱的原因。[②] 上海财经大学校长刘元春在经济论坛上指出，市场需求与高校专业设置之间的脱节导致了文科生供过于求。[③] 2023 年，教育部发布的《2022 年度普通高等学校本科专业备案和审批结果》显示，包括公共事业管理、市场营销、社会工作、行政管理、日语等在内的多个文科专业遭到高校撤销。在国际上，多国政府在推动教育政策调整时，强调 STEM（科学、技术、工程和数学）教育的重要性。如日本文部科学大臣下村博文要求国立大学调整专业设置以更好地响应社会需求，英国教育大臣尼基·摩根（Nicky Morgan）和美国参议员马尔科·鲁比奥（Marco Rubio）等同样推崇 STEM，文科教育面临着前所未有的挑战。[④] 但是，仅削减文科生的数量可能无法根本解决上述教育或社会问题，数量是问题的表象，

---

* 张欣琪，北京师范大学国际与比较教育研究院博士研究生；刘业青，北京师范大学国际与比较教育研究院博士研究生；林杰，北京师范大学国际与比较教育研究院教授。

① 文科：不同国家文科表述方式存在差异，如 Arts and humanities、Liberal arts、Humanities and social sciences 等。在进行国际比较时，为保持核心概念的统一性和可比性，本研究采用的是一种广泛而包容的概念范畴，即文科不仅涵盖了艺术与人文领域，还包括了社会科学等多个学科方向，旨在全面探讨文科领域。

② 参见《关于我国人口转型的认识和应对之策》，2021 年 3 月 26 日，http://www.pbc.gov.cn/redianzhuanti/118742/4122386/4122692/4214189/4215394/2021032618473569432.pdf。

③ 参见刘元春:《文科生太多了，有高校拿理工科的钱搞文科》，2021 年 3 月 26 日，https://www.guancha.cn/politics/2024_03_01_726815.shtml? s=zwyxgtjbt。

④ 参见 Iain HAY:《对人文科学所遭受抨击的回应》，李祎译，《地理科学进展》2018 年第 3 期。

需要深入地思考和应对文科教育在发展中遭遇的困境。

二、“文科生太多了”的表现与实质

全球范围内普遍存在对“文科生太多了”的担忧。这种观点外在表现为市场就业需求的波动对文科毕业生构成挑战；内在表现为文科专业的回报往往难达预期。究其原因，文科生规模争议的实质源于文科教育的结构性问题。

（一）“文科生太多了”的表现

1. 就业难：市场的实用导向增加文科求职压力

从就业趋势分析，市场对实用学科毕业生的需求倾向导致本科生就业出现差异化。美国联邦劳工统计局预测，到2029年，在计算机等相关职业需求推动下，STEM职业岗位将增长约8.0%，比其他职业岗位增幅的平均水平快两倍多。① 当前，主要国家的就业数据表明：相对于文科部分专业就业低迷，STEM学科本科生就业情况多优于毕业生的平均就业水平。（见表1）这反映出STEM学科领域的毕业生在就业市场上较强的竞争力，数据差异与专业技能需求和行业发展态势有关。在非STEM学科方面，如教育学、艺术与人文学科等，各国的就业率呈现出明显差异。如在艺术与人文学科领域，澳大利亚的就业率为53.5%，而中国的数据为83.6%。同一国家的非STEM学科的就业率也存在差异。如中国的教育学就业率为87.7%，而法学为77.7%。这说明不同国家在非STEM学科领域的发展状况、市场需求以及教育资源配置等方面存在差异。

表1　主要国家不同专业本科毕业生就业率

（%）

<table>
<tr><th>专业领域</th><th>中国</th><th>美国</th><th>澳大利亚</th><th>日本</th><th>英国</th></tr>
<tr><td>教育学</td><td>87.7</td><td>98.5</td><td>89.6</td><td rowspan="3">93.4</td><td>88.0</td></tr>
<tr><td>艺术与人文学</td><td>83.6</td><td>92.1</td><td>53.5</td><td>84.0</td></tr>
<tr><td>社会科学</td><td></td><td>93.7</td><td>71.8</td><td>85.0</td></tr>
<tr><td>法学</td><td>77.7</td><td>97.2</td><td>84.5</td><td>91.4</td><td>83.0</td></tr>
</table>

① Zilberman, A., Ice, L., “Why Computer Occupations are Behind Strong STEM Employment Growth in the 2019-29 Decade”, *Computer*, 2021, 4(5).

续表

<table>
<tr><th>专业领域</th><th>中国</th><th>美国</th><th>澳大利亚</th><th>日本</th><th>英国</th></tr>
<tr><td>商业与管理</td><td>86.9</td><td>96.8</td><td>84.5</td><td>93.9</td><td>83.0</td></tr>
<tr><td>自然科学与数学</td><td>86.0</td><td>96.8</td><td>69.8</td><td rowspan="2">98.0</td><td>84.0</td></tr>
<tr><td>工程学</td><td>89.4</td><td>99.8</td><td>89.2</td><td>87.0</td></tr>
<tr><td>农业</td><td>87.8</td><td>96.3</td><td>82.1</td><td>93.2</td><td>86.0</td></tr>
<tr><td>健康与医疗</td><td>84.6</td><td>99.6</td><td>95.6</td><td>98.2</td><td>95.0</td></tr>
<tr><td>平均就业率</td><td>85.5</td><td>96.8</td><td>80.1</td><td>94.7</td><td>86.1</td></tr>
</table>

注：1.空格代表无数据。

2.鉴于国家之间学科和专业划分存在差异，研究者在综合比较多国的数据后，重新对专业领域进行命名，尽量形成直观的比较结果。

3.根据麦可思就业蓝皮书2024、纽约联邦储备银行官网、澳大利亚学习和教学质量指数（QILT）、日本大学通信网站及英国高等教育统计局的数据整理自制表格。

文科专业的平均就业率通常低于总体平均水平，表明文科毕业生可能面临更大的就业难度，文科专业内部亦存在显著异质性。近十年OECD国家文科生的招生比例浮动基本保持在5%之内，而实用导向的偏好会导致文科专业中的某些领域面临相对较大的就业挑战。如社会科学领域专业，管理学和教育学的就业前景相对乐观，但人文学科极有可能面临更大的就业压力。这与学科培养方式有关，实用学科更侧重于技能培养，增加了毕业生就业稳定性并降低可替代性，从而失业率较低。如美国机械和精密技术等专业毕业生失业率较低（2.1%），反映出该领域毕业生在市场上具有较高需求。相比之下，美术、哲学和大众传媒等文科专业的失业率较高。①

2. 收益低：隐性的文科价值难以满足求职期待

文科专业往往因市场潜力和经济价值相对较低而失去被优先选择的机会，导致文科在职业选择中处于不利地位。澳大利亚的调查显示，基于经济理性，约85%的本科生及其家长在选择专业时主要考虑就业因素。当下，文科毕业生沦为“高学历穷人”。教育投资的回报在不同专业间存在显著差异。道格拉斯·韦伯（Douglas Webber）基于美国青年数据，得出理工科与文科平均收入

① “College Majors with the Highest and Lowest Unemployment Rates”，2023-03-15，https://stacker.com/business-economy/college-majors-highest-and-lowest-unemployment-rates.

的中位数存在明显差距，被调查者中两类学科最高收入相差近 30 万美元的结论。[1] 特别是在高教育成本的背景下，文科专业的盈亏平衡年龄可能永远无法实现，从而增加投资回报的风险。

不同学科本科毕业生的相对年收入呈现出较大差异，特别是工程类和通信类专业的毕业生相对年收入普遍较高。（见表 2）以德国为例，这一领域毕业生相对年收入高出其他专业 500—12000 欧元不等。而文科专业的毕业生相对年收入普遍较低。如教育学和艺术与人文学科等专业的毕业生相对年收入多处于平均值以下。因此，不同专业的学生在薪资方面存在明显差异，凸显了文科专业毕业生在就业市场上面临着极大的经济挑战，以及关注文科教育和市场适应性的重要性。

表 2　世界主要国家本科毕业生平均年收入

<table>
<tr><th>专业领域</th><th>中国(￥)</th><th>美国($)</th><th>澳大利亚($)</th><th>德国(€)</th><th>日本(日元)</th><th>英国(£)</th></tr>
<tr><td>教育学</td><td>60024</td><td rowspan="2">62205</td><td>75000</td><td>39665</td><td>209400</td><td>28000</td></tr>
<tr><td>艺术与人文学</td><td>66672</td><td>59500</td><td>34594</td><td>209000</td><td>24900</td></tr>
<tr><td>社会科学</td><td>67692</td><td>69802</td><td>69400</td><td>37905</td><td>201500</td><td>29998</td></tr>
<tr><td>商业与管理</td><td>73056</td><td>63907</td><td>69200</td><td>41517</td><td>207300</td><td>27990</td></tr>
<tr><td>自然科学与数学</td><td>71568</td><td>71080</td><td>69000</td><td>40364</td><td>227200</td><td>31888</td></tr>
<tr><td>信息与通信技术</td><td rowspan="2">80508</td><td>74778</td><td>74400</td><td>45709</td><td>218100</td><td></td></tr>
<tr><td>工程学</td><td>76736</td><td>75000</td><td>46291</td><td>216700</td><td>30998</td></tr>
<tr><td>农业</td><td>68172</td><td>61399</td><td>71100</td><td></td><td></td><td>26365</td></tr>
<tr><td>健康与医疗</td><td>65280</td><td></td><td>85000</td><td></td><td>206900</td><td>34950</td></tr>
<tr><td>平均年收入</td><td>69122</td><td>68558</td><td>72060</td><td>40864</td><td>212013</td><td>29386</td></tr>
</table>

注：1. 空格代表无数据。

2. 鉴于国家之间学科和专业划分存在差异，研究者在综合比较多国的数据后，重新对专业领域进行命名，尽量形成直观的比较结果。

3. 根据麦可思研究院 2024 年版《就业蓝皮书》、美国全国大学与雇主协会（NACE）官网、澳大利亚学习和教学质量指数（QILT）、德国 Absolventa 网站、日本厚生劳动省官网及英国高等教育统计局的数据整理自制表格。

① "Projected Lifetime Earnings for Bachelor's Degree Holders by Major", 2019-12-01, http://doug-webber.com/expected_bachelors.pdf.

随着教育水平的提高和人口的增长，越来越多的毕业生涌入就业市场。在市场需求和经济期待的现实驱动下，许多文科生被迫或主动地滞留在就业市场中，进而造成“文科生太多了”的表象。

（二）“文科生太多了”的实质

基于社会各方对“文科生太多了”的争议，以及文科生表现的就业难及文科教育收益低等现象，该争议的症结可归为两点。一是将文科生数量的多寡直接与经济发展挂钩，忽略了教育多样性和社会文化需求的重要性。不同学科的教育在经济发展的不同阶段发挥着不可或缺的作用。片面地从经济角度评价文科教育的价值进而评价文科生数量，忽略了文科生在促进社会发展方面的重要贡献。二是过度简化文科规模规划的复杂性，仅仅将就业结果视为规模调整的单一因素。调整学科专业规模是一项复杂的决策，涉及学科质量、学生需求、战略规划等因素，不仅要考虑外部需求，还应基于对学科发展的预期及学科自身价值与学校愿景的匹配程度。①

文科生就业的严峻形势暴露出教育系统的人才供给量与社会市场需求不平衡，专业结构与市场需求不完全匹配问题。因此，面对“文科生太多了”的争议时，首先要明确其指涉的是文科的规模问题还是结构性问题。从规模上来讲，中国的文科生数量并非“异常状态”。近十年世界主要发达国家本科生中文科生占比普遍超过50%，美国和日本占比甚至超过了60%。（见表3）中国的文科生比例并没有超过其他国家的平均值，而且文科生与理科生比例大体持平。因此，“文科生太多了”并非简单的文科生数量问题，而是更为复杂的文科教育结构性问题。

表3　世界主要国家本科生中文科生占比

（%）

年份	中国	美国	澳大利亚	法国	德国	日本	英国
2013	50. 8	63. 9	55. 6	60. 4	56. 1	64. 5	54. 8
2014	50. 9	62. 7	55. 3	61. 4	55. 8	64. 1	54. 2
2015	50. 8	61. 6	58. 7	62. 1	55. 6	66. 1	55. 9

① 参见张松：《大学学科调整的驱动逻辑研究》，《研究生教育研究》2021年第5期。

续表

年份	中国	美国	澳大利亚	法国	德国	日本	英国
2016	50.8	60.7	57.5	60.1	55.5	66.0	55.8
2017	49.2	59.9	56.2	60.7	55.6	66.8	56.0
2018	50.4	59.3	54.7	59.8	55.5	66.5	55.5
2019	50.3	58.5	54.0	60.2	55.6	66.4	56.3
2020	50.2	57.8	53.4	60.0	56.2	65.9	61.7
2021	49.6	59.2	52.2	57.7	56.3	65.7	60.1
2022	49.2	57.7	52.0	56.9	56.2	65.7	58.5
平均值	50.2	60.1	55.0	59.9	55.8	65.8	56.9

注：根据中国教育统计年鉴官网、美国国家数据统计中心（NCES）、OECD数据库官网、日本文部科学省官网、澳大利亚大学协会官网及德国联邦统计局的数据自制表格。

三、文科教育的结构性问题

对“文科生太多了”的感知源于文科生遭遇的就业难题，以及公众对文科教育价值的持续质疑，这揭示了文科教育与大学发展、市场需求、国家与社会期望之间的复杂关系，指向当前文科教育的发展困境。

（一）文科专业内部结构的调整缺乏合理性规划

大学在调整文科专业结构时，应基于多元因素的综合考虑，坚持统筹兼顾原则，注重教育资源的合理配置和文科教育的长期发展。同时，文科专业结构的调整在一定限度内是合理的，但若仅仅将单一因素作为专业结构调整的标准，缺少稳定性的专业发展长期规划，势必会影响学科建设。在实践中，文科专业内部结构的调整常因缺乏合理规划而导致文科教育发展受限。

首先，文科专业因其相对较低的门槛和灵活性得以大量增设，但未能充分考虑到就业市场的实际需求和教育质量等因素，导致文科生的人力资本错配和低效的教育投资。如新中国成立后，高等教育学科设置受苏联模式的影响，形成了重理轻文的倾向，文科在校生比重持续偏低。改革开放和市场经济的发展带来产业结构的巨大变化，但学科设置滞后于社会发展，与经济社会发展不协调，无法满足社会需求。同时，在追求高等教育大众化的过程中，存在新设学科缺乏特色、设置随意性强且盲目性大，缺乏宏观调控和规划等学科设置乱象。[①] OECD 国家 1991—2020 年的数据分析显示，单纯扩张文科专业并不能产生直接的经济效益，需要一定的经济增长为前提。同时，并非所有个体都适合偏向学术性的高等教育，人力资本错配不但会削弱扩招带来的经济效益，还会影响到文科教育为雇主提供信号的可靠性[②]，文科生在就业市场处于不利环境的风险增加。

其次，量化主导的评价方式在现代高等教育中影响着资源分配和管理，文科因其贡献难以直接量化而逐渐被边缘化。学术界在追求投资回报率、提升机构排名和声誉的过程中，往往强调出版物的数量，而忽视了文科教育的多元性和复杂性。自然科学因其易于量化和标准化在评价体系中占据优势，文科教育则因其难以量化的特性而遭受冷落。这不仅未能准确反映文科教育质量，还在一定程度上影响了大学传统文科的教学、研究和服务职能。通过分析多个大学排名框架发现，有 12 项排名的科研类指标权重超过 50%，有 6 项权重甚至高达 80%，但科研类指标主要以成果和效率为衡量标准，人才培养和社会服务的重要性在排名中并未得到充分体现。[③]

最后，知识和技术创新在全球经济发展中的核心驱动作用需要得到政府、企业和学术界的广泛认可，大学的学科建设、发展与经济紧密相连。一些经济效益相对较低的文科专业被边缘化或裁撤，而那些具有较高市场潜力和经济价值的理工类学科，如人工智能和工程学被优先重视和发展，其职位需求增长速度远超过传统文科领域，文科生找到与其专业相匹配的工作面临更大挑战。同时，各大学开始逐渐缩减文科结构。如日本政府自 2004 年前后开始实施重视产业竞争力的大学政策，大学接受教育服务于经济发展的理念，形成默会的社会观念：文科教育无助于就业且无法赚钱，因而无用。[④] 美国艺术与科学学院发布的《问题的核心》（*The Heart of the Matter*）报告指出，在 2005—2011 年，美国联邦政府对人文领域的资助比例从 30% 下降到了 20%，

① 参见赖德胜、朱敏、黄金玲：《理工科专业毕业生占比为何下降》，《教育研究》2021 年第4 期。

② Naess, T., Wiers-Jenssen, J., "Labour Market Mismatch among Master's Graduates in the Humanities from 1995 to 2015 in Norway", *European Journal of Higher Education*, 2023, 13(4).

③ 参见宗晓华、王立成、李远贤：《大学的魔镜：全球十五项世界大学排名的比较分析与反思》，《江苏高教》2024 年第 2 期。

④ 参见［日］吉见俊哉：《"废除文科学部"的冲击》，王京、史歌译，上海译文出版社 2022 年版。

而对 STEM 领域的支持则一直维持在 60%—70%。[①] 不均衡的资源分配无疑加剧了文科教育的困境。

（二）传统文科培养目标难以匹配市场需求变动

社会和科技的迅速发展正重塑文科教育的目标，技术革新和产业变革增加对跨学科技能和应用型文科人才的需求。这对文科生培养提出更高标准，即文科生不仅需要掌握传统知识，更要具备批判性思维、创新力和社会责任，将理论知识应用于实践，解决面临的各类问题。然而，当前文科教育存在人才培养和社会需求不匹配的现象，导致大量文科生难以在市场中觅得心仪去处。

首先，在当前劳动市场中，技能导向型人才需求正逐渐成为雇主的普遍偏好，这种需求往往追求短期经济回报的显著效果。在全球范围内，文科学位数量在减少的同时，STEM 领域的学位数量却在持续增长，反映了社会对于应用型知识和技能需求的转变。同时，从跨学科合作的广度和深度来看，理工科在跨学科研究与应用方面表现出更强实力。理工科领域的交叉融合趋势日益明显，如生物信息学等跨学科领域不断涌现。但文科教育并非产出应用成果，而是更多聚焦于学生社会服务能力的培养和个人成长。在市场化日益深化的学术环境中，价值增值被狭隘地等同于商业化，导致对大学学科的评价过分强调经济视角，忽视文科教育广泛的社会影响。相较于理工科，文科的社会效益更加分散且难以量化，其价值在短期内难以显现。

其次，数字化时代对人才的需求更加多元化和综合性。在数字化时代，科技的迅猛发展正深刻地改变着市场和社会对人才的需求，企业更加需要具备跨学科知识和技能的综合型人才。如历史学、哲学等传统文科专业侧重于人文素养和批判性思维的培养，这类专业毕业生在数字化的冲击下面临着巨大挑战。随着机器学习和人工智能等技术的发展，需要较强分析能力和技术知识的新职位正在增加，一些传统文科职业，如市场研究员和文案撰写者等正面临被自动化工具替代的风险。美国劳工统计局的数据显示，预计到 2029

① Rowe, J. W., "The Heart of the Matter: The Humanities and Social Sciences for Avibrant, Competitive, and Securenation", 2013.

年，与文档处理相关的工作岗位将减少41%。[①] 因此，数字化时代对复合型人才的需求在不断加剧，对传统文科职业的替代风险也在逐步上升，这要求文科生在掌握传统知识的同时，还需具备跨学科的知识和技能。

最后，文科生的培养过程常常表现为理论与实践之间的断裂，这种“悬浮”状态归因于传统文科教育未能适应现代社会需求的快速变化。既有的教学模式往往将学生的知识需求视为一个静态变量，未能有效地适应社会变迁和技术发展的步伐。[②] 在全球化的复杂社会中，面临的问题往往超越传统学科界限，其解决方案需要跨学科的整合。然而，许多毕业生在接受文科教育时并未形成跨学科意识和能力，在实践中自然也无法很好地综合不同学科知识。

高等教育体系过度细化，削弱了学科间联系，使得文科生在市场对综合型人才高需求的情况下，难以仅凭单一领域知识和技能满足要求。此外，文科生也缺乏充分的就业指导，导致其在理论到就业的过渡中遇到困难。相比之下，理科生受益于预先确定的职业进入路线和更积极的劳动力市场结果，容易形成明确的职业认同和轨迹。[③] 这在一定程度上也加剧了文科生在就业市场上的不公平竞争。

四、文科教育高质量发展的路径

文科教育的结构性问题涉及多元主体，因此，可通过协同国家、市场、大学和个体等多主体的力量以应对文科教育的发展困境。

（一）国家层面：优化调整学科结构，分类发展文科专业

在现代社会快速发展和全球化竞争中，国家在整体学科布局上合理有序的统筹规划至关重要。交叉学科等各种不同分类下的学科布局的合理性，不仅关系到科技创新，还直接影响国家的综合实力和国际竞争力。以中国为例，在2023年颁布的《普通高等教育学科专业设置调整优化改革方案》中，教育

---

① Occupational Outlook Handbook，2023-09-06，https://www.bls.gov/ooh/.

② 参见刘向东：《知识焦虑及其教学回应——当下大学人文社会科学专业教学悬浮问题分析》，《黑龙江教育》（理论与实践）2024年第2期。

③ Simpson，A.，Collazo，J. M.，Zilvinskis，J.，et al.，“Professionals' Identification within and Across Science，Technology，Engineering，and Math Ematics（STEM）Fields”，*Journal of Career Development*，2021，48（6）.

部根据经济社会发展需求变化，动态调整高等教育学科布局，如面向国家战略需求设立大功率半导体科学与工程专业等。不同于我国的直接统筹学科布局，美国政府作为外部力量，通过美国联邦教育部发布学科专业分类目录，侧重于管理上的统计功能和调查信息标准，发挥着构建学科体系、规范办学行为、指导评估工作和辅助决策制定等多重作用。[①] 因此，我国可依据经济发展的长远规划、产业结构及科学技术的发展等，对学科布局进行调整和优化，进而提高高等教育的整体发展，赋能高质量的人才培养。

为确保文科教育能够综合发展并适应现代社会的需求，需要从政策层面提供坚实的支持。这包括建立专门机构并提供经济资助，以支持文科发展和创新。英国艺术与人文研究委员会（Arts and Humanities Research Council）作为英国研究与创新组织的一部分，专注于资助艺术和人文学科的研究，并提供详尽的文科发展项目申请指南，涵盖了人类学、电影和媒体研究以及数字人文等多个文科专业领域，旨在推动学术研究、跨学科合作及知识创新。该机构专注于文科教育的特定需求，不仅确保了艺术和人文学科获得必要的资源和关注，而且强调研究质量和影响力、支持长期学术探索、增强教育与公众参与以及保护文科研究多样性，提升了文科社会地位和学术价值，有助于推动不同学科间的交流。

文科学科的内部布局调整需要考虑到文科各学科之间的差异，充分发展各专业以满足国家战略和社会需求。对于应用性强的专业，应给予高校更大的自主权，以便其根据市场需求调整专业设置。如日本新兴文科领域侧重于实际应用价值，咨询管理等专业展现更强的就业竞争力。[②] 对于那些社会效益高于经济效益的专业，如文化保护等领域，政府应提供适当支持，吸引和保留专业人才以满足社会长期发展的多元需求，实现社会整体效益的最大化。同时，关注文科领域内专业发展的差异性。在美国，从 1987 年到 2018 年，传统文科如历史等专业学生比例下降约 20%的同时，性别研究等新兴领域学生

---

① 参见兰思亮、姚云：《美国学科专业目录 40 年：变迁历程与发展特征》，《高教发展与评估》2024 年第 1 期。

② 参见陆一：《日本国立大学文科“关停并转”相关政策分析——兼论两种文科的现代命运》，《复旦教育论坛》2016 年第 2 期。

比例增长了 5 倍①，这表明美国社会对多元文化等问题的关注。文科专业调整应关注差异性，分类发展以培养符合时代需求的人才。此外，文科专业发展规划还应考虑国家特色，针对性地保护边缘化但具有传承价值的学科。

（二）市场层面：全面评估毕业生能力，加强企业与文科专业的联系

在当前快速变化的职业环境中，企业和组织应更加关注毕业生的综合能力，特别是专业技能之外，包括沟通能力、团队协作、创新思维和批判性思考等在内的软技能。美国的职场基本素养达成秘书委员会（Secretary's Commissionon Achieving Necessary Skills）研究报告提出工作技能指标体系，不仅涵盖工作中的技术性和操作性要求，还包括了与文科相关的广泛能力，如在伦理和道德关怀等领域所具备的专业知识和技能。② 这些软技能方面的优势在于，不仅提高了文科生在多样化职业环境中的适应性和竞争力，也提高了其在职场上的不可替代性。多数商界领袖认为分析问题和人际沟通等技能与文科紧密相关。因此，对求职者的全面考察有助于削弱学科差异带来的壁垒，关注学生个体素养。

为提升文科教育的质量和市场适应性，大学需加强与企业和组织的紧密合作，确保教学内容可适应市场需求，同时通过政策支持和公共宣传有效地提升文科专业的社会认知。此外，支持和鼓励文科领域的研究与创新对于培养学生的研究能力和学术探究精神至关重要。在创新驱动的经济中，文科专业如哲学对培养批判性思维和创造力等至关重要，这些技能正是推动创新和创意经济发展的核心要素。企业与文科专业之间的紧密合作，可以开拓诸如内容创作和用户体验研究等新兴就业领域，是现代经济发展中不可或缺的部分。2017 年硅谷指数显示，尽管创新与信息产业就业人数占比（27%）未达预期，但社区和商业基础设施（52%）与服务领域（17%）显著的就业人数占比，凸显了金融、法律和咨询等服务人才对硅谷发展的关键作用。③

---

① "The Shrinking Humanities Major", 2016-03-13, https://www.insidehighered.com/news/2016/03/14/study-shows-87-decline-humanities-bachelors-degrees-2-years.

② 参见万作芳：《美国能力分类、培养及启示——以 SCANS 为例》，《教育研究与实验》2014 年第 5 期。

③ 参见穆桂斌、黄敏：《美国硅谷人才集聚规律及对雄安新区的启示》，《河北大学学报》（哲学社会科学版）2018 年第 4 期。

（三）大学层面：以核心素养为培养目标，深化新文科教育改革

文科教育的根本目的是培养人才，核心在于提升人的核心素养，聚焦于人的全面发展，而非被技术至上和功利主义思潮裹挟。文科教育应当在传授专业知识的同时，注重塑造学生的人格魅力和道德品质，培养出既有深度又有广度的复合型人才。哈佛大学在2022—2023学年提供美学、伦理学、技术等多种课程，深化对人文、社会科学和科技的理解，有助于培养能够适应快速变化世界和解决复杂问题的人才。同时，文科的复杂性、价值性和非累积性需要全面而细致的评价体系来准确衡量文科专业人才的发展水平，既要审视最终学术成果，又要关注学习过程和学生在过程中的成长。以牛津大学跨学科专业——政治学、经济学、哲学为例，其人才培养评价体系综合了结果评价、过程评价和增值评价，运用入学考试、学年末考试、毕业考试等多重方式来评定学生的学习。[①] 采用多元化的评价主体与标准能更全面展现学生的发展。

为促进文科教育创新发展，推动人才培养模式改革，2019年，教育部等13个部门联合启动“六卓越一拔尖”计划2.0，全面推进新文科建设。新文科（New Liberal Arts）的概念最初由美国希拉姆学院（Hiram College）在2017年提出，强调将新技术融入文科课程，进行专业重组。中国的新文科内涵要大于美国新文科，源于新技术推动、新需求产生及新国情要求等多方面因素[②]，其核心在于加强实践教学与跨学科学习，避免学科单一化导致知识和能力的局限性，提升学生的综合素养和就业竞争力，加强理论与实践的联系以更好地从学校过渡到市场。但在跨学科时，大学必须认识到文科的独特价值，避免将其视为自然学科的补充或备选方案，应强化其主导作用从而降低学科从属的风险，需考虑到不同学科间的门槛差异，并据此合理配置资源。

建立科学包容的评价体系，超越简单的量化指标，深入理解和评价文科教育在社会和人文领域所做出的贡献。当前评价体系过于倚重论文数量、引用率等形式指标，过分强调短期、可量化成果，采用简化的投入—产出模式，

---

① 参见公钦正、张海生:《新文科人才培养何以实现——基于中英两所大学PPE专业人才培养方案的案例研究》,《重庆高教研究》2022年第2期。

② 参见樊丽明:《“新文科”:时代需求与建设重点》,《中国大学教学》2020年第5期。

对文科教育的长远价值认识不足，反映了评估体系的局限性，传统的科研评估方法难以全面把握这些学科的特性和社会贡献。因此，评价文科的发展需要更为复杂和适切的方法，捕捉到这些学科的复杂性及其对社会的广泛影响。学术界正在探索新的评估途径，有学者以欧洲大学为背景，提出了一个包含科学、社会和政治等维度的评估框架①，以更全面地捕捉人文社会科学研究的多元影响。这表明建立一个综合性的、能够全面反映文科价值的评价体系是可能的，也是必要的。

（四）个体层面：辩证看待学科差异，综合多因素选择专业方向

学生、家长和其他相关利益个体应秉持包容的学科差异观念，辩证看待学科之间在某些维度下的差异，自觉规避学科间的偏见。有观点将知识划分为“实用的”和“装饰的”两种，应用性学科归属于实用性知识，而文科往往被视为装饰性知识，因此断定文科不如其他学科。这种简单二分法限于特定职业技能，忽略培养个体理解力和批判性思维等特征。② 各学科有其独特的价值体系和发展规律，不能简单用成本效益来衡量，市场逻辑不应成为学科建设的唯一标准，避免个体陷入“功利主义”和“数字至上”的误区。个体应辩证看待学科间的差异，认识到不同学科在知识体系、研究方法和社会贡献等方面的独特性，切勿因学科之间不同的标准产生学科刻板印象。学科并无优劣之分，没有学科可以单独存在。理解学科互补性和交叉融合的重要性，尊重学科的专业性，避免形成过于浅薄的认识。

个体专业选择应寻求个人志向和社会需求之间的平衡，避免过度受短期就业趋势或他人期望的影响。大学专业选择是一个复杂的多因素决策过程，涉及个人兴趣、家庭和重要人际关系等内在因素，及经济社会环境、行业发展前景和专业声誉等外部因素。伊莱恩·布里昂斯（Elaine Briones）在对菲律宾学生的调查结果显示，学生个人兴趣和选择是影响专业选择的最主要因

---

① Reale，E.，Avramov，D.，Canhiaml，K.，et al，“A Review of Literature on Evaluating the Scientific，Social and Political Impact of Social Sciences and Humanities Research”，*Research Evaluation*，2018，27(4).

② 参见俞兆达：《新文科人才培养模式改革的创新切口、战略隐忧与行动前瞻：一项跨案例研究》，《西南大学学报》（社会科学版）2023 年第 6 期。

素，其次是学校声誉和教育质量、就业前景等。[①] 在中国，不同因素的优先次序存在差异，家庭的重要性会被放大。阳韬基于中国高考报考情况进行分析，结果表明家庭经济状况直接影响学生专业选择。而家庭文化背景虽然不直接决定学生专业选择，但在经济因素的作用下，会显著影响学生专业偏好。[②] 因此，个体在进行学科选择时，应避免过度放大单一因素的负面影响而形成专业选择与学科认知，全面了解不同学科信息，关注国家与市场和学科之间的联系，充分了解大学学科发展和制度规则，综合各类信息后做出最佳选择。

（原载《中国高教研究》2024 年第 11 期）

① Briones, E. R., Bueno, D. C.,"Factors Affecting the Decision of First Year Students in Choosing Their Degree Program and School", *Institutional Multidisciplinary Research and Development Journal*, 2019, 2(6).

② 参见阳韬:《家庭资本与学生高考专业选择——基于 5 所本科高校的实证调查》,《中国高教研究》2023 年第 4 期。

人工智能正重塑全球高等教育格局

联合国教科文组织高等教育创新中心

当前，人工智能技术正以前所未有的速度重塑全球高等教育格局。从智能学习分析系统为学生精准推送个性化学习内容，到自动化教学辅助工具减轻教师教学负担、设计个性化学习路径助力学生高效成长，再到技术推动学科融合创新、加速知识变革，人工智能正全方位渗透进高等教育的每一个角落。这一变革既为提升教育质量、促进教育公平带来前所未有的机遇，也对传统高等教育体系发起了诸如学术诚信、知识更新速度、学科结构调整等方面的挑战。面对人工智能为高等教育带来的深刻变革，世界各国政府、教育机构和国际组织积极行动，在政策制定、技术应用和人才培养等领域展开了广泛且深入的探索，以寻求适应这一变革的高等教育发展新路径。

2025 年 1 月，中共中央、国务院印发的《教育强国建设规划纲要（2024—2035 年）》明确指出，“建设学习型社会，以教育数字化开辟发展新赛道、塑造发展新优势”“促进人工智能助力教育变革”，为我国借助人工智能推动教育变革提供了清晰的政策指引。在政策的引领下，中国积极投身国际教育合作，通过技术输出和经验分享赋能发展中国家教育变革转型。以“数字丝绸之路”建设为例，中国高度重视“一带一路”数字人才的培养，借助数字化技术和人工智能为共建“一带一路”国家和地区的教育发展注入新活力。同时，中国高校和企业也积极参与国际教育合作，借助在线教育平台和人工智能工具，帮助发展中国家教师提升技术应用能力。例如，华为与多国教育机构合作，提供智慧教室解决方案并开展教师培训项目，推动各国教育数字化转型进程；我国多家私营企业也与联合国教科文组织等国际组织或非营利机构合作开展教育项目，旨在提升共建“一带一路”国家和地区教师与青年的技术能力，进一步强化了新兴技术领域的国际交流与合作。

在国际层面，美国、南非、新加坡、澳大利亚等国家纷纷出台人工智能在教育场景应用的相关政策与规范，为技术的合理应用保驾护航。联合国教科文组织也发挥着重要的引领作用，2023年和2024年相继发布的《在教育和研究中使用生成式人工智能的指南》《教师人工智能能力框架》和《学生人工智能能力框架》等指导框架，为各国高校和教育机构有效应用人工智能技术提升教学质量提供了科学参考，其鼓励开展“人在回路中”的教学创新实践，有助于促进师生的人工智能素养发展，确保技术应用符合道德规范。

联合国教科文组织高等教育创新中心（简称“创新中心”）长期关注包括人工智能在内的新兴技术与高等教育的融合发展，通过能力建设、政策对话、研究报告和案例分析等，为全球高等教育的创新变革提供决策支持和实践方案。本文结合创新中心的知识成果及2024年在东南亚、中亚和非洲等地区高级别政策对话会的核心讨论内容，梳理发展中国家和地区在人工智能技术推动高等教育变革转型中的关切、挑战与实践。

一、人工智能驱动高等教育变革的共同趋势

第一，人工智能促进个性化学习发展，重塑教学新范式。

人工智能赋能的个性化学习正以前所未有的态势重塑高等教育的教学模式。基于机器学习算法构建的智能推荐系统，能够深度分析学生的学习轨迹、知识掌握程度、学习习惯和兴趣偏好等多维度数据，为每一位学生量身定制专属的学习内容和学习计划，从而显著提高学习效率和学习效果。

在东南亚地区，菲律宾大学（University of the Philippines）校长梅琳达·班达利亚（Melinda Dela Pe A Bandalaria）介绍，该校正积极尝试将人工智能技术运用在为学生提供专业支持、研究探索等初步工作中。通过试点人工智能驱动的学习分析平台，对学生的学习过程进行全方位监测和评估，以精准识别学生在学习过程中遇到的障碍和困难，及时提供个性化的学习建议和支持。根据学生在平台上提出的问题，学校和教师能够更好地辨别其学习过程中的薄弱环节以及在校园内经常遇到的问题，然后从学习和校园生活等多个层面提供综合支持。白俄罗斯明斯克国立语言大学（Minsk State Linguistic University）同样积极拥抱人工智能技术。该校校长娜塔莉亚·叶甫盖尼耶夫

娜·拉普捷娃（Natalya Evgenievna Lapteva）表示，学校充分利用人工智能技术，支持教师在语言学、翻译学等专业教学中为学生针对性开展创新教学实践。教师可以借助人工智能工具，针对性地学习不同语言的语料，在学习过程中找到薄弱环节进行强化练习，实现个性化的语言教学和场景化的训练。俄罗斯国家研究型高等经济大学（HSE）教育学院院长捷伦特耶夫·叶夫根尼·安德列维奇（Terentyev Evgeny Andreevich）带领的研究团队正在开发基于自然语言处理（NLP）技术的自动答疑系统，以帮助学生更便捷地获取学习资源。同时，团队还建立了人工智能软件和应用案例库，对不同应用程序支持学习的效果进行持续跟踪和评价，为优化教学应用提供数据支撑。

第二，人工智能赋能教师支持系统，成为教师专业发展的智能助手。

人工智能技术在优化学生学习体验的同时，在教师专业发展方面也发挥着重要作用。例如，智能评测系统能够辅助教师进行作业批改，快速、准确地对学生的作业进行评分，并提供详细的反馈意见，提高反馈效率，节省时间精力，使教师能够将更多的时间投入教学设计和与学生的互动交流中；虚拟教学助手可以帮助教师进行课程内容规划、教学资源匹配和教学活动设计，为教师提供丰富的教学思路和方法建议，提升教学质量。此外，部分国家高校已在鼓励教师借助人工智能平台进行项目和教学大纲的设计与优化，充分发挥人工智能在教学中的辅助作用。

各国在意识到人工智能技术赋能教师专业发展的重要性后，开始重视对教师的相关培训。吉尔吉斯斯坦教育与科技部部长乌兰贝克·曼彼塔库涅夫（Mambetakunov Ulanbek Esenbekovich）表示，尽管该国目前人工智能在教师培训中的应用尚处于起步阶段，但政府已充分认识到其重要性，并计划加大对相关技术的投入力度，促进教育的数字化转型。印度尼西亚由于不同地区间技术条件差异较大，在推动教师能力提升方面面临诸多挑战。印度尼西亚大学（University Indonesia）计算机科学教授、印度尼西亚高等教育认证委员会委员陈·巴萨鲁丁（T. Chan Basaruddin）介绍，为应对这一情况，印尼正在通过创建虚拟辅导员来为教师提供实时的技术指导和支持，尤其在教学设计和教学质量提升层面，注重培养教师的批判思维和创造力以提升教师对人工智能技术的应用能力。同时，印尼开放大学（Universitas Terbuka）和印尼网络教育学院（ICE-I）等高校和教育机构正积极开展教师培训工作，提升教师的人工智能基础素养和伦理认识，避免作弊、学术不端等行为的出现。

可见，人工智能技术将深度融入教师培训体系，提升教师的数字素养和人工智能教学应用能力，为教育质量的提升奠定坚实基础，进一步推动教育数字化转型的加速发展。

第三，人工智能推动学科变革，成为教育高质量发展的“新引擎”。

人工智能技术正成为推动高等教育学科变革的强大引擎，促使传统学科不断升级，新兴学科蓬勃发展。例如，乌兹别克斯坦数字技术部设有数字技术与人工智能发展研究所，积极推动人工智能技术在各个学科领域的深度应用，以响应《数字乌兹别克斯坦 2030 战略》。乌兹别克斯坦国家高等教育改革组组长、塔什干信息技术大学教授马拉特·拉赫马图拉耶夫（Marat Rakhmatullaev）介绍，塔什干信息技术大学正在深化和完善数据科学、机器学习、计算机科学等学科的大纲体系，加强学科建设。同时，该国通过建立科技园、支持高新技术人才出国进修等举措，大力弥补国内人工智能技术发展和人才短缺的短板，为学科发展提供有力支持。

又如，泰国朱拉隆功大学（Chulalongkorn University）组建了人工智能支持教学团队（Chula AI），在教师培训中广泛引入人工智能教学辅助工具。该校教授、Chula AI 主任普罗德普兰·普尼亚布卡纳（Proadpran Punyabukkana）强调，这些工具能够显著减轻教师备课的负担，使其能够将更多精力投入教学互动和创新实践中。此外，该团队还支持高校在医疗、心理健康、法律、金融、农业等多个领域的学科升级，致力于推动不同学科领域依托人工智能等新兴技术转型升级，以实现跨越式发展。

第四，人工智能带来了教育公平与技术伦理方面的挑战。

尽管人工智能为高等教育发展带来了诸多机遇，但随着其广泛应用，也引发了关于公平性和伦理性的讨论。例如，数据隐私保护、算法偏见以及技术鸿沟等问题对教育的可及性和公平性所产生的影响引发了国际社会的广泛关注。2024 年 12 月，创新中心参与联合主办的 2024 年非洲地区高级别政策对话会特别关注了这些问题。

东部非洲地区大学理事会副执行秘书长阿里斯·A. 拉伊（Idris A. Rai）

指出，当前，由于部分地区仍存在数字基础设施不足的问题，人工智能的应用可能会扩大教育鸿沟，使偏远地区原本已受基础设施短缺影响的学生在获取优质教育资源方面的差距日益扩大。因此，各国政府应在教育领域推广人工智能技术时制定科学合理的监管政策，同时区域间应通过国际合作促进可持续的技术投资，以确保所有学生都能平等享受人工智能技术带来的学习便利和效率提升。

塞内加尔国家高等教育质量保证局行政与技术协调员阿卜杜·拉赫曼·西塞（Abdou Lahate Cissé）介绍了该组织的愿景——通过质量保证方法促进高等教育、研究和创新的转型发展。他表示，在高等教育领域推进数字技术和人工智能应用的过程中，政府和机构框架应加强其引导作用，教育机构应加强对教育工作者的能力建设，高校应重视将人工智能纳入博士生课程体系。同时，他还着重强调了开展人工智能研究、加强网络建设以及制定符合伦理的质量保证准则的必要性，以确保人工智能技术在高等教育领域的健康发展与可持续应用。

二、人工智能推动高等教育变革的区域实践

（一）东南亚：政策引领开启智能教育新篇章

东南亚国家普遍将人工智能视为提升高等教育质量、推动教育现代化的关键力量和重要工具，在政策层面积极布局，大力推进人工智能与高等教育的融合发展。2024 年 4 月，创新中心主办的东南亚地区高级别政策对话会上，多个国家已在高等教育战略中明确提出要加强人工智能技术的应用。

例如，柬埔寨虽然在人工智能应用方面尚处于早期阶段，但其政府充分认识到人工智能应用的巨大潜力，制定了《国家技术转型计划》，旨在通过发展人工智能等新兴技术实现 2030 年和 2050 年的远景目标，推动教育高质量发展，促进数字经济增长，鼓励创新创业和技术转移。建立柬埔寨信息技术大学网络，计划通过改革教学方法与评价体系，为学生提供更多深入了解机器学习、机器人开发、区块链等前沿技术的机会，培养适应未来时代发展需求的创新型人才。

老挝政府与多所中国高校正在积极开展合作，共同推动人工智能技术在

农业、教育、企业、旅游业、手工业、生态环境等领域的应用研究，从学科发展入手推进人工智能赋能教育计划。然而，由于老挝目前技术和人力资本相对薄弱，大部分工人从事农业劳作，在短期内全面实施人工智能技术以实现跨越式发展的准备度尚不成熟，导致人工智能技术在该国教育领域的推进速度相对缓慢。尽管如此，老挝政府和教育机构仍在积极探索适合本国国情的人工智能教育发展路径，稳步推进相关工作。

缅甸也在积极探索将人工智能融入高等教育体系的有效方式。尽管相关资料有限，但通过文献检索发现，缅甸已在开展相关尝试，围绕人工智能应用提升教育成果展开了多次讨论并发出倡议。目前，缅甸主要通过开设涵盖深度学习算法、自然语言处理等计算机科学领域的进阶主题课程等方式，对使用人工智能技术辅助学习进行初步探索。这也是缅甸推动教育现代化的重要尝试，此举可望助力国家教育向个性化、规模化和评价智能化方向转变。

新加坡、马来西亚和泰国均在国家层面发布了人工智能发展和应用的相关战略与规划。2022 年，泰国发布了《泰国国家人工智能战略和行动计划（2022—2027）》，并在 2024 年更新了这一战略。通过设立国家级人工智能教育实验室，推动高校与企业联合开发人工智能教育产品，以提高教育的市场适应性。同时，泰国积极建设可持续的人工智能基础设施，并推动多部门协作，促进人工智能赋能经济、教育等领域的发展。

马来西亚 2021 年发布的《国家人工智能发展 2021—2025 年规划》和联合国教科文组织发布的《在教育和研究中使用生成式人工智能的指南》（“Guidance for Generative AI in Education and Research”）等一系列不断更新的政策和咨询说明文件，为人工智能技术的发展和应用提供了治理框架和伦理指导方案，在确保人工智能技术发展处于优势地位的同时，保障数据隐私和安全。此外，马来西亚还通过开展人工智能课程、设立人工智能学院、积极应用人工智能技术以提升行政效率等举措，促进教育机构的综合发展。

新加坡在人工智能与教育融合方面一直走在世界前列。2023 年 12 月，新加坡推出《国家人工智能战略 2.0》，旨在利用人工智能技术造福公众和国家。新加坡将人工智能融合高等教育领域的目标设定为追求卓越，期望“将人工智能应用于解决国家的需求与挑战，推动该领域的发展，从而最大限度地创造价值”。目前，新加坡已将人工智能技术广泛应用于提升劳动力素质、优化教育系统和改善学习效果等方面，通过建立国家级学习管理系统和实施“技能创前程”（Skills Future）项目，促进终身学习，助力工作人群的能力重塑和提升。

（二）中亚：数字转型与智能教育深度融合

2023 年 10 月举办的“数字桥 2023”（Digital Bridge 2023）论坛中，哈萨克斯坦总统卡西姆·若马尔特·托卡耶夫表示，“人工智能已不再是科幻小说，而是现实，人工智能技术与过去的电力和互联网一样具有革命性意义”。中亚国家在人工智能教育领域的探索，更多聚焦于利用人工智能推动地区经济发展和高等教育的数字化转型。

国家层面，土库曼斯坦制定的《2023—2030 年土库曼斯坦数字教育体系发展计划（DDES@ Turkenistan）》涵盖了基础设施建设、教师能力提升、数字学习内容开发以及最新技术应用等内容，全面推动教育体系的数字化改革。吉尔吉斯斯坦计划在未来 5 年内将人工智能纳入教师培训体系，以提高教育工作者的数字素养。

学校层面，土库曼斯坦教育部相关官员表示，该国正大力推进“智慧校园”建设，借助数字化分析工具优化教学流程管理，同时依托院校的运营数据支持校园层面的精细化管理和科学决策。通过教学流程优化，院校能更加及时了解学生的学习情况和教师的教学效果，为个性化教学和教学质量改进提供有力支持。吉尔吉斯国立民族大学正在推行一项全面的数字化转型计划。通过开发管理决策支持系统，引入具有人工智能元素的学生智能助手和自适应学习平台，提升教育质量，简化高校管理流程，并为学生提供更加便捷、高效的学习工具。

多元主体协作层面，哈萨克斯坦科学和高等教育部与纳扎尔巴耶夫大学（Nzazrbayev University）、哈萨克斯坦高校联盟等不同机构共同合作，全面推进教育体系的数字化转型升级，以适应新兴技术的发展需求。各方共同努力构建完整的人工智能教育生态系统，明确转型的整体路线图，从政策制定、师资培养、课程开发、学科升级到实践应用，为人工智能教育的可持续发展奠定坚实基础。

然而，由于中亚地区国家间发展水平存在差异，国际化程度参差不齐，在一定程度上影响了各国对技术与教育结合的推动进程，并且部分小语种人工智能训练资源匮乏和政策法规尚不完善等问题进一步制约了当地的教育发展，成为当前中亚地区教育转型升级面临的主要挑战。

（三）非洲：人工智能技术与教育公平的平衡

非洲联盟（African Union）将2024年定为教育年，主题为“培养适应21世纪的非洲人：为非洲建立韧性教育体系，增加非洲获得包容、终身和优质教育的机会”。这一举措对于重新定位教育在非洲发展中的基石地位具有重要意义。在2024年非洲地区高级别政策对话会上，联合国教科文组织非洲优先与对外关系助理总干事菲尔明·爱德华德·马多克（Firmin Edouard Matoko）指出，非洲在推动人工智能高等教育应用方面需要兼顾技术发展与教育公平。非洲地区拥有全球最多的青年人口，如果能够妥善予以引导和利用，将显著改善该地区青年的教育和就业机会。

尽管基础设施建设不足、技术成本高昂等因素仍是非洲高校在人工智能教育应用方面的主要障碍，但数字技术和人工智能技术的快速发展将为非洲青年提供适应未来社会所需的关键技能，并将在推进非洲教育转型升级、培育创新教学方法方面发挥变革性作用，助力非洲教育机构成为创新枢纽，为区域经济社会发展做出更大贡献。

在东非共同体（East African Community）范围内，高等教育机构在人工智能项目和研究倡议的实践上普遍有限且存在明显不均衡。如肯尼亚和乌干达等国部分高校已在应用人工智能项目上取得了一定进展，但布隆迪、坦桑尼亚、索马里和南苏丹等其他合作国的高校则严重缺乏人工智能领域的学术项目或制度框架。其中，卢旺达和肯尼亚凭借积极的政策驱动脱颖而出，推出了如《2023年卢旺达人工智能政策》和《2025年肯尼亚国家人工智能战略》等文件。然而，这些努力在区域层面尚未形成广泛的协同效应，仍呈现出相对孤立的状态。

总体而言，东非地区的人工智能应用倡议范围有限，且与行业和社会实际需求的结合不够紧密，尚未充分发挥人工智能在推动教育发展和经济社会进步方面的潜力。东非高校理事会等机构曾表示，期望在各国伙伴的支持下，通过广泛开展区域合作，充分利用各种平台启动和实施相关人工智能倡议，以全面提升东非各国人工智能技术在教育领域的应用水平。

西非地区，以尼日利亚为例，由于国家发展水平不平衡、基础设施建设薄弱、教师能力亟待提升等因素，尚未推出人工智能在教育领域应用的相关指南或法案。艾哈迈杜·贝洛大学（ABU）计算机工程系教授穆罕默德·巴希尔·穆阿祖（Muhammed Bashir Mu'azu）介绍，作为创新中心国际网络教育学院的2024年轮值主席单位，该校依托创新中心的网络资源，正积极主导尼日利亚人工智能治理框架的研发工作。与此同时，通过联合国内外高校、以华为为代表的技术公司以及国际组织等，尼日利亚正在起草《高等教育中的人工智能政策草案》，旨在厘清高等教育在人工智能技术冲击下所面临的机遇与挑战。总体来看，尼日利亚通过加强能力建设、制定管理办法和治理指南，切实强化了人工智能技术在促进教学质量提升中的作用，为该地区的教育和经济社会发展注入新的活力。

在南非地区，南非约翰内斯堡大学（University of Johannesburg）在南非地区的教育水平较高，具备推出校园内人工智能管理办法的能力与条件。该校建筑环境工程学院院长、工程学院院长论坛主席丹尼尔·马绍（Daniel Mashao）是人工智能通用领域的专家。他认为，学校基于当下的技术治理情况，应积极把握人工智能带来的机遇，主动拥抱新技术；同时，制定暂行管理办法，定期更新并及时向各相关方传达，确保所有人都能清晰了解最新的办法和规定。在人工智能能力培养方面，他认为，所有的学生和教师都应接受人工智能通识教育。高校应提供免费公开课程，让公众充分认识到人工智能的价值和潜在风险。此外，高校还应建立评价和监测机制，检验人工智能技术是否真正提升了教育质量、推动了教学改革，并了解各高校在人工智能领域的发展贡献。

撒哈拉以南非洲地区的高等教育面临着严峻挑战。根据经济合作与发展组织（OECD）的调研，该地区高等教育入学率仅约为9.4%，远低于全球平均水平的38%。如此低的入学率极大限制了该地区对掌握人工智能、数据分析和机器人技术等关键技能的技术型人才的培养。而这些技能对于帮助学生获得高薪工作、推动地区未来的经济社会发展至关重要。

纵观整个非洲地区，每年约有1100万非洲青年进入劳动力市场，其中超过40%的人缺乏必要的数字和人工智能相关技能，难以获得满意的就业机会。

非洲联盟在应对这些挑战中发挥着引领作用，其长期发展蓝图《2063 年议程》勾勒了一个利用先进技术和创新实现包容性增长的、整合的非洲大陆愿景。其中，有两项特别强调了以科学、技术和创新为核心的“技能革命”，涵盖人工智能、数据科学和数字创业等领域，致力于使非洲高校成为研究与技术进步的枢纽，赋予年轻一代与未来需求接轨的相关能力。同时，非洲联盟也深刻认识到青年赋权和性别平等在数字化转型中的核心地位。以人民驱动发展非洲，需要依靠其人民，特别是青年和女性的潜力。

三、携手共进，迎接 AI+教育新时代

当前，人工智能技术在高等教育领域的巨大潜力已得到全球各个国家和地区的高度认可，其变革性力量正推动着教育系统进行全面而深刻的改革，尤其为发展中国家提升教育质量、优化学习体验、促进教育公平带来了新的希望和机遇。然而，要充分实现人工智能技术造福教育事业的目标，提升教育质量和公平性，仍需要各国政府、教育机构、企业以及国际组织等各方的共同努力。

从促进全球高等教育均衡发展的角度出发，加强区域合作是关键。各国应积极共享技术成果和实践经验，打破技术壁垒，缩小不同地区之间的数字鸿沟。教师作为教育的核心力量，其人工智能素养的培养直接关系到人工智能技术在教学中的有效应用。各国应加大对教师培训的投入，开发专门的培训课程和资源，提升教师对人工智能技术的理解和应用能力。此外，发展本地化人工智能教育资源也是满足不同地区、不同文化下教育需求的重要方式，能够提高人工智能教育的适应性和有效性。同时，建立健全人工智能教育伦理与治理框架至关重要，规范技术在教育领域的应用，能够保障数据安全与教育公平的实现。

人工智能技术加速推动全球高等教育的数字化转型进程，是一场深刻的教育变革。尽管不同地区在人工智能教育应用方面的发展水平和面临的挑战各不相同，但通过全球合作与政策引导，能够凝聚各方力量，携手共进，充分发挥人工智能的优势，推动全球高等教育转型升级。

（原载《神州学人》2025 年第 3 期）

数字时代的新文科教育：何以为“教”？何以可“育”？

陈　潭　刘　璇*

一、数字时代下的新文科教育变革

以互联网、大数据、区块链和人工智能等为鲜明特征的新一轮科技革命正在引领人类社会迈入一个全新的数智时代。① 正是在这样的数字时代之下，我国的经济社会发展也随之进行迭代升级和转型，与此同时也带来了一系列的问题和挑战。在教育领域，我国的学科建设和高等教育也需要主动适应数字时代的发展要求，顺势更新教育定位、促进转型发展。2019 年 4 月 29 日，教育部、中央政法委等多个部门在天津联合召开“六卓越一拔尖”计划 2.0 启动大会，为新工科、新医科、新农科、新文科的未来发展指明了方向。2020 年 11 月 3 日，教育部新文科建设工作组主办的新文科建设工作会议发布了《新文科建设宣言》，对新文科建设做出全面部署。同时，成立“全国新文科教育研究中心”作为新文科建设的智库支持。随着新文科建设的全面启动，聚焦新文科教育与研究的学术期刊也相继创办，如中南财经政法大学主办的《新文科教育研究》、山东大学主办的《新文科理论与实践》等。由此可见，新文科教育是人文社会科学在顺应数字时代发展之际进行的战略转型与重大变革，在推进教育体制改革创新、建设高质量教育体系的过程中发挥着重要的作用。

---

* 陈潭，广州大学公共管理学院教授、南方治理研究院院长；刘璇，广州大学南方治理研究院研究助理。

① 参见王国成、陈潭：《学科交叉融合下的计算思维及其对新文科建设的启示》，《新文科理论与实践》2022 年第 3 期。

新文科教育作为新文科建设中极其重要的一环，是新文科建设能否成功的关键一步。在数字技术蓬勃发展与普及应用的智能时代，数字技术正成为新文科教育变革的中介力量，对新文科教育的未来发展产生重大影响。具体来说，数字时代下的新文科教育实现由细分学科走向整合学科、由单一教学走向多元教学、由专业育才走向综合育才。在数字技术广泛运用的今天，新文科教育也更加强调各专业的融通性，数字技术的介入则可以打破孤立的知识边界和学术研究的传统状态，在复杂动态的情境中促进研究和教育的创新。① 将互联网、大数据、人工智能等新一代智能技术与中国特色人文社会科学的学科体系有机融合，能够促进多学科交叉互构，实现细分学科到整合学科的转向。同时，数字技术的发展打破了单一化教学方式对学生综合素质养成的限制，促进教学方式上传统与科技的有机融合，使得多元化的教学成为可能，实现单一教学到多元教学的转变。在多元融合性教学的背景下，新文科教育突破传统专业型人才的培育思路，实现专业育才向综合育才的转向。数字时代文科人才培养的重心在于培育符合时代需求、具有创新精神和融合视野的综合型高素质人才，在促进多学科体系交融互构中实现融合性教育的发展，促进人才培养由学科专业单一型向多学科融合型转变。② 基于数字技术对新文科教育产生的变革性影响，我们理应重视数字技术与新文科教育的深度融合，构建数字时代下的高质量文科教育体系。因此，本文尝试聚焦数字时代下的新文科教育这一主题，围绕数字化背景下新文科教育的总体特点、教与育的实现路径展开讨论，以期能够为新文科教育的未来发展提供借鉴和启示。

二、数字技术赋能新文科教育

数字技术的发展推动经济社会向数字化转型，新文科教育也需要前沿的数字技术支持以实现转型发展。数字技术的预测分析、语义分析、轨迹分析和关联分析等功能能够满足个性化的教育需求，促进新文科教育实现不在场

---

① 参见赵奎英：《试谈“新文科”的五大理念》，《南京社会科学》2021 年第 9 期。

② 参见唐衍军、蒋翠珍：《跨界融合：新时代新文科人才培养的新进路》，《当代教育科学》2020 年第 2 期。

教育，教育空间由实体形态向虚拟形态延展①，形成虚实互动的新型教育生态。因此，数字技术驱动下的新文科教育呈现出教育场景可视化、教育手段智能化、教育过程可溯化和教育资源平台化的总体特征和发展趋势。

一是教育场景可视化。数字技术的快速发展形成了新的应用场景，在教育领域中，虚拟仿真教学便是数字技术应用的场景之一。虚拟仿真教学即借助计算机技术和虚拟现实技术实现开放式虚拟实验教学，学生可以通过头戴式 VR 设备身临其境，直接参与并探索仿真对象在所处环境中的作用与变化。虚拟技术高度还原了现实场景，提供了一个反映仿真对象变化的三维交互界面，学生不需要亲临现场就能获得真实的实践体验，进而帮助学生在真实的临场体验中构建知识体系，强化对理论知识的理解。例如，中国人民大学开发的“重大主题融媒体报道与公共决策支持虚拟仿真实验”，能够在虚拟场景中训练学生主题新闻报道业务的相关技能。

二是教育手段智能化。数字技术的应用使文科的教育方式产生了深刻的变化，许多具有实践性的人文社科教育得以实现。文科教育在智能化技术的支持下实现了网络教育与学校教育的双向融合，将原本的实体文科教育场所自然地延伸至虚拟网络空间，弥补了传统文科教育手段的不足，极大地丰富了教育教学的内容，扩展了教育活动的覆盖范围。例如，具有多重功能、开放共享的新文科实验室和智慧课室等为师生提供了智能化的教育方式，不仅能够提升教学效果，而且能够促使学生在学习过程中锻炼自身能力，切实掌握各项基本技能。

三是教育过程可溯化。数字技术的预测分析和轨迹分析能够跟踪并追溯教育教学的全过程，进而通过智能算法生成反馈性信息以优化文科教育。基于数字技术构建的智能教育平台可以为师生提供个人学习空间，师生可以根据个人需求自主选择相应的教育资源进行深度学习，学习过程在网络空间中被记录，学习习惯和偏好在网络空间中被刻画，进而可以准确地掌握师生的知识结构和个人需求，并根据潜在需求为其推送相关学习内容，帮助教师提升教学能力，扩大学生的知识广度和深度。

---

① 参见王稳东:《教育空间:内涵本质与三元建构》,《中国教育学刊》2021 年第 10 期。

四是教育资源平台化。数字时代下的知识生产方式发生了极大的变化，知识生产逐渐平台化。资源平台化是数字化发展的阶段性表现，以平台化形式生产的文科教育资源可以自由地在网络中流动和复制，从而能够显著增加优质资源的总供给量，突破资源使用过程中的时空障碍，增强教育资源的可获得性。[①] 例如，MOOC、Bilibili 和微博等网络平台中容纳了大量的文科教学资源供师生学习，其中不仅包含文学、历史学、管理学和社会学等人文社会学科的专业知识，同时还包括理工科相关的基本知识要点解析。师生可以通过这些网络平台获取相关资源进行学习，也可以利用网络平台创造知识，实现知识输入与输出的双向融通。

三、数字时代的新文科教育：何以为“教”

数字技术的发展和运用打破了传统的文科教育体系和人才培养模式，对高校教师的教育理念、教学方法和教学效果等提出了新要求。因此，新文科教育应该在理论与实践层面明晰数字技术与文科教育之间的关系，重视数字技术对文科教育本质特征的影响。数字时代下的新文科教育应是“数智教学”，具体而言就是要从公平观、方法论和过程观出发，充分利用数字技术的优势，在教学主体上强调“有教无类”和“因材施教”并重，在教学方法上实现“授人以鱼”和“授人以渔”结合，在教学过程中达到“寓教于乐”和“教学相长”的效果。

（一）“有教无类”+“因材施教”

从公平观来说，新文科教育应是现代公平性教育。人本主义教育理论认为，教育是一种重要的人的自我实现过程，每个人都应该享有相等的机会来发展自身的潜力。要想实现教育公平，必须先厚“教育机会公平”之基，再利“因材施教”之器，以求厚积薄发。[②] 无论是“有教无类”还是“因材施教”，都强调在尊重个体差异性的同时给予公平性和针对性的教育，并提出了不同的应对策略来为学生提供更好的教育资源和服务。这需要在教育资源可

① 参见周海涛、李葆萍：《推进数字化的国家智慧教育平台逻辑与路向》，《中国电化教育》2023 年第 1 期。

② 参见梁秋英、孙刚成：《孔子因材施教的理论基础及启示》，《教育研究》2009 年第 11 期。

及性的基础之上实现个体教育多样性，也就是要充分认识每个学生的不同特点和需求，并为其制定个性化的教育方案，帮助学生实现自我发展。因此，数字时代的新文科教育在教学对象方面既要做到“有教无类”，更要追求“因材施教”。

首先，新文科教育要实现“有教无类”，即任何人都可以享有接受文科教育的机会。“有教无类”体现的是教育机会的公平性，教育没有门槛和界限，新文科亦是如此。在交互融合的数字时代，文理科之间的界限日益模糊，文科学生需要理工科的逻辑思维和创新视野，理工科学生也需要文科的人文价值和情感熏陶，二者相互贯通。数字时代下的新文科教育应该构建具有互动性和反馈性的学习环境，使得学生能够在更加自由和开放的学习环境中，自主探索新的知识和技能，并获得及时的反馈和指导。大数据、人工智能等信息技术的联结交互性为有教无类的实现提供了技术基础，共享平台的构建打破了学科之间的主体界限，不管是文科还是理科学生都能够自由地获取学习资源，满足学习主体的多样性需求。

其次，新文科教育要实现“因材施教”，即对受教育者实行个性化文科教育。“因材施教”的思想源于孔子，强调依据学生个体差异，为每个学生提供适合其自身特点的差异化教学方式，注重学生的个性化发展和素质的全面化提升。因为教育不是释放或压抑人的天性，而是让每个人都能贡献智慧、彰显个性。①《中国教育现代化 2035》明确提出，“要利用现代技术加快推动人才培养模式改革，实现规模化教育与个性化培养的有机结合”②。数字技术的广泛应用为教育提供了更多的教学资源和手段，同时也提高了教育个性化发展的效益。因此，数字时代的新文科教育要关注每一个学生的个性化发展需求，通过大数据和人工智能技术提供面向全体学生的个性化教育支持服务。③基于大数据分析和人工智能技术，开展学生特点、学习能力和兴趣爱好等方

① 参见[荷]格特·比斯塔:《超越人本主义教育与他者共存》,杨超等译,北京师范大学出版社 2020 年版,第 93 页。

② 《中共中央、国务院印发〈中国教育现代化 2035〉》,http://www.xinhuanet.com/politics/2019-02/23/c_1124154392.htm,2023 年 11 月 15 日。

③ 参见杨现民、米桥伟、张瑶等:《数据智能时代因材施教的新发展:主要特征、现实挑战与未来趋势》,《现代教育技术》2022 年第 5 期。

面的评估。通过收集学生的成绩、作业、测试以及其他相关数据，在保护学生隐私的前提下制定个性化的教学方案，建立个性化的学习路径，利用AI技术进行学习辅导和自适应诊断。例如，KLSAS是一个基于学习者学习风格和知识水平的自适应学习系统，能依据学习者的测试表现和偏好动态，定期更新以增强系统的适应性，从而使每位学习者能动态选择适合自身当前水平的学习内容及其呈现策略。[①]

（二）"授人以鱼"+"授人以渔"

从方法论来说，新文科教育是方法多元性教育。建构主义认为，学习是一个建构的过程，学习者通过自我探索和实践，将已有的知识和经验整合起来构建新的知识体系。这意味着在新文科教育中教师不仅仅是要将知识教授给学生，更应该在此基础上引导学生通过自我发现、自我探索构建知识体系。教学方法在很大程度上决定了学生学习和知识建构的效果，在促进学生发展的过程中，需要使用多样性的教学方法将具体的知识与抽象的结构性知识结合起来，把零星的知识纳入完整的知识体系之中[②]，进而帮助学生发展自我探索与创新的能力。因此，数字时代的新文科教育在教学方法上既要做到"授人以鱼"，更要追求"授人以渔"。

首先，新文科教育要实现"授人以鱼"，即直接教授学生专业性的文科知识。教师作为知识传授的主体，基本职责便在于"授业解惑"。数字时代下的新文科教育需要教师将数字技术相关的内容纳入文科教学课程，并将之与文科专业课程进行融合创新，让学生在强化专业知识的过程中了解新兴技术的发展特征和运用场景，掌握计算机应用等相关知识，从而能够适应数字化社会的发展需要。此外，教师还可借助数字网络平台提供的丰富教学资源如文献数据、实践案例等拓宽自身的教学知识体系，更新自身的知识结构，掌握前沿学术动态，进而为学生教授既具有专业性又具有前沿性的知识。与此同时，教师在传授知识的过程中要注意引导学生理论与实践相结合，并针对学生的疑问提供相应的解答与反馈，使学生能够真正理解和吸收所授知识，达

---

① 参见杨现民、张瑶：《教育规模化与个性化矛盾何以破解？——数据驱动规模化因材施教的逻辑框架与实践路径》，《中国远程教育》2022年第8期。

② 参见刘志军：《现代教学观念的理论基础》，《清华大学教育研究》2001年第3期。

到“授人以鱼”的教学目标。

其次，新文科教育要实现“授人以渔”，即培养学生获取知识和技能的能力。数字时代下的新文科教育要实现“授人以渔”，教师是关键的推动者和引导者。教师应该积累丰富的教学经验和知识储备，充分利用数字平台和工具，注重培养学生的自主学习能力，让他们能够独立获取所需的知识和技能。因此，教师可以通过问题式教学、讨论式教学和体验式教学来培养学生的创新思维，使其具备自我探索知识的能力。在问题式教学中，教师通过提出问题来引导学生自主寻找和评估信息来源，帮助他们辨别真伪、分析和评价所获得的信息。因为数字时代下的信息呈爆炸式增长，学生必须具备快速准确地获取和处理信息的能力。在讨论式教学中，教师可以建立学生互助小组或班级网络社区，鼓励学生积极参与讨论交流并分享彼此的学习经验。通过在线互动交流，学生可以获得来自不同背景、学科和专业的经验，进而充分发挥自身的学习潜力。在体验式教学中，教师可以借助互联网、大数据、人工智能等技术进行智能教学，为学生创造一个沉浸式的学习体验环境，帮助学生在情景体验中强化对知识的理解和运用。例如，陕西师范大学将仿真技术与新文科教育相结合，基于真实石窟文物资源场景开发出“敦煌石窟虚拟营建与管理使用”的虚拟仿真实验，师生可以在虚拟敦煌石窟进行独立课程和修复实操学习，实现多层次多维度的实践实训锻炼。

（三）“寓教于乐”+“教学相长”

从过程观来说，新文科教育应是双向互动性教育。行为主义学习理论认为，人类行为的形成来源于对刺激及其反馈的学习过程。而教育过程既是提高学生认识的过程，又是促进学生发展的过程。[①] 在教学过程中，教师为学生营造一个愉悦的教学氛围和环境，可以让学生在受到正向刺激的同时也获得正向反馈，从而增加学生对知识学习的兴趣，提升知识学习的效果。这不是老师对学生单向的知识传递，而是一种相互促进和交流的双向过程。换言之，师生在信息沟通、情感交融、思想交流的基础上，达成学生知识与技能、情

① 参见叶澜:《“新基础教育”论——关于当代中国学校变革的探究与认识》,教育科学出版社2006年版,第250页。

感态度与价值观由量变到质变的飞跃。[①] 因此，数字时代的新文科教育在教学效果方面既要做到“寓教于乐”，更要追求“教学相长”。

首先，新文科教育要实现“寓教于乐”，即在教学中增强学生的学习兴趣和主动性。数字时代下的新文科教育需要注重教师角色转变，鼓励教师成为学生学习的引导者和合作伙伴，而不仅仅是传统意义上的授课者。第一，教师可以利用数字化技术和在线资源来设计并丰富课程内容，通过在线学习游戏、互动式课堂等方式来增强学生学习的积极性，从而激发学生的学习兴趣。例如，教师通过游戏在线角色扮演来模拟历史事件的过程，或者通过融入音乐、艺术元素来激发学生对文艺作品的兴趣。第二，教师还可以通过开展学科竞赛、科普讲座等活动，激发学生的学习热情和兴趣。通过类比分析、案例演示等方式，将知识融入具体的现实生活场景中，让学生更加深入地理解相关知识，从而激发学生的学习主动性。

其次，新文科教育要实现“教学相长”，即在教与学的过程中实现师生相互促进。数字时代下的新文科教育并不仅仅是教师对学生的单向教育，而是教师与学生双向互动、共同成长的过程。因此，教师应该加强与学生之间的沟通与互动，注重与学生进行信息交流和共享。教师可以利用在线互动教学平台，组织学生一起分享学习体验和学术思考，培养学生的发散思维和创新意识，并在交流和互动的过程中增进师生之间的感情。同时，教师应该反思教学过程，不断寻找自身教学中存在的问题，及时改进教学方法和策略，提高教学质量和效果，从而营造良好的教学环境和氛围。例如，教师可以借助数字技术跟踪学生与在线环境和学习资源的交互数据，析出学生的学习特征并量化评估学生的学习效果。[②] 根据数据结果有针对性地提出改进措施，优化教学设计和教学内容，引导学生积极学习，提高学习效率。当然，教师还应该关注学生未来的职业规划和发展方向，在教学中引导学生了解当前社会发展的趋势和未来市场的需求。在此基础之上，鼓励学生自主探究和研究未来职业所需的技能和素质，根据实际需求调整自己的学习方向和目标，更好地

---

① 参见郭元祥:《论教育的过程属性和过程价值——生成性思维视域中的教育过程观》,《教育研究》2005 年第 9 期。

② 参见周毅、李卓卓:《新文科建设的理路与设计》,《中国大学教学》2019 年第 6 期。

适应未来社会的发展需要。在自我探索的过程中，教师要充分肯定和鼓励学生的学习成就和实践经验，为学生提供正向激励和情绪支持，增强学生的自信心和积极性，进而为学生的未来发展打下基础。

四、数字时代的新文科教育：何以可“育”

数字时代下的新文科教育需实现思政性、专业性、理论性和实践性的四维融合。思政性是新文科教育的重要特征之一，强调培养学生的家国情怀和社会责任感；专业性是新文科教育的核心内容之一，强调培养学生的专业素养和技能；理论性是新文科教育的内核支撑之一，强调培养学生对于理论知识的理解和探究能力；实践性是新文科教育的重要环节之一，强调培养学生的实践运用能力。数字技术已经成为推动文科教育事业发展的新引擎，在数字技术的驱动下，促进学生在思政中树立家国情怀、在教学中扎实专业本领、在科研中提升理论素养、在实践中感知社会百态，进而培育具备家国情怀、专业素养、研究能力和实践创新四合一的新型人才。

（一）数字技术驱动思政育人

“文科教育”从古至今一直带有“精神统一性”的指向，它更强调对人与社会的价值引领和道德规训之核心功能。① 由此，文科教育不仅仅是文科专业教育，更是价值教育和情感教育。《新文科建设宣言》明确指出，牢牢把握文科教育的价值导向性，坚持立德树人，全面推进高校课程思政建设，推动习近平新时代中国特色社会主义思想进教材、进课堂、进头脑，提高学生思想觉悟、道德水准和文明素养，培养担当民族复兴大任的新时代文科人才。②新文科教育首先就是要在思政中孕育具有家国情怀的时代人才，进而为社会发展做出应有的贡献。然而，随着数字时代的来临和数字技术的快速发展，社会环境日趋复杂多变，社会风险叠加扩散，大学生的思想情感容易受到外部环境的影响，呈现出多元化和立体化的特征。因此，我们需要在数字技术

① 参见吕林海：《中国大学“新文科教育”建设：价值蕴意、核心内涵与实践路径》，《大学教育科学》2021年第5期。

② 参见《中国新文科建设宣言发布》，2020年11月3日，https://baijiahao.baidu.com/s?id=1682338046599301649。

带来的一系列挑战过程中寻找新的发展契机，积极探索数字技术与思政育人的融合发展，构建以数字化为基础的思政育人体系，通过思政教育引导学生树立正确的价值观，实现新文科的思政教育目标。

首先，打造知识与价值互构的思政课程。课程思政的目的是要寓价值观引导于知识传授和能力培养[①]，在知识输出过程中潜移默化地培养学生正确的价值观和家国情怀。不同学科的专业特色各不相同，每一门课程的知识图谱和价值结构也都有自身的科学性和规定性。[②] 思政课程的设置需要把握知识性与价值性之间的关系，构建具有学科特点和专业特色的思政知识单元，在专业人才的培养中融入价值性教育。

其次，挖掘精准与多元并存的思政元素。思政教育并不仅仅局限于思政课堂中，需要借助数字技术挖掘更多的思政元素形成思政教育资源，可以通过各种数据分析工具对学生的生活习惯、兴趣爱好和心理状态等进行准确的定位和把握，更好地了解学生面临的问题和困惑，从中深挖个人经历与时代特征的关联性。在此基础之上，收集师生典型案例并录入思政教育资源数据库，并运用多种类的思政资源开展多元化的主题教育活动，达到思政育人的效果。

最后，形成互动与创新协调的思政氛围。传统思政教育的刻板性和说教性容易引起学生的反感和抗拒，数字技术的交互性能够弥补这一缺陷，让学生更深入地了解思政教育的内容和意义。例如，可以利用人工智能技术来构建虚拟思政教育场景，让学生在亲身体验中获得思想价值上的升华；同时，提供多种群体情境教学，让学生在交流、分享和合作的情境中获得满足感和自信心。总之，数字技术与思政教育相结合，可以帮助学生更好地面对现代社会的挑战，成为具备社会责任感的青年人。

（二）数字技术驱动教书育人

新文科教育的重点目标是通过文科教育模式创新以培育新型文科人才，

---

① 参见杨国栋、马晓雪：《新文科视域下课程思政与知识传授融合的基本逻辑与实现路径》，《高校教育管理》2022 年第 5 期。

② 参见洪早清、袁声莉：《基于课程思政建设的高校课程改革取向与教学质量提升》，《高校教育管理》2022 年第 1 期。

完善全链条育人机制，促进新文科建设与发展。当然，这种培育并不是强调对学习结果的评价，数字技术在推动新文科教育改革和育人机制完善中具有重要作用，交互性和智能化的技术能够推进数字化教育模式的发展，构建数字化的教育环境，培养学生的数字化应用能力，进而促进传统文科育人向现代文科育人转型。

首先，推进数字化的教育模式。在师资队伍层面，数字时代要求教师具备数字化教育技能和数字化知识结构，需要打破固有的学科领域界限，组建跨学科、跨专业的教学团队，培育适应时代发展和新文科教育的教师队伍。在教学过程层面，数字技术可以帮助教师更好地进行教学计划和教学安排，优化课程设计、教学管理、学习评估等教学环节，提升教学效率和育人效果。在育人方式层面，数字技术为全方位育人提供多样态的途径，数字化教学平台能够在虚实互动的交互式教学中增强学生的合作意识和交际能力，通过互动和反馈机制引导学生进行自主学习，培养学生独立思考和解决问题的能力。

其次，形成数字化的教育环境。氛围的营造对于主体意识和行为的影响十分深远，其重要意义之一便在于激发主体的知行合一，促进“知”成为“真知”。① 文科实验室是数字技术应用于文科教育的产物，能够为学生提供特定的学习情境，强化学习效果。借助可视化技术和模拟技术，实验室可以创造一个逼真的问题环境，为学生带来会知知识的习得和基于问题的学习所需的现实世界背景与互动环境。② 这样的数字化环境能够为学生数字素养的培育提供外在驱动力，激发学生的学习动能，潜移默化地影响学生的未来发展。

最后，培养数字化的综合能力。数字化教育的发展和趋势需要文科学生具备数字技术的基础知识和操作技能，熟练运用数据编码、数据挖掘与分析技术、GIS 建模等技术，成为兼具专业性和综合性能力的数字文科人才。数字技术的多场景应用实践满足了学生综合能力培养的要求，使文科人才培养走向开放和多元。例如，跨学科数字资源库融合了丰富的知识数据，可以为学生提供整合性的学习资源；在线课程可以让学生随时随地进行学习；虚拟实

---

① 参见苏米尔：《新文科传媒艺术思政育人的理论思考与实践探索——基于专业思政研创剧〈长征路 · 民族情〉的探析》，《民族教育研究》2021 年第 4 期。

② 参见王华平：《新文科的理论内涵与实践路径》，《新文科教育研究》2022 年第 3 期。

验室可以让学生进行更多的实践操作；而在线讨论则可以激发学生的学习兴趣和思维能力。

（三）数字技术驱动科研育人

与理工科等基础学科相比，具有传承性和积累性的文科研究的创新速度较慢。面对数字时代的创新压力，新文科研究必须与理工科相融合以拓宽研究空间，与数字技术相结合以激活学术潜力，实现数智人文的新发展。在数字化背景下，我们更应该注重数字技术在教育和科研中的应用，以更好地推动教育和科研的发展，在科研中孕育拔尖人才。

首先，创新研究方式。大数据、云计算、人工智能等数字技术的大发展为科学研究提供了跨学科交流平台和创新性的研究工具，能够增强文科学生多元化的研究能力。例如，以往人文社科的案例研究多是以单案例的访谈文本作为佐证进行定性分析，而在数字技术的驱动下，基于科学方法的多案例研究逐渐变为现实，利用 Nvivo 等智能软件和文本图像分析平台可以实现案例文本的智能识别、深度挖掘和聚类分析，以可视化方式呈现出多案例之间的关联性，进而提高研究结论的可靠性和科学性。

其次，拓宽研究资源。数字技术可以为学生提供更多的科研工具和资源，推动科研的进展。学生借助科研数据库、文献检索工具等能够快速且便捷地获取研究所需的资料信息，为后续的深入研究打下坚实的基础。此外，数字技术还可以帮助学生更好地进行数据分析和实验设计，实现质性研究与量化研究的新融合，培养学生的理性思维和创新能力。例如，在大数据分析方面，数字技术可以处理和分析海量的数据，帮助研究者发现其中的规律和趋势，提高研究的可靠性；在实验设计方面，数字技术可以建立虚拟实验平台，帮助研究者更好地进行实验操作和仿真分析。

最后，促进交流合作。数字技术可以为学生提供各种交流与合作平台，实现跨学科、跨领域的知识交流，帮助学生拓宽视野，增强学习效果。这种便捷高效的合作交流方式能够轻松实现分布式协作，推动研究过程的深化，促进研究成果的转化。例如，数字技术支持下的虚拟会议、在线报告等可以跨越时空界限，学生可以通过网络与全球范围内的研究者、学者和企业家等进行成果分享和交流合作，拓宽视野和交流范围。虽然数字技术对于科研育人来说，是一个不可或缺的工具和手段，但我们也应该注意数字技术产生的风险和挑战，积极推动数字技术在教育和科研中的发展。

（四）数字技术驱动实践育人

随着新文科建设的推进，传统重理论轻实践的育人模式发生改变，实践教育成为文科人才培养过程中非常重要的一个环节。《国务院办公厅关于深化产教融合的若干意见》的出台在制度层面上体现了国家对于实践教育的重视，教育部组织有关企业支持高校共同开展产学合作协同育人项目，在现实层面上给予资金支持。可见，产教融合、校企合作成为实践育人的重要实现途径。《技术时代重新思考教育》一书中曾提到，信息技术的快速发展，已使教育的内涵不再仅仅局限于学校之中，移动学习、泛在学习等成为新型教育模式。[①]由此，数字技术与实践教育的结合将成为未来实践育人的发展趋势，数字技术驱动协同育人再上新台阶，呈现出数字时代下校政企协同育人的新格局。

首先，形成协同实践机制。一是以项目制方式形成校政企联动。项目制作为一种高效率的管理方式，其运用于实践教育中能够实现教育效果的提升。以特定合作项目为契机，在完成项目任务的同时有目标地进行人才培养，达到实践育人的目的。学生深入政企单位等实践场域进行实习锻炼，通过观察、访谈等发现研究问题，培养独立思考的能力；在工作中积累实践经验，增强解决问题的能力。二是以双师制方式实现综合性培养。双师制突破以往专职教师既当专业导师又当实践导师的情况，采用校内在职专业导师+校外兼职实践导师的培养模式，不仅能够满足学生专业知识学习的需求，又能够增强学生的实践技能，实现复合型人才的培育。在专业导师和实践导师的相互配合下，校内理论知识与实践知识能够融会贯通于育人全过程，合理衔接专业导师课题实践训练和校外实习基地实践导师训练，共同完成实践能力的协同培养。[②] 同时，借助数字平台的即时性可以实现双导师的不在场互联，专业导师能够及时了解学生的实践教育情况，并根据学生情况制定个性化的培养方案，

---

① 参见［美］阿兰·柯林斯、理查德·哈尔弗森：《技术时代重新思考教育：数字革命与美国的学校教育》，陈家刚、程佳铭译，华东师范大学出版社 2013 年版，第 66 — 90 页。

② 参见杨玉：《专业学位研究生教育实践基地建设的逻辑与出路——基于工程硕士生教育实践基地的研究》，《教育科学》2019 年第 5 期。

有针对性地提高学生的实践创新能力。

其次，搭建协同实践平台。基于数字技术构建的协同实践教育平台为学生提供了更加自主化和个性化的实践体验，促进学生在实践操作的过程中进行理论知识的运用，在实践学习的浸润中加深对文科专业的理解。传统实践教育可能存在着时间、空间、设备、成本等一系列限制，而数字化实践则能够通过与时俱进的数字技术突破这些限制，提供更为真实、丰富的实践环境和任务。例如，基于虚拟现实技术的数字化实践教育平台，可以让学生在没有实际设备和场景的情况下进行仿真实训，进而让学生深入了解各行各业的实际操作流程和技术难点。同时，数字化的协同实践教育平台还可以追踪实践过程，根据学生实践情况提供在线评估和反馈，让学生及其责任导师及时了解自己的实践表现，发现存在的问题并优化方案。

最后，产出协同实践成果。在校政企协同育人模式下，各方资源得到充分整合与利用，构建校政企联动的开放式创新生态圈。校政企三方围绕产业需要和市场需求，共同开展相关项目的研究与开发，推进产学研协同创新，进而产出合作实践成果并运用。高校作为知识生产者，政府和企业作为知识应用者，在合作过程中可以共同探讨研究问题，提出创新思路，并在实践过程中验证和优化成果。这样可以最大程度地发挥各方的优势和资源，促进项目成果的输出和落地，并借助数字平台实现成果的多维度推广和多元化运用。学生在参与产学研项目的实践过程中能够深入了解到特定领域的实际应用场景和企业需求，同时可以将所学的理论知识运用于实际项目中，还可以在实践过程中接触到前沿的技术和管理方法，积累工作经验，增强其创新创业能力，从而提高学生的职业竞争力。

五、结语

数字技术手段改变了教育生态，文科建设必须在新的生态中找准自身的位置，寻求创新发展的出路。[①]“新文科”的提出正是对高等教育数字化发展的主动性回应与战略性变革，而新文科教育是推动新文科建设的重要环节和

① 参见高思超、么加利:《人工智能时代的新文科建设——基于新时代教育评价改革背景分析》,《重庆大学学报》(社会科学版)2022 年第 5 期。

具体实践，因此需要重视新文科教育中教和育的有机统一。数字时代下的新文科教育是文科教育模式的革新，是人才培养和教育体系的创新，是教学组织形式的再创造。从人才培养上来说，新文科教育是培养具备高专业素养、较强综合实力、有创新视野的新型人才的必由之路。从教育体系上来说，新文科教育改革传统任务式的教育教学机制和形式化的教学评估机制，借助现代科学技术构建起一套集合教学—评价—反馈的一体化教育管理体系，实现教育管理的科学化和系统化。从教学组织形式上来说，新文科教育摒弃传统“填鸭式”“大水漫灌式”的纯课堂知识输入的教学方式，强调运用以学生为中心的多元教学方式激发学生的学习热情，特别是注重通过现代信息科技营造良好的教学氛围、构建智慧化的教学手段，进而实现科技与教育的互构互用。

从实现新文科教育中的“教”方面来看，需要在教学主体上达致“有教无类”和“因材施教”并重，在教学方法上实现“授人以鱼”和“授人以渔”结合，在教学过程中达到“寓教于乐”和“教学相长”的效果。从实现新文科教育中的“育”方面来看，需要通过数字技术驱动思政育人、教书育人、科研育人和实践育人，进而培育具备家国情怀、专业素养、研究能力和实践创新四合一的新型人才。总而言之，数字时代下的新文科教育并不是新技术与新方法的简单应用，而是要与新技术实现真正的融合，让文科学生的价值观念和思维体系在现代科技的驱动下得到重塑，进而更好地回应和阐释现代科技与文科教育之间的逻辑关联，促进文科教育在数字时代的赋能下实现大变革，获得新发展。

（原载《新文科理论与实践》2024年第1期）

数字时代，新文科建设应如何发力

陈先哲*

一、人工智能果真对文科不友好吗？

讲到文科有什么用，中山大学党委书记陈春声教授曾打过一个很有趣的比方：“一个家里最有用的地方是厕所，其次是厨房。家里最没用的东西，数来数去可以说是墙上挂着的那幅齐白石画的虾。但是家里有客人来了，你会带他去参观厨房和厕所吗？我想，大家坐在客厅品头论足，讨论得最起劲的，恐怕还是齐白石画的虾。这就是人文学科。”意思是说文科一直以来就不是以“实用性”为主要旨趣，而是以追求真善美为目的，看起来没什么用，但无用中实有大用。

在数字时代背景下，“文科无用”的感觉似乎更加强烈了。在这种情形下，以阳春白雪的思维对文科的作用进行回应，显然难以让人满意。我们既要仰望星空，也要脚踏实地，认认真真地对当下人工智能发展趋势对就业、对教育的影响进行认真研判：哪些专业、哪类工作被人工智能替代的可能性更大？数字时代带来的教育变局将把文科带向何方？

笔者曾就此问题与人工智能算法研究领域的前沿研究者、华南理工大学黄翰教授进行交流。他认为人工智能的本质是知识的表示，未来会广泛应用于自动化和智能化的工作领域，因此最可能被人工智能替代的是三类职业——知识的“搬运工”、知识的“组装员”和知识的“挖掘师”。知识的“搬运工”不直接从事知识的创新和深度加工，而是主要负责整理和传播已有知识；知识的“组装员”只停留在对知识组装的层面，而缺乏创造新颖有价

---

* 陈先哲，广东省习近平新时代中国特色社会主义思想研究中心特约研究员，华南师范大学教育科学学院教授。

值知识的能力；知识的“挖掘师”则致力于对知识进行深度挖掘，即发掘知识之间存在的关系和规律，同时根据已有知识来预测未来的发展趋势。人工智能可以替代知识的“搬运工”和知识的“组装员”，这比较符合大众的认知，而且在某种程度上正在发生；但很多人或许没有想到，知识的“挖掘师”也可能很快被人工智能替代。事实上，部分高校教师也只是做到了知识的“挖掘师”层面，而这个群体也面临人工智能的全面挑战，这意味着对现有人才培养模式进行深刻反思已是刻不容缓。

上述分析让我们看到，由于人工智能可以自动高效地处理海量数据，从中发现隐藏的知识和趋势，从而节省大量时间和人力，且不容易出现误差，因此，并非只是文科毕业生，而是所有学科的毕业生在数字时代都会面临着共同的挑战。进一步说，越是标准化的工作越容易被人工智能替代，而非标准化的工作反而没那么容易被替代。相形之下，文科类毕业生更多从事的，其实是非标准化工作。

那么，下一个问题就来了：为什么理工科学生对人工智能产生的焦虑普遍会少一些呢？其实这很好理解：因为理工科无论是教学还是科研，更新迭代都更加及时，学生能够更积极、更主动地拥抱新技术；而文科往往过于强调传统而不够与时俱进，对新技术常抱着一种保守甚至抵触的心态，所以，学生普遍显得更为焦虑。

实际上，文科的作用是不可或缺的。从辩证的角度看，越是进入数字时代，人类越需要文科的滋养。数字时代社会节奏不断加速，大多数人步伐变得更加匆忙，很难有时间停下来去滋养自己的心灵。因此，人类对文科的内在需求将是普遍增加的，因为文科具有滋养心灵、调适心理的功能。所以，在这样的背景下重新审视文科的作用，要有超越性的思维。在数字时代，更加需要的是一种作为通识教育的文科，它不仅仅是满足读文科专业的学生需要，还要更好满足所有大学生的需要。中国工程院院士、香港中文大学（深圳）校长徐扬生在一个论坛上也表达了相似的观点。他认为人工智能时代的来临，将会带来大量“工种”的消失，如果还用原来的分科形式去培养未来人才，我们的教育将面临巨大挑战。因此，他主张模糊文理之间的界限，扩大通识教育的范畴，尤其是要提高学生的艺术涵养、沟通交流能力等，而这些都更多来自文科素养。

二、推进新文科建设“突围发展”

新文科建设的核心要义是立足新时代、回应新需求，但从目前的进展来看，还没有突破原有学科建制思维的局限。要更好回应数字时代带来的教育变局，新文科建设及其未来发展之路，还需更大的变革决心和更广的学科视野，以内外交融的学科融合变革，推进新文科建设突围发展。

首先是推进文科内部的交融。文科内部的交叉融合本应是一个基本要求，但现实中很多大学却做得不够好。比如大学里文科类讲座越来越多，但人文性和思想性都很强、适合不同学科的人都来听的讲座却很少。多数文科讲座往往过于注重学科的区分性以及实用性，专注于某个比较窄的研究领域。比如说笔者所在的教育学是一级学科，二级学科分为教育学原理、学前教育学、高等教育学、职业技术教育学、比较教育学……很多老师和学生都只是去听自己所属的二级学科的讲座，对其他二级学科的讲座常常不闻不问。即便是同一个学科内部二级学科的交融都很难，过度专业主义会使得文科建设越来越狭隘和固化。文科作为大众通识教育的性质不但没有被彰显，甚至被有意无意地抑制了，学科交融就很难实现。

笔者所在的学校最近在举行一个系列学术活动，叫“华师乐集”，就比较有文科内部学科交融的味道。活动由图书馆和音乐学院联合举办，每期邀请一所文科学院参加，用音乐结合其学科的特点和内容进行阐述，主打的是“阅读+音乐”的跨学科美育项目。目前，该活动已经举办了好几期，基本场场爆满，不少学生早早去排队。学生们都来自不同学科，但通过这个活动他们会感觉到，原来文科是和我们的生活息息相关的，真的可以做到以文化人，通过“阅读+音乐+文科”，能够更好地连接心灵、沟通世界，实现一种跨界的交融，实现“1+1+1>3”的效果。

其次是推进文科和理工科的交融。这种学科交融的跨度更大，必须对现有的办学模式和管理机制做更大的突破，才能在实践层面真正落地。比如现在大学都很重视本科教学评估和学科评估，但从评估的核心指标来看，都过于看重单一学科的特质，比如该学科认可的期刊发表、学生竞赛、专业技能……这种方式对培养单一学科知识构成的专项人才当然是有效的，但反过来看却不利于交叉学科的人才培养，而实际上，我国面临“卡脖子”技术难题的领域往往都是需要交叉学科的融合和集成的，需要开放式创新的支撑。因此，未来大学人才培养要更加主动打破这些壁垒，要为学科交融提供更好的机制支撑，不以方便管理作为逃避变革的借口。最基本的，要为转专业和选课提供更大的开放度和选择权，让学生可以根据兴趣和特长，更为自主地在不同学科范式中获得充分而全面的发展。从更深层面看，打破学科的概念，应将人才培养当作一个需要多学科交融的长期项目——文科更侧重为其提供思维和情感，理工科更侧重为其提供技术和方案，让每一个身在其中的人都能更好地得到通识教育的浸润。

最后是推进文科和外部世界的交融。如今文科之所以常被诟病，主要是因为和社会较为脱节，所以解决问题的关键是要走出象牙塔，和外部世界产生更为密切的互动和交融。笔者几年前曾赴美国旧金山湾区调研高等教育集群发展情况，对其文科与社会发展互动的意识和机制颇有感触。硅谷是旧金山湾区的标志，于是很多人会有一种刻板印象，以为在旧金山湾区的大学只是以培养工程师见长，读其他专业就不好找工作。但事实并非如此，我们在当地访问了不少文科学者和从业者，他们都很自豪地说，在硅谷工作丝毫没有感受到被边缘化。因为科技创新发展也需要大量的间接参与者，包括律师、会计师、项目指导师等。律师提供专业法律服务，以最大程度规避创业和进入市场的风险；会计师提供专业会计服务，有效监测成本与运营风险；投融资公司并非投钱了事，而是会提供项目指导师对项目的转化进行专业指导，帮助公司存活和成长，将破产的风险降到最低。在这些工作中，文科生占据很大比例，他们提供专业性的链条式服务，能够助推创新专业化并提高成功率，是当地生产力的重要贡献者。

所以，一方面数字社会带来的技术变革将会为文科提供更强的工具，而另一方面又因技术变革产生很多新的社会问题，需要文科参与其中并提出更加专业的解决方案。大学文科与外部世界是可以相得益彰的。当今是技术裂变与信息爆炸的时代，文科显然不应也不可能“躲进小楼成一统”，但也应该保持必要的定力而非只是被裹挟前行。剑桥大学斯蒂芬·科利尼教授在《大学，有什么用?》一书中谈到，几乎每个时代的人都认为自己所处的时代变化迅猛，因此总会对当时高等教育的应变能力产生种种质疑。但从更长远的历史脉络来看，人们也总会发现大学基本能伴随时代转型而进化，包括历史最为悠久的文科。因为人类文明的进步从来都是科学进步与人文进步并举的，大学不仅要培养学生成为有用之才，更要培养学生成为文明之人。文科在人类文明进步中从未缺位，也能伴随着数字时代一路前行，再遇一路繁花。

（原载《光明日报》2024 年 2 月 27 日）

探索构建科技人文共同体

何　宁　赵思琪*

2024 年 9 月 20—22 日，第二届“数字 · 智能的世界”学术研讨会暨《上海交通大学学报》（哲学社会科学版）［以下简称《上海交通大学学报》（哲社版）］创刊 45 周年高端论坛在上海交通大学召开，会议举行了“命运共同体：人工智能时代科技人文融合发展”高端论坛、数智时代构建中国自主知识体系圆桌论坛、数智时代高品质期刊建设圆桌论坛、“数字 · 智能的世界”青年论坛等系列活动。此次会议由上海交通大学期刊中心、《上海交通大学学报》（哲社版）编辑部、上海交通大学外国语学院多元文化与比较文学中心、上海交通大学澳大利亚研究中心等单位共同举办。上海交通大学党委副书记周承，上海交通大学校务委员会专职副主任、《上海交通大学学报》（哲社版）编委会主任顾锋，中共上海市教育卫生工作委员会副书记、上海市教育委员会副主任顾红亮，中国社会科学院学部委员陈众议，《上海交通大学学报》（哲社版）主编彭青龙分别出席系列活动开幕式并致辞。来自中国社会科学院、清华大学、北京大学、上海交通大学、复旦大学、浙江大学、南京大学、西安交通大学、厦门大学、剑桥大学等国内外单位的近百位专家学者参加了本次会议。

顾红亮书记在开幕式中指出，“数字技术带来了研究范式的变革，也催生了文科教研向质而行，推动哲学社会科学图变求新”，在推进人工智能和教育深度融合的探索中，需要“胸怀国之大者，以更高的站位服务国家战略”，也需要“回应时代命题，以更实的举措推进交叉融合”，还需要“坚持立德树人，以更大担当发挥哲社育人的功能”。作为此次大会的发起人、组织者，彭

* 何宁，上海交通大学外国语学院博士研究生；赵思琪，上海交通大学人文学院博士后。

青龙教授强调了科技人文命运共同体[①]的重要意义。习近平主席在亚洲文明对话大会开幕式上的主旨演讲中指出："应对共同挑战、迈向美好未来，既需要经济科技力量，也需要文化文明力量。"[②] 科学技术迅速发展，技术主导人类社会的趋向越发明显，信息化、数字化、智能化正在以前所未有的广度和深度渗透现代人的生活和工作领域，技术无意识变成技术政治无意识和技术集体无意识。人工智能技术的迭代升级加快，由此延伸出的数字安全问题、伦理问题、隐私问题等，都需要人文价值加以审视和判断。如何使科学技术特别是人工智能技术更好地服务于人类社会，如何在国际局势日趋复杂的背景下，发挥人文学科的规范性和引导性作用，从而规避风险，促进科技向善、向好健康发展，是摆在我们面前的重大理论和现实问题。彭教授鼓励青年学者在科技人文融合、学科交叉发展的浪潮中增长智慧和锻炼能力，为自主构建中国特色的人文社会科学知识体系贡献力量。

一、人文赋值：语言文学的规范性、引领性和媒介性功能

越是科技昌盛的时代，越需要人文精神、人文价值、人文情怀的滋养和哺育。科学求真，人文求善，二者结合诞生美的真谛，从而形成真善美统一的和谐世界。数字智能技术在推动经济增长和改变人们生活方式、工作模式乃至思维认知的同时，却模糊和遮蔽了人文学科的定位和内涵。近年来，所谓的外语"无用论"和"取消论"甚嚣尘上，"学界内部也对'守正'与'创新'的认知产生了分歧，是坚守外国语言文学学科的人文属性，还是转向其日益显现的跨学科属性，成为争论的焦点"[③]。语言文学是人文学科的重要组成部分，也是人类文明的"根"与"魂"，其规范性、引领性和媒介性功

① "科技人文命运共同体"的倡议最初于2019年5月上海交通大学举办的"对话与融通：首届科技人文国际学术研讨会"新闻通气会上由彭青龙教授提出，旨在主动打破原有的学科"过度细化"以及自然学界和人文社会科学界"过分异化"的局面，消解科技人文老死不相往来的"融通赤字"，倡导构建"科技人文命运共同体"，有效开展"对话和融通"的跨学科学术交流。参见潘玥斐、仝薇：《探索构建"科技人文命运共同体"》，《中国社会科学报》2019年6月10日。

② 习近平：《深化文明交流互鉴 共建亚洲命运共同体——在亚洲文明对话大会开幕式上的主旨演讲》，2019年5月15日，http://politics.people.com.cn/n1/2019/0515/c1024-31086589.html。

③ 彭青龙：《危局·变局·格局：人工智能时代外国语言文学学科和专业的困境与出路》，《外语与外语教学》2024年第3期。

能指引着数智技术进一步融入人类生活，也为科技人文融合贯通奠定了基础。

中国社会科学院学部委员、湖南师范大学特聘教授陈众议站在战略发展的高度，指出学科存在数据分散、数据库建设不足等问题，使得语言文学在传承和发展民族文化、保护文化生态多样性以及参与未来社会秩序建构中捉襟见肘。“我们不要过分陶醉于我们人类对自然界的胜利。对于每一次这样的胜利，自然界都对我们进行报复。”① 科学技术在为人类社会带来便利福祉的同时，也伴随着巨大的潜在风险。“人文学者的天职便是竭尽全力棒喝无节制的资本主义和技术理性主义”②，科技的发展需要语言文学背后的情感、价值、伦理和审美予以“纠偏扶正”。语言与文学如何应对科技倍速发展带来的认知挑战，走向两者“道器平衡”“天人合一”的融通境界，此乃时代之大问。而当务之急是建立中文的大数据和算法模型，对冲英语大数据中潜藏的西方价值体系，保证中华民族心性与审美价值在数智时代得以传承和延续。

广东外语外贸大学和江西师范大学资深教授傅修延从“叙事学勃兴”阐发当下“人文学科的底气与责任”。他指出，讲故事这一人类基本行为“把有着共同世界观的人编织到了同一个社会网络之中”③，是“人类的一种永恒的艺术需要”④，在数智时代的变革中仍具有重要价值和意义。对于叙事本质的探讨早已经跨越了西方形式主义和结构主义的范式，走向“人之为人”的根本性议题。同样，人文学科的责任和目的亦是追求“无用而有大用”，帮助人们摆脱机械的、僵化的、重复性的技术或物质决定论认知，在人直面“宇宙恐惧”的迷茫焦虑中给予意义指引和精神慰藉。⑤ 尽管“叙事人”在新时期的故事讲述中或许呈现出新的表征，但其背后的文化基因和道德立场仍能够延续各自文化的独特生命，并指向人文精神始终对自我和世界本质的追寻。

上海市高校学报研究会理事长、华东师范大学胡范铸教授讨论理解当今

---

① 《马克思恩格斯文集》第9卷，人民出版社2009年版，第559页。

② 彭青龙：《资本、技术与人文危机反思——访谈西班牙皇家科学院外籍通讯院士陈众议》，《上海交通大学学报》（哲学社会科学版）2022年第1期。

③ ［英］罗宾·邓巴：《人类的演化》，余彬译，上海文艺出版社2016年版，第274页。

④ 傅修延：《讲故事的奥秘——文学叙述论》，百花洲文艺出版社1993年版，“后记”。

⑤ Ken Hirschkop, “Fearand Democracy”, in *Mikhail Bakhtin, An Aesthetic for Democracy*, Oxford: Oxford University Press, 1999, pp.272-298.

数字社会的语言路径。随着“人机对话”成为全社会的日常生活，从社会用户层面来解读这一现象是十分必要的。“新言语行为分析”提出“试图融汇修辞分析、语用分析、话语分析的新的语言运用理论模型”①，可以对此提供有效的解释。在与用户的对话中，人工智能更倾向于建立“权威性”的人设形象，并且话语使用中缺乏“言据性”标记，这使得其在逻辑表述出现问题时很难自我修正。对此，用户要改变传统语境中的“遵从”习惯，以“合意性、合法性和合算性原则”重塑对话行为。数智技术拓展了话语的使用场景，话语也为技术的渗透提供了载体和媒介，话语的语境化和“技术的嵌入/弥补性”共同构筑起数智时代的语言景观。②

如何在数智时代进一步发挥人文学科的基础性效用，使学科能够自我革新，与时俱进，焕发活力，同样是当下需要思考的问题。广东外语外贸大学/浙江大学聂珍钊教授深刻地指出：“传统人文必然要转变的，这种转变就是人文智能化。”“文学伦理学批评认为，人类文明发展进程包括自然选择、伦理选择及科学选择三个阶段”，前两阶段决定了人的形式和本质问题，“科学选择解决人的科学化问题”。③ AIGC（人工智能生成内容）正逐步成为文学创作的主导工具，体现了科学选择阶段文学创作的发展趋势。科学技术极大改变文学的创作、形态、阅读及审美，“AI 生成的文学既体现伦理选择和科学选择并存的特点，也记录伦理选择和科学选择如何相互融合而进入科学选择阶段的对接过程”④。面对科学选择阶段的考验，人文学者一方面应该利用技术推动既有研究体系的革新，主动适应时代发展的变化；另一方面要立足根本，回到对原理问题的探讨，在不同的时代语境中反思“何为文学”“何为语言”等基本问题。

北京大学副校长、博雅特聘教授宁琦对人工智能时代人文学科的转型发

---

① 胡范铸：《元主体、社会身份、情景角色：言语主体范畴的重新分析》，《复旦学报》（社会科学版）2024 年第 3 期。

② Crispin Thurlow and Kvistine Mroczek, "Introduction: Fresh Perspectives on New Media Sociolinguistics", in Crispin Thurlow and Kristine Mroczek, eds., *Digital Discourse: Language in the New Media*, Oxford: Oxford University Press, 2011, pp.x-xvi.

③ 刘红卫、聂珍钊：《从伦理选择到科学选择的理论思考——聂珍钊教授访谈录》，《广东外语外贸大学学报》2022 年第 1 期。

④ 聂珍钊：《科学选择与 AI 文学》，《外国文学研究》2024 年第 3 期。

展进行了深刻剖析，指出人文学科应该注意坚守其内在定位，以始终维护人之主体性、发扬人类价值和知识传承为核心目的。“新文科建设的提出，是新形势下对传统文科学科建设与人才培养模式进行反思的结果，其本质是融入新科技、新理念、协同解决时代发展迫切问题的创新之举。”① 目前，人文学科正积极接纳人工智能，在技术的赋能加持下，人文学科在研究方法上变得更高效完善，研究方式上从个人探索转向跨学科合作，研究内容上也出现了涉及价值、伦理、规则重构等新议题。但在与技术融合协作的同时，人文学科也应警惕过度依赖技术可能导致的认知能力和创新能力退化，避免将知识生产的主体权力让渡于技术生产，造成伪造知识、扭曲价值、知识生产和价值传承分离等负面影响。

上海交通大学外国语学院院长尚必武教授以向内审视的方式论述了人文研究在为科技赋值时的理论创新。他认为，“真正意义上的文学研究的科学性诉求不仅是方法的科学化或者工具化，更重要的是我们在利用科学方法的同时，回归文学本体，发现普遍差异性和差异普遍性”②。人工智能技术已经开始深度参与文学创作。基于“机器能否创作”这一当代叙事学议题，尚教授将人工智能和世界文学之间的互动关系界定为“以人工智能为手段来研究世界文学”“以人工智能为媒介去传播世界文学”“以人工智能为主题的世界文学”和“由人工智能创作的世界文学”。③ 结合自身的研究，尚教授进一步分享了他对人工智能时代叙事学的思考，强调人文研究的发展能够促使我们重新思考人类与机器之间的关系，进而帮助我们抵抗和解构数字资本和技术宰制带来的主体异化和焦虑。

---

① 宁琦:《社会需求与新文科建设的核心任务》,《上海交通大学学报》(哲学社会科学版)2020 年第 2 期。

② 尚必武:《文学批评的科学性诉求与语言学方法的引入》,《认知诗学》2023 年第 2 期。

③ Shang Biwu, “World Literature and Artificial Intelligence: The Specter of Alan Turing”, in Theo D'haen, David Damrosch and Djelal Kadir, eds., *The Routledge Companion to World Literature*, London and New York: Routledge, 2022, pp.352-360.

二、科技赋能：科技人文自主知识体系的跨学科探索

马克思曾指出："劳动生产力是随着科学和技术的不断进步而不断发展的。"[1] 人文社科需要借助数字化和智能化的科技力量，重新认识新时期知识生产的物质基础和社会实践，以理论自觉和理论自信的姿态积极调适知识体系的内部结构和外在架构。在数智技术的赋能下，文学、历史学、哲学、法学、管理学、政治学等不同学科都在本体论、认识论、方法论层面经历着不可逆转的重大变革，百川归海，大势所趋。人文社科既要在纵向上主动拥抱科技变革汲取力量，也要在横向上积极打破学科间的藩篱整合资源，还要向内求索坚守学科特性，筑牢以人为根本目的的精神根脉。纵横联动，内外互济，人文社科方能在科技人文互鉴融通、跨学科互学共生的和谐未来中焕发勃勃生机。

中国社会科学院原副院长张江鲜明地指出数智时代知识论与价值论统一的重要性。自然科学的知识论倾向与人文科学的价值论倾向，被各自领域的保守学者视为圭臬，逐渐走向完全对立的主张。知识是否具有价值，价值能否转化为知识，应有广泛深入的讨论和研究。"在现代社会，现代学科体系分化虽使得自然科学和人文科学的界限日益清晰，而内在关联却愈加紧密"[2]，前者着重解决"是什么"，而后者则考虑"如何做"。"人文科学应吸取自然科学的科学精神和科学方法，交叉融合既是发展趋势、创新路径，也是现实需要"[3]，知识论所追求的可验证和可重复的确定性判断也应该被接纳在价值论的感悟体认当中，帮助价值创造成为人类知识体系演化的要素。当下，人工智能技术的出现正是知识论与价值论走向统一的很好例证，算法、算力和数据模拟人类的理性思维，生成的内容却蕴含价值和伦理。

《北京大学学报》（哲学社会科学版）常务副主编刘曙光指出，构建科技人文一体化的中国自主知识体系是中国化时代化马克思主义发展的必然要求，

---

① 马克思：《资本论》第1卷，中共中央马克思恩格斯列宁斯大林著作编译局译，人民出版社2004年版，第698页。

② 张江：《用科学精神引领新文科建设》，《上海交通大学学报》（哲学社会科学版）2020年第1期。

③ 张江：《用科学精神引领新文科建设》，《上海交通大学学报》（哲学社会科学版）2020年第1期。

是“人自由而全面发展的必由之路”。科技与人文的跨学科研究体现着工具理性和价值理性的统一、真善美的统一、合规律性和合目的性的统一。人是科技发展的最终目的，生命意志需要在对象化的劳动中不断反馈和锤炼，科学技术的进步为人的全面发展提供了自由时间和发展空间。必要劳动时间的缩短赋予人更高的创造实践机会，拓展人的活动领域。“要全面改造人类知识，以便在科学技术的基础上建筑‘人的王国’”①，中国自主知识体系的建构，必然表现为科技与人文的统一，体现出科学性、交叉性、协同性。学术期刊应有效承担起推动有组织科研责任，为推进学科建设和学科融合，服务国家重大战略需求以及解决社会关切的重要问题提供科学支撑。

厦门大学公共政策研究院院长陈振明教授指出，公共治理的数据化、智能化，以及人工智能协同的公共治理逐渐成为该领域研究的新范式。科学研究的“第四范式”，即数据密集型科学发现或数据驱动的知识增长，借助计算分析能力在海量数据中发现相关性，推动知识的创新。② 而数字技术催生了科学研究的“第五范式”，体现出综合运用、复杂决策、交叉对话的特点。科学是一个内在的整体，“当代人文社会科学的学科交叉和知识交融的趋势不断加强，现有的研究范式的局限性日益显露。特别是学科分割及知识碎片化削弱了人文社会科学解决社会问题或政策问题的能力，人类社会正为此付出代价”③。在“第五范式”的推动下，包括公共管理与公共政策在内的社会科学领域正在经历一场方法论革命，人文社会科学的贯通综合将成为重要趋势。

上海交通大学凯原法学院院长彭诚信教授就数字法学的学科定位展开了深入探讨。“将云计算、人工智能等科技与法学交叉融合、构建数字法律体系是实现数字中国的必然抉择和未来方向，‘数字法学’由此应运而生。”④ 对于数据和个人信息，线下社会将其储存于自然人的大脑，而数字社会则依靠制度化的平台。前者将个人信息置于人格权的范畴，法律规定人格权益不能转让、不能放弃、不能继承，人格和财产是不可通约的。但在后者，个人信

① 刘曙光:《中国自主知识体系建构的方法论自觉》,《北京大学学报》(哲学社会科学版)2023 年第 5 期。

② 参见陈振明:《学科交叉和知识融合视野中的公共治理研究》,《中国行政管理》2022 年第1 期。

③ 陈振明:《学科交叉和知识融合视野中的公共治理研究》,《中国行政管理》2022 年第 1 期。

④ 彭诚信:《数字法学的前提性命题与核心范式》,《中国法学》2023 年第 1 期。

息是平台收益的重要来源。数字法学需要解决的就是个人信息的确权问题。相较于传统法学，数字法学的建立基于两个前提："一是数字法学应植根于以算法为核心的数字社会形态；二是数字社会中的数据应以算法识别为前提，且受算法伦理的约束。"[①] 为此，法学教育需要从人才培养体系、学科体系、课程体系进行实质化的改革，培养具备法学素养和基础数理知识的复合型人才。

《高等学校文科学术文摘》、《上海师范大学学报》（哲社版）总编辑洪庆明论述了数字时代史学研究的机遇和挑战。自从自然科学在现代世界占据主导地位之后，人文学科常常必须向自然科学靠拢才能获得合法性。人文学科的生命力也正是源自与时俱进的变革，不断地吸纳科学技术和思想变革带来的新视野、新工具和新方法。目前，人工智能在材料收集、材料阅读和内容生产上为史学研究提供帮助，如数据存储、资料集成、分析文献、处理多语种材料、识别器物和图像等。但人工智能的赋能尚无法替代真正的历史研究者，数智技术不能自主地选择研究的主题，需要按照研究者制定好的主题、内容并输入资料，才能寻求路径生成内容。而且数智大模型的联想主轴建立在史学研究者本身的联想基础之上，需要研究者原创性的语言数据进行训练。更值得警醒的是，绝对的数据无法说明历史语境，无法说明历史的真实状况。

华东政法大学政治学研究院院长高奇琦教授从未来发生学的视角阐释了人机共存的社会关系形态。高教授提出"未来历史"的概念，即"对历史的理解会在效果的基础之上不断发生，因此这种历史是一种开放性的历史，甚至是一种面向未来的历史"[②]。大模型正是具备"未来历史"的特征，能够用知识路径限定、构建未来趋势。作为知识压缩体，它是历史与未来的复杂结合态，展现出量子态的特性，使知识处于波函数中，映射人类大脑运作规律。同时促进知识密度与效率指数级增长，推进人类社会走向知识大爆炸的奇点。人与大模型的互动过程存在三种模式：工具、游戏和生存，这三种模式确定了人机共存的关系形式，即外在、内在与共在。其中，共在意味着人类与大

---

① 彭诚信：《数字法学的前提性命题与核心范式》，《中国法学》2023 年第 1 期。

② 高奇琦：《人与大模型的共在与双重对齐：一种未来发生学的方法》，《浙江社会科学》2024 年第 6 期。

模型的双重对齐，二者最终完成伽达默尔所强调的视域融合。

《探索与争鸣》主编叶祝弟分享了对数智时代建立跨学科学术共同体的思考，旨在对重大公共性问题进行商讨。“一方面，科学技术的突飞猛进和国家的重大战略向人文社科研究提出了新命题和新挑战；另一方面，人文社科研究和评价的学科化、数字化、内卷化问题依然突出，甚至有加剧的趋势。”①面对人文学科的危机，一方面需要对学科本身的问题做出必要的反思和警惕；另一方面也应主张积极向外拓展，将跨学科看成是化解人文学科危机的一种可行方案。以新文科为主导的跨学科呈现出国家强势主导、技术强力推动、学术共同体协同推进的特征，表现出横跨、斜跨和内跨的不同形态，其间可能会出现依附式、掏空式、随意式、虚假式的变形风险。因此，跨学科需要处理好问题诊断与方法适用之间、跨学科与学科之间，以及跨学科研究与成果评价之间的矛盾。

三、融合发展：交叉融通的科技人文命运共同体

科技人文命运共同体的提出，积极回应了当下百年未有之大变局加速演进、世界格局持续动荡和人类社会转型变革背景下“世界怎么了”“人类向何处去”“我们怎么办”的时代之问，展现出中国学者表达中国立场、中国智慧、中国价值的使命担当。然而，科技人文的交叉融通也面临着理论基础不完善、研究议题不明确、实践方向不清晰等现实挑战。对此，与会学者积极探索时代主题，寻求科技与人文深度融合的着力点，为科技人文命运共同体的发展提供了新的思路和方向，展现出以中国立场、中国智慧、中国人文精神推动数字智能时代下人文社会科学持续创新与蓬勃发展的决心与魄力。

上海交通大学人文社科资深教授王宁论述了科技人文命运共同体建立的积极意义。“数字人文的诞生使得传统的人文学科研究带有科学的方法论和科学的精神，同时它也可以促使科学研究变得更人性化，因而标志着另一场新

---

① 叶祝弟、张蕾：《突破学科藩篱：技术时代中国人文学术的因应之道》，《探索与争鸣》2019 年第 4 期。

的革命性变革。"[①] 王教授分享了他提出"超学科比较文学研究"理念并引入国际数据库评估人文研究质量的工作经验，指出科技手段在提升人文学术评价体系客观性和科学性方面的助益。"同样，数字技术也是人创造出来的，因此应该是由人来利用和不断地开发更新科学技术，而不应该是人受缚于科学技术，成为科技的奴隶。"[②] 他前瞻性地指出科技与人文的融合是不以人的意志为转移的历史趋势，构建科技人文命运共同体需要依靠人文学者与科学家的互动，双方的沟通对话将共同服务于人的全面发展和社会进步的目标。

上海交通大学特聘教授刘建军认为，人工智能的出现将促使人类转向"智慧性生存"。"现代科学技术的不断发展与升级正以其无可取代的方式推动生产资料的更新，同时也推动着生产方式和生产关系的更新"，语言数据已成为战略性的新型生产资料。[③] 人工智能的发展打破了主客体界限，使"人工"与"智能"融为一体，形成新的生存状态。在人工智能时代，文学将经历全方位变革，包括文学样态、创作方式、审美标准和欣赏方式等。对此，科技人文融合需从三个方面入手：一是新的艺术哲学观念将改变文学反映生活的传统理解；二是借用量子思维模式重新认识文学要素之间的关系；三是理解"元宇宙"概念，重建文学的产生机制、存在样态和价值功能。总体而言，人工智能将带来文学及其活动的整体变革，关键在于人类思维方式和观念的根本性转换。

四川外国语大学校长董洪川教授阐明了科技人文融合对高校人才培养的启发。新时代国家重大战略的实施离不开外语人才的支撑，"而传统的高等外语教育因其单一的人才培养模式显然无法完成培养这种复合型、创新性涉外人才的历史任务"[④]。科技人文命运共同体的构建，"充分肯定科技对现代人类文明发展的贡献"，确保科技服务于人的全面发展和社会进步，也为新时期

---

① 王宁：《科学与人文的冲突与共融——兼论后人文主义语境下的数字人文》，《武汉大学学报》（人文科学版）2017 年第 4 期。

② 王宁：《作为一种人文学术范式的数字人文》，《上海交通大学学报》（哲学社会科学版）2023 年第 12 期。

③ 刘建军：《语言数据：信息时代的生产资料论说》，《吉林大学社会科学学报》2024 年第1 期。

④ 董洪川、冉永平：《界面研究：中国外语教育变革的跨学科方法论驱动》，《外语电化教学》2023 年第 5 期。

外语人才培养提供了指导借鉴。人才是社会发展的根本要素，高校应在人才培养中融入科技与人文融合的理念，让学生认识科技本质，树立正确的科技观，引导学生树立科技人文命运共同体的理念，以培养出既能驾驭技术又能关注人文价值的新时代人才，让技术发展掌握在有益于社会的人手中，从而更好地服务于人类文明的发展和国家战略的实施。这将是数智时代高校人才培养的重要任务。

中国社会科学杂志社文学部主任张跣点明在科技人文融合背景下文化创新的根基在于重建主体性。文化与科技的融合推动了文化的自我革新，体现出智能交互化的特点，使得普通大众掌握文化创造的权力。信息方式的变革促进了市民社会的形成，为中国当代文化生产消费与传播提供了基本语境。算法的普及使社会呈现出“量化自我”“受众劳动”和“破坏性创造”[①] 的基本特质。这些因素在文化创新中“造成一种主体性的失落”，使个体的文化消费成为一种被商业主义裹胁的“屈从式消费”，“个体被淹没，个性被编码”。[②] 在此环境下，文化主体需要提升文化自觉以保证对自身文化特性的体认，这就要求我们有对文化意义、文化地位、文化作用的深度认同，以及对文化建设、文化发展、文化进步的责任担当。而重建主体性是文化自觉的基本前提，要处理好技术与商业、技术发展与人文主义梦想之间的关系。

上海外国语大学副校长查明建教授论述了科技人文命运共同体中人文精神的重要价值。随着人工智能技术的发展，人类需要通过增强技术的人文维度来确保其为人类造福。相较于人工智能，人类的价值是思考“何以为人”的根本性命题，寻求生命意义的丰富。人文学科在培养人类心智、情感和审美能力方面具有不可替代的作用，不可被忽视和偏废。同时，查教授呼吁人文学科自身也需要反思和改进，以增强人文的魅力。例如外语学科，“要使‘外语+大数据’‘外语+人工智能’产生学科创新价值，就需要思考大数据和人工智能可为外语学科开拓出若不使用大数据、人工智能就无法解决的什么学科问题或学术问题”[③]。人文社科学者切不可沦为机器的附庸，被懒惰和平

① 张跣：《算法社会的受众劳动及其创造性破坏》，《探索与争鸣》2021 年第 3 期。
② 张跣：《重建主体性：对“网红”奇观的审视与反思》，《中国青年社会科学》2016 年第6 期。
③ 查明建：《外语学科：如何守正，怎样创新?》，《外语教学理论与实践》2023 年第 1 期。

庸所支配，失去对美的向往和生命的感动，也失去“人之为人”的根本。

南京大学艺术学院院长何成洲教授以游戏产业发展助力中国文化传播为例论述了科技人文融合带来的实际价值。“跨媒介研究正在成为人文艺术研究的一个重要学术领域，这主要是因为随着新科技的发展，跨媒介越来越成为一个显著的文化现象。”① 游戏作为文学艺术积淀和技术进步成果完美融合的跨媒介代表，正改变着知识生产和传播认知的方式。融入中国文化的成功游戏作品，为向外输出中国形象提供了助益。游戏通过独特的文化体验，推动了中国神话、文学和艺术在全球市场的再创作，并且借助虚拟空间的距离感知，能够更容易地帮助外国玩家接触和感知中国文化，减少现实世界由于泛政治化造成的抵触情绪。随着人工智能技术的发展，游戏制作的成本和周期将大幅降低，也能够更好地满足用户的个性化需求。因此，开发高质量的游戏作品对于提升中国文化软实力具有重要意义。

湖南师范大学外国语学院院长曾艳钰教授总结了人工智能与中华文化的融合在文化传承与创新方面取得的优异成就。通过数字化保存技术建立的数字文化资源库，为文化遗产的保护与传承开辟了新途径，也为学术研究和国际推广提供了新方法；3D 建模、虚拟现实、全息投影等技术催生了新的文化体验方式；大数据收集和智能算法为文化内容生产和传播提供了优化策略；智能翻译、跨语言大数据分析等技术能够在跨语种、跨地域、跨文化的交际背景中帮助中华优秀传统文化“走出去”实现精准传播。但在发挥技术优势的同时，要充分挖掘人的主观能动性，以人的智慧统摄文化创新，以人文情怀引领科技进步，才能实现人工智能等现代科技与中华优秀传统文化的深度融合，为传承创新中华文明、建设社会主义文化强国提供强大支撑。

四、平台搭建：高品质学术期刊建设与青年学者智慧支持

“学术期刊是开展学术研究交流的重要平台，是传播思想文化的重要阵

---

① 彭青龙：《知识体系创新、跨学科交叉与跨媒介融合——访谈欧洲科学院外籍院士何成洲》，《上海交通大学学报》(哲学社会科学版)2022 年第 4 期。

地，是促进理论创新和科技进步的重要力量。”① 期刊建设不仅需要打造把握时代规律、引领学科发展、凝聚学术共识的知识高地，而且需要承担优化资源配置、扶持人才发展、推动学术交流的平台使命。《上海交通大学学报》（哲社版）秉承“党委领导、学者办刊、专业运营、创新引领”的办刊宗旨，坚守哲学社会科学的本真性，积极探索文理交叉、科技人文融合之路，为推动我国哲学社会科学的发展与繁荣贡献智慧。喜逢学报创刊45周年，与会专家对交大学报在数字化与智能化理论探索和科技人文命运共同体构建等方面取得的成就和未来发展表达了祝贺与关切。

《上海交通大学学报》（哲社版）主编彭青龙就学报的发展情况进行了回顾与展望。学报坚持社会主义办学方向，服务党和国家战略需要，服务经济社会发展需要，服务学校“双一流”建设需要，旨在“做中华文化的传承者、做中国改革实践经验的传播者、做‘科技人文命运共同体’的探索者”。近年来，学报坚持“一手抓基础，一手抓前沿”的办刊理念，推出了以“院士跨界高端访谈”“思源湖畔专题”为代表的特色栏目，以及“基本理念、理论与方法”“数字·智能的世界”“国际传播能力建设”和“世界文化多样性与交流互鉴”等专题栏目，在提升学报口碑、水平和影响力方面取得了显著成效。学报未来发展将进一步优化栏目，坚持精确的问题导向，彰显跨学科特色，围绕年度重点选题，加强作者、读者与编者的交流合作，并拓展多种数字媒介提升传播能力，积极推进数智时代的高质量期刊建设。

随后，与会的学术期刊主编各抒己见，结合自身实践经验，就数智时代如何建设新时代高品质学术期刊进行了深入交流与探讨。中国社会科学杂志社文学部主任张跣从期刊出版制度、学术评价体系和学术发展进程三个方面对《中国社会科学》的办刊经验进行了梳理，认为当前学术刊物共同面临着“学术研究精英化”“学术研究脱离社会实践”和“低水平重复”等问题，并指出学术写作中“有对象没问题，有材料没分析，有判断无思辨，有独白无对话，有概念没关怀”的误区。学术期刊高质量建设需要积极关注和思考学

① 中共中央宣传部、教育部、科技部：《关于推动学术期刊繁荣发展的意见》，2021年5月18日，http://www.nopss.gov.cn/n1/2021/0708/c362661-32152337。

术理论与社会实践、学术与政治、中学与西学、基础与前沿、边界与扩容五大关系的平衡。

《复旦学报》（社会科学版）主编汪涌豪强调了当下意识和现实关怀之于学术刊物的重要性。他指出，“当下意识和现实关怀本质上是一致的。有了当下意识和现实关怀，学术研究才能更有效地分析问题和解决问题，也决定了它有更强的思想辐射和观念投送的能力，才能作为传承的一环进入到学术发展的序列，成为文化长河中开拓的下游”。学术刊物应该彰显这种意识与关怀。如果光有形而上的思辨，就容易陷入逻辑迷失；如果光有梳理和推导，则容易看不见真实。离开了当下意识和现实关怀，学术存在的合理性与合法性便会遭到质疑。汪涌豪认为，“任何学术研究都意在解决问题，并在解决问题中丰富和发展自己；任何一个成功的学术刊物也是要在解决问题的过程中扩大自己的影响，成为一个汇聚新思想、新学说的平台”。

《清华大学学报》（哲学社会科学版）常务副主编仲伟民分析了中国高校学术期刊集约化、数字化与专业化转型面临的挑战与机遇。仲伟民回顾了作为学术期刊转型起点的教育部名刊工程，同时指出现存高校学术期刊与名刊工程“专、特、大、强”的目标仍有差距。由于短期内高校学报综合性难以改变，专业化难以实现，他将讨论的重点放在期刊集约化和数字化转型上，然而现有期刊在此方面收效甚微。近年来，政府积极推动学术期刊的高质量发展，尤其是科技期刊的改革，为人文社科期刊的数字化转型提供了新的动力。仲教授呼吁期刊同行把握机遇，“与时俱进地告别传统的平台模式，重新走上通往数字化、专业化、集约化、国际化的转型之路”。

上海社会科学杂志社社长、总编辑姜佑福聚焦新质生产力的新文明内涵，指出社科学术期刊在推动科技人文融合发展中应当承担的使命和责任。他指出新质生产力概念具有两方面的内涵，一方面是继续完善和发展社会主义基本制度，另一方面则是实现国家治理体系、治理能力现代化。然而，人文社科学者往往只谈其一，研究缺乏全面性与深刻性。此外，人文社科学者应该增加科学技术方面的知识储备，对于技术的讨论不能过度依赖文学想象，而应了解技术背后的运行过程与逻辑。他呼吁社科期刊应积极介入自然科学主题，推动跨学科合作，引导真实、有效的学术讨论，促进对新技术及其社会影响的深入研究，避免伪论文、伪研究、伪学术的泛滥。

承上启下，诲人不倦。交大学报近年来致力于打造发现、支持、团结青年学者的交流平台，在广大青年学者群体当中积累了良好口碑。本次会议延续设立青年论坛的传统，邀请了来自法学、管理学、经济学、哲学、社会学和文学等学科的青年才俊，分享交流对于数智时代和科技人文融合贯通的观察与思考，充分展现青年学者的敏锐思考和智慧结晶。

在闭幕式上，彭青龙教授以“鲜明的时代性”“深刻的思想性”和“高端的规格”高度总结了此次大会。面对人工智能浪潮的冲击，与会学者都能站在世界文明和人类社会长远发展的角度，主动承担起科技人文命运共同体构建的历史使命和社会责任，致力于弥合科技与人文之间的融通赤字，为推动未来学科交叉转型提供了有益借鉴。《上海交通大学学报》（哲社版）副主编陈华栋指出，学报将前赴后继，立志成为让学术研究和社会发展深度融合的学术交流平台，以学术反哺现实，以现实支撑学术，为构建中国科技人文学术话语体系贡献交大智慧。

[原载《上海交通大学学报》（哲学社会科学版）2024 年第 11 期]

以中国立场构筑中国法学自主知识体系

郭为禄[*]

2016年5月17日，习近平总书记在哲学社会科学工作座谈会上的重要讲话中指出："哲学社会科学的特色、风格、气派，是发展到一定阶段的产物，是成熟的标志，是实力的象征，也是自信的体现。"为此，要按照立足中国、借鉴国外、挖掘历史、把握当代、关怀人类、面向未来的思路，着力构建中国特色哲学社会科学，在指导思想、学科体系、学术体系、话语体系等方面充分体现中国特色、中国风格、中国气派。中国法学自主知识体系是中国特色哲学社会科学体系的组成部分，中国法学自主知识体系的建构要积极传承和弘扬中华优秀传统法律文化，秉持"中国立场"和"中国视角"，立足新时代中国特色社会主义法治建设的伟大实践，充分吸收和借鉴世界优秀法治文明成果。

要立足中华优秀传统法律文化的传承和弘扬

中国特色哲学社会科学应具有继承性与民族性的特点，中华优秀传统文化的资源是中国特色哲学社会科学发展十分宝贵的资源。中国是个有着几千年法律文化的文明古国，对世界法治文明做出过重大贡献，尤其是以唐律为代表的中华法系，不仅集大成地总结了人类社会法律治理的经验，而且在东亚诸国产生了重大影响。

诸多中华优秀传统法律理念已在当代中国法律学说和法律制度中得以再现。在法律观念上，亦有诸多重要的理念需要我们吸收、借鉴、转化，它们在今日仍有生命力和感召力。在法律观念层面，亦有许多在今日得以传承并

---

* 郭为禄，华东政法大学党委书记。

需发扬光大的法律理念。如“法理”一词，代表着法律的基本原理。中国在汉代即已出现“法理”一词，南齐时孔稚珪所言“匠万物者以绳墨为正，驭大国者以法理为本”，更是直接将法理作为治国的根本依据。自此以后，中国历史上有关法理的言说不绝如缕。

可见，“法理”在古代中国业已成为固定的法学词组，用以指称法律及其背后蕴含的原理、道理。这不仅是中国古代优秀传统法律文化注重原理探讨的体现，也是我们今日法律学习、法学研究与法律实践必须重视的经典范畴。

再如“民生”，用以表达人民的生存、生活、生计，亦为地道的中国名词。我国先秦典籍《左传》中即出现了“民生”叙述，言道：“民生在勤，勤则不匮。”意思是说民众的生计需要通过个人的努力，只有勤奋劳动，才能创造美好的生活。可见，“民生”是一个地地道道的中国概念，也是中国历代思想家关注的理论主题。由此衍生的“民生权”概念，亦可以成为中国法学自主知识体系的标识性概念：民生权与西方社会的社会权一词既有类似之处，又存在显著的不同。它既意味着人民群众自我保全、正当生存、规划生计的权利，又是一种由国家提供福利供给并注重对弱者权益加以保护的综合性法律制度。这些对中华优秀传统法律文化核心概念的提炼与撷取，必将为中国法学自主知识体系的建构提供智识基础。

以“中国视角”和“中国立场”建构自主知识体系

中华优秀传统文化是中华民族的根和魂。中国法学自主知识体系的建构，当以传统中国法知识体系为不可或缺的历史资源。习近平总书记在“5·17”重要讲话中指出：“中华文明延续着我们国家和民族的精神血脉，既需要薪火相传、代代守护，也需要与时俱进、推陈出新。”作为历史学概念的中华法系，其主干即为传统中国法知识体系，其精华就是中华法系蕴含的中国传统法治智慧。

目前来说，中国法学自主知识体系中的中华法系研究有单点历史认知突破，也有整体历史重述突破。前者包括因出土法律文献等新资料带来的新认识和新学问，比如近二十年来出土的秦汉法律简牍，就对以往海外汉学界的秦汉“无令”说等不准确认知予以了坚实否定，并由此重新评估秦汉法律帝国的发达程度。上博简、清华简等战国楚简的发现，让我们认识到了传世史书未载的内容，拓展了当代人对中华法系早期发源的认知。后者则从中华法系的整体性历史着眼，以坚实的历史文献为基础，充分注意到中华法系法律内容与法律体系的丰富多样性，而不仅限于法律内容“以刑为主”或法律体系以“律令法”为主的不准确认识。

另外，中华法系的研究也有方法论的突破，即从中国历史的内在逻辑阐释中国法律史，而不单纯是以西方标准“评判”中国法律史。在建构中国法学自主知识体系过程中传承与发扬中华法系的优秀思想理念，其内容不应限于单向度赞美性的“法治智慧”，此仅是知其然而已。学术研究更重要的是知其所以然，所以对中华法系的“真历史”要有准确认知和深刻研究。从学术研究求真的初心出发，以可靠的史料和严谨学术态度“重述中国法律史”，以“中国视角”阐释中华法系蕴含的法治智慧，将其融入中国法学自主知识体系之中，当是研究中华法系“真历史”的可行途径。

在建构中国法学自主知识体系时，我们要从中国法律史“真历史”的学术求真立场出发，不拘泥于“对标”西方法律史，不以“西方古代有之，中国古代亦有之”而自得，亦不以西方的方法论为主导来研究中国法律史，不以得出与西方法律史学研究同样的结论为目标，而是要跳出西方法律史的叙述框架，从“中国立场”出发重述中国法律史，正是继承与发扬中华法系优秀思想理念的应有学术态度。

立足新时代中国特色法治建设提炼核心范畴

中国法学自主知识体系的建构与成型，既是法学学科学术思想、学术范畴成熟的外在表达，也是国家法学新概念、新范畴、新表述的体系化建构。中国正在全面推进依法治国的伟大事业，而“新时代”则是建设法治国家的时代背景。在习近平法治思想中，立足新时代这一特定背景，推出和提炼了诸多具有中国特色、中国风格、中国气派的重要法学范畴，为建构具有中国特色的法学自主知识体系提供了典范。

例如作为法律目的的“美好生活”，不仅包含物质文化生活上的高标准、高要求，而且广涉民主、法治、公平、正义、安全、环境等方面的新要求、新期待。美好生活转换成法律术语，即美好生活权或幸福生活权。习近平总书记指出，“人民幸福生活是最大的人权”，这既是对人民拥有美好生活期待权的概括和承认，也包含着对保障人民实现幸福生活权的义务和责任，体现了中国共产党和中国政府“以人民为中心”的根本理念。

又如“社会公平正义”，这是中国特色社会主义法治的基本价值追求。虽然自亚里士多德开始，即有了“分配正义”的概念，但强调的是每个人按劳动、功绩等得到本该属于他们的东西。而当今中国所说的社会公平正义，虽也可被视为一个分配原则，却是超越个人应得内涵的惠及全民的分配正义。质言之，社会公平正义是以社会上人们整体的生存、生活状况来予以资源或财富的分配，当一部分人无法通过自己的努力保障基本的生存或生活时，国家应无条件地予以财政上的支持或物质上的帮助。可见，这是一个十分典型的社会主义中国的价值表达，可以作为法学学术话语中的一个重要内容。

再如“全过程人民民主”。全过程人民民主坚持从中国国情和实际出发，坚持党的领导、人民当家做主、依法治国有机统一，全面推进民主选举、民主协商、民主决策、民主管理、民主监督，持续发展直接民主与间接民主，不断丰富政治民主、经济民主、文化民主、社会民主和基层民主，确保广大人民群众享有广泛的民主权利，充分体现人民当家做主的政治、法律地位，为实现中华民族伟大复兴、构建人类命运共同体贡献力量，是全过程各领域有效率真管用的社会主义民主。全过程人民民主，既体现着民主这一全人类共同价值，又具有鲜明的中国特色和时代特征。习近平总书记对全过程人民民主的基本特征做了精辟概括，“我国全过程人民民主不仅有完整的制度程序，而且有完整的参与实践”，“我国全过程人民民主实现了过程民主和成果民主、程序民主和实质民主、直接民主和间接民主、人民民主和国家意志相统一，是全链条、全方位、全覆盖的民主，是最广泛、最真实、最管用的社会主义民主”。这既体现了全过程人民民主在价值、内容和本质上的制度特色，又从过程、范围和功能、效果上彰显了全过程人民民主不同于西方民主的政治优势。这一中国式民主的概念表达，也必将为建构中国特色的法学自主知识体系提供助力。

充分吸收和借鉴世界优秀法治文明成果

建构有中国特色的法学自主知识体系，并不意味着要拒斥外来的理论、概念、范畴。习近平总书记指出：“坚持从我国实际出发，不等于关起门来搞法治。法治是人类文明的重要成果之一，法治的精髓和要旨对于各国国家治理和社会治理具有普遍意义，我们要学习借鉴世界上优秀的法治文明成果。”这虽然主要是围绕制度层面的法治而言，但对于建构中国法学自主知识体系同样重要。当然，在对世界上的优秀法治文明成果进行积极吸收借鉴的同时也要加以甄别，有选择地吸收和转化，不能囫囵吞枣、照搬照抄，否则必然导致水土不服。

正所谓“橘生淮南则为橘，生于淮北则为枳”。在这个问题上，我们要有底气、有自信，要努力以中国智慧、中国实践为世界法治文明建设做出贡献。法学的概念、范畴、理论、制度都不是纯学术性的。相反，其中很多都蕴含着意识形态的因素，如自由主义法治与社会主义法治，虽都以“法治”命名，但在主体、目的、要素、归宿等方面都存在着质的差别，不可混为一谈。

在这里，要按照习近平总书记提出的“有选择地吸收和转化”原则，科学地对待世界法治文明和法学理论的优秀成果，在此基础上建构中国特色法学自主知识体系。大体而言包括三个维度：一是吸收，即尊重人类共同的优秀法律制度和法学理论，例如需要确立权力制约和监督制度，把权力关进制度的笼子里；要确保主权在民原则的实现，真正使人民成为国家和社会的主人。二是转化，即结合中国的实际国情对相关法学话语加以本土化改造，如“依法治国、依法执政、依法行政共同推进”“法治国家、法治政府、法治社会一体建设”。三是创新，即植根中国智慧、立足中国实践，创造性地表达中国的法治经验。例如在西方只有“法治国家”（或“法治国”）的提法，但在习近平法治思想中，“法治社会”概念则是一个极为独特的法学范畴，由此也证成了在道路自信、理论自信、制度自信、文化自信的时代氛围中，我们有可能也有必要创造出属于中国的也属于世界的法学自主知识体系。

（原载《中国社会科学报》2024年5月17日）

数字经济人才培养的理论、实践与建议

——“数字经济人才培养”圆桌论坛

教育松绑、教产实践融合与深化学术研究

刘 青*

在全球数字化趋势的推动下，数字经济已成为新产业革命的重要引擎，其重要性不言而喻。在这一背景下，如何系统、科学、高效地培养数字经济人才已成为教育部门、产业部门以及学术界共同关注的焦点。

近年来，部分高校响应国家号召陆续开设数字经济相关专业，但其中不少学校在相关专业的开设上存在准备不充分、规划不合理等问题。在没有充分研究数字经济领域特点和发展趋势的情况下，这些学校便匆匆上马相关专业，导致人才培养质量参差不齐，难以适应市场发展需求。针对这一问题，数字经济人才的培养应立足长远发展需要，着力进行系统规划。

第一，从教育体制层面进行深度改革，打破应试教育的桎梏。当前的教育体制虽在一定程度上保障了教学活动的秩序与规范，但与构建完善的拔尖创新人才识别和培养机制尚有一定差距。高校应为学生提供更加宽松、自由的学习环境，这不仅有助于激发学生的学习兴趣和创造力，而且能为学生提供更多的实践机会以促进其全面发展并提升综合能力，避免将潜在拔尖创新人才局限在“卷学分、卷绩点”的困境当中。当然，学生作为未来推动社会发展的主力和创新者，更应该具备勇于探索的精神。这种精神不仅是一种对

* 刘青，中国人民大学国家发展与战略研究院执行院长，经济学院教授、博士生导师。

知识的渴求，而且是一种对未知世界的无畏挑战和对自我潜能的深入挖掘。在数字经济时代，市场需求瞬息万变，学生需要勇于尝试不同的领域和课程，不断拓宽自己的知识视野。同时，学生也应学会放弃一些短期利益，将更多的时间和精力投入真正有利于自身长远发展的学习中。

第二，数字经济人才培养应与产业实践紧密结合。数字经济具有高度的创新性、实践性和动态性，目前还没有成熟的课程与教材体系，这意味着传统的教育方式已经难以满足其人才培养需求，数字经济人才的培养必须加强与实践的结合、从实践中获取真知。因此，教育部门应加强与产业部门的合作，共同构建产、学、研深度融合的人才培养体系。学校应通过引入产业实践项目、案例分析和实习实训等方式，帮助学生更好地理解数字经济的运行规律和发展趋势，提高学生的实际操作能力和解决问题能力。

第三，数字经济的研究和学科建设是人才培养的根基。研究人员应加强对数字经济基础理论的研究和探索，推动不同学科的交叉融合和创新发展。这不仅要求研究人员掌握深厚的专业知识，而且要求其具备国际化视野和创新性思维、关注实践的最新变化，以适应数字经济领域的复杂性和多变性。当然，数字经济的研究和学科建设也离不开来自政府、企业和社会各界的全方位的支持和推动。政府需要制定相关的政策和法规，为数字经济的研究和学科建设提供资金、人才等方面的支持；企业则需要积极参与数字经济的实践和创新，为数字经济的研究提供丰富的案例和数据支持；同时，社会各界需要加强对数字经济的认知与了解，形成全社会共同推动数字经济发展的良好氛围。

总之，数字经济人才培养是一项系统工程，教育部门应打破传统的教育樊篱，深化与产业部门的融合，与之共同构筑坚实的学术高地，努力培养更多具有全球视野、创新能力与实践经验的新型数字经济人才，为中国数字经济的蓬勃发展注入新的活力与动力。

复合型与创新型数字经济人才培养

周念利*

随着全球化和数字化浪潮的持续推进，数字经济与数字贸易的崛起已成为推动经济持续增长的关键动力。在此背景下，国家对数字经济与数字贸易人才的培养愈发重视，将其视为国家发展战略的重要组成部分。特别是在中美贸易关系日趋复杂化的背景下，如何抓住数字经济发展的新机遇、应对数字经济带来的新挑战，成为目前人才培养的重要课题。

一、数字经济人才培养的紧迫性

数字经济在国民经济中的比重日益增加，而与之相对应的人才缺口问题却愈发突出。在我国，数字经济相关产业占 GDP 的比重已超过 40%，数字经济核心产业占 GDP 的比重已高达 10%，而且各产业数字化趋势明显。资料显示，我国数字经济和信息化人才的缺口已经达到 2500 万至 3000 万人，尤其是在大数据、人工智能和智能制造等关键领域，相关人才的短缺更为突出。巨大的人才需求与短缺的人才供给之间形成强烈反差，凸显了数字经济人才培养任务的艰巨性和紧迫性。

二、复合型人才培养的挑战

数字经济与数字贸易具有跨学科、跨领域的特性，对人才的培养提出了更高的要求，复合型人才的培养就成为关键。该类人才不仅需要掌握经济、贸易和法律知识，还需要具备相应的专业技术背景并熟练掌握数据处理和分析等相关技能。目前，我国已有部分高校在本科和硕士研究生层面的培养方案中增加了数字经济、数字贸易等专业并引入了一些相关课程，体现了对复合型人才培养的重视。如何有效整合不同学科资源、打破传统学科壁垒、培养具备良好综合素质的人才，成为当前复合型人才培养面临的重要挑战。以对外经济贸易大学为例，该校在本科层面的国际商务专业下开设了数字贸易实验班。然而，在实际教学过程中，如何在保障教学质量的同时推动跨学科、

* 周念利，对外经济贸易大学中国 WTO 研究院研究员、博士生导师。

跨领域的融合与发展，成为摆在教师面前的难题。课程设置、学分认定和教学资源分配等方面的问题，同样需要协调更多教学资源和配备具有不同专业知识背景的教师等多措并举才能够得以解决。

三、创新型人才培养的重要性

在数字经济时代，创新是推动经济发展的核心驱动力。因此，除了专业知识和技能的传授，高等教育更应注重培养学生的创新能力与市场洞察力。一方面，科研人员需要进行如下层面的创新：一是科研数据从无到有的创新；二是研究视角、研究内容、研究方法的创新，涉及市场规则和规制、整体数字化和具体内容数字化；三是理论创新。上述三个层面的创新对创新型人才的培养提出了更高的要求，也成为目前数字经济研究的重要方向。另一方面，随着数字经济的不断发展，新的经济形态、商业模式和市场规则不断涌现，这就需要科研人员具备敏锐的市场洞察力，紧跟时代步伐，积极推动理论创新与实践探索的有机融合。

总之，数字经济人才的培养是一项长期而艰巨的任务。面对当前的人才缺口和挑战，高校需要加强跨学科合作与交流、创新教育模式、积极探索新的数据来源和分析方法。同时，应注重培养学生的实践能力和创新精神，从而满足数字经济发展需要，培养更多适合未来市场需求的高素质复合型及创新型人才，为国家经济发展和社会进步提供有力的人才支撑。

数字经济人才培养需要攻坚克难

胡吉亚*

在数字化时代浪潮中，数字经济人才的培养已经成为关乎国家未来经济发展的重要战略。随着大数据、区块链、人工智能等前沿技术的迅猛发展，整个经济社会对熟练掌握跨学科知识、具备创新思维和实践能力人才的需求日益迫切。

在数字经济人才实际培养过程中，大多数高校同时面临诸多困境与挑战。

* 胡吉亚，中国社会科学院大学应用经济学院副教授。

一方面，学生往往急于求成，过度追求实习经历和眼前利益，存在学习心态浮躁、毕业论文质量不佳等问题，忽视了真正的知识学习与积累。这种学习模式和心态不仅影响了学生个体的健康成长，也不利于提升全社会的人才创新力和竞争力。另一方面，现行的教育体制改革往往滞后于劳动力市场需求的变化，在短时间内很难培养出完全符合时代需求的人才。传统的课程设置往往偏重理论知识的传授，而相对忽视对学生实践能力和创新思维的培养。当前的高校教育范式在应对前沿问题与推动技术创新方面未能做到紧跟时代变革的步伐，使许多毕业生面临理论与实践脱节和“就业容易择业难”等问题，从而加剧了整个劳动力市场高质量人才供需结构的失衡。

高校需要从多方面入手进行教育体制改革，以解决上述困难。

第一，优化课程设置和教材内容。为了满足数字经济时代的需求，必须引入更多与大数据、区块链等前沿技术相关的课程，确保学生接触最新的理论知识和实践案例。同时，教材内容也需要不断更新，以保持其前沿性和实用性。

第二，加强师资队伍建设。作为培养数字经济人才的重要力量，教师需要具备跨学科的知识背景和创新能力。高校必须加强对教师的培训和支持，鼓励教师不断更新知识体系、提高教学水平，这样才能培养更多具有创新思维和实践能力的学生。

第三，改进现行教学制度。在当前的教育环境下，学生和教师均面临巨大的竞争压力。这种压力不仅未能助力学生的学术成长，而且给教师带来了一定程度的焦虑感和疲惫感。因此，必须调整考核方式和评价标准，让学生更加注重学习过程和实践能力的发展，而不是仅仅追求分数和绩点。同时，教师也应该更加注重教学方法和手段的创新，以激发学生的学习兴趣和创造力。

第四，强化顶层设计。政府通过明确的政策导向和激励措施，可以为数字经济人才的培养提供有力保障。政府应加大对数字经济人才培养的投入和支持力度，鼓励高校和科研机构积极参与其中。在这个过程中，国内顶尖高校应该发挥“排头兵”的作用。北京大学、清华大学、中国人民大学等高校应该率先探索数字经济人才培养新模式，为其他高校提供必要的借鉴与参考。

综上所述，培养数字经济人才是一项长期而艰巨的任务。教育部门需要在挑战中寻求突破与创新，不断推进优化课程设置、加强师资队伍建设、改进教学制度、强化顶层设计等方面的工作。这样不仅可以培养出更多高素质的数字经济人才，而且可以为国家的经济发展注入新的活力，推动经济高质量发展。

以上海大学为例，探讨数字经济人才培养模式与体系构建

殷　凤*

随着数字经济的蓬勃发展，社会对人才的需求也日益凸显。上海大学作为一所综合性大学，致力于培养能够适应数字经济时代发展需要的复合型人才。在数字经济与管理这一重要领域，上海大学不仅将相关人才的培养视为学校发展战略的重要组成部分，而且积极寻求突破与创新。

近年来，上海大学在数字经济人才培养方面进行了积极探索。学校长期倡导的拆除“四堵墙”的教育理念，旨在打破传统学科的界限，促进学科间的交叉融合与创新发展。然而，这一过程并非易事，如何实现经济学、管理学、统计学、数学及计算机科学等学科之间的深度融合，构建跨学科的教学与研究体系，仍是一个需要不断探索的问题。

第一，在课程设置和教学方法上，上海大学进行了全新的尝试。学校将AI技术、算法平台等先进数字技术运用于教学中，建立数字素养培育体系，试图将人工智能技术与经济学、管理学等学科相结合。但在实际操作过程中，经济学、数学、统计学、计算机科学等课程之间的融合仍显生硬，存在一定的割裂现象，课程之间的交融性不足，亟须建立起一套文理交叉的数字经济专业课程体系和培育方案。

第二，数字经济理论框架建设对数字经济人才培养提出了巨大挑战。数字经济作为新兴领域，其理论体系尚不完善，原有的学说很难阐释数字经济背景下现代经济的运行规律和现象，因而，迫切需要在理论层面建立起一个高水平架构，以指导人才培养和实践工作。然而，由于数字经济涉及理论经济学、应用经济学、统计学、计算机科学、法学、管理学等众多学科，并且涉及人工智能、区块链、大数据、云计算、机器学习、深度学习等前沿科技知识，其理论体系的构建需要学科间的深入交流与合作。

---

* 殷凤，上海大学经济学院常务副院长，教授、博士生导师。

第三，在专业设置和师资配备方面，数字经济人才培养面临诸多困难。学校面临专业调整的压力，须淘汰部分不符合经济社会发展需要的专业，以适应教育部对学科建设的要求。如何在停办某些专业的同时确保新设专业的教学质量、优化师资队伍和教学资源配置，成为学校需要解决的重要问题。此外，数字经济领域的师资更新速度较慢，教师的数字化实践经验不足，创新研发与高层次应用型师资供给不足，因此如何吸引和培养高素质、专业化和创新型的教师团队也是学校必须面对的问题。

第四，在与产业实践结合方面，上海大学进行了积极探索。学校与众多企业建立了合作关系，为学生提供实习和就业机会。然而，要确保这些合作能够真正提高学生的实践能力和产业认知度，还需进一步深化产教融合及校企合作、探索校企联合培养人才的新模式。

第五，数字伦理和数字安全等问题日益凸显。在推进数字经济教育的过程中，学校还需注重培养学生的数据素养和道德意识，确保他们在未来的职业生涯中能够遵守相关法律法规并承担相应社会责任。为此，学校需要加强与政府、相关企业和机构的合作与交流，共同制定数字经济人才培养标准和伦理规范，为学生提供更为全面和系统的培养体系。

总之，上海大学将继续坚持创新驱动、开放合作的发展理念，积极寻求突破与创新。学校将加强与国内外高校和企业的合作与交流，共同推动数字经济人才培养工作的深入开展。同时，学校也将加大内部改革和创新力度，不断完善人才培养体系和教学方法，为培养更多适应数字经济时代发展需要的复合型优秀人才做出更大的贡献。

数字经济专业发展的挑战与前瞻

谢　锐*

随着数字经济时代的到来，高校教育同样面临前所未有的机遇与挑战。特别是在数字经济这一新兴领域，如何培养既具备良好的经济学理论基础，又熟练掌握大数据、人工智能等前沿科学技术的复合型人才，成为目前高校教育至关重要的课题之一。

---

* 谢锐，湖南大学经济与贸易学院副院长，教授、博士生导师。

一、数字经济专业的设立与发展

近年来，不少高校设立了数字经济相关专业，旨在培养能够适应数字经济时代需求的人才。这些专业通常涵盖经济学、数学、心理学、计算机科学等多个学科的知识体系，力图打破学科壁垒、培养具备跨学科能力的学生。然而，在数字经济专业的发展过程中，如何构建科学合理的课程体系并确保教学内容的前沿性和实用性，成为摆在教育工作者面前的重要问题。同时，如何避免在不同课程之间出现知识点的重复并确保学生在有限的时间内掌握核心知识，也是亟待解决的重要问题。

二、学生期待与课程设置的矛盾

在数字经济专业的招生与培养过程中，不少学生反映实际课程设置与期望之间存在较大差距。一方面，学生希望学习并掌握更多与数字经济紧密相关的前沿知识；另一方面，根据学生反馈，现有的专业课程设置存在知识体系不甚清晰的问题，往往难以完全满足学生对知识的需求。这种矛盾在一定程度上影响了学生的学习积极性和专业认同感。为了解决这一问题，高校教师应加强与企业之间的联系，通过产业实践了解实际案例，深入了解企业引入数字经济人才的条件与原则，从而及时调整课程体系的设置和教学内容。同时，还需要加强实践教学和案例研究，帮助学生更好地理解和应用所学知识。

三、教师队伍建设与教学改革

在数字经济专业的建设中，教师队伍建设是至关重要的一环。高校需要引进和培养具备跨学科背景的教师，打造一支既懂经济又懂技术的专业教师队伍。同时，还需要加强教学改革、探索更加灵活多样的教学方式和手段，以此激发学生的学习兴趣和创造力。例如，可以通过开设专题讲座、举办研讨会等形式，引入更多前沿的数字经济知识；也可以通过加强校企合作、建立实践教学基地等方式，为学生提供更多的实习实践机会；还可以通过在线课程等形式，探索更加灵活多样的教学方式和手段。

总而言之，数字经济时代的到来为高校教育带来了前所未有的机遇和挑战。高校需要积极应对，加强数字经济专业的建设，培养更多具备跨学科能力的复合型人才。同时，高校还需要加强与企业间的联系和合作，深入了解企业需求和市场变化，及时调整教学内容与方法。相信在不久的将来，随着高校教育的不断创新和数字经济领域的持续发展，将会涌现更多的优秀人才，为社会进步和经济发展做出更大的贡献。

对数字经济人才“校企联动”培养模式的思考与探讨

蔡跃洲*

一、数字经济人才内涵界定及培养目标定位

随着数字化浪潮席卷全球，数字经济已成为推动经济增长、产业升级和社会变革的重要力量。作为当前及未来经济发展的主流方向，数字经济对人才的需求呈现前所未有的快速增长势头。在这样的时代背景下探讨数字经济人才培养，需要先对相关概念的内涵予以界定：何谓数字经济人才，他们应该具备哪些素质，我们又该如何培养这类人才？

从广义上讲，数字经济人才指“从事与数字经济发展相关工作的人才”，或者“与数字化相关的人才”。然而，在狭义的语境下，特别是对高校经济管理类院系来说，数字经济人才更多地指那些既懂经济管理又掌握数字化技能的复合型人才。这类人才在数字化转型和数据管理方面发挥着核心作用，是企业、政府及事业单位不可或缺的力量。

数字经济人才的培养应当注重目标定位的多层次性。在专业硕士及以下层次的人才培养中，应当将目标定位在为企业、政府、事业单位等培养从事数字化转型和数据管理工作的核心人才；而在博士阶段的人才培养中，则应当更多地关注数字经济领域的前沿问题和经济学微观基础体系的重构研究。在具体培养过程中，数字经济人才必须具备经济管理类、计算机和信息通信类以及数学统计类或数据科学类三大方面的知识。这种复合型的知识结构是数字经济人才区别于其他类型人才的重要标志。本科生教育应注重基础知识的培养，而硕士研究生教育则应更加偏重面向行业需求和实际应用，特别是在职专业硕士的培养模式应更有效地与企业保持密切接触并了解企业在运营过程中的实际需求，从而更有针对性地调整课程体系和教学内容，这也为教

* 蔡跃洲，中国社会科学院数量经济与技术经济研究所数字经济研究室主任，研究员、博士生导师。

育工作者与企业及行业协会交流合作、共同推动数字经济人才培养提供了机会。

二、数字经济人才培养面临的挑战

随着经济数字化转型的加速推进，全社会对数字经济人才的需求激增，无论是技术型的数字化人才，还是经济管理类岗位中与数字经济相关的人才，都呈现供不应求的态势。根据人瑞人才和德勤中国发布的《产业数字人才研究与发展报告（2023）》，我国数字化人才缺口在2500万至3000万人，而且这个缺口还在不断扩大。与此同时，伴随着新一轮科技革命和产业变革的加速演进，特别是伴随着生成式人工智能的快速迭代，各种新模式、新业态持续涌现，经济社会组织模式也处于不断调整优化中，由此给高校数字经济人才培养工作带来了诸多挑战。

一是数字经济人才所需知识结构的调整拓展带来的挑战。一方面，未来数字经济人才必须具备复合型知识技能结构和跨学科背景；另一方面，多种学科的交叉融合也容易使教学实践活动陷入杂而不精的尴尬境地。如何构建适应科技、经济以及外部环境快速变化要求的复合型人才培养模式，需要教育工作者持续不断地加以探索。对此，教育工作者需要时刻保持敏锐的洞察力，及时调整教学策略以适应不断变化的市场需求。二是即将到来的通用人工智能革命及大规模劳动替代带来的挑战。随着生成式人工智能技术在各行业领域的加速应用，很多技能可以通过人工智能来实现，众多传统岗位都面临一定程度的机器替代风险。在这种趋势下开展人才培养，需要对岗位技能的可替代性进行准确判断，找出不易被替代的技能岗位。三是未来新技术的革命性突破还可能从意想不到的维度给经济社会组织模式带来冲击和重构。这就要求人才培养具备足够的灵活性和前瞻性。

三、应对数字经济人才培养挑战的策略

为了解决上述问题，加强数字经济在职专业硕士培养是一个值得探索的方向。通过在职专业硕士的方式进行人才培养，可以使高校与企业保持更加紧密的联系，有助于高校充分了解企业及市场的实际需求并根据需求调整人才培养策略和改革教学方式。通过这种方式还可以提高人才的实用性，使他们能够更好地适应数字经济领域的发展变化。

为了更好地培养数字经济人才，高校还需要建立一套与企业、用人单位进行对接和跟踪调查的“校企联动”“校用联动”常态化机制。高校通过与大型企业、各行业典型企业进行长期合作和交流，可以更加准确地把握数字经济领域的发展趋势，为数字经济人才培养提供更加有力的支持与保障。

总体而言，数字经济人才的培养是一个充满挑战与机遇的领域。通过跨学科融合、与企业界紧密合作等方式，高校可以培养更多适应数字化时代需求的高素质人才，为我国数字经济的发展提供有力支持。

（原载《中国社会科学院大学学报》2024 年第 12 期）

英国顶尖大学复合型国际组织人才培养模式研究

——以伦敦政治经济学院为例

段世飞　林小军　郦依婷*

“一带一路”倡议与人类命运共同体理念的践行，证明中国正以更加积极的姿态参与国际事务和全球治理。而充分发挥协调治理功能，需要聚焦国际组织人才培养与输送的综合培养模式，引导高校学生由知识本位走向素质本位和能力本位，加快培养具有全球视野的高层次国际化人才。国际化人才培养是高校服务国家人才战略需求的重要抓手，也是我国加快推动新文科建设的一大有力抓手，有利于培育更符合时代所需、社会所需的新型人才队伍，有利于为我国参与国际事务和全球治理提供储备人力资源。[①] 基于我国的国情与国际组织的性质，各国际组织已经成为我国发挥中国智慧、提供中国方案以解决全球治理问题的重要平台。但我国在国际组织人才培养方面仍面临着中国籍职员较少、培养模式不完善等问题。以联合国为例，联合国系统行政首长协调理事会（CEB）发表的年度人事统计报告显示，截至 2021 年 12 月 31 日，联合国共有 119870 名正式工作人员，中国籍雇员 1471 人，占总人数的 1.23%[②]，虽较往年有所增长，但人数仍旧较少，职员职位偏低[③]，担任中高级职位的职员数量严重不足，与根据联合国地域普及原则得出的适当幅度标准相差较大。从社会联合培养情况来看，我国国际组织人才培养机构或项

---

* 段世飞，浙江大学教育学院特聘副研究员；林小军，浙江大学教育学院科研助理；郦依婷，浙江大学传媒与国际文化学院科研助理。

① 参见陈炳君：《新时代高校国际化人才培养策略选择》，2022 年 9 月 13 日，http：//www.jyb.cn/rmtzcg/xwy/wzxw/202209/t20220913_2110945869.html。

② United Nations System Chief Executives Board for Coordination，“Personnel Statistics”，2022-08-18，https://unsceb.org/sites/default/files/2022-08/CEB_Personnel_Statistics_2022.pdf.

③ Michaland Parrizek，Mattehew D. Stephen，“The Long March through the Institutions：Emerging Powers and the Staffing of International Organizations”，*Cooperation and Conflict*，2021，56(2).

目名称中含有“国际公务员”“联合国”或具体国际组织名称的项目共有 12 类，以国际组织人才培养为目标的项目数量较少，培养体系尚不完善，且存在缺乏战略规划、培养模式同质化、培养模式构成要素不充分、培养目标偏离预期、办学过程出现“使命漂移”等问题，输出人才的体量与质量也亟待提升，总体培养仍处于探索阶段。①

一、伦敦政治经济学院国际组织人才培养模式的构成

伦敦政治经济学院（The London School of Economics and Political Science，LSE）创立于 1895 年，曾在伦敦政治经济学院任教的查尔斯·韦伯斯特（Charles Webster）勋爵是联合国的重要创始人和推动者之一。相比于英国的其他高校，伦敦政治经济学院对国际组织人才培养投以极大关切，之于国际组织人才培养体系的完善具有借鉴意义。以领英平台中注册的就职于联合国系统的会员为调查样本，对各高校目前就职于联合国系统这一最为庞大的国际组织的会员人数进行统计和分析发现，和其他高校相比，伦敦政治经济学院就职于国际组织的人数居于前列，有 390 人之多。伦敦政治经济学院依托突出的社会科学学科优势、积极的应用型研究和职业能力的有效衔接，培养了大批具有综合能力的复合型国际组织人才。深入研究发现，伦敦政治经济学院的国际组织人才培养体系是一个独立运作的完整系统，包括招生选拔、能力培养、选拔输送和保障机制四个子系统。每个子系统由多要素构成，如能力培养由通识课程、专业课程和实践课程三个要素构成，保障机制由科研机制、学生权利和职业保障构成。它们异质同构，通过相互关联而产生内在联系，并相互作用（见图 1），从而实现“整体功能大于部分功能之和”的效果，对我国国际组织人才培养体系的完善具有借鉴意义。

① 参见储昭卫：《中国特色的高校国际组织人才培养模式：特征、挑战与应对》，《高等理科教育》2022 年第 3 期。

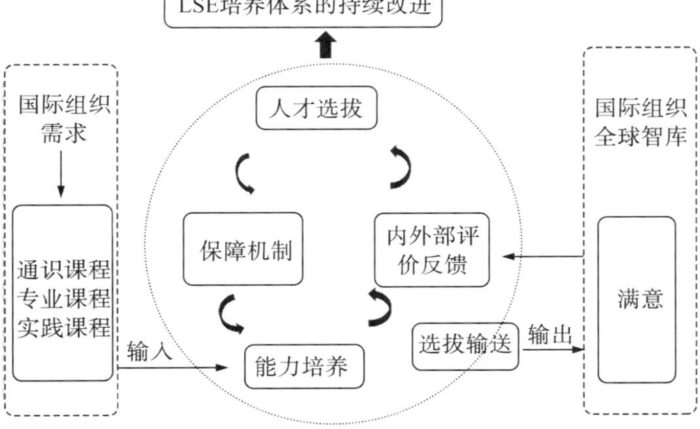

图1　伦敦政治经济学院国际组织人才培养体系

（一）招生选拔

在招生选拔上，伦敦政治经济学院对国际组织人才的培养分为本科生招生选拔和研究生招生选拔两个部分，招收的学生来自世界各地，具有不同的社会、教育和种族背景。① 研究生招生选拔则主要通过递交的文书材料进行评判，注重软实力和硬实力评价的结合。② 在对该校在读研究生的访谈中了解到，他们大多有交换、科研和实习经历，综合实力强。伦敦政治经济学院的生源国籍具有多元特征，其全日制学生中有19%来自其他欧盟成员国、49%来自海外120多个国家或地区③，生源背景最多曾达135个国家和地区。④ 以联合国未来胜任力模型分析其招生选拔模式，可从核心价值观、核心胜任力和管理胜任力三个方面展开。⑤ 在核心价值观方面，生源国际化有利于学生理解并尊重文化多样性，自觉审视自身的偏见行为并加以改正；在核心胜任力方面，多样化的学生背景让学生浸润在多元的文化环境中，助推其交流能力

① 参见郭德红：《伦敦政治经济学院的办学特色》，《比较教育研究》2007年第4期。

② 参见朱鹏宇、马永红、林莉萍等：《英美研究生招生制度对我国的启示》，《研究生教育研究》2018年第3期。

③ HESA, "What do HE Students Study?", 2022-02-10, https://www.hesa.ac.uk/data-and-analysis/students/what-study.

④ LSE, "What Careers do LSE Students go on to?", 2022-09-20, https:/lseportal.force.com/admissions/s/article/what-careers-do-lse-students-go-on-to.

⑤ 参见滕珺、曲梅：《联合国未来胜任力模型分析及其启示》，《中国教育学刊》2013年第3期。

和团队合作能力的提高；在管理胜任力方面，国际化的生源和多元化的招生模式能够培养学生的同理心，从而提高与他人建立信任关系的能力。招生选拔子系统作为伦敦政治经济学院人才培养动态系统的一部分，与其他子系统相互作用、互相牵制，既受到后续环节优质且国际化的生源需求的制约，又推动着后续环节不断优化创新，确保了人才培养系统的有序运转。

（二）能力培养：多元系统下的复合型人才观照

在 LSE 2030 目标的指引下，伦敦政治经济学院继承传统，强调全球化视角和对知识的应用，课程设置注重能力导向，推进全球化语境下人才的培养。学生的学习方案包括专业必修课程、选修类课程和不作具体规定的实践类课程。学生可将其课程体系视为一个“多元系统”，内部有通识类课程、专业课程、实践课程等子项目可供选择，但各个子项目又互相依存，使其作为一个有组织的整体而运作。[①] 在跨学科的课程设计下，学生们丰厚的知识储备和广博的国际视野日渐与国际组织所需求的特质相契合，能力培养成为伦敦政治经济学院国际组织人才培养过程中的重要一环。

1. 通识类课程

现实语境中的多维素养提升——以 LSE100 课程为例。LSE100 课程是伦敦政治经济学院的特色跨学科课程，也是所有低年级本科生的必修课。在 LSE100 课程中，学生有机会与来自不同学科领域的专家和同学共同对世界前沿问题进行探索，利用跨学科的知识对想法加以验证和拓展。LSE100 课程选择的主题契合国际组织所关注的热点话题，其模拟联合国的课程考察形式也凸显其真实语境下的问题解决导向。

（1）问题驱动：聚焦国际“真问题”与“大问题”。LSE 2030 目标指出，伦敦政治经济学院旨在培养具有全球教育影响力的学生（Educate for Global Impact）。在这一目标引领下，每一学年的课程都会关注社会上的诸多“大问题”，如在 2022—2023 学年，LSE100 期间关注的三个主题分别是“我们如何避免气候灾难”“我们如何控制人工智能”“我们如何创造一个公平的社会”。如对计算机和人工智能伦理感兴趣的学生可选择“我们如何控制人工智能”

① 参见伊塔马・埃文-佐哈尔：《多元系统论》，张南峰译，《中国翻译》2002 年第 4 期。

这一议题进行深入研究。每一个议题背后又有其对应的若干国际组织作为研究的辅助和参照。伦敦政治经济学院根据全球范围内的热点议题进行细分，学生可以根据自己的兴趣和专业背景进行自由选择，防止课程设置过于笼统而与实际相脱离。在真实环境中对真实问题的探索，也赋予学生更大的自由度，学生在此过程中所形成的对国际问题的兴趣，为其将来进入国际组织打下坚实的基础。对于现实情境中真实命题的关注，也使其研究真正落到实处。

（2）能力导向：学科融通下的胜任力培养。联合国未来胜任力模型要求相关职员具备沟通交流、团队合作、计划组织、担负责任、考虑客户、不断创造、持续学习和更新技术 8 项核心胜任力。通过 LSE100 课程，可以看到学校对相关核心胜任力的渗透和凸显。以 2022 年春季 LSE100 课程为例，课程的主题是：我们如何创造一个公平的社会。在学习这门课程时，不同专业的学生将探讨对公平不同理解之间的冲突关系，并寻求如何利用社会科学专业知识来创造一个公平的社会。课程结束后，教师会将学生分组以举办基于相关话题的模拟联合国会议，并要求每个学生最终上交的课程论文要以该组在模拟联合国会议中的谈判结果为基础。在这一系列的学习研讨过程中，学科之间的壁垒被打破，学生们得以通过更为广阔和综合的视野对国际前沿问题进行分析，并在此过程中学习不同学科认识事物的不同方式。根据这一示例，可以略窥 LSE100 课程设计的初衷，即学生首先学习社会科学推理的核心要素以及知识应如何应用于广泛的社会科学中，然后围绕研究的主题，探索不同类型的证据和替代形式的解释，以及用于不同社会科学的抽象概念和建模的不同策略。不同学科背景的同学相互协作，共同致力于同一热点国际话题的解读，从而不断提升自身团队合作、计划组织、沟通交流的核心胜任力和数据分析、口头表达、写作规范等相关应用型技能，培养出具备联合国选拔系统所需的核心价值观和核心能力的国际人才。而在此过程中所锻炼的能力和技能，有助于更好地完成从学生身份到国际组织职员身份的跃迁。开设学科交叉背景下的综合能力培养课程是伦敦政治经济学院每年进入联合国体系的人员频次远高于其他院校的重要原因之一。

2. 专业课程

国际视域下的通专人才塑造——以国际关系专业为例。除上述通识课程外，伦敦政治经济学院的各个专业在制定一系列梯度课程时，格外注重国际视野，如人类学和法律专业涵盖对欧盟法律和机构的分析研究。而作为新知识的跨国界孵育者对国际视野进行考察①，使其学生在本科阶段开始建构对世界多样性文化的理解和尊重，也与联合国未来胜任力模型的核心价值观相契合。以国际关系专业为例，其课程设置整体满足"金字塔式框架体系"，第一层以专业基础课程为主，分布在第一、二学年，增进学生对相关政策和理论的了解，帮助学生更好地构建理论基础；第二层为专业课程，从第三学年开始，其专业课程都是结合各种全球性议题或区域性主题来完成，更强调对相关理论的综合性运用；第三层为优势专业课程，基于学生们的学术兴趣和研究方向，开设涵盖不同维度的综合课程。在优势专业课程中，学生们会接触到诸如"中东国际关系""世界政治中的帝国与冲突"等精深议题，需要调动包括政治学、社会学、经济学等多学科的批判性研究方法，以更好地分析这些全球发展中的问题与挑战。尽管课程的设计初衷并非单一地培养国际组织相关人才，而是培养具有相关能力、能够胜任各种跨国组织和国际机构工作的国际化人才，但其课程的设置和研究的方向依然难以避免地带上"国际组织"的痕迹和特征。有学者指出，越来越多的国际关系专业开始从"专"转向"综合"，这体现了专业学科间的交叉、融合和重叠状态，也是现实中越来越明显的学术生态，同时这些专业将国际局势的发展纳入课程设置考虑范围，并注意到专业发展和课程设置应当紧密结合就业环境，通过为学生提供技能型课程，面向就业市场培养实用型人才。② 这也是在通识课程基础上对交流能力、团队合作能力、领导能力、持续学习能力等联合国胜任力模型的相关维度的观照。

（三）选拔输送

作为国际组织人才培养系统中的重要一环，该子系统与其他子系统异质同构，以学生社团组织和就业中心为依托，以就业指导服务以及全球智库服

---

① James H. Mittelman, "Global Governance and Universities: The Power of Ideas and Knowledge", *Globalizations*, 2016, 13(5).

② 参见闫温乐、张民选：《美国高校国际组织人才培养经验及启示——以美国10所大学国际关系专业硕士课程为例》，《比较教育研究》2016年第10期。

务等多样化渠道为补充和保障，帮助学生广泛了解各类国际组织的职能、基本用人标准，树立对国际组织深刻且完整的理解。

1. 学生社团

伦敦政治经济学院完善的学生社团运营制度为学生充分展示兴趣提供了全面丰富的平台，其中不乏与国际组织相关的大型学生社团，为学生进一步了解国际组织提供兴趣指引，如国际发展学会（International Development Society）等。其中最具代表性的社团模拟联合国（LSESU United Nations Society），是伦敦政治经济学院最大、运作最多样化的社团之一，学校期望通过模拟联合国、技能发展等形式，推广联合国的价值观与目标，成为全球视野和基层学生倡议之间的渠道。社团的日常运作主要分为模拟联合国、职业发展和志愿服务三个部分。社团不仅为成员提供模拟联合国会议的培训课程，充分培养其公开演讲、谈判、政策撰写等能力，还同时与志愿者中心、国际发展、联合国有关的组织与公司合作培养成员的全球意识。该社团每年都会选择一个紧迫的全球性问题在学院内举行为期一周的系列活动，活动内容包括针对侵犯人权行为的人道主义援助等。①

2. 国际组织日和就业中心服务

为切实达到向国际组织输送人才的目的，伦敦政治经济学院的就业中心开展以国际组织日为核心的“发现 | 国际组织”（Discover | International Organizations）的就业计划，搭建学生与国际组织之间的桥梁，为学生进一步了解国际组织的工作、架构以及人才要求提供可能。作为该计划的核心，就业中心将于每年 11 月定期举行为期一天的“国际组织日”（International Organizations Day）活动，邀请各大国际组织官员面向学生开展面对面或在线会议以及学生问答、小组讨论职业博览会式摊位等交流活动，向学生介绍各国际组织的使命、用人标准和岗位需求，从雇佣者的角度解读“全球胜任力”的实际应用与要求。就业中心从求职技能出发，提供全年度的网络资源与相应的辅助服务。如，整理国际组织校友与雇主的博客、提供往年国际组织活动的录音等在线资源；建立学生申请国际组织论坛，共享求职技巧与就职体

---

① LSE,“United Nations”,2022-12-06,https://www.lsesu.com/communities/societies/group/unsoc/.

验；设立专门的国际发展就业网站，提供国际组织基本信息、招聘门槛与流程、职业规划注意事项与工作角色等内容，并实时在网站上展示国际组织职位空缺状况与就业部门的链接，为学生面向国际组织求职提供更权威和个性化的咨询机会。[①]

3. 全球智库服务：LSE IDEAS

作为较早开展国际援助事业、参与国际组织建设与发展的英国，其高校在诸多领域都承担着全球智库的责任，为国际组织提供咨询建议，促进双向交流。据宾夕法尼亚大学发布的《2020 全球智库报告》显示，伦敦政治经济学院国际事务与外交战略研究中心（LSE IDEAS）位列全球智库排行榜第 45 名，是排名第一的高校智库。[②] 该智库定位为外交政策智库，在研究课题方向上，以战略、外交、国际事务为研究主题，关注全球前沿发展问题，其中不少课题围绕国际组织展开。如 CSEEP，是促进中欧和东南欧研究对话和合作的学术中心；其中，与联合国直接合作的项目 United Nations at LSE，致力于全球商业和人类安全倡议，为全球治理提供理论与实践支撑，针对新冠病毒防控搭建全球政府、社区合作的 Better Together 平台的同时，与联合国在全球商业与人类安全倡议上也达成多种方式的合作，推动国际治理相关报告发表、人类安全可持续发展刊物出版、多方圆桌会议举办，为全球治理提供伦敦政治经济学院输出的理论与实践支撑。[③] 在人才结构上，IDEAS 汇集了来自世界各地的外交领域的领先学者和实践者，其中不乏来自各个国际组织的员工、访问学者与客座教授，如布鲁塞尔国际安全妇女指导委员会的成员贝尔福（Rosa Balfour）、联合国驻华协调员办事处首席经济学家毕儒博（Bill Bikales）、联合国部队司令部司令巴伦斯（Richard Barrons）爵士、世界银行顾问佩耶娃（Aleksandra Peeva）博士等。[④] 跨学科的人才队伍建设有助于提供更为多元的视角和专业知识，为应对复杂的国际事务和外交挑战提出更好的解决措施。

---

① LSE,"United Nation",2022-12-06,https://info.lse.ac.uk/current-students/careers/events/iow.

② University of Pennsylvania,"TTCSP Global go to Think Tank Index Reports",2022-12-06,https://repository.upenn.edu/think_tanks/.

③ LSE,"LSE IDEAS Projects",2022-12-06,https://www.lse.ac.uk/ideas/projects.

④ LSE,"People",2022-12-06,https://www.lse.ac.uk/ideas/people.

（四）保障机制

作为伦敦政治经济学院培养模式的子系统之一，保障机制也是发挥有机作用的一环。基于系统与要素的相对性，科研、学生权利、职业发展、培养经费四大要素在保障机制中作为独立的系统进入研究视野。

1. 基础理论研究与应用性研究并重——精深科研的保障

伦敦政治经济学院在20世纪逐渐建立起广纳贤才、兼容并包、学术自由的传统，对LSE日后的学术国际化和整体发展产生了长远的影响。伦敦政治经济学院将基础理论研究与应用性研究相结合，为精深科研提供重要保障。伦敦政治经济学院在办学过程中坚持基础理论研究的核心地位，聘请国际学界学术泰斗和精英到校工作，就重大理论和现实问题展开研究，以保持教学和研究的高水准。精英云集的氛围保证了国际化学术资源的有效积累和学术传统的形成，是学院长期保持学术领先地位的关键。[①]

在注重基础理论研究的同时，伦敦政治经济学院也积极开展国际化的应用性研究。针对当今社会的重大课题和热门问题，学院组织跨学科团队以高效解决。学院最大的实验室集中了来自世界各地的经济、金融和社会研究者，组成实力强大的跨学科研究团队以开展研究。其中包括4个研究中心：社会排斥分析中心、经济执行中心、金融市场小组与丰田国际经济和相关训练中心。实验室作为汇聚全球精英研究者的平台，有助于搭建资源共享、交流和协作的机制，这种平台汇聚的机制有助于促进研究者间的合作，加速研究成果的产出。同时，多维学科视角的介入，保证了研究成果的全面系统和高质量，不仅为学院赢得国际声誉，也成为伦敦政治经济学院财政收入的新渠道。[②] 全球智库建设是伦敦政治经济学院在国际事务与外交战略方面应用性研究的突出成就，反过来也保障了其国际化研究。[③] 伦敦政治经济学院外交与国际战略研究院/公共政策中心在高校智库排行榜中位于全球前90。作为具有独立思想的研究性质单位，全球智库在伦敦政治经济学院将研究成果作为咨询

① 参见阎光才：《学术系统的分化结构与学术精英的生成机制》，《高等教育研究》2010年第3期。

② 参见张红霞、高抒：《国际比较视野下中国研究型大学学科建设的全面反思》，《中国高教研究》2013年第4期。

③ 参见余晖、刘福才：《英国高校智库：功能定位、运行机制和服务模式》，《比较教育研究》2018年第12期。

建议向国际组织呈递时，更易获得国际组织的认可与采纳。①

2. 学术事务的民主参与——学生权利的保障

伦敦政治经济学院浓厚的国际化色彩以及较高的学术声誉和顶尖科学研究，与其完善的学术治理架构密不可分。无论是在学术自治、学术权利下移还是学术事务民主监督与参与诸方面，伦敦政治经济学院都具有较为完善的学术治理体系，从而完整保障学生的学术权利。

在学术自治方面，伦敦政治经济学院在学校治理和组织架构层面具有很强的自主性。伦敦政治经济学院的学术治理体系主要由三个层次构成，学术治理体系权责明确，体现了学术事务的民主化管理。在学术权利重心下移方面，校级层面的学术委员会将其大部分的学术权利下移至基层学术组织，从而发挥学术参与者的学术积极性。伦敦政治经济学院还设立咨询委员会，从外部视角为学术管理委员会提供咨询和建议，使与学术相关的决策更合理、科学与有效。在学术事务民主监督与参与方面，伦敦政治经济学院尊重来自不同文化背景的教职工与学生权利的行使与表达。自下而上反映问题的学术事务、民主监督与参与机制，使来自不同文化背景的学生尽可能反映学术问题与学术团队观点，最大限度地实现与学术组织的沟通和交流，反映学术参与人员的实际问题、真实声音与真实意志，从而使决策更具真实性和有效性，保障学生的学术权利。②

3. 职业中心服务长期制——职业发展的保障

职业中心（Career Hub）是学生的求职信息重要来源地。职业中心为学生提供了丰富的资源，网站上的 Book Appointment 部分也有顾问为学生答疑解惑。职业中心会定期向学生发送包括国际组织在内的职业讯息，学生也可以自主向职业中心寻求帮助。伦敦政治经济学院给予学生的保障更多体现在职业中心服务的“长期制”，即校友可以在毕业后两年到五年内一直使用职业中心资源，利用它寻找国际组织岗位信息、咨询渠道和职业顾问指南等。不难

① McGann, James G.,“2019 Global go to Think Tank Index Report”, TTCSP Global Go To Think Tank Index Reports, 2020-01-27, https://www.bruegel.org/sites/default/files/wp-content/uploads/2020/01/2019-Global-Go-To-Think-Tank-Index-Report.pdf.

② 参见于冠华:《中英高校学生事务管理比较研究》,武汉大学博士学位论文,2013 年,第6 页。

发现，“职业发展”这一要素于人才培养模式中不同模块出现多次，其角色却不尽相同，这恰是子系统间互相交叉、部分重叠的体现。在同一时期，学生位于不同发展阶段，自有不同模块可供选择；而这些模块又互相作用，并作为伦敦政治经济学院完整的人才培养模式而有效运作。

4. 融资来源与奖励机制多样化——发展经费的保障

伦敦政治经济学院向学生提供充足的资助，每年颁发由私人或者企业捐款资助的多项奖学金。例如，伦敦政治经济学院教育机会奖学金（LSE Access to Education Scholarships）等针对本科生提供的奖学金，伦敦政治经济学院研究生奖学金（LSE Access to Education Graduate Scholarships）等针对硕士提供的奖学金以及其他津贴，并根据家庭的财务状况授予助学金，以保证学生能够顺利完成学业。除此之外，英国政府对英国的学生提供贷款补助，并根据经济条件和学业成绩给海外学生提供资助。伦敦政治经济学院的资金来源中，50%来自学生的学费，还有30%来自公司和企业开展的各种合作。加大应用性研究的比例的倾向有益于减少对于政府补助的依赖，进而吸引世界范围内的顶尖人才，促进整个培养体系的造血能力，形成产出与反馈的有效循环。办学经费、科研经费与智库建设经费的充足与多样化，为科研的发展与进步打下坚实的基础；而奖学金与助学金等奖励机制则为人力资源发展提供保障。

二、伦敦政治经济学院国际组织人才培养模式的特点透析

（一）培养理念：自由兼容的治学理念

伦敦政治经济学院以“寻根探源”（Rerum Cognoscere Causas）为校训，鼓励学术自由，学术氛围浓厚。在此引导下，学校包容各有政治倾向与学派背景的院长和教授，世界上的各种思想和观点在这个社会科学的实验室中得到发展、分析和评价。[①]

伦敦政治经济学院的主要创办者韦伯指出，“建立这么一所学院的想法，主要源于在1888年参观以研究为导向的学术机构麻省理工学院MD时所留下

① 参见张进清：《跨境高等教育研究》，西南大学博士学位论文，2012年，第13页。

的深刻印象”①。韦伯创办这所学院的目的是希望通过研究贫穷问题和分析不平等现象，培养改变世界的学生，力求从整体上改良社会，其理想是“建立这样一个中心，这里不仅讲授专门的学科，而且还组建学生协会，指导和支持学生从事有创造性的工作”。学院的研究范围不仅包括英国和欧洲的社会、政治和经济问题，还包括国际政治和经济事务。学院一贯坚持学术自由，对不同的思想理念兼容并包，学术氛围宽松。这种兼容并包的自由学术环境，使学院成为一个社会科学思想和理论的实验室，20 世纪许多对经济和社会发展有影响的思想和政治体系都源自该校，并流传到世界各地。

学院始终坚持实践国际化道路，而经过时间的证明，这一国际化道路实然做到了与学院自由兼容的治学理念相辅相成、相互促进的程度。学院所实践的国际化道路并不以输出国际组织人才为导向，而是将培养国际组织人才作为提升学生全球化视野的切入点，潜移默化地塑造国际化氛围，培植人才培养的肥沃土壤。这不仅能够促进在校学生尊重与理解文化多样性，还能提高学生审视自身的能力。此外，推动学生关注现实问题、提出解决措施的最好办法是形成“内驱力”。在兼容并包的环境中，学生接触到耳目一新的课程以及来自其他民族和国家的同学与授课教师，了解他国社会状况，从而培养关注人类整体的责任感。

（二）培养态度：严密、细致的过程化培养

在人才培养方面，学院坚持以学生为本，鼓励学生在多元和共有的国际化环境中开发自己的全部潜力。其教学要求严密系统，强调教学过程中的师生互动，重在引导学生养成自主利用资源的学习习惯。

在具体教学中，教师做了更多课堂讲授之外的工作。课程开讲之初，教师要列出参考书目、每节课涉及阅读的内容与课程提纲，并将资料全部上传到学院系统。教师会依据提纲，在每个小标题下列出需要学生阅读的法条、案例、课本的章节、相关的政府研究报告和学术论文，通常要求学生阅读的论文或者著作的章节都精确到页。如此充分的课前准备不仅为学生创造了最

---

① Ralf Dahrendorf, *LSE: A History of the London School of Economics and Political Science (1895-1995)*, New York: Oxford University Press, 1995, p.5.

完整的学习条件，为课堂讲授省去了大量背景介绍的时间，也督促学生尽可能地在课前做好充分的自主学习，以便在课堂上跟随教师对其所抛出的国际议题进行积极的思考、分析与讨论。①

学院致力于充分挖掘学生潜能、激励学生开发潜力，以教学研讨班等形式帮助学生培养理性思维能力。任课教师会安排单独的研讨班对所教内容进行讨论，时间一般控制在1—2个小时，采用小班形式，由教师或者助教主持讨论。教师会事先向学生提供要讨论的重点问题，这些问题大都取自大课上教师讲授的内容，也不乏更具延展性、思辨性的议题；学生在上研讨班之前，需要事先根据课堂所记笔记和阅读过的材料整理出这些问题的答案，每位同学在研讨课上都有机会将自己对问题的理解阐述出来，但教师会着重引导学生独立思辨，用自己的话来阐述观点，从而更好地了解自己的理解程度并提高语言表达能力；随后，教师会从学生的发言出发进行针对性提问，鼓励全班同学都参与讨论，形成言语的交锋、思维的碰撞。在伦敦政治经济学院细致严格的培养模式之下，其负责严密的培养态度也尽显无遗。伦敦政治经济学院始终致力于帮助学生培养良好的学习习惯、提高自主学习能力，以课前预习和研讨班等形式予以监督、扶持；而提供海量的学习阅读资料与研讨班上各抒己见的机会，则对学生予以最大限度的自由，从而完成学院培养优秀毕业生的使命与愿景。

（三）培养内容：突出社会科学学科优势

在社会发展日益综合化的背景下，学院在发展方略的选择上突出社会科学学科优势，保持其学术研究和人才培养面向国际化的领先地位，同时不断调整拓宽社会科学研究范畴，纳入世界范围内更多交叉学科培养内容，以提升综合竞争力和国际影响力。“对社会科学与公共政策之间关系的无止境探索是学院的永恒追求。”② 现任院长霍华德·戴维斯（Howard Davies）指出，社会科学的范围应该是宽泛的，从会计学到哲学，伦敦政治经济学院作为世界

---

① Rainysz：《让每一堂课深入人心——比较北大与LSE的法律教育》，2006-10-21，http://www.zju.edu.cn/zdxw/jd/read.php? recid=6235。

② Ralf Dahrendorf, *LSE: A History of the London School of Economics and Political Science (1895-1995)*, New York: Oxford University Press, 1995, p.5.

上最具学术性的大学之一，始终致力在国际意义上研究社会科学，以影响公共政策，解决国际社会实际问题；但这并不意味着闭门造车，学院一直强调对社会科学研究范围的国际化宽泛认识立场。伦敦政治经济学院不断扩展研究范围，使其学科和专业设置涵盖了全球视野下社会科学的主要学科领域。这一点，以通识课程 LSE100 为代表，在“大问题”这一抽象意义的背后，涵盖着一系列广泛的课题——经济学、政治学、社会学、交流与沟通、研究与人文地理等。除经济学、政治学和科学新学方法论等学科领域几十年来一直保持着国际领先的学术水平外，学院的人类学、国际关系和社会政策等几个学科的研究水平也处于领先地位。

为保持社会科学研究领域的世界领先地位，学院在办学过程中坚持聘请学术泰斗和精英，不断产出相应成果，成为学院长期保持学术领先地位的关键。因此伦敦政治经济学院享有这样的评价：“密集地集中如此之多的学术精英，并在时间序列上绵延不断，是伦敦经济学院后起反能超前的成功秘诀之一。这种做法保证了学术资源的有效积累和学术特色与传统的形成和保持。”跨学科背景的师资组织，促进了不同领域间的知识交叉和融合，推动跨学科的研究和教学，为学生提供了更加丰富多样的教学资源和视角。戴维斯院长曾指出：文科类高校虽然不如理工科专业易获专利，但也能进行应用性研究，并应成为政府、企业和其他社会机构的“建议和帮助的源泉”①。社会科学领域的研究绝非为了“理论”而“理论”——学院在重视基础理论研究的同时，也毫不懈怠应用性研究的开拓创新。针对社会最新重大课题、热点议题，学院往往根据它们的跨学科的综合性特征适时调整学科设置，重点加强综合学科与交叉学科建设，组织跨学科的各类研究中心和研究团队去有针对性地、高效地解决社会问题，让学院顶尖的社会科学研究落到实处、看到实效。

（四）培养导向：积极开展应用型研究

伦敦政治经济学院的国际组织人才培养模式有着明显的应用型研究导向，始终致力于为国际社会发展提供战略咨询和管理建议。

---

① 参见林立平、廖雷：《伦敦经济学院院长谈文科高校的核心竞争》，2006 年 10 月 25 日，http://www.qingdaonews.com/content/2004-08/08/content_3478728.htm。

1. 紧密围绕全球性议题，结合国际组织关注方向

伦敦政治经济学院在整个培养模式中围绕全球性议题，自然而然地契合了国际组织的关注方向。以 LSE100 课程为例，学生们参与研讨会，关注社会上的“大问题”，更好地把握对世界时局的理解，拉近与“真实世界”的距离；同时，模拟联合国基于真实案例为学生们带来专业知识与谈判技巧，更赋予学生以信心和责任感。结合国际组织关注方向，开展应用型研究，是将真实世界暴露在学生的眼界中，也是带领他们走进关注议题、建言献策的“理想国”。①

2. 注重搭建人脉网络，有效利用国际资源

伦敦政治经济学院致力于国际资源与人脉关系的整合利用，以形成正向的反馈机制。② 学院智库汇集了来自世界各地的外交领域的领先学者和实践者。学生社团 LSESU United Nations Society 举办了 UNSOC 校友博览会并推进后续的社交活动、组织咨询等；除了发展接触途径较易的校友资源，社团也主动争取其他相关领域人才资源，比如面向拥有工作经验的专业人士开设课程。以就业指导中心为核心，通过校内论坛、通讯录与全校同学交流国际组织实习就业的相关经验，并联络有国际组织任职经历的校友和教授。

3. 注重职业能力衔接，积极与国际组织开展合作

进入国际组织工作是伦敦政治经济学院学生毕业后的一大选择。为帮助学生广泛了解各类国际组织职业与岗位，明晰目标与定位，学校更注重学生职业能力的培养与衔接，并通过积极与国际组织开展合作的方式，为在校生与应届毕业生打通了解理想职业前景的“捷径”。如开展“国际组织日”活动，邀请国际组织负责人事招募的相关工作人员与学生展开面对面交流，介绍用人需求、岗位状况等，令学生充分了解职业能力与学术能力的差异，并有意识地调整自己的发展路径。

---

① 参见中国联合国协会中国模拟联合国发展情况调研小组：《中国模拟联合国活动发展报告》，《国际政治研究》2011 年第 2 期。

② 参见张铁斌：《开放教育资源（OER）国际比较研究》，华东师范大学博士学位论文，2011 年，第 34 页。

三、伦敦政治经济学院国际组织人才培养模式的启示

（一）厚植国际化土壤，注重理想与格局养成

近年来，尽管我国高校不断认识到培养具有全球胜任力人才的重要性，但在实践过程中往往过于注重国际排名等数据指标，而忽视将国际化理念融入学校整体氛围。因而，使得大多数学生并未真正树立拓宽全球视野的认同，缺乏以国际化人才为导向的内在驱动力，未能形成对国际组织甚至人类命运共同体的深入理解。学校整体国际化氛围的塑造在国际组织人才培养中起到基础性作用，启示我国高校应利用好国际学生这一抓手。我国高校除了在招收国际学生上发力，更应该思考如何搭建合理高效的沟通桥梁，真正使跨文化传播成为可能。如在课程设置上增设国际背景的研究课题与讨论主题，以学生社团为依托，开展中外学生交流会等活动，拉近中外学生距离。此外，在加快推进新文科建设大背景下，更需大力培育心系祖国、胸怀天下、将全球能力融入中国国情中去、处理好自我认同与全球文化身份之间张力的国际治理人才。① 党的二十大报告指出，中国作为负责任大国，参与国际治理的目标之一就是推动构建人类命运共同体。② 这要求高校在国际组织人才培养内容上融入中国国际治理目标与道路，将其定位于国家和人类发展的交汇点，培养家国情怀和全球视野。③

（二）完善培养体系，坚持应用导向

虽然我国部分高校业已开设国际组织人才培养的相关项目，但主要聚焦于国际关系、外语专业方向的学生，且大多项目只针对联合国的人才需求，理论性强、实用性弱且多样性不足。借鉴伦敦政治经济学院的培养模式，我国高校应该拓宽思路，进行课程体系设置改革，注重通识教育与实践导向，丰富培养体系的精神内核。在学科建设上，我国高校应吸纳具有国际组织任职经历或国际教育、工作背景的师资人才，培养教师队伍的全球胜任力意识，

---

① 参见吴易林：《“全球竞争”与“全球共生”之互嵌：全球能力提出背景与理念再释》，《比较教育研究》2022 年第 12 期。

② 参见蒋肖斌、夏瑾、沈杰群等：《推进文化自信自强，青年出发！》，《中国青年报》2022 年 10 月 21 日。

③ 参见赵龙跃：《构建人类命运共同体与国际治理人才培养》，《太平洋学报》2020 年第 1 期。

开设与国际议题、国际组织相关的通识课程和交流讲座，组织多样的国际交流活动，拓宽学生关注国际议题、了解国际组织的渠道，跨越信息障碍。同时，在课程设置上，我国高校需要加快推进跨学科综合性课程方案研讨，深化跨学科学术梯队建设，在教学中引入跨学科案例分析，使学生能更好地发挥专业和跨学科协同优势，面向国际前沿问题并予以深入研究。

习近平总书记指出，要“大力培养掌握党和国家方针政策、具有全球视野、通晓国际规则、熟练运用外语、精通中外谈判和沟通的国际化人才”[①]。我国高校在人才培养路径上首先应该加强对学生外语能力的培养，以英语和“一带一路”沿线国家语言为主，打破进入国际组织的语言壁垒。应面向全体学生开展国际化课程，并在课题研究和课程内容设置上以国际治理相关议题为导向，培养学生的实际应用能力；针对国际关系、外语专业方向的学生，在培养方案设计上以国际胜任力模型为切入点，增强课程设置的实践导向，提升其国际组织就业任职意向。同时，联合国更强调本土知识和工作经验，而非（西方）正式教育，因此应顺应文化的异质性，而不是预设西方教育或者高等教育的过度优越性。“多元系统”假说强调将被忽略甚至有意排斥的事物纳入研究范围，必须承认具有民族文化特色的教育是国际组织人才培养的重要部分，要形成中国特色国际化人才培养模式，防止在后殖民语境的本土化中丧失本民族文化中心。[②]

（三）发挥科研优势，加快平台搭建

输出国际组织人才最终落脚于为全球治理体系改革和建设贡献中国智慧。[③] 我国目前仍缺乏对国际组织全面系统的研究，相关专业智库的研究质量与咨政水平仍有待提升。[④] 各大高校应充分发挥人才优势，针对全球治理的理论、国际组织的运行机制与实践作用开展全面研究，为更加科学地设计国际组织人才培养机制、更加高效地向多样化的国际组织输出人才、切实提升中

---

① 习近平：《论坚持全面深化改革》，中央文献出版社 2018 年版，第 476 页。

② Eckhard Steffen and Yves Steinebach, “Staff Recruitment and Geographical Representation in International Organizations”, *International Review of Administrative Sciences*, 2021, 87(4).

③ 参见杨玉良：《大学智库的使命》，《复旦学报》（社会科学版）2012 年第 1 期。

④ 参见王公龙、李开盛、张骥等：《二十大报告读解：促进世界和平与发展，推进构建人类命运共同体》，《国际关系研究》2022 年第 5 期。

国的国际话语权和国际治理能力，提供智力支持。[①] 此外，我国高校应在整合现有各类资源的基础上，深化国际合作，加快搭建为全球治理与国际组织人才培养服务的平台，为学生职业发展提供坚实保障。除整理国际组织招聘信息、修改简历、提供面试咨询与就业保障等常规帮助外，就业指导中心应积极联络具有国际组织任职经验的校友，反哺母校国际组织人才培养。通过平台汇聚，完善人才输送的保障机制，实现国际组织人才培养输送的可持续发展和人才流动的正向反馈机制。

（四）提升国际话语权，推动人类命运共同体的构建

培养和输送国际组织人才，离不开中国参与全球治理体系建设的宏观背景。在如今以联合国和布雷顿森林体系为基础建立的全球治理体系下，西方发达国家为主要的规则制定者[②]，背靠英国的伦敦政治经济学院也获得了更多的国际组织人才输送资源和机会，如此往复，使得英国声音更为响亮。因此，培养国际组织人才绝不是高校主导的独立过程，而是中国创新全球治理体系的一部分，应该与中国引领全球治理理念和制度机制紧密结合。中国始终将构建人类命运共同体作为大国外交的主题，打造“一带一路”开放平台，推动世贸组织、亚太经合组织等多边机制更好发挥作用，扩大上海合作组织等机制的影响力。[③] 在以联合国为国际组织人才培养输送中心的基础上，中国更应发挥自身优势，为具备国际胜任力的中国人才参与“一带一路”、亚太经合组织等平台的合作提供机会，从发出亚洲声音、发出发展中国家声音开始，积极推动人类命运共同体的构建。

虽然联合国的职员报告显示其有加强地域、性别、年龄等平衡的倾向，但在当前国际形势的影响之下，“零和”博弈日趋排斥合作共赢的产生，应认

---

① 参见苏欣、覃丽娜:《中国智库参与全球治理的路径与前景》,《中国社会科学报》2022 年 12 月 8 日。

② 参见龙钰:《叙事 · 制度 · 学术——中国国际话语权提升理路》,《中南大学学报》(社会科学版)2022 年第 6 期。

③ 参见李丹:《构建人类命运共同体——中国的全球化理念与实践》,《南开学报》(哲学社会科学版)2022 年第 2 期。

识到国际组织是教育领域，特别是全球教育政策领域的核心。[1] 加强国际组织人才输送、在各国际组织占有一定的席位，仍是当前保持与提高国际地位、在全球治理中发挥作用的重要手段，也是在多边关系中加强互利互信、寻求最优策略的重要保障。伦敦政治经济学院的发展模式有其赖以产生与发展的土壤，该模式根据本土特色和优势，充分探索具有“官产学研用”协同效应的创新人才培养机制，囊括关注综合素质的国际化招生机制、多维互通的能力培养体系、成熟完备的选拔输送通道与全面覆盖的保障机制，严密契合了国际胜任力与“386”（三个核心价值观，八个能力，六个管理能力）的要求。借鉴伦敦政治经济学院的发展模式，并将其内化为根植于本国土壤的培养体系，“以人为鉴、为我所用”，完善国际组织人才培养体系，必将为我国的新文科人才培养贡献智慧。

（原载《新文科理论与实践》2024 年第 3 期）

---

① Edwards, Brent D. and Moschetti, Mauro C., *The Work of International Organizations: Ten Theoretical Approaches and a Way Forward*, International Encyclopedia of Education, 2023, pp.465-479.

典型案例

北京大学：促进人工智能与人文领域深度融合

在科技飞速发展的当下，人工智能已成为推动社会进步的关键力量，而其与人文领域的融合更是开辟了全新的发展路径。北京大学人工智能研究院立于时代潮头，积极探索创新，通过一系列具有前瞻性与开创性的举措，促进人工智能与人文领域的深度融合。

聚焦前沿理念，创新人工智能发展范式。研究院提出为机器立“心”的构想，用人文社科思想赋能人工智能，使其成为能理解和吸收人类价值观的学习者，构建新的人工智能范式。传统人工智能多局限于算法与数据的运算，仅能依据预设程序对海量数据进行处理和分析以实现特定任务目标，无法深入理解人类复杂多元的价值观体系。而研究院提出的这一构想创新性地引入人文社科思想，其中涵盖哲学、伦理学、社会学等多学科的智慧结晶。通过对人类思维方式、道德准则以及社会行为模式的深入研究与模拟，致力于将机器塑造为特殊学习者。这些机器能够深入理解人类的价值观内涵，并能将其融入自身的决策和行动逻辑中，从而构建起一种前所未有的人工智能范式。以 2022 年 7 月开展的“人机协作探索”游戏为例，研究院科研团队经过反复研讨与精心设计，构建了人机协同双向价值对齐的计算框架。该框架不仅要求智能系统理解人类玩家的指令意图，更要求依据人类的价值观来调整自身行为。在这样的实际游戏场景中，有力地证明了在特定框架下，智能系统与人类之间能够建立起坚实的信任关系。这种信任并非停留在理论层面的设想，而是在一次次的游戏互动中得到了充分验证。这一成果不仅为设计更先进、更智能的人工智能系统提供了宝贵的思路与经验，更预示着未来在人机团队合作的各类复杂场景中，这种全新的协作模式将具有广泛的应用前景，能够提升任务完成的质量与成功率，推动人机协作迈向新的高度。

推动跨学科实践，助力人文社科发展。研究院秉持为人文赋“理”的理念，组织各类学术活动，推动人工智能与多领域深度融合。从 2020 年至今，研究院组织和主办系列精品学术活动——北京大学人工智能论坛，主讲嘉宾既有学术造诣深厚的世界级著名学者，也有在产业前沿叱咤风云的工业界领袖。他们带着各自领域的专业知识与独特视角，围绕人工智能展开热烈讨论。这种跨学科的交流碰撞，不仅拓宽了人文社科研究的视野，更为其带来了全新的理念与方法，使人文社科研究在与多领域的交融中不断拓展边界。研究院的跨学科实践并不仅停留在学术交流层面，还深入开展了多项具体的跨学科合作项目。2023 年 11 月，研究院与北大法学院联合发布了“北大元法智能系统”，实现了法律与人工智能技术的完美结合。该系统融合规则引擎与语言模型，集成丰富的法律领域专业知识，可精准开展法律推理工作。同时，它还具备强大的交互和处理能力，能从容应对多轮法律问答，生成规范的法律文本，深入分析法律案件并合理预测走向，全方位覆盖法律领域各项专业任务。借由数字化、智能化的系统性运作，该系统革新了传统法律系统工作流程中那些依赖大量重复性人力投入的环节与模式，在提升公共法律服务工作效能的同时，推动了整个法律知识的生产与应用朝着智能化方向转型升级，促使法律行业在智能时代实现更高效、更科学的发展。

搭建古籍平台，提升古籍利用水平。研究院积极搭建各类古籍相关平台，将前沿的人工智能技术运用于古籍文献的整理与挖掘。通过对海量古籍数据的智能分析与挖掘，极大地提升了古籍研究的效率与深度，让古籍在现代科技的助力下焕发出新的生机。2022 年 3 月，研究院数字人文中心与字节跳动公益合作建设的“识典古籍”阅读与整理平台利用古籍图像 OCR 技术，快速准确地将古籍图像转化为可编辑文字，并通过人工智能算法与人工复查双重保障进行文字校对，大幅提升文字识别的准确率，确保古籍内容的精确呈现。该平台不仅为全球范围内的学者提供了海量的一手研究资料，打破了地域与时间的限制，也让古籍爱好者能够轻松接触并深入研读古籍，极大地拓宽了古籍传播与研究的受众范围。“吾与点”智能标注平台则有效解决了从文本到数据的转化难题，具备智能标注、人机协作等强大功能。在智能标注方面，提供预训练专有模型和 AI 大模型支持，能够高效地从文本中抽取结构化知识，极大减少人工标注的工作量与成本。人机协作功能则让专业研究者与人工智能形成优势互补，提升标注的准确性与效率。文献溯源分析平台专注于帮助人文研究者理清中国思想文化的演进过程，通过对海量文献数据的深度挖掘与分析，梳理出思想文化发展的脉络，为研究中国历史文化的传承与变迁提供了清晰的路径与线索，让研究者能够更系统、全面地把握中国思想文化的发展轨迹，推动人文社科领域在文化传承与思想研究方面取得新的进展。这些跨学科合作项目在人工智能技术的赋能下不断取得新的突破，全方位地推动了人文社科领域的发展。

强化资源整合，拓展交叉研究领域。研究院积极强化资源整合，以自身深厚的学术底蕴和丰富的资源优势为依托，大力拓展交叉研究领域。通过严谨的论证，研究院成立了类脑智能芯片、人工智能治理等 14 个研究中心，汇聚了来自不同学科领域的顶尖人才与先进科研设备。在类脑智能芯片研究中心，计算机科学、电子工程等领域的专家携手神经科学、认知科学等领域的学者，共同探索如何模拟人类大脑的神经元结构与功能，研发出更具智能、更贴近人类思维方式的芯片。而人工智能治理研究中心，则汇聚了法学、社会学、伦理学等人文社科领域的专业人士，与人工智能技术专家共同探讨如何制定合理的法律法规、伦理准则，确保人工智能技术在发展过程中符合人类的价值观，保障社会的公平、公正与安全。研究院深刻认识到，必须将计算机、电子等基础学科与人文社会学科进行全方位、深层次的交叉，在这一理念的指引下，各研究中心积极开展跨学科研究项目。例如，在研发人工智能系统时，充分考虑人类的情感、价值观和社会需求，通过引入心理学、社会学等人文社科知识，使人工智能系统能够更好地理解人类的情感表达，与人进行自然、和谐的交互。这种模式不仅推动了人工智能技术的创新发展，使其更具温度和人文关怀，而且为解决复杂的社会问题提供了新的思路和方法，有力地促进了人工智能技术朝着可持续、正向的方向服务人类社会。

（稿件来源：北京大学）

中国人民大学：大力推进“大思政课”建设

中国人民大学认真学习贯彻习近平总书记关于学校思政课建设的重要指示和在学校考察时的重要讲话精神，紧紧围绕立德树人根本任务，在机制建设、课程教学、社会实践、师资队伍、资源整合等方面深化改革创新，打造高精尖水平思政课，以“大思政课”拓展育人新格局，努力培养更多让党放心、爱国奉献、担当民族复兴重任的时代新人。

强化统筹设计，凝聚工作合力。加强组织领导，学校党委高度重视“大思政课”建设，将其摆在突出位置，作为学校党委工作的重要议题和学校改革发展的重要内容，党委常委会会议、校长办公会定期专题研究推进相关工作。成立由党委书记和校长担任组长的思政课建设领导小组，学校负责同志带头讲思政课、带头听思政课、带头联系思政课教师，努力推动思政课建设高质量发展。持续完善机制，制定《新时代中国人民大学思想政治理论课改革创新实施方案》等文件10余项，将“思政金课建设工程”纳入学校“新路建设十大工程”，设立“‘好老师、大先生’培育”等12个子项目，建立健全思政课程标准审核和教案评价制度，完善教学内容和质量监督等制度。在校、院两级设立教学督导组，构建“党委统一领导、职能部门紧密配合、学院深度参与”工作机制，积极推动思政课建设常态化长效化制度化，凝聚起全校建好思政课的强大合力。

强化改革创新，提升课程内涵。构建课程体系，全力建好建强以习近平新时代中国特色社会主义思想为核心内容的课程群，打造本硕博“必修课+选修课”思政课程体系，努力吸收最前沿的内容、集中最优秀的教师、给予最全面的保障，大力推动党的创新理论进教材、进课堂、进头脑。始终将建好“习近平新时代中国特色社会主义思想概论”课程作为重大政治任务，学校负责同志多次召开集体备课会，集中挖掘和探讨教学重点问题，研究制定课程综合改革方案。依托学校“人文社科领域独树一帜”办学优势，开设“习近平经济思想概论”“习近平生态文明思想概论”“中国共产党历史”等思政选修课，不断丰富思政课课程资源供给，举全校之力打造思政“金课”。夯实课程学理基础，着力发挥马克思主义理论学科的引领作用，启动“习近平新时代中国特色社会主义思想研究工程”，推出“习近平新时代中国特色社会主义思想研究丛书”、《马克思主义发展史》等成果，为思政课教学提供学理支撑。

强化师资保障，建好育人队伍。打造专兼结合的师资队伍，严格按师生比不低于1∶350的比例核定专职思政课教师岗位，通过杰出学者引进、优秀毕业生选留、退休教师返聘等举措建强师资队伍。聘请党政领导干部、企事业单位管理专家、社科理论专家等加入思政课教师队伍，邀请“八一勋章”获得者、劳动模范、大国工匠等先进代表参与思政课教学。统筹思想政治理论课教师、专业课教师、专兼职辅导员、实践教学基地负责人多方力量，着力构建“共同规划、合力指导、协同育人”的长效机制。健全思政课教师评价机制，成立马克思主义理论与思政课教师专业技术职务（职称）评审委员会，在职称评审工作中对思想政治理论课教师单设类别、单列指标，确保高级专业技术职务（职称）岗位比例不低于平均水平，探索将指导学生开展实践活动纳入教师工作量考核范围，畅通思政课教师专业发展通道。加强思政课教师后备力量建设，深入落实“高校思想政治理论课教师队伍后备人才培养专项支持计划”，进一步健全马克思主义理论学科“本硕博一体化”培养体系，不断筑牢思想政治理论课教师后备人才培养基础。

强化实践教学，用好社会课堂。推动思政课实践教学工作体系建设，着力构建“学部—学院—学系”贯通机制，设计思政引领、学术实训、实岗锻炼等板块，完善本硕博学生共同参与的组织方式，为实践教学工作提供保障。规范建设实践课程，在本科生培养方案明确2学分的“大思政”实践课，通过开展“千人百村”“街巷中国”等活动，推动思政课实践教学与学生社会实践活动结合，思政小课堂和社会大课堂结合。积极建设“大思政课”实践教学基地，主动对接各类基地场馆，强化校地联动、校馆联动，聚合育人平台，开发现场教学专题，开展实践教学。已建成7个革命文化实践基地、42个乡村振兴实践基地、3个美丽中国实践基地，引导学生在“行走的课堂”中深刻体悟新时代伟大成就。依托大中小学专业学术资源、文博机构实践平台资源与北京市文化遗产资源，打造“北京中轴线上的大思政课”，获评国家文物局、教育部以革命文物为主题的“大思政课”优质资源项目。推进课内外社会实践项目一体设计，开展“脱贫攻坚铸史路”“田野课堂实践路”等特色社会实践，鼓励历史学院、商学院等依托学科优势开展“田野考古”“千里江山”等专项调研，以专业特长下沉调研深度，着力打造理论性和实践性相统一的“大思政课”，引导学生在实践中深化理论认知、陶冶情怀情操、坚定理想信念。

强化协同联动，搭建资源平台。推动大中小学思政课一体化建设，与陕西延安中学、江苏淮安新安小学、北京育才学校等共同发起成立全国大中小学思政教育一体化建设红色资源共享联盟，辐射234所合作伙伴学校。举办“青椒论坛”，搭建大中小学青年思政课教师交流、探讨、展示平台，目前已举办32期，累计覆盖21个省（区、市）10万余名思政课教师。开展“读懂北京中轴线”“探访大国边疆县”等一体化活动，牵手“北京中轴线上的大思政课”辐射的首都中学代表、141所边疆县域中学代表，“大手拉小手”打造广阔的“社会大课堂”。依托北京高校思想政治理论课高精尖创新中心，打造全国思政课教师备课“中央厨房”，持续完善全国高校思政课教师网络集体备课平台建设，汇聚超过300万条文献资源、4万余册电子图书、1.3万余个微视频等教学资源。推出“学习思政课”App，截至目前已有超过300万人次使用学习。举办“周末理论大讲堂”，覆盖全国超过2800所高校的14.1万余名思政课教师、近7万名马克思主义理论学科研究生，推动用新时代党的创新理论铸魂育人，不断提高思政课的针对性和吸引力。

（稿件来源：中国人民大学）

南京大学：积极推进文科拔尖人才培养为新时代哲学社会科学发展播撒火种

南京大学深入学习贯彻习近平总书记关于教育的重要论述，把加强基础学科建设和拔尖人才培养作为学校的重要战略任务，全面落实立德树人根本任务，坚持传承、发展、守正、创新，注重更新育人理念、优化培养体系、丰富育人要素、挖掘学科特色，扎根中国大地培养文科拔尖人才。

注重更新育人理念。面向现代社会的全面发展要求，面向全球化、新一轮科技革命以及智能时代的挑战，面向以中国式现代化全面推进强国建设、民族复兴伟业的需要，充分尊重人文社会科学的规律，推动人才培养与科学研究、社会服务、文化传承创新等深度融合，实现广泛的跨界交叉和深度的协同互联，形成共同的价值取向与逻辑基础，培养具有中国灵魂、世界眼光，堪当民族复兴大任的拔尖人才。一是融入时代，扎根中国大地。把学科专业自身发展的“小逻辑”融入中国式现代化的“大逻辑”，准确反映当前人类社会生产生活、价值观念、行为方式等演变和发展趋势，充分反映中国特色社会主义道路、理论、制度、文化优势，不断以新的知识形态、学术形态、理论形态引领拔尖人才培养。同时，充分运用中华民族的丰厚文化积淀与历史资源，观照中国传统、中国实践与中国问题，坚守中国立场、彰显中国智慧、弘扬中国价值，推动中华优秀传统文化创造性转化与创新性发展，为建构中国自主的知识体系奠定扎实的人才基础。二是面向未来，坚持与时俱进。深入理解知识生产及传播方式的变化、未来社会人才需求的变化，把握学科交叉融合的趋势，强化前瞻性思维。主动拥抱新技术，一方面推进新技术、新方法在教学中的应用；另一方面，以“人工智能核心通识课”为载体，普及人工智能素养，推动学生在新的学习场景、学习模式中主动建构知识。三是面向世界，拓展全球视野。引导学生基于人类命运共同体，关注人类社会未来发展的重大基础性问题，在充分学习现有人类文化成果的前提下，积极开展跨文化交流，同时秉持批判性思维，加强对相关成果及经验的实践基础、文化土壤等反思。

注重优化培养体系。坚持全面培养、强化基础、因材施教、增强活力。一是探索创新学生选拔机制，深化“强基计划”、综合评价录取等招生制度改革探索，实施“零年级计划”，开展“大学—中学”拔尖创新人才早期培养协同改革，结合“二次选拔”探索文科拔尖学生的评价标准与甄别工具，在考察学术潜力的同时注重理想信念、学术志向以及综合素质，开展文科基础学科特点及拔尖人才成长规律的研究，加强人才选拔培养的成效追踪。二是以本科教育组织模式创新探索拔尖人才培养新路径，构建“新生学院+专业学院”纵横交织的育人矩阵，营造以学生成长发展为中心的教育生态，打造综合型、枢纽性的育人共同体，以“大先生”引领的书院文化为载体促进学生社会性适应与学术性适应，让学生更自由、更广泛地主动探索和挖掘潜能，防止狭隘的“专业化”和知识的“碎片化”。三是深化文科专业改革，优化专业结构，33 个文科专业入选国家级一流本科专业建设点，中国语言文学、历史学、哲学、经济学等入选教育部基础学科拔尖学生培养计划 2.0 基地，汉语言文学（古文字学方向）、哲学、历史学入选教育部招生改革试点专业“强基计划”。四是融合学科空间，以不断生长的优良学科生态体系为支撑，探索构建多层次新文科复合型人才培养体系，聚焦国家重大战略需求，打造计算机与金融工程、德语法学、大数据传播等双学士学位项目，探索应急事务管理、数字经济等新方向人才培养；回应科技前沿伦理关切，探索数智人文融合式人才培养。

注重丰富育人要素。聚焦内涵建设，面向外部环境的变化和知识体系的迭代更新，持续推动育人要素的扩优提质。一是构筑丰富多元的通识学习体验。实施“悦读经典计划”，促进学生亲近中外经典、养成沉浸阅读、涵育文化人格、提升综合素质；立足作为中华优秀传统文化根脉和重要载体的汉字，开设“大美汉字”人文书法通识课；打造“二六三”美育育人体系，提升学生的审美情趣、审美品位，促进课程、学科、校园文化三元互动；探索建设人文社会科学高级研究院“新生午餐会”、院士及人文社会科学资深教授“南雍下午茶”等通识教育新载体，推动学生在师生从游、朋辈共学中融入学术共同体；开展“敦煌文化”主题式跨学科通识研修，以敦煌文化的历史传承与当代发展为主题，将传统文化与数字科技相结合，引导学生“坚定文化自信，在讲好中国故事上争做表率”。二是以“十百千”优质课程建设计划为引领，将一流的师资配备到文科拔尖人才培养中来，推动一流学科优势和一流科研优势不断转化为教学优势、一流科研成果及时转化为教学内容，打造系列文科一流课程教材。构建相互衔接的课程教材体系，以高阶性、创新性、挑战度为课程建设标准，大力提升课堂教学质量，建设通专融合的优质学科平台课、科教融合的优质文科专业核心课、交叉复合的优质小班研讨课，培养学生的问题意识和创新精神，引导学生自主发现问题、分析问题和解决问题。27 门文科类及通识类课程入选国家级一流课程，28 门入选江苏省一流课程。通过优势学科支撑、优质师资领衔、优质课程培育，新编、修订一批体现中国立场、中国智慧、中国价值的哲学社会科学教材，启动新时代文科“传世经典”教材计划，组织推动“理解当代中国”多语种系列教材编写。文科教材获全国优秀教材一等奖 1 项，全国优秀教材二等奖 4 项。三是深化科教融汇、产教融合，构建新文科实践育人体系。充分发挥重大科研项目和平台的作用，以重大实践和基础理论问题为牵引，为学生提供具有挑战性的学习机会和学习资源。建设文科校外实践教学示范基地、文科创新实践平台、文科实验室、文科全球科考与科研训练项目等，加强跨学科多领域的实践育人资源整合与统筹。探索设置“史学实践”“考古实践与遗产调研”“科研创新能力培养与提升”等以项目为载体的实践育人模块，注重学生对知识生产过程的理解与体验，培养学生的创新思维以及发现问题、分析问题、解决问题的能力。开展文科国际科考与科研训练，组织“沿着马克思的足迹继续前进”“拉贝和平日记与和平城市”“中俄历史记忆与红色精神的当代传承”“城市与遗产：保护艺术与建筑作为文化身份的核心价值”“中德跨文化社会计算理论与应用研究”等项目，鼓励文科学生“走出去”，拓宽视野和拓展格局。依托长江产业经济研究院、中国南海研究协同创新中心、紫金传媒智库、华智全球治理研究院等高端智库，推进智库建设与人才培养的融合发展。

注重挖掘学科特色。大力推动文科拔尖基地基于自身特点开展实践探索。哲学专业以“培养方向正、培养模式优、培养效果好”为目标，围绕科研项目制、本研贯通制、小班研讨制、本科书院制等构建立体化、多层次的学生创新能力培养机制，鼓励低年级本科生尽早介入导师课题组研究，采取“3+1+X”培养模式，将本科阶段第四学年与研究生阶段第一学年相衔接，让学生在大四“忙”起来。汉语言文学专业从中华优秀传统文化中汲取智慧与资源，促进“师友会”和书院制、导师制、学分制融通，营造具有中国特色的新型中文学科的本科学习、生活氛围，构建师生共同体，通过变革课堂教学和师生关系，探索培养具有文化自信和文化使命感的创新型人才新模式。历史学专业构建“一四四”的实践教学体系，通过参与口述历史的采集与整理，开展实践教学，组织学生参与“茅家琦史学论坛”等。经济学专业对本科教学平台、系列国家高端智库、国家级研究基地、省级实践示范基地等资源进行综合集成，将智库平台建设和经济学研究型教学深度融合，实施“引导—发现式”新型教学模式，强调从现实经济问题出发，解决实践问题。

（稿件来源：南京大学）

山东大学：探索培养古典学术专门人才新模式

山东大学认真贯彻落实习近平总书记关于加快构建中国特色哲学社会科学的重要论述，围绕推动中华优秀传统文化创造性转化、创新性发展，从坚持初心使命、健全培养机制、创新培养模式等方面入手，致力于培养一批传承和发展中华优秀传统文化、建设中华民族现代文明、推动中华文化更好走向世界的高质量人才。

坚守育人初心，践行时代使命担当。一是聚焦国家重大战略需求，培养能够“继绝学、铸新知”的国学高端人才。国学的继承弘扬面临三大挑战：国学培养体系相对松散；国学基础教育相对薄弱；相关研究存在肤浅空疏情况，脱离、曲解原典含义。2012 年，山东大学面对国学高端人才培养受到学科分类体系困扰的客观现实，立足长远，面向未来，从学校层面做出顶层设计。经过周密的调查研究，由校长办公会议讨论决定成立“古典学术人才培养实验班”，并以孔子诞生地命名为“尼山学堂”，由儒学高等研究院（文史哲研究院）负责教学及学生管理，以期为国家培养一支在未来十五年到五十年间具有一流水平和国际视野的高端国学研究人才。二是全面贯彻党的教育方针，落实立德树人根本任务，坚持为党育人、为国育才的初心，培养德智体美劳全面发展的社会主义建设者和接班人。高度重视党的建设工作，不断加强基础党组织的建设，成立尼山学堂党支部，强化教师和学生党员的思想政治工作，提高党员的组织观念和服务意识。积极探索以党建引领教学改革和科学研究的模式，营造积极向上、风清气正的教育教学氛围。同时，尼山学堂开设“修身”特色课程，由班主任杜泽逊教授亲自授课，以提高学生的道德修养，强化道德自律意识。三是加强领导，明确职责，以评促建，突出实效。尼山学堂高度重视本科教学评价工作，成立了由分管领导、班主任、辅导员和部分任课教师组成的工作领导小组，由儒学高等研究院分管副院长任组长。通过对教学过程、教学管理、师资队伍、教学资源等方面的评估，及时发现问题，提出改进方案，促进本科教学质量不断提高。同时，尼山学堂积极开展“我最喜爱的好老师”“师德标兵”“教学能手”等荣誉称号评选和山东大学张其成奖教金评选，充分调动教师投身教学的热情和积极性。

集聚内外资源，健全人才培养机制。一是制定适合中国古典学术人才培养的遴选机制。尼山学堂采取“1+3”的培养模式，在校第一年在各自学院接受通识教育，大一下学期期末选拔26名学生进入尼山学堂，接受三年国学专门教育。尼山学堂招收的学生来自文学院、国际教育学院、外国语学院、历史学院、哲学与社会发展学院、经济学院、法学院、管理学院、政治学与公共管理学院、物理学院、化学与化工学院、生命科学学院、药学院、软件学院、机械工程学院等文、理、工、医各学院。这样的人才遴选模式，为学生提供更专更精的学术训练、更浓厚的小班教学学术讨论氛围、更多样的学术参与体验和来自不同学科专业、不同兴趣方向的更多元化的观点。二是对比一流本科，打通学科隔阂。尼山学堂创办之初，考察调研了北京大学中文系、清华大学国学院、中国人民大学国学院、武汉大学国学院、华东师范大学思勉人文高等研究院、南昌大学国学院等古典学术培养机构，制定了完善的课程体系和人才培养方案。学堂课程体系包括经典导读课和通论通识课。经典导读课包括“四书”导读、《诗经》导读、《左传》导读、《史记》导读、《尚书》导读、《老子》《庄子》导读、《楚辞》导读、《昭明文选》导读、《礼记》导读、《周礼》导读、《荀子》导读、《资治通鉴》导读、《四库全书总目》导读、《周易》导读、《文心雕龙》导读、《史通》导读等四部要籍原典导读课程。通论课程既包括文字学、训诂学、音韵学等传统小学课程，也包括中国经学史、中国文学简史、中国史学简史、中国哲学简史、中国古代文化知识等一般通论课程。尼山学堂学生不分专业，毕业时可以根据自己的兴趣爱好和未来的发展方向，在哲学、文学、历史学三个专业中任选一个专业毕业，学校授予相应的学士学位，并颁发荣誉学院证书。这种培育模式以问题为中心整合学科，打通文史哲，具备鲜明的学科交叉融合特色，目的是培养具备扎实基础素养的综合性研究人才。三是注重学脉传承、学有渊源，加强高水平教师队伍建设。尼山学堂虽挂靠儒学高等研究院进行管理与培养，但在师资的选择上却并不局限于儒学高等研究院与山东大学，而是放眼全国，延揽名师。山东大学第一批聘请为尼山学堂讲课的老师有49位，遍布了山东大学文学院、历史学院、考古学院、哲学与社会发展学院、儒学高等研究院、易学与中国古代哲学研究中心，以及中国海洋大学、山东理工大学、山东师范大学、华东师范大学、南京师范大学以及南京艺术学院等高校。学堂教师队伍中既有德高望重的学界耆宿，亦有学有专长的学术新秀，具有较高的教学水平。学堂教师主讲的十门课程，被制作为“国学经典系列慕课”，是山东大学全力建设的中华优秀传统文化类德育美育课程，获得教育部重点立项资助。慕课涵盖了中国古典学术的经、史、子、集四部分，自上线以来，全国高校累计选课学生达十余万人次。同时，由学堂教师撰写的部分尼山国学教材拟由中华书局出版。

深化模式创新，夯实人才培养基础。一是尼山学堂作为山东大学古典学术人才培养的校级基地，制定了完善的管理制度，包括《尼山学堂招生办法》《尼山学堂培养方案》《尼山学堂礼仪》《山东大学尼山学堂奖学金评选计分办法》《尼山学堂国家奖学金评选办法》《尼山学堂论文报告会制度》《尼山学堂推荐优秀应届本科毕业生免试攻读硕士研究生办法》《尼山学堂异地修课成绩置换规定》《关于尼山学堂德育考核办法（新修订）》等十余项制度性文件。从招生、培养到毕业，都有完备的规章制度，以保障人才培养目标的实现。二是尼山学堂倡导学生以撰写学术论文的形式检验学习情况，通过论文撰写和汇报提高学术能力。尼山学堂每年举行一次学术论文报告会，根据论文选题聘请校内外相关专业的教师进行一对一指导。报告会采取学生汇报，教师评议打分的形式进行。报告会中的优秀论文，已达到或接近学科前沿水平。其中不少优秀论文发表在《历史文献研究》《中华读书报》《周易研究》《山东社会科学》《兰州学刊》《文教资料》《澳门文献信息学刊》《国学季刊》《国学茶座》等高水平学术期刊（集刊）。三是中华优秀传统文化源远流长，对国学的教育不应仅停留在校内的课堂上，更应走出校园，体验中华文化的博大精深。尼山学堂建立之初，在培养方案中就设立了游学考察的模块，为的是让学生追寻先贤遗迹，感受祖国各地深厚的历史文化积淀，提高对文化遗产的认识水平。2015年11月，尼山学堂师生赴西安、北京游学考察，参观了西安碑林、陕西历史博物馆、北京故宫等地。2016年7月10—25日，学堂组织 2014 级学生赴重庆进行了为期半个月的暑期实习。其间，同学们以明代万历年间北京国子监刊刻的《毛诗注疏》为底本与重庆图书馆所藏永乐本进行校勘，并参观了大足石刻、中国三峡博物馆等。2016 年 11 月 24—26 日，尼山学堂组织三个年级学生赴曲阜、泰山游学考察，同学们对于中国的古建筑和碑刻艺术有了更加深刻的认识。2019 年 11 月，尼山学堂第六期、第七期、第八期学生赴北京进行了游学活动，参观了中国国家博物馆、故宫博物院、中国国家图书馆（国家典籍博物馆）。2023 年 5 月 16—20 日，尼山学堂 2019 级本科毕业生前往西安、咸阳、宝鸡等地进行游学考察。尼山学子既“读万卷书”，又“行万里路”，提高了对中华优秀传统文化的认知和感悟。四是尼山学堂既重视学生理论知识的学习，又重视实践能力的培养。除安排学生进行两次专业实习、两次学年论文报告和一次毕业实习外，学堂鼓励学生参与出版社文献整理审校、图书馆古籍普查等工作，特别是鼓励学生参与重大科研项目。学堂联合出版社、图书馆等文化机构，为学生提供校外实践平台。2015 年 10 月，尼山学堂学生参与中华书局出版的庞朴主编“历代儒家学案”的审校工作；2015 年 11 月，参与中华书局出版的饶宗颐编《古史辨》第八卷审校工作；2016 年 11 月，香港大学授权山东大学杜泽逊教授、胡孝忠博士及尼山学堂师生整理和出版《选堂教授香港大学授课笔记七种（1960—1962）》。2016 年，由儒家文明协同创新中心资助、尼山学堂师生采访并整理的《林安梧访谈录》由山东人民出版社出版。2017 年 4 月，参与中华书局《孟二冬全集》审校工作；2017 年 5 月，参与中华书局《黄永年全集》审校工作；2017 年 6 月，参与中华书局《郑天挺西南联大日记》审校工作。这些校外实践有利于学生开阔学术视野，提高学术水平。

（稿件来源：山东大学）

湖南大学：根植中国传统的大学“书院制”育人模式探索与实践

习近平总书记在全国教育大会上明确指出，要坚持扎根中国大地办教育。《新文科建设宣言》强调，“在传承中创新是文科教育创新发展的必然要求”。新文科建设要“固本正源，不断从中华优秀传统文化中汲取力量”，要“坚持走中国特色的文科教育发展之路”。新时代的“新文科”建设既要与自然科学知识交叉融合，尤其是对数字化、智能化技术的吸收运用，又要注重与现代其他人文社会科学知识的融会贯通，还要创造性转化利用中国传统教育资源。湖南大学依托岳麓书院，在加强学科交叉融合、新技术应用的基础上，注重将古代书院优秀教育传统与当代大学教育相结合，探索符合“新文科”建设要求又具有传统书院教育特色的人文学科人才培养新模式，育人成果获2022年国家教学成果二等奖。

吸收传统书院教育优长，以“固本强基”为根本，探索“成人”“成才”并重的立德树人新理念新模式。基于对书院优秀教育传统的自信和自觉，深入挖掘书院传统中的教育思想、育人理念、教育方法并运用于新文科背景下的人文学科人才培养实践，建构了具有中国特色的书院制育人路径。一是弘扬“立品为重”“立志为先”的书院教育传统：明确了“厚植家国情怀”“具有国际竞争力”“具备成为未来思想大家、学术大家和领军人才基础”的人才培养目标。二是借鉴传统“师生从游”的育人理念，建立教学相长、情感笃厚的共同体：2009年开始探索实施包括学业导师、学术兴趣导师、班级导师、生活导师在内的“四维”本科生导师制，师生课外交流时间年均超过60小时。三是发挥书院自然环境和古建、碑刻、楹联等文化资源启智润心功能，融通物理与精神空间，打造独特的育人环境：报请国务院建成国内唯一的中国书院博物馆；连续17年举办“三礼三祭”习礼育人活动，每年在岳麓书院文庙等处举行入学礼、拜师礼、谢师礼及清明祭、端午祭、祭孔典礼；连续8

年与凤凰网等合作打造六届“全球华人国学大典”系列活动80余项，营造重德崇礼的精神氛围，让师生游息其中，朝夕相处，求道问学，涵养熏染，致力于培养身心健康、品行端正、人格完善的人才。不断总结理论与实践探索的成果，先后出版《书院传统与当代大学教育》《中华优秀传统文化与当代本科生培养》《新文科视野下传统书院教育资源的发掘与利用》等著作。

融通人文与社会科学，以“经典研习”为主体，建立“通”“专”结合的教育教学新体系新机制。以人文科学试验班为试点，践行新文科理念，继承书院教育兼通经史的传统，构建跨院校、跨学科、跨领域的“贯通式”人才培养新机制。一是设立涵盖中国经典、西方经典和马克思主义经典的经典研读必修课程板块，辅之以考古与中华文明探源、古文字与中国古代文明、经济史、外交史等相关专题选修课程模块，以传统经典为中心，搭建专业贯通、通专结合的课程体系，打造13门国家级专业金课。二是每年配备40余名文史哲为主体、社会科学为辅助的指导教师，担任学业导师和学术兴趣导师，每两周一次分别开展一对一指导或专题读书会，运用“研讨式”“日记式”“质疑问难”等传统书院教学方法，激发学生自主性，通过高频率、高质量、全覆盖的互动交流提高学术水准和综合素质。三是依托人文高等研究院、国家协同攻关创新平台“古文字与中华文明传承发展工程”、“出土文献与中国古代文明”2011创新平台、国学研究与传播中心等部省级跨学科平台，实现“治学能力提升计划”、“致知”“力行”计划等科研项目实践100%全覆盖，鼓励学生开展跨学科研究。

贯通人文与自然科学，以创新思维为核心，构建“文”“理”兼修的人才培养新通道新方法。打破院校、学科、专业壁垒，强调专业贯通、通专结合、跨文化知识体系，与北京大学、清华大学、上海交通大学等高校多个学科共建“中国大学书院交流共同体”。一是注重与建筑学、信息科学、工业设计、法学等学科开展交叉融合教育实践，设置包括“数字人文导论与实践”“自然科学经典选读”“明清医疗与社会”“中国医学文化史”“博物学”等20多门学科交叉专业课程，同时要求必需修读“计算机与人工智能”“科学与生命”等通识课程。二是引进多位具有海内外名校理工学术背景、从事跨学科研究的师资，在指导学生课程学习、科研实践、创新创业项目推进的过程中，拓宽学生的专业和学科视野。三是延伸教学时空，继承“朱张会讲”传统，以培养学生批判性创造性思维为导向，依托岳麓书院打造高水平跨学科学术平台，邀请著名科学家周其凤、许智宏、何祚庥、理查德·扎尔、杨福家，诺贝尔化学奖获得者迈克尔·莱维特等海内外名家做客岳麓书院讲坛，近年来举办讲坛570余场，编成600余万字的《岳麓书院讲演录》等图书。

融合人文与新技术，以“现实问题”为导向，开辟“协同攻关”的实践育人新渠道新路径。坚持问题导向，运用现代新技术，依托跨学科科研大平台、大项目，实施交叉融合、技术赋能、注重实践的教育教学新方法，引导学生运用所学关注现实，解决现实问题。一是依托国家超算中心，参与共建“数字文化创意与智能设计技术”文旅部重点实验室，打造“人工智能+人文社会科学”跨学科学生科研实践平台，促进人文学科与人工智能的深度融合。二是组织学生参与哈佛大学中国艺术实验室“洛阳·幻城”、哈佛大学书院文化数据库、国家重点研发计划“中华优秀文化开放共享与开发复用技术研究”等90余项国家科研项目。指导学生利用数字人文（DH）、地理信息系统（GIS）、知识图谱、虚拟复用、影像建模等技术，孵化“清代及民国时期岳麓书院虚拟复原”“长沙左文襄公祠虚拟复原”“书院文化知识图谱”“马王堆数字图谱”等科研实践课题，成果精选为100余万字的“岳麓史学”丛书，40余人次获“互联网+”“挑战杯”“全国史学新秀奖”等国家级荣誉。三是依托国学研究与传播中心、书院文化研究与传播基地等省级基地，与凤凰网、红网等开展深度合作，鼓励学生学习、应用新媒体新技术，参与共建凤凰网国学频道，打造“互联网+国学”研究与传播平台；组建志愿服务团，200余名学生参与全国人大领导调研组考察活动、联合国教科文组织活动、国家汉办“汉语桥”等20多场国内外重大活动志愿服务，年均讲解书院文化300余场。

（稿件来源：湖南大学）

北京语言大学：以“一引领、三交叉”培养卓越的复合型新文科人才

北京语言大学深入贯彻习近平总书记关于教育、科技创新的重要论述，落实教育部“四新”建设要求，主动面向国家战略部署和区域经济社会高质量发展需求，以服务高水平科技自立自强、服务国家传播能力建设、促进文明交流互鉴为己任，强化思政引领，加强人文学科与工程科学、哲学社会科学、哲学社会科学与工程科学间的交叉融合，培养卓越的“人文+工程”、国别区域、国际传播复合型新文科人才。

加强思政引领，构建立德树人新格局。完善思政课程体系，提升育人成效。开设“四史”、习近平强军思想与国防建设、中华文化二十四讲等课程，形成必修加选修的课程体系。专设思想政治理论课社会实践学分，加强实践教学基地建设，推进思政小课堂和社会大课堂融合。打造原创话剧《梧桐》，用舞台艺术传承北语红色基因。建设“澜阁”一站式学生社区，形成同向同行的育人合力。入选北京市优质本科课程 2 门，北京高校党建和思政特色项目及培育项目 4 项，入选北京高校党建和思想政治工作经验做法 7 篇，获北京高校思想政治理论课教学基本功比赛决赛一等奖 2 项、二等奖 1 项。深挖课程思政元素，深入开展“三进”工作。结合不同专业和课程的特点，精准发力，分专业、分课程类型推进课程思政建设，建设思政课教师与专业教师协同的课程思政教学团队，充分发挥 4 个教育部虚拟教研室作用，引领“三进”教研工作。通过讲、译、写、做、演多层面，践行“三进”思想内涵、核心要义。建设示范课程 104 门，发挥引领示范作用。牵头研发的高级中文听说教程和读写教程，入选高等学校“理解当代中国”国际中文系列教材。编写出版“立场与方法”系列教材、国际中文教育“三进”教学指导用书、课程思政案例集。入选教育部课程思政示范课程 2 门，北京市课程思政示范课程 9 门。

加强文工交叉，培养卓越的文工复合型人才。与一流工科院校强强联合，在全国率先开创了“语言+工程”联合学士学位培养项目集群。与北京科技大学、北京林业大学、北京化工大学、中国石油大学（北京）等4所兄弟高校合作，开展“西班牙语+采矿工程”“德语+木材科学与工程”“法语+化学工程与工艺”“阿拉伯语+石油工程”“俄语+资源勘查工程”等5个联合学士学位项目，推进与北京科技大学开展的“高级翻译+计算机科学与技术”联合学士学位项目，致力于培养系统掌握工学专业知识、同时具备较强外语能力和跨文化交际能力的卓越复合型涉外人才，为我国高水平科技自立自强、国家能源与资源安全保障等国家战略和经济社会需求提供有力的人才支撑。各联合学士学位项目均采用“双校区+国际交流”的模式，依托各校学科专业优势，突出宽口径、厚基础培养，精选核心专业课程，语言类课程突出工科向度、工科课程兼顾语言应用，专设海外生产实习模块，设置海外实践环节，学生有机会近距离接触行业内一流大型国有企业，提升学生的职业技能和就业竞争力。

加强哲学社会学科相互交叉，培养卓越的国别区域复合型人才。深耕区域和国别研究。率先开设国别和区域研究专业，自设区域国别学二级学科并入选北京市高精尖建设学科，为列入交叉学科门类下一级学科打下了坚实的基础。成立国别和区域研究院，在阿拉伯研究中心的基础上，成立17个国别和区域备案中心，形成了“1+17”的研究格局，团队成员获国家级科研项目16项，省部级项目38项，依托中非高校“20+20”合作计划项目在海外出版教材6册，“一带一路”沿线智库报告66册，翻译外宣作品10册。创办《国别和区域研究》，定期编写《阿拉伯发展报告》黄皮书、《“一带一路”研究系列智库报告》，发布《区域国别学学科建构与理论创新》，致力于构建区域国别学自主知识体系。引领外语学科转型与发展。创新发展模式，坚持跨学科、特色化发展，外语各专业培养方案均设有国别和区域类课程，从传统语言教学转向注重与政治学、新闻传播学、世界史等人文社会科学的交叉融合，赋予学生跨学科知识结构，增强跨文化交际能力。加强教学资源的协同，建立跨学科、跨院校、跨部门、多方共享的师资队伍，建构多维度、综合性课程体系，深化各学科学术思想和学术观点的交流融合。

加强哲学社会学科与工科学科交叉，培养卓越的国际传播复合型人才。汇聚校内外中文、外语、政治、新闻、管理等哲学社会科学学科和计算机等工科学科优质资源，培养致力于中华语言文化国际传播的多领域卓越人才。建设“中文国际传播”中国语言文学国家级拔尖学生培养基地，强化中外融通、古今融通、学科融通三个“融通”，坚持使命驱动，建立荣誉课程体系，实行“名师领航计划”，采取全程导师制，打造校内校外、线上线下结合的学习生活社区。近年来，获评（批）国家级高等教育教学成果奖、教育部首批虚拟教研室试点单位，入选全国高校黄大年式教师团队、北京高校优秀本科育人团队，建成多元化汉语国际教育专业实习实践体系，建设系列教材和课程标准，搭建2个教学资源及研讨平台，打造1个国际中文教育微专业。建设国际传播“梧桐班”，设置智能传播与文化创新、国际传播与全球治理、融合传播与文明互鉴三大培养方向，培养具有坚实人文基础和深切社会关怀、拥有开阔的国际视野和良好的国际文化交流素养、通晓传播规律与实践技能、熟悉各国传媒政策法规、富于开拓创新精神的中外复合型国际传播人才。新设播音与主持艺术（中英双语）专业，培养具备较为全面的中英双语表达能力、跨文化沟通能力以及媒体运用能力的高层次、复合型口语传播人才。新设国际出版专业，采取“外语+出版+经济学+信息科学”的人才培养模式，创新开展复合型的国际传播、国际出版人才培养。培养能讲好中国故事的高端汉学人才，自主设立“汉学与中国学”二级学科，开展“新汉学计划”。持续加强汉学研究，承担“中外汉学家翻译家人才数据库暨中国文化译研网”等重大工程项目；搭建汉学家交流平台，举办世界汉学讲坛、汉学青年学者研习营，建立“世界汉学与中国学大学联盟”，32所世界知名高校申请加入，成立世界汉学家理事会，吸引来自82个国家的325位汉学研究者，成立12个世界汉学中心和海外分中心，推动形成稳定的交流模式。

（稿件来源：北京语言大学）

上海财经大学：以“六大聚焦”助力数智时代新财经人才培养

上海财经大学认真学习贯彻习近平总书记关于教育的重要论述，牢记为党育人、为国育才初心使命，落实立德树人根本任务，聚焦思政引领、培养模式改革、专业建设、课程教材建设、数智赋能、保障体系六个方面，强化统筹谋划、协同推进，不断完善本科人才培养体系，持续推进本科教学高质量发展，培养既具备深厚财经理论功底，又能熟练运用智能技术的人才，为我国实现经济高质量发展提供有力的人才支撑。

聚焦立德树人，打造上财特色思政教学体系。学校立足财经学科特色，凸显习近平经济思想在财经类高校的基础性和引领性作用，系统推进习近平经济思想进课堂和进教材，全面打造彰显时代要求、具有上财特色的立德树人新体系。推进习近平经济思想进课堂，率先开设全校本科经管类专业学科共同课“习近平经济思想概论”，推进习近平经济思想进教材，自编《习近平经济思想概论讲义》和《习近平经济思想教学案例选编》。升级“千村调查”大思政课品牌，秉承“走千村、访万户、读中国”的核心理念，创新调查方式方法，构建国情教育、科研育人、劳动教育、社会实践、文化涵育“五位一体”人才培养新模式。加强课程思政示范课程、示范团队、教学名师和课程思政案例建设，编制专业类课程思政指南，创新思政融入课程的方式方法，推动课程思政入脑入心。

聚焦培养模式，实施拔尖卓越创新人才培养改革。学校在原有“拔尖卓越创新人才培养33模式”基础上新增“生成性能力”维度，将其升级为“拔尖卓越创新人才培养43模式”。（见图1）新模式以“立体课程、多元培养、沉浸体验、能力生成”为特征，着力培养适应国家发展战略需要和全球化竞争的拔尖卓越创新人才。“4”指涵盖立体式课程结构、多元化培养路径、沉浸式学习体验和生成性能力拓展4个方面，“3”指以数智力、创新创造力和跨文化领导力生成为目标，以人才分类培养为理念，开展拔尖人才、卓越人才和创业人才“三型”人才培养，为三类人才成长搭建科学研究、社会实践和国际交流三大平台，提供多元发展路径。以此为指引，优化培养方案，强化课程体系的“数智化、融合化、个性化”，降低总学分，为教育“留白”，加强课程建设，拓增研讨课，深化国际课程建设，提升学生跨文化领导力。

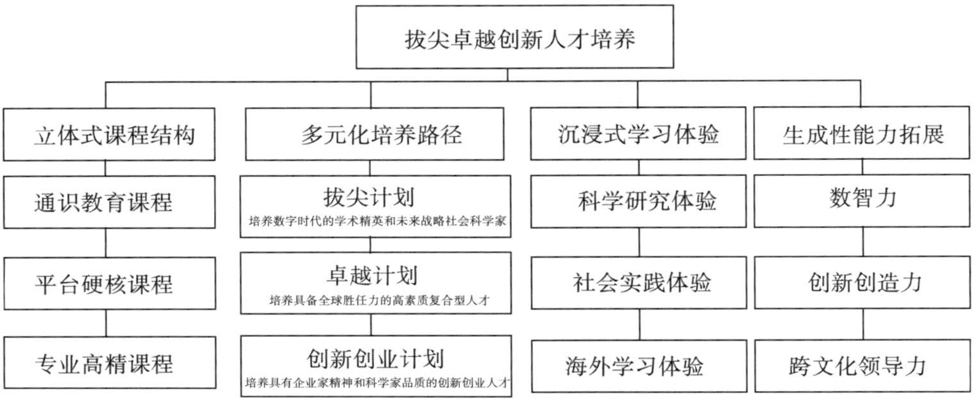

图 1　拔尖卓越创新人才培养 43 模式

聚焦专业建设，建立融合求新更新机制。以服务经济社会高质量发展为导向，积极发展新兴专业，新设数字经济、人工智能等专业。以经济学、管理学、法学、文学等哲学社会科学学科为基础，以统计学、数学、软件工程等理工学科为支撑，以人工智能、大数据、区块链等新兴技术为底层架构，实施专业交叉融合，赋能专业改造升级，新设 6 个双学士学位项目，开设保险与数据科学、数字与智能金融、财务管理智能化等专业方向。建设涉外法治人才培养基地，坚持“法经融合”，拓展金融法、涉外法、数字法等重点方向，完善“复语+财经”特色专业和人才培养机制，加强“英法复语实验班”建设。探索经济学基础学科拔尖人才培养新模式，推进匡时书院建设，从学生选拔、个性化培养、一体化管理等方面探索书院制、导师制、学分制等文科基础学科拔尖人才培养的实践经验。

聚焦课程教材，实行铸金提质工程。推进课程教学改革，充分发挥课程育人作用，将一流本科课程融入一流本科建设的整体方案，建立“校级—市级—国家级”一流课程建设体系。丰富课程种类与资源，建设一流课程。瞄准学科研究前沿，建设研讨类课程；加强与企事业单位合作，注重理论联系实际，建设产教融合课程；注重创业教育与专业教育的紧密结合，建设创新创业课程；发挥师资国际化优势，按专业、成体系地建设全英语课程；构建实验课程体系，建设虚拟仿真实验课程，打造跨学科、跨专业的综合实验课程平台。加强教材建设规划，扎实推进教材建设和管理工作，切实提高教材建设水平。实施“本科核心课程教材全覆盖建设行动”，协同推进课程教材一体化建设；启动“新兴学科领域精品课程教材系列建设行动”，做好交叉专业课程教材建设；启动“精品教材焕新行动计划”和“系列教材品牌化行动计划”，打造体现中国自主知识体系的经济学和商学系列教材。

聚焦数智赋能，构建智慧教育新形态。利用数智技术创新教育教学模式，推动人工智能重塑教育教学全过程，探索特色数智教育人才培养之路。推进基于AI融合式教学的人才培养方案改革，所有专业培养目标纳入数字思维和人工智能素养。建设AI课程的分级分类体系，探索构建“1+3+3+N”课程体系。打造四层次高质量的人工智能通识课，厚植“智能土壤”。加快AI专业核心课建设，新建多门AI专业标杆课，实现从“通识基础”到“专业进阶”再到“多元拓展”的渐进式培养模式，提高学生人工智能素养和智能时代终身学习的能力。加强AI+教学资源体系建设，推进课程资源数智化转型，以在线课程资源为基础，建设智慧课程。提升教师AI素养和AI工具使用能力，增强课程资源库和知识库建设。构建教师人工智能素养和AI融合教学工具应用能力培训体系，完善AI融合教学的数字化支撑体系，加快教育教学向人机协同转型。

聚焦保障体系，建立多维提升机制。强化质量保障主体意识，完善本科教学自我评估制度，健全内部质量保障体系。打造立体化教学质量评价体系，不断完善专业质量保障体系、课程质量保障体系、课堂教学质量保障体系三个子体系，建立健全闭合循环的教学质量保障总体系；完善学生、领导、督导和同行、院部共同参与的多元化教学质量评价模式；完善线上巡课与听课平台，完整支持线上教学巡课和听课；建设校院两级督导队伍，实现督导听课全覆盖。重构微观教学体系，深耕基层教学组织建设。发布《上海财经大学教研室建设与管理办法》，设立118个教研室覆盖所有课程，拨付专门经费保障教研室运行。制定《教研室工作手册》，设计教研室绩效考核指标体系，通过评优争先，激发教研活力。探索“智能+”时代新型基层教学组织的建设标准、建设路径、运行模式，鼓励跨校、跨学院、跨学科交叉设立虚拟教研室，有 4 个教研室入选教育部虚拟教研室。

（稿件来源：上海财经大学）

西南政法大学："四维融合"培养"法学+法语"复合型涉外法治人才

西南政法大学坚持以习近平新时代中国特色社会主义思想为指导，深入学习贯彻习近平法治思想，多措并举推进涉外法治人才培养。学校与四川外国语大学于2021年起开设"法学+法语"联合学士学位培养项目，开启了跨校联合培养模式的全新探索。该项目以提高中国在国际法律事务和全球治理方面的话语权和影响力为愿景，秉持"国际视野、中国情怀、立德树人、德法兼修"的培养理念，明确"坚定理想信念、扎实外语功底、系统法治理论、良好职业能力"的培养要求，面向联合国和国际组织、国家机关、高等院校及研究机构、企事业单位、社会团体等单位，致力于为国家培养政治立场坚定、专业素质过硬、跨学科跨领域、善于破解实践难题、具备国际视野的复合型涉外法治人才生力军。在此培养模式下，西南政法大学与四川外国语大学通过学分互认、师资互派等机制通力合作，切实保障人才培养质量。

校际联合、优势互补，推进法学与法语教育深度交融。西南政法大学联合四川外国语大学开设全国首个"法学+法语"联合学士学位培养项目，由两校具有博士点的两个优势学科（法学+法语）强强联手，通过校际优势学科融合，充分发挥两校专业资源优势，完善涉外法治人才培养体系，共同培养高端复合型涉外法治人才。两校的图书馆、模拟法庭等硬件设施，师资力量、课程设置、专家讲座、国际交流网络等软件资源，共同为学生打造出一个既能接受专业法学教育，又能精进法语语言技能的平台，不仅强化了学生的法学专业素养，并且充分发挥了四川外国语大学在法语教学方面的优势。两校的国际合作项目为学生开辟了海外研习路径，进一步拓展了他们的国际视野。通过这种模式，培养出一批既精通法律又擅长法语的复合型法治人才，满足国家对这类复合型法治人才的迫切需要。

法学为本、语言为翼，坚持"法学+语言"复合型人才培养策略。在夯实学生法学理论基础的同时，西南政法大学通过与四川外国语大学紧密合作，充分发挥该校在法语专业人才培养方面的优势，着力培养学生法语语言能力，提升学生法语交际能力，促进学生学习法语国家的人文社科知识，实现法学与法语的深度融合与综合应用，成为具有国际竞争力的“法学+语言”复合型人才。两校通过举办法律法语演讲比赛、法律法语研讨会、法语角等系列活动，进一步增强了学生的法语实际应用能力与跨文化交流能力。邀请法学和法语领域的专家学者来校讲座，为学生提供最新的学术信息和行业动态，拓宽学生的学术视野和国际视野。学校与法国蔚蓝海岸尼斯法语联盟签订交流协议，定期派遣学生赴法国参加寒假项目，使学生在提升法语综合运用能力的同时，更深入了解欧洲和有关国家的法律体系，提升学生专业素养。在法语学习方面，该项目前两届学生法语专业四级考试通过率达 75%，高于全国通过率，其中有 2 人次已考取法语 DELF 等级考试 C1 水平，3 人次已考取法语 DELF 等级考试 B2 水平；在英语学习方面，有 2 人次已考取雅思 7.5，4 人次已考取雅思 7.0，2 人次托福成绩超 100 分。通过实施“法学+语言”复合型人才培养策略，西南政法大学和四川外国语大学在强化学生的语言能力方面取得了显著成效。

实务协同、法教相长，构建法学教育与实务部门协同培养机制。西南政法大学在“双语双法”涉外法治人才培养方面，积极与多个实务部门和平台合作，构建协同培养新机制。目前已与紫金矿业、北京盈科律师事务所、泰和泰律师事务所、厦门福州海丝中央法务平台、珠海涉外公共法律平台等共建协同培养基地。通过与这些实务部门和平台的合作，西南政法大学能够为学生提供多元化的实习实践机会，促进学生理论与实践的结合，提升学生的涉外法律实务能力，为涉外法治人才的培养提供了有力支持。同时，积极探索实施涉外法治人才培养的“寰宇计划”，通过第二课堂的全员、全方位、全过程参与，构筑“双语双法”培养共同体，旨在增强学生的国际视野和跨文化沟通能力，为他们将来在全球化背景下的法律职业做好准备。此外，学校在涉外法治人才培养方面采取了一系列创新举措，包括与无锡律协合作，促成“法学+法语”联合学士学位培养项目的学生协助创建“中非法观”公众号，这一举措不仅为学生提供了实践机会，还帮助他们深入了解非洲法律体系，为未来处理涉外法律事务奠定了坚实基础。

训赛并进、能力共铸，通过训赛项目锻造涉外法治人才。西南政法大学通过“训赛并进、能力共铸”的模式，积极锻造涉外法治人才。组织学生参与多项国家级和市级创新创业项目，如“互联网+”大赛、大学生创新创业训练项目、第十四届全国大学生电子商务“创新、创意及创业”比赛等。支持学生参加多项国内外模拟法庭和辩论赛，并获得不俗成绩，如中国国际海洋法模拟法庭竞赛全国一等奖（亚军）、2024 年第十一届国际刑事法院模拟法庭竞赛（英文）中国选拔赛（ICCMCC）全国二等奖、中国空间法学会第 19 届 CASC 杯国际空间法模拟法庭竞赛二等奖、2023 届华语辩论世界杯重庆赛区联赛冠军等。在国内外模拟法庭和辩论赛中，学生们通过模拟真实的法庭审理和辩论情景，显著提升了法律分析技巧、辩论策略和公众演讲能力。通过这些训赛项目，西南政法大学为学生提供了丰富的实践机会和能力提升途径，有效培养了学生的法律实务操作能力、国际视野和跨文化沟通能力，为他们将来在全球化背景下的法律职业发展奠定了坚实基础。

（稿件来源：西南政法大学）

西南财经大学：以“新财经”为引领推进“新文科拥抱新工科”创新实践

西南财经大学深入学习领会党的二十大精神和习近平总书记关于教育的重要论述，深入贯彻落实全国教育工作会议精神，坚持教育、科技、人才一体推进，紧扣服务“国之大者”，展现“西财有为”，全面推进“新财经”战略升级，以“新文科拥抱新工科”创新实践为抓手，努力为加快建设教育强国、科技强国、人才强国增添动力和活力。

聚焦数字化变革，推动“新财经”发展理念先行。一是前瞻布局，实现从理念到实践的跨越。随着世界百年未有之大变局的加速演进和新一轮科技革命和产业变革的深入发展，新经济、新技术、新业态不断改变和重塑财经领域的内涵和外延，催生出了“新财经”的概念。为了回应时代的挑战和需求，西南财经大学积极响应国家战略号召，在全国财经高校中率先开展探索，推动传统财经教育转型升级，形成了以“建设新文科、引领新财经、创造新优势”为主旨的战略实践。如学校发挥“经济与管理学科群”交叉融合优势，获批开办以数据科学为特色的中外合作办学机构——特拉华数据科学学院，围绕“新财经”发展战略开设信息管理与信息系统（信息系统与数据管理方向）、金融数学（金融服务与量化分析方向）、物流管理（运营管理与商务分析方向）3个本科专业，全力打造“新财经”一流本科人才培养的国际化创新示范区，首届学生已于2024年毕业。二是树立标杆，引领财经教育的未来发展。在“新财经”理念的引领下，学校探索出一条理论与实践并重、跨学科融合发展的创新之路。“新财经”一流人才培养改革已初显成效，不仅获得国内外高校的高度关注，也为服务国家战略需求和经济社会发展贡献了“西财智慧”。如2018年率先在全国开设“大数据会计”本科实验班，2019年在会计学、财务管理和审计学3个专业全面植入大数据分析和机器学习等课程。系列做法获得高度关注，国内外40多所高校纷纷前来学习调研。

深化交叉融合改革，构建“新文科拥抱新工科”专业体系、课程体系和教材体系。一是以学科交叉融合为抓手，设立金融科技、数字经济等本科专业，探索经济学与数字技术等交叉融合的拔尖学生培养新模式。学校与电子科技大学联合开设的“金融学—计算机科学与技术”联合学位精英人才实验班探索出了跨界复合型人才培养的新模式。二是以教学内容优化为核心，针对数字技术等颠覆性前沿技术的应用需求增设人工智能导论、大数据技术、算法分析与设计、机器学习基础、区块链技术等线下金课。此外，为深入推进数字技术应用与传统经济理论的交叉融合，在数字经济这一新兴学科的基础支撑下，打造了一批体现“新财经”特色的“互联网+经济学”课程体系，如网络经济学、大数据与计量经济学、大数据宏观经济学、人工智能与金融以及数字经济学等。三是启动“智慧教学”工程，筹建一批智慧教室，助力建成一批线上“金课”和线上线下混合式“金课”，推进“智能+教育”升级。如西南财经大学与清华大学联手打造的机器学习融合式课程，受到了经济学拔尖学生的追捧。实施“一二课堂深度融合计划”，促进学科竞赛课程化和课程实践化。四是依托中国“互联网+”大学生创新创业大赛等项目，尤其是中国家庭金融调查和反贫困计划项目，打造一批社会实践“金课”。五是聚焦教材体系更新，服务数字化时代教育需求。学校主动应对数字化、智能化对传统经济学理论的挑战，积极编写“中国经济学”系列教材，推出《数字经济学（第二版）》等规划教材，被多所高校引入，社会反响热烈。通过不断更新教材体系，学校为学生深入理解数字经济新趋势提供了前瞻性理论支持。

以现代书院的“人才培养特区”为支撑，培育适应“新文科拥抱新工科”创新实践的育人文化。为适应“新财经”战略升级的发展要求，现代书院制被视为一种育人文化的重要载体，它可以为培养适应“新文科拥抱新工科”的创新实践提供重要支撑和保障。一是深入探索书院制模式，提供全方位政策支持，建立书院制人才培养“特区”，为拔尖创新人才提供全方位的个性化培养和成长环境。如书院在学生的考核方面，突出“拔尖”和“创新”的目标，注重学生的实际能力和创新潜力的培养，鼓励学生在学术研究和实践创新中不断突破自我，实现个人价值的最大化。二是筹建“智能+学习生活社区”，为不同学科背景的拔尖创新人才提供良好的学术交流平台和生活支持平台。在这个社区中，学生将通过线上和线下混合式咨询的方式，得到来自各个学科领域的学术指导和启发，促进他们的学术成长和综合素养的提升。三是依托项目导师制建设，为学生提供前沿领域的专业化指导，实现大师滋养“未来的大师”的目标。

以数字经济与交叉科学创新研究院（创新创业学院）为依托，构建适应“新文科拥抱新工科”创新实践所需的产学研一体化培养体系。一是构建协同创新平台，推进“新文科×新工科”深度融合。为响应全球经济转型和国家战略需求，西南财经大学于2022年成立数字经济与交叉科学创新研究院（创新创业学院），将其作为推进“新文科拥抱新工科”创新实践的重要载体。研究院整合学科与人才资源，推动产、学、研、用协同创新，聚焦数字经济基础理论与运行、数字金融关键技术以及西部地区的数字产业化与产业数字化等领域。研究院不仅解决数字经济发展中的基础理论、实践应用和技术创新等重大课题，还作为学校“双一流”建设的战略引擎，带动学校在人才培养、科学研究和社会服务领域实现全面转型与创新发展，致力于成为全国数字经济与金融科技领域的重要人才和创新高地。二是推进产学研合作，培养跨界创新拔尖人才。研究院积极鼓励教师申报“新文科×新工科”交叉领域研究课题，并将拔尖创新学生早期引入团队和项目中，培养其跨界思维与科研能力。通过与企业和科研机构的合作，学生得以深度了解数字经济和战略性新兴产业的发展趋势，并积累实践经验，为推动产学研合作提供新思路。此外，研究院建设了一批智能化经济学实验室，为学生开展实验设计、数据收集和分析等提供实践平台。这种实践教学模式不仅帮助学生掌握实验方法和实证研究原理，还全面提升其数据分析能力与科研素养，为未来从事基础研究和推动新工科发展奠定坚实基础。三是打造数字化教学资源，服务新文科建设需求。依托研究院，学校进一步完善教学资源体系，开发多层次课程与教材，服务于“新文科×新工科”融合发展需求。以智能实验室为核心，学校开发了实验课程与案例教学资源，为学生提供从理论学习到实践创新的完整学习路径。同时，学校通过课题研究与课程开发的结合，为学生设计了面向数字经济、数字金融、人工智能等前沿领域的教学模块，使学生既能扎根本学科，又能拓展交叉学科视野，从而为未来社会的复杂问题提供创新解决方案。

以高水平教师队伍建设夯实“新财经”创新人才育人根基，提供适应“新文科拥抱新工科”创新实践所需的智力支撑。一是集聚杰出学者队伍，助力“新财经”创新人才培养。学校集聚一批胸怀“国之大者”、德才兼备、治学严谨的杰出学者，他们具备前沿的学术研究能力，能够深入探讨“新文科”+“新工科”相结合的理论与实践。这些学者注重学术引领和人生指导，致力于培养学生的创新意识与批判性思维，为“新财经”创新人才的培养奠定坚实基础。例如，学校组建的“人工智能与行业大数据创新团队”聚焦数字经济与计算机科学的交叉创新，针对区域经济、普惠金融、乡村振兴等关键领域，开展原创性研究，取得了丰硕的学术成果，并为“新财经”创新人才提供了优质的科研指导与实践平台。二是打造国际化师资平台，拓展全球视野与本土实践结合。学校积极打造国际一流学者延揽地，吸引海内外优秀人才加盟，建立国际化的师资队伍。这些国际一流学者具有丰富的国际学术交流经验和广泛的学术影响力，能够带领学生深入了解国际经济学的最新动态，并将国际前沿理论与本土实践相结合。以“人工智能与行业大数据创新团队”为例，团队围绕可信人工智能关键理论与技术创新，开展国际领先的研究，在空间智能、类脑计算、机器视觉等领域取得重要突破，为学生提供了深度参与跨学科研究的机会，并帮助他们树立国际化视野。三是聚焦学术引领与实践融合，服务新时代人才战略需求。高水平教师队伍的建设是推动“新文科拥抱新工科”实践的核心动力。通过发挥教师在课程与教材建设、创新研究训练、学习生涯规划等方面的独特作用，学校能够更好地培养适应数字经济和新质生产力需求的“新财经”创新人才。像“人工智能与行业大数据创新团队”一样，学校教师通过研究服务区域经济与社会发展，既为学生搭建了理论与实践融合的平台，也在促进学科交叉与财经科技创新方面发挥了重要作用。

（稿件来源：西南财经大学）

长沙学院：坚持文化与科技融合答好文创人才培养“三问”

长沙学院认真学习贯彻习近平总书记在中国（长沙）马栏山视频文创产业园考察时关于文化和科技融合的重要指示，落实党的二十届三中全会“探索文化和科技融合的有效机制，加快发展新型文化业态”的精神，坚持走教育科技人才一体化发展之路，聚焦湖南文化创意产业能级提升和长沙建设世界“媒体艺术之都”的发展需求，着力推进信息技术融入文创类学科专业，围绕文创类专业“培养什么人、怎样培养人、为谁培养人”的根本性问题，努力交出时代答卷。

明确“培养什么人”——以文化和科技融合为抓手，培养适应文创产业发展需要的高素质人才。一是实施文化铸魂，厚植文创人才红色基因。学校按照“德育为先，五育贯通”的原则构建全面培养的教育体系。制定了《长沙学院关于构建“五育并举”全面培养的教育体系实施意见》以及加强和改进新时代体美劳育工作的三个文件，旨在使学生学会做人、学会做事、学会学习、学会生活，成为学有专长、人格健全、全面发展的社会主义建设者和接班人。在教育教学活动中引导学生树牢文创人“导向金不换”的理念。马栏山新媒体现代产业学院师资队伍中包含了全球孔子学院先进个人、国家通用语言文字推广普及先进个人、中华红声百佳诵读者、中国文明网“文明之声传讲人”等一批红专教师，在日常教学中坚持思政课程与课程思政的有机融合，指引学生以民族大义为念、以家国天下为重，把个人理想追求与文创事业发展紧密联系起来。学校与中国共产党长沙历史馆合建的VR辅助课程“清水塘畔担使命”入选全国百个大思政课优质资源精品项目；师生原创视频资源被“学习强国”平台采纳6条。二是推动科技赋能，激发文创人才创新活力。运用以人工智能、数据算法和虚拟技术为代表的数字科技重塑课程与教学内容，校企合作共建国家一流课程、省级一流课程6门，开发文创类实践课程19门，编写文创类教材11本。师生积极开展红色电影修复、文博场馆VR展示、“一河风雅颂”影像展等研究性、项目式教学活动。通过4K修复技术促使黑白电影焕发新的文化生命力，让红色经典影片《风云儿女》震撼重映，献礼新中国75周年华诞。利用自研多模态音视频大模型和智能上色技术累计完成《雷锋》《湘西剿匪记》等经典红色电影44.3万帧影像画面的修复工作。

破解“怎样培养人”——以产教融合科教融汇为引领，构建文创类人才培养新模式。一是创新文创人才培养体制机制。跨学科、跨专业、跨学院成立新媒体现代产业学院。紧密对接文创产业链建设专业群，整合学校原来的影视艺术与文化传播学院、计算机科学与工程学院、艺术设计学院、音乐学院、乡村振兴研究院、经济与管理学院等二级单位资源，成立马栏山新媒体现代产业学院。新媒体现代产业学院既涵盖了传统的文化传播类专业，又涵盖了软件工程、音乐学、计算机媒体技术等工科、艺科和交叉学科专业，其中包括国家一流本科专业4个，形成了覆盖视频文创全产业链的学科专业体系。跨主体、跨行业、跨领域构建新媒体现代产业学院治理机制。新媒体现代产业学院按照“1+X”的模式合作共建，长沙学院履行办学主体责任，马栏山视频文创产业园以及国内外知名文创文旅企业、科技企业参与共建共管。成立了现代产业学院学院理事会，理事来自政府部门、高校及各知名文化、科技企业，实行学校党委领导下的学院理事会集体决策、院长执行制。学校与长沙市委宣传部等单位共同发起成立长沙市视频文创产业链联盟，并当选为联盟“校长单位”。二是校企共定人才培养方案。从2021年开始，成立了企业骨干人员参与的新媒体现代产业学院专业建设咨询委员会和数字文旅专业建设指导委员会，做好人才培养的顶层设计。学院明确提出文创文旅人才培养必须有1年以上企业学习和实习的经验，制定了文创人才双元共育培养方案。围绕文创人才培养模式改革和新文科转型开展教学改革，“地方高校戏剧与影视学专业群政产学研协同育人机制创新与实践”“基于科技与文化融合的旅游管理国家一流专业建设路径探索与实践”2项课题被立为教育部首批新文科研究与改革实践项目。三是共建人才培养平台基地。校企共建8个省部级创新和实践平台。其中，学校与马栏山文创园管委会、乐田智作等企业共同投资6112万元，建设总面积达28400平方米的马栏山全媒体实训中心，集“采编播传显”功能于一体，由园区管委会与学校共管。全媒体实训中心将产业需求、产业场景、产业项目引入教学，既是学生实习实训的基地，又是园区创新研发中心和生产工厂，获批湖南省唯一一家教育部中外人文交流全媒体产教融合基地。四是共享“双师”智力资源。新媒体现代产业学院每年投入人才建设专项经费300余万元，持续优化“双向奔赴”的教师队伍建设机制。拥有教育部“新世纪优秀人才”、全国广播电视和网络视听行业领军人才、全国首届优秀法制节目主持人等高层次人才12人；采取项目制授课和技术指导、论文指导等方式，聘请中广天择传媒股份有限公司总经理等50余名企业一线骨干来院担任业界导师；实施青年教师企业锻炼行动计划，每年委派10名青年专任教师到园区企业挂职学习工作。

回应“为谁培养人”——以办人民满意教育为宗旨，服务社会、行业和区域经济发展需求。一是服务社会需求。2023年6月，国家广电总局马栏山网络视听人才培训基地在新媒体现代产业学院设立，基地累计培训各级各类网络视听人才1000余人次，成功举办2023年国家新闻出版广电总局网络视听审核员培训班，接待发展中国家主流媒体部级研讨班学员代表来学院和基地考察。2023年11月，联合国教科文组织国际自然与文化遗产空间技术中心（HIST）长沙工作站在学院设立。工作站以自然与文化遗产活化利用为特色，以空间信息与数字技术为手段，主要围绕基于空间技术的遗产地可持续发展、文化基因数据库建设与大数据应用、文化遗产地数字化保护与虚拟旅游、基于遗产地的数字文创与元宇宙场景呈现四大领域开展科学研究。荣斌与湖南广播电视台导播人员合作开发的国家一流课程“广播节目播音与主持”，在中国大学慕课开课14次，数以万计的社会学习者参加课程学习。二是服务文创行业需求。贺溪团队主持完成最高人民法院办公厅、新闻局参与的2022年最高人民法院工作报告新媒体设计项目，创作设计了一位虚拟法官“正义”，解读最高人民法院工作报告，在最高院工作报告发布的当天，由相关部门组织全网推送。黄柏青的“金点子”——《擦亮“潇湘八景”品牌，以学促旅》，被纳入2023年湖南省政府工作报告。刘沛林团队的《立足乡土数智赋能：致力乡村振兴的高质量旅游人才培养模式探索与实践》多次在全国新文科交流会上做经验介绍，《传统村落数字化传承与保护》成果获得联合国教科文组织HIST十年来“十大代表性成果”之一。三是服务区域经济发展需求。聚焦马栏山视频文创产业园和长沙音视频产业链，开展相关研究与服务。与园区内15家企业签订了联合培养协议和产学研合作协议，黄佳团队为园区核心企业——湖南卫视的虚拟主持人“小漾”创造设计多款服饰造型，在湖南卫视2023—2024跨年晚会上展示。学院教师指导学生撰写的《长沙红色旅游资源的基因挖掘与短视频推广研究》《基于3D打印贴花技术的铜官窑文创产品制造与推广》获立项为国家级创新创业项目。国家广电总局局长曹淑敏，湖南省委书记沈晓明、省长毛伟明等领导到新媒体现代产业学院现场考察并予好评，光明日报等重要媒体专题报道长沙学院文创人才培养的举措与成效。

（稿件来源：长沙学院）

湖南财政经济学院：财经人才培养模式的“五维”创新实践

湖南财政经济学院作为一所有90余年办学历史的全日制财经类本科院校，积极响应国家新文科建设号召，率先实施“第三学期制”暑期班，通过“五维”创新实践，全面深化财经人才培养模式改革，致力于为社会输送更多新时代财经精英。

时间上的创新：重塑学习节奏，优化资源配置。一是暑期学习的连续性与深度强化。学校将暑期班纳入学年整体教学计划，使之成为学年课程的有机补充和深化。在为期3—4周的暑期学习中，学生们通过集中授课、专题研讨、项目实践等多种形式，系统掌握财经领域的新知识、新技能，这种集中学习模式有效填补了传统假期的“真空期”，使学习具有连续性和深度。自2021年实施暑期班以来，共邀请国内外知名专家学者159人来校授课，学生满意度持续保持在90%以上。这种高密度的知识输入，为学生构建了更加完整、牢固的知识框架，显著提升了学生的专业素养和综合能力。二是灵活多样的个性化学习安排。为满足学生多元化、差异化的学习需求，学校在暑期班时间管理上采取高度灵活的策略，学生可根据个人兴趣、职业规划及学习进度，自主选择课程模块，调整学习节奏。例如，对经济思想史感兴趣的学生可以选择“经济思想史专题”课程，而希望提升实践能力的学生则可以参加“会计理论与实务前沿”的实务操作课程。这种个性化、定制化的学习安排，不仅激发了学生的学习动力，还培养了其自主学习和时间管理的能力。据调查，超过80%的学生表示暑期班的个性化学习安排有效激发了他们的学习兴趣和动力。暑期班提供了丰富的选修课程，平均每年提供近30门课程供学生选择，满足了不同学生的个性化需求。三是学年与暑期无缝衔接的教学体系。学校将暑期班纳入整体教学计划，与学年课程紧密衔接，形成了一体化的教学体系。暑期班通过强化学习与实践，帮助学生更好地消化和吸收学年课程中的理论知识，并将所学知识应用于实际问题解决中。例如，在“财政学前沿专题”课程中，学生不仅学习了财政理论，还通过案例分析，探讨了当前财政政策的实施效果和改进方向，实现了理论与实践的深度融合。通过暑期班学习，学生能够将学年课程中的抽象理论转化为具体实践，增强其学习效果和知识的应用能力，这种无缝衔接的教学体系也为学生提供了更多的学习机会和实践平台，促进了他们的全面发展。

内容上的创新：跨界融合，拓宽学科视野。一是跨学科课程体系的构建。暑期班课程内容打破学科壁垒，实现经济学、管理学、法学、文学等多个学科的交叉融合。例如，“经济法”课程将法学与经济学相结合，使学生从法律视角审视经济活动，增强其对经济活动合规性和合法性的认识；“文化产业管理”课程则融合了经济学、管理学和文化学等多个领域的知识，培养了学生跨学科思考和解决问题的能力。自暑期班开设以来，共设置跨学科课程 30 余门，参与学生超过 5000 人次。跨学科课程不仅拓宽了学生的知识面，还促进了不同学科间思维的碰撞与融合，培养了学生的综合素质和跨领域解决问题的能力。二是前沿专题与研讨会的引入。为让学生紧跟财经领域的发展步伐，暑期班定期邀请行业专家、学者进行前沿专题讲座和研讨会，不仅为学生提供了与业界精英直接交流的机会，还让他们能够及时了解财经领域的最新动态和研究成果，激发其创新思维和探索精神。暑期班开办以来，共举办专题讲座和研讨会 50 余场，参与学生超过 8000 人次，通过与行业专家的直接交流和学习，学生们不仅增长了见识，还拓宽了视野，对财经领域的未来发展有了更清晰的认识和规划。三是实践导向的课程内容设计。暑期班注重课程内容的实践性和应用性，通过引入实际案例、模拟演练、项目研究等形式，让学生在实践中学习、在学习中实践。例如，“会计理论与实务前沿”课程通过模拟企业真实业务场景，让学生亲手操作会计软件和账务处理流程，提升了他们的实践操作能力。据调查，超过 90%的学生表示，实践导向的课程内容设计有效提升了他们的实践能力和职业素养，通过参与项目研究和实际操作，学生们不仅掌握了专业知识和技能，还学会了团队协作和问题解决的方法，为未来职业发展奠定了坚实基础。

方式上的创新：多元化教学，激发学习活力。一是课堂教学与案例分析的深度融合。暑期班在课堂教学中注重引入实际案例，通过案例分析、小组讨论等形式，引导学生深入思考财经问题的本质和规律。例如，在“微观经济学专题”课程中，教师通过分析市场供需关系、价格机制等实际案例，帮助学生理解微观经济学的基本原理和应用，不仅提高了学生的学习兴趣和参与度，还培养了其批判性思维和解决问题的能力。暑期班开设以来，共进行超 200 次案例分析和小组讨论活动，参与学生超 6000 人次。二是线上线下混合教学模式的探索。学校充分利用现代信息技术手段，探索线上线下混合教学模式，通过慕课、网络直播、在线讨论等方式，实现教学资源的优化配置和学习方式的多样化。例如，“金融前沿理论与发展”课程通过慕课平台提供线上学习资源，学生可以随时随地进行自主学习。同时，通过线上直播和讨论，学生与教师进行实时互动和交流。据统计，暑期班共开设线上课程 20 余门，参与学生超 4000 人次。通过线上线下混合教学模式的探索和实践，学生们不仅享受到了更加丰富多样的学习资源和灵活多样的学习方式，还提高了学习效率。三是项目驱动的教学模式创新。暑期班以项目为驱动，鼓励学生参与各类财经项目的研究与实践，通过项目申报、团队组建、方案设计、实施执行等环节，学生可以在实践中锻炼团队协作、项目管理、数据分析等综合能力。例如，“金融科技应用项目”通过模拟真实的金融科技场景，让学生亲手设计和实施金融科技解决方案，有效提升了他们的实践能力和创新思维。据统计，暑期班共实施了超 50 个财经项目研究与实践活动，参与学生超 1000 人次。通过项目驱动的教学模式创新和实践经验的积累，学生们不仅掌握了专业知识和技能，还学会了如何将所学知识应用于实际问题解决中，为未来的职业发展打下了坚实基础。

评价上的创新：多元评价体系，促进全面发展。一是构建多维度评价标准。暑期班评价体系打破单一的成绩评价体系，构建多维度、全方位的评价标准，除传统的考试成绩外，还注重考查学生的实践能力、团队协作能力、创新思维等综合素质。例如，在“会计理论与实务前沿”课程中，教师不仅通过考试评价学生的理论知识掌握情况，还通过实践操作和项目完成情况评价其实践能力和团队协作能力。据统计，暑期班共进行了超 300 次多维度评价活动，参与学生超 7000 人次。通过多维度评价体系的构建和实施，学生们不仅得到了全面客观的评价和反馈，还明确了自身的优势和不足，为个性化学习和发展提供了有力支持。二是引入同行评审和社会评价机制。暑期班项目成果评价引入同行评审和社会评价机制，通过邀请行业专家、学者对项目成果进行评审和指导，确保评价结果的客观性和公正性。同时，鼓励学生将项目成果向社会展示和推广，通过社会评价和反馈来检验和提升项目成果的质量和水平。例如，“金融科技应用项目”通过参加创新创业大赛和展览展示活动，得到了业界专家和观众的高度评价和认可。据统计，暑期班共有超过20个项目成果获得了行业专家及社会各界的好评和奖励。通过引入同行评审和社会评价机制，学生们不仅得到了更加客观和全面的评价和反馈，还提升和强化了自信心和成就感，激发了继续探索和创新的动力。三是强化过程性评价与反馈。暑期班注重过程性评价与反馈机制的建立，通过定期检查学生的学习进度、参与度和项目进展情况，及时发现和解决学生学习过程中存在的问题和困难。同时，为学生提供个性化的学习指导建议，帮助其优化学习方法和提高学习效率。例如，“宏观经济学专题”课程通过定期测试和作业批改等方式，及时了解学生的学习情况和掌握程度，并有针对性地进行辅导和指导。据统计，暑期班共进行了超1000次过程性评价与反馈活动，参与学生超8000人次。通过过程性评价与反馈机制的建立和实施，学生们不仅得到了及时有效的指导和帮助，还养成了良好的学习习惯和方法，为未来学习和职业发展奠定了坚实基础。

管理上的创新：优化组织管理，保障教学质量。一是成立专项工作组，明确职责分工。学校成立了由校领导、教务处、各二级学院负责人及骨干教师组成的暑期班专项工作组，负责暑期班的整体规划、课程设计、师资邀请、教学管理等工作，各成员单位明确职责分工、加强协同配合，形成了高效有序的工作机制。暑期班专项工作组成立以来，共召开工作会议20余次，研究解决了暑期班实施过程中遇到的各种问题和困难，确保了暑期班各项工作的顺利推进和高效完成。二是强化师资建设，确保教学质量。暑期班共邀请北京大学、中国人民大学、复旦大学等高校的100余位国内知名专家学者和业界精英来校授课和指导实践，让学生足不出户就能享受到“长江学者”“国家杰青”们精心烹制的学术盛宴。为确保教学质量和效果，学校对授课专家进行了严格筛选和评估，并根据学生反馈和教学效果进行动态调整和优化。三是完善学生管理，提升学习体验。学校加强了暑期班学生的管理和服务工作，通过设立班委、组织学习小组、开展文体活动等方式，增强了学生之间的交流和互动。据统计，暑期班共组织了超 50 次文体活动和学术交流活动，参与学生超 6000 人次。学校还加强对学生的考勤管理和学业指导服务，学生不仅享受到丰富多彩的学习生活体验，还增强了团队协作精神和集体荣誉感。

（稿件来源：湖南财政经济学院）

温州理工学院：全面推进数字教材与智慧课程一体化建设

温州理工学院深入学习习近平总书记重要讲话和全国教育大会精神，积极落实国家教育数字化战略行动，促进信息技术与教育教学深度融合，推动人工智能赋能教育转型，全面推进数字教材与智慧课程一体化建设，聚焦人工智能在高等教育课程教材教学中的具体应用，打通课程平台与数字教材平台的壁垒，集成数字教材、知识图谱、AI 三种领先数字技术，出版国内首部教育学知识图谱版 AI 数字教材，同步建设 AI 智慧课程，为构建学校数智教育全新格局提供新范例，为培养高质量人才奠定坚实基础，为教育事业的发展注入新的活力和创新力量。

个性定制，高起点打造首个数字教材与智慧课程合作案例。一是从数字教材迭代为 AI 数字教材。（见图 1）教材团队在书稿基础上，设计并开发交互组件。创作完毕后，对教材中的文本、视频、音频、图像等内容做向量化处理；采用 RAG 技术和隐含的提示技术，结合信息检索和内容生成的优势，当学生提问时，系统首先利用检索模块从数字化教材中找到对应的相关信息、段落，并将这些段落与问题一起输入到预训练的大语言模型 ChatGLM 中生成精准回答，支持对话式学习和探究式学习；全新上线角色扮演式学习，开发“AI 学习导师”功能，实现 AI 引导下的对话探究学习；升级多模态学习资源推荐功能，大幅度提升学生自主学习动机、兴趣和效率。二是从线上课程迭代为 AI 智慧课程。课程团队全面融合线上课程与知识图谱 AI 技术：AI 对教学资源进行模块化结构化处理；AI 助手基于教师教学和学生学习数据，结合上下文语义提供个性化、精准问答服务；基于知识图谱开启内容智能搜索，系统智能搜索及推荐相关联的知识点视频资源、科研论文等内容；构建 AI 题库，设计与知识点相关的测试题库，辅助 AI 自动出题功能，增强评价反馈。三是通过构建知识图谱实现 AI 数字教材和 AI 智慧课程的共建共享。以数字教材和智慧课程为知识库，先构建广义的知识图谱，含知识图谱、问题图谱和能力图谱等三类图谱，并以教材体例搭建四级知识图谱，包括全书总图谱、章图谱、节图谱、知识点单元图谱，实现了数字教材内容与知识图谱的无缝衔接，确保了教学信息的一致性和可追溯性。

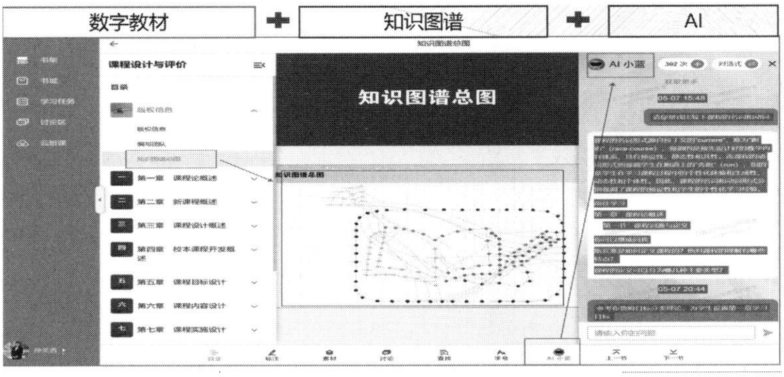

图 1　知识图谱版 AI 数字教材全貌

应用优化，高质量升级数字教材和智慧课程教学使用体验。一是在内容表征上优化为“多模态表征”。数字教材和智慧课程都实现了文字、图画、音频、视频等富媒体多模态的内容表征，支持学、测、讨论在同一场景的沉浸式与交互式学习，教材内容可随时链接百科和词典，学习过程中可随时发起讨论和笔记分享，支持大规模社交化学习。二是在知识组织上优化为“双知识结构”。数字教材和课程内容基于学科知识逻辑和学生学习认知规律构建“线性”结构，知识图谱基于学科间、知识点间融合、联通的关系而构建“网状”结构，“双知识结构”支持学生开展纵向递进和横向关联的两种知识学习。三是在教学应用上优化为“双 AI 助手”。数字教材 AI 助手“小蓝”提供大模型支持下的三种学生个性化学习方式：对话式学习、探究式学习、角色扮演式学习；智慧课程 AI 助手“大明白”支持课程教学全场景知识教学，包括教师备课、课堂教学、线上应用等。两个 AI 助手提供基于大数据的学习行为分析和精准教学支持服务。（见图 2）

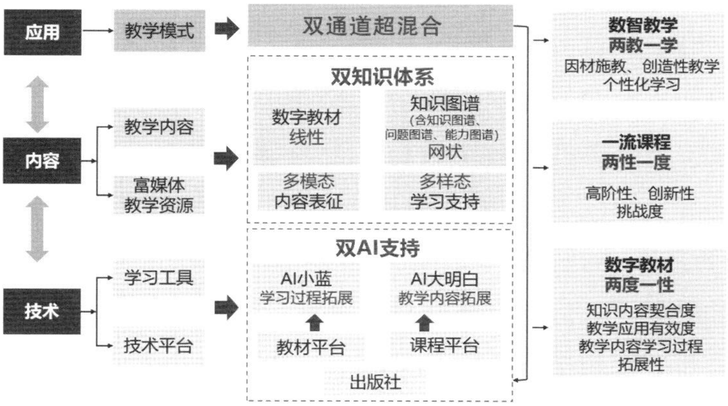

图 2　数字教材—智慧课程一体化建设与应用总图

持续创新，高效益构建数字教材和智慧课程一体化建设与运行新模式。一是构建了“双通道超混合”教学模式。“双通道”指相对于一般混合式教学只有教材或课程单个平台支持，本案例全程由已经打通的数字教材和智慧课程两个平台同时全面支持；“超混合”指基于双平台的“双知识结构”“双AI助手”支持使得教师可以在备课、授课、课后辅导等教学全过程中根据学习进程和学习情况进行更加自由、多样的混合式教学，实现对以往混合式教学的迭代超越，有效支持因材施教和创造性教学。二是构建了“四维度三进入”课程思政体系。“四维度”指从四个维度挖掘育人元素，构建课程思政全过程育人体系：共性维度，“培养‘四有’好老师”全程贯穿；个性维度，挖掘教材独特育人元素；内容维度，创设核心任务“校本课程开发”，引导学生开发体现社会主义核心价值观、中华优秀传统文化和革命文化的校本课程主题；方法维度，采用小组合作、任务驱动、生成式探究学习等深度学习方式。“三进入”指学生进入多模态的富媒体内容、进入动态调整的示范案例、进入及时更新的课改前沿，从而让课程思政在学生入景（沉浸式情景）学习中入脑入心。三是构建了“三模块三图谱”内容体系。“三模块”指数字教材和智慧课程在主体内容上构建课程论、新课程、校本课程开发三个模块；“三图谱”指构建知识图谱、问题图谱、能力图谱三类图谱，形成知识学习、问题解决和能力培养相融合的内容体系。四是构建了“跨学校跨学科”的共建共享模式。“跨学校”既包括温州理工学院广泛联合温州大学、南宁师范大学、阿坝师范学院、新疆理工学院等多所高校合作，也包括高校与基础教育学校的合作；“跨学科”既包括内容上教育学内容与校本课程案例所涉多学科的融合，又包括技术上教育学与数字技术的融合。

力求突破，高效率打通数字教材平台与课程资源平台技术壁垒。一是知识图谱技术突破。知识图谱3D可视化技术和AI自动构建、学习资源智能切片与AI助手智能问答技术，共同推动传统线上课程迭代为AI与知识图谱共同支持的智慧课程。二是数字教材技术突破。通过对教材内容的文字、图片、音频、视频全部进行向量化处理，保障信息提取的全面性；采用RAG技术和提示工程，保证回答精准性，推动传统的数字教材具有AI功能，升级为AI教材。以上两方面的技术在业内属于全国领先水平。三是应用实践突破内容。本案例实现了AI支持的数字教材和智慧课程双平台支持的新形态的教与学，并通过慕课西行、教材西行、教研西行发挥示范引领作用，帮助西部高校师生尽快适应数智赋能的教与学的新形态，提高数字素养，开发基于西部特色和需求的数字教材和智慧课程，推动中西部高等教育的发展。

成效显著，高效能探索创新性教学与个性化学习。一是数字教材应用使用率高。《课程设计与评价》数字教材出版以来，以立足创新、理念先进、内容全面、数字赋能、技术领先、案例丰富、实操性强等特色受到全国各省市多所高校和中小学师生欢迎。目前已有525所学校，共计8340人下载使用，其中教师使用数950人，学生使用数7390人，并且在短时间内实现了全国31个省（自治区、直辖市）和新疆生产建设兵团“全覆盖”，得到全国多家书店的持续订购。二是智慧课程应用覆盖面广。目前累计已覆盖56所学校7000余名学生。三是运行管理模式协同度深。数字教材和智慧课程由温州理工学院统一管理，各个合作单位协同开发，两个技术平台和出版社提供技术支持和出版发行工作。课程与教材一体化教学已在温州理工学院、温州大学、阿坝师范学院、塔里木大学四所学校开展一轮混合式教学，基本形成可供推广的教学模式。四是一体化教学影响力大。学校主动加入中西部高等教育振兴计划，组建“温慕西”团队，开启慕课、教材双西行，于2024年在阿坝师范学院举行数字教材发布会，获得“浙江援疆”“川观新闻”“沪藏新语”等省级援建官媒报道；积极响应教育出海，《课程设计与评价》AI数字教材成为浙江华侨网络学院海外华文教师培训系列教材。温州理工学院始终身体力行，不懈探索教育教学创新发展新路径，致力于为国家的教育数字化战略添砖加瓦，贡献力量。

（稿件来源：温州理工学院）

附录　大事记

► 1 月 17 日，“人工智能与新文科建设”专家研讨会在北京举办

会议由全国新文科教育研究中心主办。聚焦数字时代人工智能技术给新文科建设带来的挑战与机遇，探讨如何推动人工智能赋能高等文科教育改革创新发展，瞄准教育数字化新任务新要求，全面提高文科人才自主培养质量。（来源：全国新文科教育研究中心）

► 1 月 29 日，新文科建设工作组会议暨《新文科理论与实践》编委会会议在北京召开

会议全面总结全国新文科建设工作推进情况，聚焦新文科建设的重点任务，谋划未来新文科发展方向，研讨新文科建设举措。与会专家围绕国家急需文科拔尖创新人才培养，数字时代新文科建设，科教融汇、产教融合赋能高等教育文科发展，自主知识体系建构等重点问题展开深入交流研讨。（来源：全国新文科教育研究中心）

▶ **1 月 30 日，2024 世界数字教育大会在上海开幕**

会议由教育部、中国联合国教科文组织全国委员会、上海市人民政府共同举办。会议以“数字教育：应用、共享、创新”为主题，重点围绕教师数字素养与胜任力提升、教育数字化与学习型社会建设、全球数字教育发展趋势与指数评价、人工智能与数字伦理、数字变革对基础教育的挑战与机遇、教育治理数字化与数字教育治理等议题进行深入交流讨论。（来源：中华人民共和国教育部）

▶ **2 月 5—6 日，第二届全球人工智能（AI）伦理论坛在斯洛文尼亚举行**

论坛由联合国教科文组织支持和赞助，斯洛文尼亚数字转型部主办。论坛以“改变人工智能治理格局”为主题，汇聚来自 67 个国家和地区的 600 多名政府、国际组织、学术研究机构、非政府组织和企业的代表参加，共同探讨与人工智能相关的平等、多样性等重要议题。（来源：《经济参考报》）

▶ **3 月，教育部发布《普通高等学校本科专业目录（2024 年）》**

教育部公布 2023 年度普通高等学校本科专业备案和审批结果，发布《普通高等学校本科专业目录（2024 年）》，增设国家安全学、海外利益安全、体育康养、中国古典学、汉学与中国学等 10 个文科新专业，新增 693 个文科专业点。（来源：中华人民共和国教育部）

▶ 3 月 14 日，教育部召开 2024 年度全国教材工作会议

会议强调，教材战线要充分认识教材工作面临的新形势新要求，自觉把思想和行动统一到党中央决策部署上来，以更高的政治站位落实教材建设国家事权，为加快建设教育强国、推进中华民族伟大复兴做出新的更大贡献。（来源：中华人民共和国教育部）

▶ 3 月 23—24 日，第八届全国高等学校外语教育改革与发展高端论坛在北京召开

论坛以“强国建设 外语何为”为主题，共设 3 场教指委论坛、10 场专题论坛，研判高等外语教育发展宏观形势，探索外语教育转型创新路径，着力提高外语人才自主培养质量。论坛同时启动 2024“外研社 · 国才杯”“理解当代中国”全国大学生外语能力大赛。（来源：外语教学与研究出版社）

▶ 4 月，《新文科建设年度发展报告（2023）》出版发行

全国新文科教育研究中心聚焦教育强国建设、基础学科拔尖人才和实战型文科人才培养、数字时代新文科建设、中国自主知识体系建构等重点领域，编撰出版《新文科建设年度发展报告（2023）》。报告设置政策文件、部长声音、专题报告、专家观点、典型案例等栏目，覆盖全国数百所高校，引起全国各省级教育行政部门、各高校教育工作者以及社会各界的广泛关注。（来源：全国新文科教育研究中心）

▶ 5 月，教育部办公厅印发《国家教育数字化战略行动 2024 年工作要点》

《国家教育数字化战略行动 2024 年工作要点》明确 2024 年推进国家教育数字化战略行动的总体要求是：坚持联结为先、内容为本、合作为要，坚持应用为王、治理为基，以国家智慧教育公共服务平台深度应用为根本，以国家教育大数据中心为支撑，以实施数字教育集成化、智能化、国际化（“3I”）专项行动和扩优提质年为抓手，着力优化资源供给、着力提升服务效能、着力推进数字教育高水平对外开放，加快构建助学、助教、助管、助研、助力合作交流的数字赋能新格局。（来源：中华人民共和国教育部）

▶ 5 月 17 日，“高校哲学社会科学实验室联盟”成立大会在北京大学举行

成立仪式活动现场展示了各高校实验室的最新研究成果与实践创新，讨论主题涵盖“数字人文与技术伦理”“计算社会科学与智能社会治理”“数智化时代的中国特色新型智库建设”“哲学社会科学实验室与高校人才培养”“哲学社会科学实验室与学科交叉”“哲学社会科学实验室与产学研生态链”六大主题。（来源：中国社会科学网）

► 5 月 24 日，第七届数字中国建设峰会数字社会分论坛 · 数字教育专场召开

活动以“数据赋能教育变革创新”为主题，由教育部主办，福建省教育厅、福州大学、教育部教育信息化战略研究基地（北京）、中国电信集团有限公司共同承办。与会专家围绕新时代人工智能赋能创建未来教育新格局、数据赋能高质量科研创新、激活数据要素价值、数据赋能推进区域教育数字化转型等作主旨报告，并就“教育数据安全与隐私保护”主题开展圆桌对话。（来源：中华人民共和国教育部）

► 5 月 25 日，新文科建设与素质教育专题研讨会在西安交通大学召开

会议聚焦面向未来的新文科建设与素质教育，关注交叉融合推进新文科建设，全面提高新文科人才自主培养质量。会议围绕数智时代下的新文科建设与素质教育、新文科专业发展与跨专业课程建设等主题设分会场，与会专家围绕各自专业领域的探索与建设作报告。（来源：西安交通大学）

▶ 7 月 8 日，教育部召开第一批新时代教育部马工程教材编写工作启动会

会议指出，马工程教材建设是哲学社会科学教材建设的重中之重，必须常抓不懈、深入推进。编写第一批新时代教育部马工程教材，是深入推进习近平新时代中国特色社会主义思想进教材进课堂进头脑的重要行动，是构建中国原创性哲学社会科学教材体系的重要举措。（来源：中华人民共和国教育部）

▶ 7 月 9 日，教育部召开国家基础学科拔尖人才培养战略行动推进会暨“基础学科拔尖学生培养计划”实施十五年工作交流会

会议由清华大学承办。会议强调，要全面贯彻习近平总书记关于拔尖创新人才培养的重要指示批示精神，深入落实习近平总书记给清华大学教授姚期智的重要回信精神，加快推进基础学科拔尖人才培养工作，着力打造国家长远发展的重要战略力量。（来源：中华人民共和国教育部）

▶ 7 月 11—12 日，2024 年新文科建设研讨会在南昌召开

会议由教育部高等教育司指导，教育部新文科建设工作组主办，全国新文科教育研究中心和江西财经大学共同承办。会议旨在加快推进文科教育创新发展，研讨人工智能背景下文科领域实践育人新路径，全面提升文科学生数字思维和实践创新能力。（来源：全国新文科教育研究中心）

▶ 8 月 18 日，2024 全球智慧教育大会在京开幕

会议由北京师范大学和联合国教科文组织教育信息技术研究所联合主办。会议以“教育变革与国际理解”为主题，旨在探讨数字变革与教育转型的方式，关注国际社会的数字化战略规划，探索教育数字化转型的途径，思考面临的问题与挑战，分享智慧教育新理论、新技术、新观点、新成果。（来源：央视网）

▶ 8 月 26 日，《中共中央 国务院关于弘扬教育家精神加强新时代高素质专业化教师队伍建设的意见》发布

意见提出，经过 3 至 5 年努力，教育家精神得到大力弘扬，高素质专业化教师队伍建设取得积极成效，教师立德修身、敬业立学、教书育人呈现新风貌，尊师重教社会氛围更加浓厚。到 2035 年，教育家精神成为广大教师的自觉追求，实现教师队伍治理体系和治理能力现代化，数字化赋能教师发展成为常态，教师地位巩固提高，教师成为最受社会尊重和令人羡慕的职业之一，形成优秀人才争相从教、优秀教师不断涌现的良好局面。（来源：新华社）

▶ 9 月 9—10 日，全国教育大会在北京召开

习近平总书记在重要讲话中系统阐释了教育强国的科学内涵和基本路径，首次提出教育强国的六大特质，深刻阐述了教育强国建设要正确处理好的五个重大关系，系统部署了全面推进教育强国建设的五方面战略任务和重大举措，发出“朝着建成教育强国战略目标扎实迈进”的号召。（来源：新华社）

▶ 10 月 12—13 日，2024 高等教育国际论坛年会在北京召开

本届论坛主题为“科技创新与可持续发展”，由中国高等教育学会、北京理工大学共同主办，联合国教科文组织东亚多部门地区办事处、北京外国语大学、北京语言大学、联合国教科文组织亚太地区高等教育教席等协办。“高等教育国际论坛年会”是中国高等教育学会的重要品牌活动，已成功举办 23 届。（来源：中国高等教育学会）

▶ 10 月 17 日，中央依法治国办、教育部、司法部联合举办“中国法治实务大讲堂”启动仪式暨首讲授课

大讲堂首讲以“学深悟透笃行习近平法治思想 坚定不移走中国特色社会主义法治道路”为主题，紧扣全面依法治国工作实际，深入讲解了习近平法治思想的重大意义、科学内涵、核心要义和实践要求，系统介绍了新时代以来法治实务部门践行习近平法治思想取得的丰富实践成果以及下一步工作举措，鼓励和引导法学院校师生自觉做习近平法治思想的坚定信仰者、积极传播者、模范实践者。（来源：《中国教育报》）

▶ 10月31日，第二十五届中国国际教育年会在北京开幕

本届年会由中国教育国际交流协会主办，以“教育：为人人 为未知 为未来”为主题。教育部部长怀进鹏作视频致辞，表示中国始终坚持教育对外开放，积极与世界分享优质教育资源，倡议要更大规模推动资源普惠共享，更高质量推动学术科研与国际合作，更深层次推动人文交流。（来源：中华人民共和国教育部）

▶ 6—10月，全国新文科教育研究中心赴重庆、江西、湖南、上海、山东5省市开展新文科专题调研

2024年，全国新文科教育研究中心赴重庆、江西、湖南、上海、山东5省市50余所高校的教学管理一线，实地开展新文科专题调研，助推全国新文科建设走深走实。（来源：全国新文科教育研究中心）

▶ 11 月 8—10 日，首届中国研究生“文化中国”两创大赛全国总决赛在山东大学举行

大赛共收到来自 442 所高校的 2942 项作品，总计 12000 余人报名参赛，参赛研究生通过数字创意、戏剧影视、文学创作、舞蹈演绎等多种形式，赋予传统文化新的内涵。（来源：山东大学）

▶ 11 月 13 日，教育部党组成员、副部长吴岩一行到全国新文科教育研究中心考察调研

全国新文科教育研究中心主任、山东大学原校长樊丽明接待来访并进行讲解。吴岩对新文科建设成果以及中心在推动全国新文科建设方面做出的成绩给予肯定。（来源：全国新文科教育研究中心）

▶ 11 月 15 日，新时代新文科建设创新发展论坛在重庆召开

本论坛是第 62 届中国高等教育博览会的同期学术活动，来自全国各高校的专家学者 100 余人参加论坛。与会专家学者认为，新文科的建设是一项长期而艰巨的任务，需要各高校持续探索和完善，携手推动文科教育高质量发展，共同开创中国特色的文科教育新局面。（来源：西南政法大学）

▶ 11 月 30 日，全国新文科教育研究中心两项成果荣获 CTTI2024 年度智库研究优秀成果特等奖、二等奖

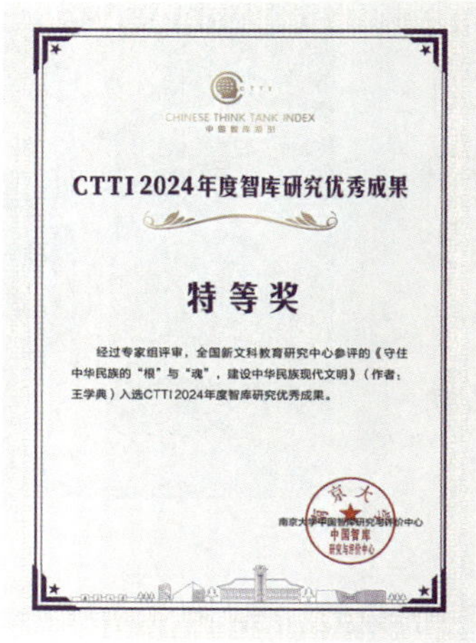

由南京大学与兰州大学共同主办的“2024 新型智库治理论坛”在甘肃兰州召开。论坛发布了 CTTI 2024 年度智库建设最佳案例和智库研究优秀成果。全国新文科教育研究中心申报的《守住中华民族的“根”与“魂”，建设中华民族现代文明》荣获 CTTI2024 年度智库研究优秀成果特等奖，《新文科建设年度发展报告 2023》荣获 CTTI2024 年度智库研究优秀成果二等奖。（来源：全国新文科教育研究中心）

▶ 11 月 30 日，2024 年“中国新闻传播大讲堂”发布

本年度大讲堂共邀请全国 18 家媒体单位的 32 位优秀新闻工作者担任主讲人录制课程视频，并基于大讲堂课程剪辑制作了 100 集短视频，旨在让大讲堂内容更贴近年轻学生的学习和使用习惯。中国人民大学、中国传媒大学、复旦大学等 13 所高校的负责同志、师生代表及毕业生代表以视频形式参与大讲堂发布仪式。（来源：人民网）

▶ 12 月 9 日，2024“外研社 · 国才杯”“理解当代中国”全国大学生外语能力大赛国赛在京落幕

大赛由北京外国语大学主办，外语教学与研究出版社承办。大赛设置英语组、多语种组和国际中文组三大组别，历经校赛、省赛、国赛三个赛段，吸引了来自 1300 多所院校的近 70 万学生参加比赛。（来源：新华网）

▶ 12 月 20—22 日，首届大学生新文科实践创新大赛决赛在济南举行

首届大赛由山东大学主办。大赛以“融创赋能，实践致新”为主题，聚焦国家战略和经济社会发展需求，设置文史哲、经管法、教育、艺术四个组别，鼓励学生跨学科、跨专业、跨学段组队开展实践创新活动，旨在推动高校文科人才培养实质性“脱虚向实”，将人才“软实力”转化为高质量发展的“硬支撑”，吸引了来自 367 所院校的 17 万余名学生参加比赛。（来源：山东大学）

▶ 12 月 30 日，中国社会科学院发布“构建中国哲学社会科学自主知识体系”重大成果

中国社会科学院以“构建中国哲学社会科学自主知识体系”为主题在北京举行成果发布会。会上集中发布了 22 项代表性成果，包括专著类成果 14 项、学术论文类成果 8 项。（来源：中国社会科学网）